U0117554

創製與薪傳

新疆察布查爾錫伯族與滿洲語文的傳承
—以錫伯文教材為中心—

莊吉發 編譯

滿 語 叢 刊
文史哲出版社印行

國家圖書館出版品預行編目資料

創製與新傳：新疆察布查爾錫伯族與滿洲語文的傳承－以錫伯文教材為中心 / 莊吉發編譯. -- 初版 -- 臺北市：文史哲, 民 104.06
面；　公分（滿語叢刊；22）
ISBN 978-986-314-263-8（平裝）

1.滿語 2.讀本

802.918　　104011124

滿語叢刊　22

創製與新傳

新疆察布查爾錫伯族與滿洲語文的傳承
—以錫伯文教材為中心—

編譯者：莊吉發
出版者：文史哲出版社
http:// www.lapen.com.tw
e-mail:lapen@ms74.hinet.net
登記證字號：行政院新聞局版臺業字五三三七號
發行人：彭正雄
發行所：文史哲出版社
印刷者：文史哲出版社
臺北市羅斯福路一段七十二巷四號
郵政劃撥帳號：一六一八〇一七五
電話886-2-23511028・傳真886-2-23965656

實價新臺幣六六〇元

二〇一五年（民一〇四）七月初版

著財權所有・侵權者必究

ISBN 978-986-314-263-8　　65122

創製與新傳

新疆察布查爾錫伯族與滿洲語文的傳承

—以錫伯文教材爲中心—

目　　次

創製與新傳：新疆察布查爾錫伯族與滿洲語文的傳承
── 以錫伯文教材爲中心

導 讀

我國歷代以來，就是一個多民族的國家，各兄弟民族多有自己的民族語言和文字。滿洲先世，出自女眞，蒙古滅金後，女眞遺族散居於混同江流域，開元城以北，東濱海，西接兀良哈，南鄰朝鮮。由於元朝蒙古對東北女眞的長期統治，以及地緣的便利，在滿洲崛起以前，女眞與蒙古的接觸，已極密切，蒙古文化對女眞產生了很大的影響，女眞地區除了使用漢文外，同時也使用蒙古語言文字。明代後期，滿族的經濟與文化，進入迅速發展階段，但在滿洲居住的地區，仍然沒有自己的文字，其文移往來，主要使用蒙古文字，必須「習蒙古書，譯蒙古語通之。」使用女眞語的滿族書寫蒙古文字，未習蒙古語的滿族則無從了解，這種現象實在不能適應新興滿族共同體的需要。明神宗萬曆二十七年（1599）二月，清太祖努爾哈齊命巴克什額爾德尼等人創造滿文。滿文本《清太祖武皇帝實錄》記載清太祖努爾哈齊與巴克什額爾德尼等人的對話，先將滿文影印如後，並轉寫羅馬拼音，照錄漢文內容。

《清太祖武皇帝實錄》滿文	
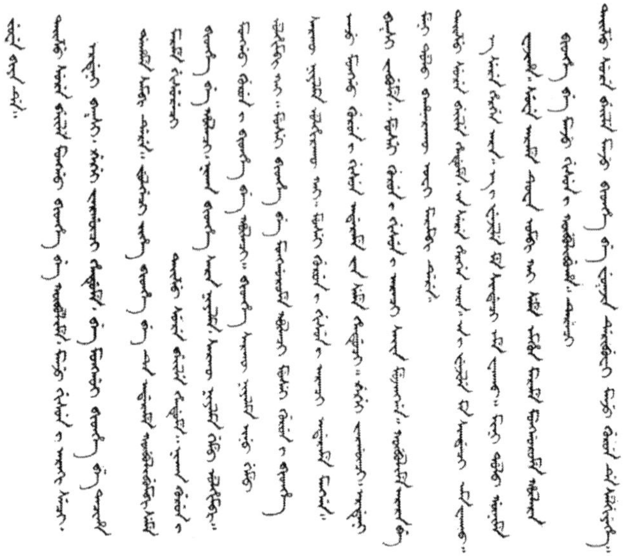	
羅馬拼音	juwe biya de. taidzu sure beile monggo bithe be kūbulime, manju gisun i araki seci, erdeni baksi, g'ag'ai jargūci hendume, be monggoi bithe be taciha dahame sambi dere. julgeci jihe bithe be te adarame kūbulibumbi seme marame gisureci. taidzu sure beile hendume： nikan gurun i bithe be hūlaci, nikan bithe sara niyalma, sarkū niyalma gemu ulhimbi. monggo gurun i bithe be hūlaci, bithe sarkū niyalma inu gemu ulhimbi kai. musei bithe be monggorome hūlaci musei gurun i bithe sarkū niyalma ulhirakū kai. musei gurun i gisun i araci adarame mangga. encu monggo gurun i gisun adarame ja seme henduci. g'ag'ai jargūci, erdeni baksi jabume： musei gurun i gisun i araci sain mujangga. kūbulime arara be meni dolo bahanarakū ofi marambi dere. taidzu sure beile hendume, a sere hergen ara. a i fejile ma sindaci ama wakao. e sere hergen ara. e i fejile me sindaci eme wakao. mini dolo gūnime wajiha. suwe arame tuwa ombi kai seme emhun marame monggorome hūlara bithe be manju gisun i kūbulibuha. tereci taidzu sure beile manju bithe be fukjin deribufi manju gurun de selgiyehe[1].

1 《清太祖武皇帝實錄》，滿文本，卷二，見《東方學紀要》，2（日本，天理大學，1967 年 3 月），頁 175。

譯漢內容	二月，太祖欲以蒙古字編成國語，榜識厄兒得溺、剛蓋對曰：「我等習蒙古字，始知蒙古語，若以我國語編創譯書，我等實不能。」太祖曰：「漢人念漢字，學與不學者皆知；蒙古之人念蒙古字，學與不學者亦皆知。我國之言，寫蒙古之字，則不習蒙古語者，不能知矣，何汝等以本國言語編字為難，以習他國之言為易耶？」剛蓋、厄兒得溺對曰：「以我國之言編成文字最善，但因翻編成句，吾等不能，故難耳。」太祖曰：「寫阿字下合一媽字，此非阿媽乎（阿媽，父也）？厄字下合一脉字，此非厄脉乎（厄脉，母也）？吾意決矣，爾等試寫可也。」于是自將蒙古字編成國語頒行，創製滿洲文字，自太祖始[2]。

前引「國語」，即滿洲語；榜識厄兒得溺，即巴克什額爾德尼；剛蓋，即扎爾固齊噶蓋。清太祖，滿文作“taidzu sure beile”，漢字音譯可作「太祖淑勒貝勒」。清太祖努爾哈齊為了文移往來及記注政事的需要，即命巴克什額爾德尼等仿照老蒙文創製滿文，亦即以老蒙文字母為基礎，拼寫女眞語音，聯綴成句。例如將蒙古字母的「ᠠ」（a）字下接「ᠮᠠ」（ma）字就成「ᠠᠮᠠ」（ama），意即父親。將老蒙文字母的「ᠡ」（e）字下接「ᠮᠡ」（me），就成「ᠡᠮᠡ」（eme），意即母親。這種由畏兀兒體老蒙文脫胎而來的初期滿文，在字旁未加圈點，僅稍改變老蒙文的字母形體。這種未加圈點的滿文，習稱老滿文，使用老滿文記注的檔案，稱為無圈點檔。臺北國立故宮博物院典藏無圈點檔最早的記事，始自明神宗萬曆三十五年（1607），影印二頁如下。

2 《清太祖武皇帝實錄》，漢文本，（臺北，國立故宮博物院），卷二，頁 1。

無圈點老滿文檔	丁未年（1607）
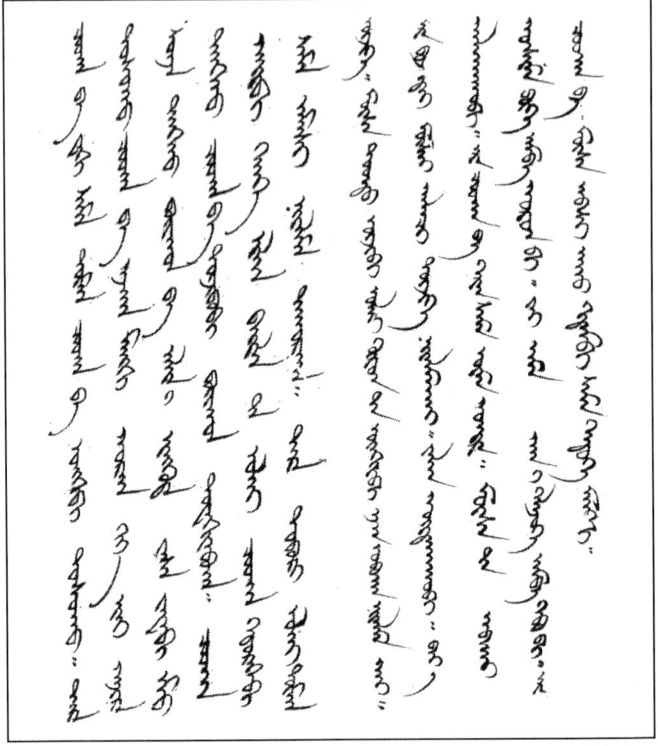	

由老蒙文脫胎而來的無圈點老滿文，是一種拼音系統的文字，用來拼寫女真語音，有其實用性，學習容易。但因其未加圈點，不能充分表達女真語音，而且因滿洲和蒙古的語言，彼此不同，所借用的老蒙文字母，無從區別人名、地名的讀音，往往彼此雷同。天聰六年（1632）三月，清太宗皇太極命巴克什達海將無圈點滿文在字旁加置圈點，使其音義分明。《清太宗文皇帝實錄》記載諭旨云：

上諭巴克什達海曰：「國書十二頭字，向無圈點，上下字雷同無別，幼學習之，遇書中尋常語言，視其文義，易於通曉。若至人名地名，必致錯誤，爾可酌加圈點，以分析之，則音義明曉，於字學更有裨益矣[3]。

引文中「國書十二頭字」，即指滿文十二字頭。達海是滿洲正藍旗人，九歲即通滿、漢文義，曾奉命繙譯《大明會典》、《素書》、《三略》等書。達海遵旨將十二字頭酌加圈點於字旁，又將滿文與漢字對音，補所未備。舊有十二字頭為正字，新補為外字，其未盡協者，則以兩字合音為一字，至此滿文始大備[4]。達海奉命改進的滿文，稱為加圈點滿文，習稱新滿文。

滿洲文字的創製，是清朝文化的重要特色。滿洲文，清朝稱爲清文，滿洲語稱爲國語。民初清史館曾經纂修《國語志稿》，共一百冊，第一冊卷首有奎善撰〈滿文源流〉一文，略謂：

滿洲初無文字，太祖己亥年二月，始命巴克什（師也）額爾德尼、噶蓋，以蒙古字改制國文，二人以難辭。上曰，無難也，以蒙古字合我國語音，即可因文見義焉，遂定國書，頒行傳布。其字直讀與漢文無異，但自左而右，適與漢文相反。案文字所以代結繩，無論何國文字，其糾結屈曲，無不含有結繩遺意。然體制不一，則又以地勢而殊。歐洲多水，故英法諸國文字橫行，如風浪，如水紋。滿洲故里多山林，故文字矗立高聳，如古樹，如孤峯。蓋制造文字，本乎人心，人心之靈，實根於天地自然之理，非偶然也。其字分真行二種，其字母共十二頭，

3 《清太宗文皇帝實錄》，卷十一，頁 13。天聰六年三月戊戌，上諭。
4 《清史稿校註・達海傳》（臺北，國史館，1988 年 8 月），第十冊，頁 8001。

> 每頭約百餘字，然以第一頭為主要，餘則形異音差，讀之亦簡單易學。其拼音有用二字者，有用四、五字者，極合音籟之自然，最為正確，不在四聲賅備也。至其意蘊閎深，包孕富有，不惟漢文所到之處，滿文無不能到，即漢文所不能到之處，滿文亦能曲傳而代達之，宜乎皇王制作行之數百年而流傳未艾也。又考自入關定鼎以來，執政臣工或有未曉者，歷朝俱優容之，未嘗施以強迫。至乾隆朝雖有新科庶常均令入館學習國文之舉，因年長舌強，誦讀稍差，行之未久，而議遂寢，亦美猶有憾者爾。茲編纂清史伊始，竊以清書為一朝創製國粹，未便闕而不錄，謹首述源流大略，次述字母，次分類繙譯，庶使後世徵文者有所考焉[5]。

滿文的創製，有其文化、地理背景，的確不是偶然的。滿文義蘊閎深，漢文所到之處，滿文無不能到，都具有「文以載道」的能力。滿洲入關後，滿洲語文一躍而成為清朝政府的清文國語，對外代表國家，對內而言，滿文的使用，更加普遍，儒家經典，歷代古籍，多譯成滿文。各種文書，或以滿文書寫，或滿漢兼書。繙譯考試，也考滿文。皇帝召見八旗人員，多使用滿語。滿洲語文在清朝的歷史舞臺上扮演了重要的角色。

---

5 奎善撰〈滿文源流〉，《國語志稿》（臺北，故宮博物院，清史館檔），第一冊，頁1。

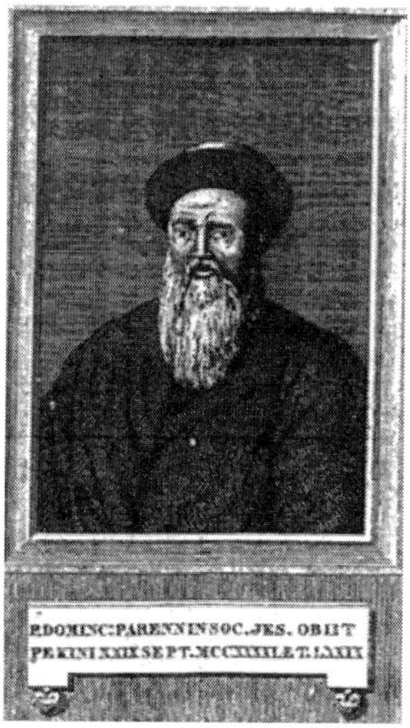

耶穌會傳教士巴多明像，見杜赫德編、鄭德弟譯《耶穌會士中國書簡集》第二卷

語言文字是思維的工具，也是表達思想的交流媒介。康熙年間，入京供職的西洋傳教士，大都精通滿洲語文，說寫純熟流利。因此，滿洲語文在中西文化交流舞臺上也扮演了十分重要的角色。

耶穌會傳教士巴多明神父致法蘭西科學院書信中，討論滿洲語文的內容，佔了很大篇幅。他指出，滿洲文字中每個字都有一筆自字首垂直貫通至字末的主筆畫，這一畫左側是表示元音「a、e、i、o」的鋸齒狀符號，由放在這一畫右側的附點的不同位置決定其發音。如在一個鋸齒對面放一個附點，就發元音「e」；如省略附點，則發元音「a」，如在字左側鋸齒旁放一附點，這一附點就充當了字母「n」，因而要讀作「na」。此外，字右側不是附點，而是放圈，這便是發送氣音的符號。書寫漢文，人們通常用毛筆書寫。巴多明神父指出，有些滿人使用一種竹製的，削成歐洲羽毛狀的筆。巴多明神父用了不到一年時間，就像一個上了年歲的滿人熟練地使用這種竹筆寫出好字。

康熙皇帝喜愛西學，即或臨幸暢春園，或巡幸塞外，必諭令張誠等隨行。或每日，或間日講授西學。巴多明神父在信中指出，康熙皇帝學習歐洲的科學，他自己選擇了算學、幾何學與哲學等等。康熙二十八年(1689)十二月二十五日，康熙皇帝召徐日昇、張誠、白晉、安多等至內廷，諭以自後每日輪班至養心殿，以滿語講授量法等西學，並將所講授的西學，繙譯滿文成書。神父們固然以滿語講解西學，同時也將天主教的祈禱詞譯出滿文。巴多明神父在書信中指出，天主教徒中的福晉們很少認得漢字，她們希望聽得懂祈禱詞的內容，而由巴多明神父負責將祈禱詞精華部分譯出滿文。《在華耶穌會士列傳》所載巴多明遺著目錄中第八種就是巴多明神父將法文〈教會祈禱文〉所譯出的滿文本，以供蘇努家中信教婦女閱讀，在中西文化交流的過程中，滿洲語文扮演了舉足輕重的角色。

清太祖、太宗時期，滿洲記注政事及抄錄往來文書的檔冊，主要是以無圈點老滿文及加圈點新滿文記載的老檔，可以稱之為《滿文原檔》。滿洲入關後，《滿文原檔》由盛京移至北京，由內閣掌管，內閣檔案中有老檔出納簿，備載閣僚借出卷冊時日，及繳還後塗銷的圖記。

乾隆六年（1741），清高宗鑒於內閣大庫所藏無圈點檔冊，年久勦舊，所載字畫，與乾隆年間通行的新滿文不同，諭令大學士鄂爾泰等人按照新滿文，編纂《無圈點字書》，書首附有奏摺，其內容如下：

> 內閣大學士太保三等伯臣鄂爾泰等謹奏，為遵旨事。乾隆六年七月二十一日奉上諭：「無圈點字原係滿文之本，今若不編製成書貯藏，日後失據，人將不知滿文肇端於無圈點字。著交鄂爾泰、徐元夢按照無圈點檔，依照十二字頭之順序，編製成書，繕寫一部。並令宗室覺羅學及國子監各學各鈔一部貯藏。欽此。」臣等詳閱內閣庫存無圈點檔，現今雖不用此體，而滿洲文字實肇基於是。且八旗牛彔之淵源，賞給世職之緣由，均著於斯。檔內之字，

不僅無圈點，復有假借者，若不融會上下文字之意義，誠屬不易辨識。今奉聖旨編書貯藏，實爲注重滿洲文字之根本，不失其考據之至意。臣謹遵聖旨，將檔內之字，加設圈點讀之。除可認識者外，其有與今之字體不同，及難於辨識者，均行檢出，附註現今字體，依據十二字頭編製成書，謹呈御覽。俟聖裁後，除內閣貯藏一部外，並令宗室覺羅學及國子監等學各鈔一部貯存，以示後人知滿洲文字肇端於此。再查此檔因年久殘闕，既期垂之永久，似應逐頁托裱裝訂，爲此謹奏請旨。乾隆六年十一月十一日，大學士太保三等伯鄂爾泰、尚書銜太子少保徐元夢奏。本日奉旨：「將此摺錄於書首，照繕三帙呈進，餘依議[6]。」

由鄂爾泰、徐元夢奏摺可知清高宗對《滿文原檔》的重視。內閣大庫所存《無圈點檔》就是《滿文原檔》中使用無圈點老滿文書寫的檔冊，記錄了八旗牛彔的淵源，及賞給世職的緣由等等。但因《無圈點檔》年久殘闕，所以鄂爾泰等人奏請逐頁托裱裝訂。鄂爾泰等人遵旨編纂的無圈點十二字頭，就是所謂《無圈點字書》（tongki fuka akū hergen i bithe）。

乾隆四十年（1775）二月十二日，軍機大臣具摺奏稱：「內閣大庫恭藏無圈點老檔，年久𩏂舊，所載字畫，與現行清字不同。乾隆六年奉旨照現行清字纂成無圈點十二字頭，以備稽考。但以字頭釐正字蹟，未免逐卷翻閱，且老檔止此一分，日久或致擦損，應請照現在清字，另行音出一分，同原本恭

6 張玉全撰〈述滿文老檔〉，《文獻論叢》（臺北，臺聯國風出版社，1967 年 10 月），論述二，頁 207。

藏。」奉旨：「是，應如此辦理[7]。」所謂《無圈點老檔》，就是內閣大庫保存的原本，亦即《滿文原檔》。軍機大臣奏准依照通行新滿文另行音出一分後，即交國史館纂修等官，加置圈點，陸續進呈。惟其重抄工作進行緩慢，同年三月二十日，大學士舒赫德等又奏稱：「查老檔原頁共計三千餘篇，今分頁繕錄，並另行音出一分；篇頁浩繁，未免稽延時日。雖老檔卷頁，前經裱托；究屬年久𨶒舊，恐日久摸擦，所關甚鉅。必須迅速趲辦，敬謹尊藏，以昭慎重8。」重抄的本子有兩種：一種是依照當時通行的新滿文繕寫並加簽注的重抄本；一種是仿照無圈點老滿文的字體抄錄而刪其重複的重抄本。乾隆四十三年（1778）十月以前完成繕寫的工作，貯藏於北京大內，可稱之爲北京藏本。乾隆四十五年（1780）初，又按無圈點老滿文及加圈點新滿文各抄一分，齎送盛京崇謨閣貯藏。福康安於〈奏聞尊藏老檔等由〉一摺指出：

> 乾隆四十五年二月初四日，盛京戶部侍郎全魁自京回任，遵旨恭齎無圈點老檔前來，奴才福康安謹即出郭恭請聖安，同侍郎全魁恭齎老檔至內務府衙門，查明齎到老檔共十四包，計五十二套，三百六十本，敬謹查收。伏思老檔乃紀載太祖、太宗發祥之事實，理宜遵旨敬謹尊藏，以垂久遠。奴才福康安當即恭奉天命年無圈點老檔三包，計十套，八十一本；天命年加圈點老檔三包，計十套，八十一本，於崇謨閣太祖實錄、聖訓匱內尊藏。恭奉天聰年無

7 《清高宗純皇帝實錄》，卷九七六，頁 28，乾隆四十年二月庚寅，據軍機大臣奏。
8 徐中舒撰〈再述內閣大庫檔案之由來及其整理〉，《中央研究院歷史語言研究所集刊》，第三集，第四分（北平，中央研究院，1931 年），頁 569。

> 圈點老檔二包，計十套，六十一本；天聰年加圈點老檔二包，計十套，六十一本。崇德年無圈點老檔二包，計六套，三十八本；崇德年加圈點老檔二包，計六套，三十八本，於崇謨閣太宗實錄、聖訓匱內尊藏，並督率經管各員，以時晒晾，永遠妥協存貯[9]。

福康安奏摺已指出崇謨閣尊藏的抄本，分爲二種：一種是《無圈點老檔》，內含天命朝、天聰朝、崇德朝，共七包，二十六套，一百八十本；一種是《加圈點老檔》，內含天命朝、天聰朝、崇德朝，共七包，二十六套，一百八十本。福康安奏摺於乾隆四十五年（1780）二月初十日具奏，同年三月十七日奉硃批。福康安奏摺中所謂《無圈點老檔》和《加圈點老檔》，都是重抄本，不是《滿文原檔》，亦未使用《滿文老檔》的名稱。貯藏盛京崇謨閣的老檔重抄本，可以稱之爲盛京藏本。乾隆年間重抄本，無論是北京藏本或盛京藏本，其書法及所用紙張，都與滿洲入關前記錄的《滿文原檔》不同。北京藏本與盛京藏本，在內容及外形上並無差別，「唯一不同的是北平藏本中有乾隆朝在文裡很多難通晦澀的詞句間所加的附註，而盛京本沒有[10]。」為了比較無圈點檔與加圈點檔的異同，可將北京藏本太祖朝重抄本第一冊，第一、二頁節錄影印如下，並轉寫羅馬拼音，譯出漢文如後。

---

9 《軍機處檔・月摺包》，第 2705 箱，118 包，26512 號。乾隆四十五年二月初十日，福康安奏摺錄副。

10 陳捷先撰〈舊滿洲檔述略〉，《舊滿洲檔》（臺北，故宮博物院，1969 年），第一冊，頁 12。

<table>
<tr><th colspan="2">加圈點新滿文檔</th></tr>
<tr><td colspan="2">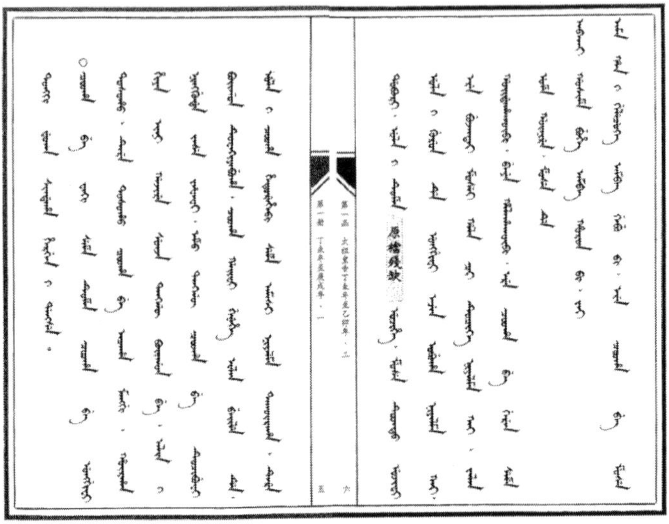
</td></tr>
<tr><td>羅馬拼音（加圈點檔）</td><td>tongki fuka sindaha hergen i dangse. cooha be waki seme tumen cooha be unggifi tosoho, tere tosoho cooha be acaha manggi, hūrhan hiya ini gajire sunja tanggū boigon be, alin i ninggude jase jafafi, emu tanggū cooha be tucibufi boigon tuwakiyabuha, cooha gaifi genehe ilan beile de, ula i cooha heturehebi seme amasi niyalma takūraha, tere dobori, ula i tumen……ujihe, muse tuttu ujifi ula i gurun de unggifi ejen obuha niyalma kai, ere bujantai musei gala ci tucike niyalma kai, jalan goidahakūbi, beye halahakūbi, ere cooha be geren seme ume gūnire, muse de abkai gosime buhe amba horon bi, jai ama han i gelecuke amba gebu bi, ere cooha be muse.[11]</td></tr>
<tr><td>漢文繙譯</td><td>欲殺我兵，發兵一萬截於路。遇其截路之兵後，扈爾漢侍衛將其收回之五百戶眷屬，結寨於山巔，派兵百名守護，並遣人回返，將烏喇兵截路情形報告領兵三位貝勒。是夜，烏喇之萬兵〔原檔殘缺〕收養之。我等如此豢養遣歸烏喇國為君之人哉！此布占泰乃從我等手中釋放之人啊！年時未久，其身猶然未改，勿慮此兵眾多，我等荷天眷，仗天賜宏威，又有父汗英名，我等何憂不破此兵。</td></tr>
</table>

11 《內閣藏本滿文老檔》（瀋陽，遼寧民族出版社，2009 年 12 月），第一冊，頁 5。

《滿文原檔》是使用早期滿文字體所記載的原始檔冊，對滿文由舊變新發展變化的過程，提供了珍貴的語文研究資料。乾隆年間，內閣大學士鄂爾泰等人已指出，滿文肇端於無圈點字，內閣大庫所保存的「無圈點檔」，檔內之字，不僅無圈點，復有假借者，若不融會上下文字的意義，誠屬不易辨識。因此，遵旨將檔內文字加設圈點，除可認識者外，其有難於辨識者，均行檢出，附註乾隆年間通行字體，依據十二字頭編製成書。張玉全撰〈述滿文老檔〉一文已指出，乾隆年間重抄的加圈點《滿文老檔》，將老滿字改書新體字，檔內有費解的舊滿語，則以新滿語詳加注釋，並將蒙文迻譯滿文，其功用較之鄂爾泰所編的《無圈點字書》，似覺更有價值，並非僅重抄而已。誠然，重抄本《滿文老檔》的價值，不僅是加圈點而已。《內閣藏本滿文老檔》對詮釋《滿文原檔》文字之處，確實值得重視。

錫伯族在臺灣與滿洲語文的傳承

清初諸帝，重視國語清文，已有居安思危的憂患意識。滿文是一種拼音文字，相對漢語的學習而言，學習滿洲語文，確實比學習漢語漢文容易，西洋傳教士以歐洲語音學習滿洲語文，更覺容易，口音也像。巴多明神父致法蘭西科學院書信中指出，康熙年間編纂《御製清文鑑》的工作進行得極為認真，倘若出現疑問，就請教滿洲八旗的老人；如果需要進一步研究，便垂詢剛從滿洲腹地前來的人員。誰發現了某個古老詞彙或熟語，便可獲獎。康熙皇帝深信《御製清文鑑》是重要寶典，只要寶典存在，滿洲語文便不至於消失。通過巴多明神父的描述，可知《御製清文鑑》的編纂，就是康熙皇帝提倡清文國語的具體表現，具有時代的意義。康熙十二年（1673）四月十二日，《起居注冊》記載康熙皇帝對侍臣所說的一段話：「此時滿洲，朕不慮其不知滿語，但恐後生子弟漸習漢語，竟忘滿語，亦未可知。且滿漢文義，照字翻譯，可通用者甚多。今之翻譯者，尚知辭意，酌而用之，後生子弟，未必知此，不特差失大意，抑且言語欠當，關係不小[12]。」「後生子弟漸習漢語，竟忘滿語」，就是一種憂患意識。

乾隆年間（1736-1795），滿洲子弟多忘滿語。乾隆七年（1742）八月二十二日，乾隆皇帝降諭云：「滿洲人等，凡遇行走齊集處，俱宜清語，行在處清語，尤屬緊要。前經降旨訓諭，近日在南苑，侍衛官員兵丁，俱說漢話，殊屬非是。侍衛官員，乃兵丁之標準，而伊等轉說漢話，兵丁等何以效法。嗣後凡遇行走齊集處，大臣侍衛官員，以及兵丁，俱著清語，將此通行曉諭知之[13]。」滿洲侍衛、官員、兵丁等在南苑或行走齊集處，不說滿語，轉說漢話，竟忘滿語，殊屬非是。乾隆十一年（1746）十月初十日，乾隆皇帝在所頒諭旨中指出，黑龍江地區是專習清語滿洲辦事地方，黑龍江將軍傅森竟不知穀葉生蟲的清語，傅森在奏摺內將穀葉生蟲清語，兩處誤寫[14]。乾隆十二年（1747）七月初六日，諭軍機大臣等，盛京補放佐領之新滿洲人等帶領引見，清語俱屬平常。乾隆皇帝在諭旨中指出，「盛京係我滿洲根本之地，人人俱能清語，今本處人員，竟致生疎如此，皆該管大臣官員等，

12 《清代起居注冊·康熙朝》（北京，中華書局，2009 年 9 月），第二冊，頁 B000657。
13 《清高宗純皇帝實錄》，卷一七三，頁 15。乾隆七年八月戊申，諭旨。
14 《清高宗純皇帝實錄》，卷二七六，頁 15。乾隆十一年十月壬申，諭旨。

平日未能留心教訓所致，將軍達勒當阿著傳旨申飭[15]。」黑龍江、盛京等處，都是滿洲根本之地，清語是母語，乾隆年間，當地滿洲人，其清語平常生疎如此，確實是一種隱憂。由於滿洲後世子孫缺乏居安思危的憂患意識，清初諸帝搶救滿洲語文的努力，確實效果不彰。

宣統三年（1911）七月十八日辰刻，宣統皇帝溥儀開始讀書。書房先是在中南海瀛臺補桐書屋，後來移到紫禁城齋宮右側的毓慶宮。滿文是基本課程，但是，溥儀連字母也沒學會，就隨著老師伊克坦的去世而結束。溥儀的學業成績最糟的要數他的滿文。學了許多年，只學了一個字，這個字就是每當滿族大臣向他請安，跪在地上用滿語說了照例一句請安的話，意思是：「奴才某某跪請主子的聖安」之後，溥儀必須回答的那個：「伊立」[16]。滿語"ilimbi"，意思是：「起來」，「伊立」是"ili"的漢字音譯，就是"ilimbi"的命令式，意思是：「起來吧！」溥儀的「坦白」，令人鼻酸。

近年來，關於錫伯文的使用及教學問題，成了大家議論的熱門話題，有些人為錫伯語文的沒落而憂心忡忡；有些人認為應該順其自然。面對這些議論，使人不由自主地想起了早已被人遺忘的廣祿先生。永托里先生撰〈想起廣祿先生〉一文指出，「1971 年 12 月，東亞阿爾泰學會第四屆會議在臺灣召開，一位臺灣老學者以《錫伯族由盛京遷徙新疆伊犁的歷史》為題作了專題發言，引起眾多國際滿學家的震驚。之所以震驚，主要是因為他的滿語發言令大家耳目一新。在辛

15 《清高宗純皇帝實錄》，卷二九四，頁 10。乾隆十二年七月甲午，諭旨。
16 愛新覺羅・溥儀著《我的前半生》（香港，文通書店，1994 年 4 月），第一冊，頁 61。

亥革命六十年後，在滿族人差不多都已不會講滿語的情況下，在臺灣這樣一個小島上居然有人會講如此流利的滿語，自然令人震驚。這位學者就是廣祿先生，原籍為新疆錫伯族，他是臺灣大學教授兼滿文專家[17]。」文中介紹了廣祿先生的簡歷，廣祿先生是察布查爾納達齊即第七牛彔人，姓孔古爾，是清末錫伯營最後一位領隊大臣富勒怙倫的長子，出生於一九〇〇年。在楊增新主政新疆時期，他離開家鄉到北京俄文法政學校學習。他出任過中國駐蘇聯齋桑、阿拉木圖、塔什干的領事和總領事。一九四九年，隨同國民政府到臺灣。在臺灣的後半生裡，廣祿先生一直是立法委員。永托里先生之所以想起廣祿先生，「是因為他從少年時代起就離開家鄉，在外奔波從政大半輩子，到臺灣以後，在只有唯一一戶錫伯族的情況下，他仍然不忘記自己的民族，不忘記自己的語言文字，不但自己從事研究工作，還堅持叫自己的家人 — 夫人和兩個兒子說錫伯語、學滿文，從事滿文滿語的宣傳和傳授工作，至死不渝地堅守住了自己的精神家園，實在令人敬佩[18]。」作者撰文的當時，察布查爾地區的錫伯文教學已停止十八年了，而在海峽這邊仍有人在教錫伯文、滿文，不為別的，只是為了自己的語言文字不至於失傳絕種。廣祿先生流利的錫伯語、滿文確實曾經感動過不少人。陳捷先教授撰〈滿文傳習的歷史與現狀〉一文也指出，民國四十五年（1956），臺灣大學歷史學系，在劉崇鋐、姚從吾、李宗侗幾位教授支持之下，邀請了新疆伊犁籍的立法委員廣祿先生來系教授滿

17　永托里撰〈想起廣祿先生〉，《錫伯文化》（sibe šu wen），第三十五期（烏魯木齊，新疆人民出版社，2001 年 10 月），頁 151。
18　《錫伯文化》（sibe šu wen），第三十五期，頁 152。

文。廣祿先生的祖先是在乾隆二十年左右派到西疆駐防的，由於新疆境內種族複雜，言語宗教各自不同，駐防的旗人乃自成單元，因而保存了滿洲族人的語文風俗。廣祿先生在臺大開滿文課，可能是我國大學史上的創舉，當時選讀這門課的學生雖只有三數人，却給日後滿文與清史研究播下了光大的種子。廣祿先生的學生們，有的在大學裡開授滿文課程，有的在繙譯與研究滿文檔案上竭盡心力，所以近代中國對滿文與清初歷史研究的提倡與振興，臺大歷史學系與廣祿先生的功勞是不可磨滅的[19]。

廣祿老師應聘在國立臺灣大學開設滿文課外，還成立滿文研究室。為了教授滿文，廣祿老師用毛筆書寫滿文字母講義。也從《滿洲實錄》選出滿文〈長白山〉、〈三仙女〉等內容，及滿文本《三國志通俗演義》中〈鳳儀亭貂蟬戲董卓〉等故事，編成滿文讀本，學生人手一冊。滿文字母及課文都有廣祿老師的錄音。民國五十八年（1969）八月，我從國立臺灣大學歷史研究所畢業後，經陳捷先教授推薦，進入國立故宮博物院圖書文獻處服務。當時正值院方整理出版《舊滿洲檔》十巨冊，我開始對滿文產生了興趣。我的主要工作是參與宮中檔奏摺的整理編目及錢穆先生主持《清代通鑑長編》的纂修。宮中檔含有滿文諭旨、滿文奏摺，纂修長編，《滿文原檔》是不可或缺的原始檔案，不懂滿文，許多史料，就無法使用，工作無法進行，於是上簽呈請求回到臺大旁聽廣祿老師的滿文課。加緊努力練習字母筆順，熟記字頭、字中、字尾的變化，常聽廣祿老師的滿文錄音，準確掌握發音。

19 陳捷先撰〈滿文傳習的歷史與現狀〉，《滿族文化》，第四期（臺北，滿族協會，1983 年 4 月），頁 15。

每天上班前，逐字背誦羽田亨《滿和辭典》，熟悉滿文常用詞彙。後來因日本東洋文庫清史研究室神田信夫、松村潤、岡田英弘、細谷良夫、加藤直人、中見立夫等先生為譯註天聰九年（1635）《舊滿洲檔》，專程來院提件查閱，轉寫羅馬拼音，核對院藏滿文原檔，工作地點就在我的辦公室，而有機會向他們請教滿文語法等問題，幫助很大，我的滿文學習進步很快，也頗有心得。廣祿老師往生以後，有一天夜裡，我夢見廣祿老師把他寫滿文的那枝毛筆親手交給了我，然後含笑而去。我醒來以後，相信此夢是廣祿老師深切期許我傳承滿文的徵兆，使我深深感覺到滿文教學與推廣，責任重大。從此以後，我對滿文的學習，加倍努力。經由國立政治大學哈堪楚倫教授的介紹，認識了達呼爾族胡格金台（1900-1986）老師。他是布特哈正黃旗第十八牛彔人。家裡講蒙古語，他從小就學滿語，精通滿文。廣祿老師往生後，我繼續加強滿文的學習，利用晚間，開始繙譯《清語老乞大》。據韓國延世大學發行的人文科學影印本轉寫羅馬拼音，然後譯出漢文，利用星期日前往新店中央新村請胡格金台老師逐句核對滿文，詳加審閱。因影印本滿文字跡漫漶模糊之處甚多，亦經胡格金台老師逐字辨認後，逐句重抄，於民國六十五年（1976）由文史哲出版社正式出版。

《尼山薩蠻傳》滿文本，是研究北亞民族薩滿信仰的原始文獻，稿本頗多。廣祿老師從俄羅斯帶回《尼山薩蠻傳》海參崴滿文手稿本。在此之前，此書雖有俄、英、韓等國文字譯本，獨缺漢文譯本。為提供研究薩滿信仰者的參考，我嘗試轉譯漢文。因原稿滿文潦草，字跡模糊，亦經胡格金台老師逐字辨認。漢文譯稿，俱經胡格金台老師詳加審訂。我進入國立故宮博物院服務前，曾在中和智光商職教中文打字，我利用中文打字機敲打羅馬拼音，對準單字，注釋詞義，譯出漢文，難度很高，每至午夜始收工就寢。慶幸的是，《尼山薩蠻傳》漢文譯本順利的問世，並且受到國際學術界的推崇。

廣祿老師往生後，廣師母蘇美琳女士繼續為滿文流傳而努力，在國立故宮博物院院長蔣復璁先生的熱心贊助下，蘇美琳女士受聘為本院滿文顧問，協助院內年輕員工，整理、繙譯滿文檔案。我利用空檔，請蘇美琳女士使用滿文書面語講故事，然後練習譯出漢文。其中有幾則滿文故事，曾經刊載於《滿族文化》。譬如〈聖女淑華傳〉，刊載於《滿族文化》第十期，可將滿文內容、羅馬拼音轉寫、漢文繙譯，分別照錄於後。

〈聖女淑華傳〉滿文內容

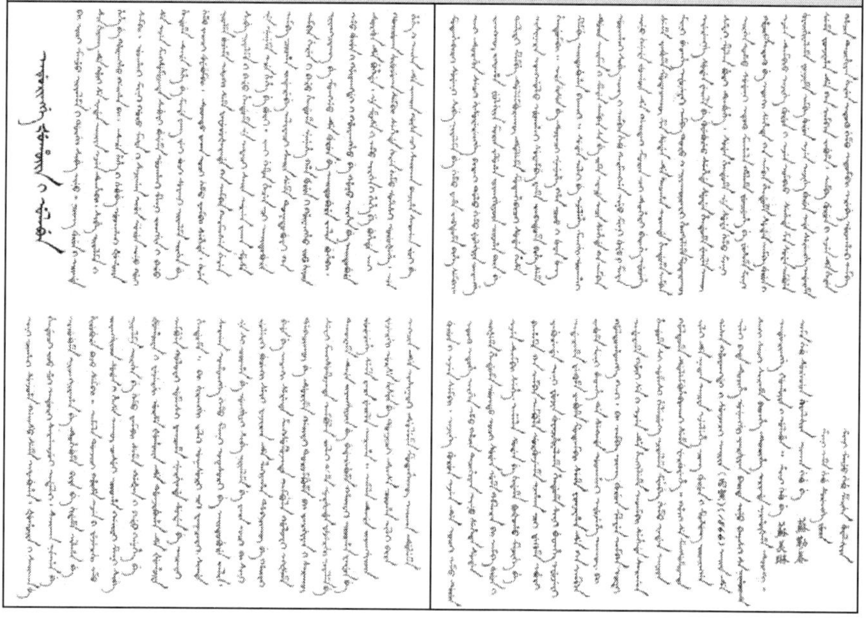

羅馬拼音

enduringge šuhūwa i ulabun

bi oci manju niyalma i dorgi sibe inu. cing gurun i erinde sin giyang de hūi se nadan aniya ejen tehebi, sibe niyalma i hehe be hūwangheo gaiha bi, tere hehe i gebube uthai šuhūwa sembi, uthai mini goro mafa i sargan ice urun inu hūi se ejen maksumujate sabufi buyeme uthai meni janggin i baru hendune: tere hehe be minde wang fei buci suweni niyalma irgen be gemu waraci guwebumbi, tuttu waka oci gemu wambi sehede, geren niyalma buceme afaki seme fafurušarade ka amban karmangga geren sibe niyalma i baru hendume: ne afaci sain arga waka muse ne neneme ere hehe be bufi, jai gemun hecen ci aitubure amba cooha jiderebe aliyaci sain seme toktobufi ka amban geren i baru hendume: nenehe han gurun i hūwangheo joo giyūn niyangniyang be monggo de gurun be aitubure jalin buhebi, emu gurun i hūwangdi i hūwangheo be hono irgen be aitubure turgun de buhede, ne muse i emu irgen i hehe be buhede ai goicuka girucuka sembi sehede geren gemu umesi urušehe, ere hehe i eigen de jakūn gūsa ci saikan banjiha sargan jui be ini cihai sonjome gaisu seme afabuha, šuhūwa i saikan be henduci yoo cy enduri sarganjui adali, saikan nimaha be irubume niongniyaha be tuhebume biya be gidame ilha be girubure boco sembi. amala donjici hūse ejen i fejergi emu jiyanggiyūn sudan i hese akū cisui cooha gaifi meni sibe niyalma irgen be gemu wambi seme gašan i baru genehe be šuhūwa i fejergi urse šuhūwa de donjibuha de šuhūwa ambula golofi umesi fancame nerginde sudan be acafi hendume: bi giranggi yali uksuri ci fakcafi sinde sargan ohongge gemu meni oksori be aitubure jalin, ne si cooha be unggifi sibe niyalma be wara oci bi sini juleri buceki sefi fajiran de lakiyaha dabcikū be gaifi beye be araki serede maksumujate ambula golofi ekšeme dabcikū be durime gaifi torombume bi yargiyan i sarkū sefi maksumujate ambula jili dame nerginde fejergi niyalma be takūrame tere jiyanggiyūn be bederebume gaifi cooha fafun be jurecehe seme wara weile araha. amala tere jiyanggiyūn fejergi urse gisun be donjici tese cooha ili bira ekcin de isinafi duleme mutehekū aika duleme mutehebici suweni sibe niyalma be gemu wame jabdume bihe sembi. ai turgun seci gisurerengge birai dolo gemu fulgiyan cirangge jangkū jafaha fulgiyan morin yaluha jiyanggiyūn cooha bira be dalifi membe dulemburakū duleme mutehebici sudan hese isinara onggolo uthai suwembe wame jabdume bihe seme hendumbi. ere gisun be tuwaci nenehe han coo i guwan gung membe aitubuha bikai. sudan ili be ejelehe manggi uthai duin aiman i meyen amban sa be jime inde aca sehede ka amban uthai sibe ing i amban gebu karmangga inu mini gufu i mafa inu genere jugūn de gaitai morin ci tuhefi bethe efujehe seme yabune muterakū ma sudan de acaha erinde hendume: amban mini bethe efujefi amba toro i niyakūrafi hengkileme muterakū ererengge sudan weile be guwebureo sehede sudan hendume: weile akū sefi mulan bufi tebuhe, sudan hendume: ne suwe gemu mini irgen oho suweni etuku mahala halame funiyehe be fusime mini hūise etuku be etuki sehede, ka amban hendume: sudan amba gurun i ejen tembio ajige gurun i ejen ombio sehede, ma sudan ambula guwacihiyalame fonjime amba gurun ejen ajige gurun ejen serengge adarame seme fonjiha de ka amban jabume: amba gurun i ejen de geren hacin tacihiyan geren etuku gemu etumbi erebe uthai amba gurun i ejen sembi, ajige gurun ejen de oci emu durun etuku etuhe irgen emu hacin tacihiyan inu sehede, sudan ekšeme hendume: uttu oci sudan ume halara bi amba gurun i ejen tembi sehe. amala sudan be gidame bošoho mejige be bahame ka amban ambula urgunjeme nahan ci fekume ebufi yaburede ini fonjin guwacihiyalame hendume: sini bethe efujefi adarame fekume yabume mutembi seme fonjiha de ka amban jabume: mini bethe da sekinde uthai efujehe akū, bi holtohongge kai, bi amba cing gurun meyen amban ofi adarame hūi se i ejen de hengkileme acambi sehede, sargan hendume: si umesi gelecuke niyalma mimbe gemu nadan aniya holtome dulembuhebikai seme ferguwehe. hūi se maksumujate ili de nadan aniya ejelehe cing gurun i mudzung yoningga dasan hūwangdi i sunjaci aniya fulgiyan tasha aniya de ili bade tucihe unenggi yargiyan baita inu baksi sa narhūšame saki saci sirame bithe tucihe erinde narhūšame tuwaki, enduringge šuhūwa i ulabun. mini gebu be su meilin, ama gebu surecun guwalgiya nikan gebu be surecun, mini eme gebu surengge fuca, mini manju gebu mergen guwalgiya.

漢文繙譯

聖女叔華傳

廣蘇美琳 著
莊吉發 譯

我是滿洲人內的錫伯，清朝的時候，在新疆做了回子七年的蘇丹，娶了錫伯人的女人爲皇后，那個女人的名字就叫做叔華，就是我外祖父的新婚的媳婦，回子蘇丹馬克蘇木雜的看了喜愛，就對我們的章京說：「如果把那個女人給我作王妃，你們的人民都寬貸不殺，若不這樣，都要殺掉。」大家發憤要拼命打仗。喀大臣喀爾莽阿對衆錫伯人說：「現在打不是好辦法，我們現在先給這個女人，再等候從京師援救大兵到來才好。」定議後喀大臣對大家說：「從前爲了救國家把漢朝的皇后昭君娘娘嫁給了蒙古，一國皇帝的皇后尚且爲了救百姓的緣故而下嫁，現在我們下嫁一個百姓的女人有什麼丟臉呢？」大家都認爲很對，囑咐說，這個女人的丈夫可以從八旗自由挑娶長得漂亮的女孩子。說起叔華的美麗，眞像瑤池仙女，美如沈魚落雁，閉月羞花。後來聽說回子君主的屬下一個將軍沒有蘇丹的諭旨私自帶兵到我們屯子來要把我們錫伯人民都屠殺，叔華的下人稟告叔華時，叔華非常害怕，很生氣的時候，見了蘇丹說：「我離開骨肉族人嫁你爲妻，都是爲了解救我們的族人，現在你若發兵殺錫伯人，我要死在你的面前，說完拿了掛在墻上的劍要自殺。馬克蘇木雜的非常害怕，急忙把劍奪下安慰說：我實在不知道。馬克蘇木雜的非常生氣，派屬下召回那個將軍，以違抗軍法處以死罪。後來聽那個將軍屬下的人說他們的兵到了伊犁河岸，未能過來，倘若能過來，你們的錫伯人都會被殺掉。什麼緣故呢？據說河內都是拿了紅色刀騎着紅馬的將軍兵丁擋住河不讓我們過，若是能過，在蘇丹的諭旨到來以前，就把你們殺掉。看了這話是從前漢朝的關公救我們啊！蘇丹佔據伊犁後就命四部領隊大臣來會見他，喀大臣就是錫伯營的大臣，名字是喀爾莽阿，是我姑父的祖父，前往途中從馬上摔下來，弄壞了腿，不能行走，會見馬蘇丹的時候說：臣腿壞了不能行大禮叩拜，希望蘇丹免罪。蘇丹說：無罪，給了椅子坐。蘇丹說：現在你們都是我的人民了，換掉你們的衣帽，剃掉頭髮，穿上我們回子的衣服。喀大臣說：蘇丹要做大國的君主呢？還是小國的君主呢？馬蘇丹非常吃驚地問說：大國的君主、小國的君主怎麼一回事呢？喀大臣回答說：大國的君主接受各種敎，各式衣服都穿，這個就是大國的君主，若是小國的君主，穿一樣衣服，人民信一種敎。蘇丹急忙說：這樣你們不用換，我要做大國的君主。後來獲得蘇丹被打敗趕走的消息，喀大臣非常高興，從炕上跳下來行走時，他的福晉吃驚地說：你的腿壞了，怎麼能跳著走呢？喀大臣回答說：我的腿根本就沒壞，我是騙人的啊！我是大清國的領隊大臣，怎麼可以向回子的君主拜見呢？妻子詫異地說：你是很可怕的人，我們都被騙過了七年啊！回子馬克蘇木雜的佔據伊犁七年，清朝穆宗同治皇帝五年丙寅（1866），是伊犁地方所發生眞實的事情，先生們如果想要詳細地知道的話，以後出版書時詳細地看。

聖女叔華傳。我的名字蘇美琳，父親名字 surecen guwalgiya，漢文名字蘇勒春，我母親名字蘇楞額富察，我的滿洲名字是默爾根・瓜爾佳。

原載《滿族文化》第十期，1987 年 1 月。

〈錫伯人談伊犁〉滿文內容

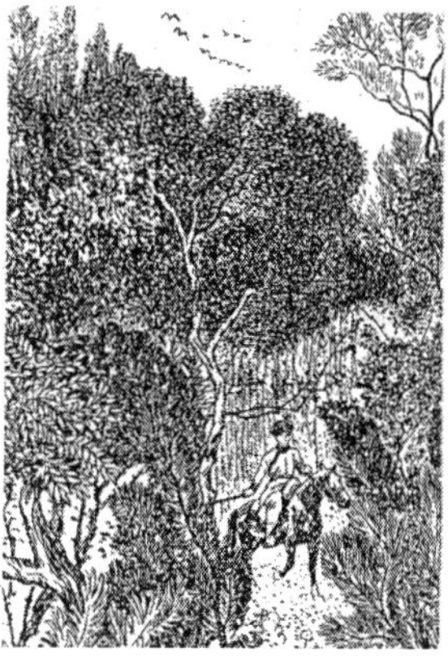

羅馬拼音

sibe niyalma ili be henduki

mergen gūwalgiya guwang sumeilin araha. manju sibe niyalma i jakūn gosa(1) be gowa(2) uksori(3) saišame ferguhe(4) gisun uju i niru funihe(5) sain, jai niru banin hatan tondo, ilaci niru alban yabume bahanambi, duici niru bilha amba, sunjaci niru gisun labdu sehebi, ainu seci sunjaci niru jibsi inu, tuttu gowa niru ci encu gisun gisurembi, ningguci niru angga faksi suru(6) bime saikan fujurungga, nadaci niru gonin sokū (7) i saisa, morin honin tuwakiyara niyalma gemu gala de bithe jafafi tuwambi, jakūn ci(8) niru asigata(9) baturu beye den amba giranggi derei fiyan gu adali giltuka(10) haha hehe gemu saikan banjihabi seme henduhebi, geli haha niyalma i adali baturu hūsun amba emu hehe niyalma gebu be agulk sembi, duin haha niyalma be juwe gala bethe i gidaci duin asigata ašašame(11) inu muterakū, ilan se i ihan i uncehen tataci ihan yabume muterakū. ili ba duin erin ilgabuhabi, turi(12) nimanggi dambi daha amala juwan biya de ili bira juhe geceme uthai juhe johūn(13) neimbi, juhe ninggu be yabumbi, mini ajige erin de ili jang pei yuwan facuhūraha de hūi yuwan hoton de tehe sibe niyalma gašan sibe ing de jailame genehe bihe, jang pei yuwan i fejergi yang jeng jung, jang pei yuwan bucehe amala funcehe cooha be gaifi hūi yuwan hoton be durime tabcilame olji gaiki seme jihe de, mini ajige ama meni eyun nun(14) ilan niyalma be jai ajige uheme(15) geli jakūn jui emgi gašan de jailame genehe, mini ama i gisun tere hūlha jidere oci gu wehe ilgarakū seme gelerengge gemu sarganjui ofi tuttu jobolon ci jailame genehe bihe, sibe cooha umesi dacon(16) baturu de hoton be tuwakiyara de be elhe taifin i dulembuhe, sibe cooha sin giyang be karmame amba hūsun tucire de gere(17) ba de baturu giranggi fayangga be werihe, uheri uksori teni bahafi elhe taifin i banjiha, sin giyang ili ba be karmame baturu gebu tucihe baturu cooha inu, sibe niyalma udu duin sunja tumen secibe juwan duin uksuri yaya uksuri gemu gidašame muterakū, ili baci aisin menggun sele gūlin(18) nicuhe juwan ši nimenggi dejire(19) mei ci tulgiyen jetere tubihe hacin labdu bime sain, duin forgon ijishūn jai na aššare alin de tuwa dekdere muke gashan gemu donjirakū hūlha holo inu komso, elhe taifin, sibe niyalma jakūn niru de oci usin talime〔tarime〕ulha ujime abalame honin temen funihe be orose(20) ci geren hacin sain etuku arara funihe i jodoho boso sokū i sabu golha(21) jergi jaka hūlašame gaimbi, tuttu mini ili ba umesi erde nendeme icemelehe hoton inu, terengge oci orose boo sejen oci gemu orose i darija(22) sejen, sejen tohorao(23) morin oci gemu orose morin beye den umesi saikan banjihabi.

註：

(1) *jakūn gosa*,新滿文作 *"jakūn gūsa"*,意即「八旗」，按故事全文應作 *"jakūn niru"* 意即「八牛彔」。

(2) *gowa*,新滿文作 *"gūwa"*,意即「別人」，以下同。

(3) *uksuri*, 新滿文作 *"uksura"*,意即「一支」，以下同。

(4) *ferguhe*, 新滿文作 *"ferguwecuke"*, 意即「驚奇」。

(5) *funihe*, 新滿文作 *"funiyehe"*,意即「頭髮」、「毛」。

(6) *suru*, 新滿文作 *"sure"*, 意即「聰明」。

(7) *sokū*, 新滿文作 *"sukū"*,意即「皮」。

(8) 漢文「第八」，新滿文作 *"jakūci"*, 此異。

(9) *asigata*, 新滿文作 *"asihata"*,意即「衆少年」。

(10) *giltuka*,新滿文作 *"giltukan"*, 意即「俊秀」。

(11) *ašašame*, 新滿文作 *"aššame"*, 意即「動彈」。

(12) 漢文「冬」，新滿文作 *"tuweri"*, 此異。

(13) *johūn*, 新滿文作 *"jugūn"*,意即「路」。

(14) *nun*, 新滿文作 *"non"*, 意即「妹子」。

(15) *uheme*,新滿文作 *"uhume"*,意即「嬸母」。

(16) *dacon*, 新滿文作 *"dacun"*,意即「敏捷」。

(17) *gere*, 似當作 *"geren"*, 意即「衆」或「諸」。

(18) 漢文「銅」,「黃銅」，新滿文作 *"teišun"*, 此作 *"gūlin"*, 異。

(19) *dejire*, 新滿文作 *"deijire"*, 意即「燒」。

(20) *orose*,新滿文作 *"oros"*,漢字作「俄羅斯」。

(21) *golha*, 新滿文作 *"gūlha"*, 意即「皮靴」。

(22) *darija*,有篷的馬車。

(23) *tohorao*, 原形作 *"tohombi"*, 意即「套」或「備馬」。

錫伯人 談伊犂

外族稱道滿洲錫伯人八旗的話，說：頭牛彔的人頭髮美；第二牛彔的人性情忠厚梗直；第三牛彔的人很會當差；第四牛彔的人咽喉大；第五牛彔的人話多，爲什麼呢？第五牛彔的人是吉布錫人，所以說的話和別的牛彔不同；第六牛彔的人嘴巧聰明而且美麗有風度；第七牛彔的人是羊皮秀才，牧放馬羊的人都是手上拿着書在看；第八牛彔的人年輕勇敢，身體高大，體格面色俊秀如玉，男女都長得好看。還有一個女巨人，和男人一樣，勇敢力大，名叫阿姑拉克，兩手兩脚挾住四個男人，四個年輕人動也不能動。拉住三歲大的牛尾巴，牛就不能走。伊犂地方，四季分明，冬天下雪後，在十月裡伊犂河結冰，就開冰路，在冰上走過去。我小時候，伊犂張培元叛亂時，住在惠遠城的錫伯人，到屯子錫伯營去躲藏了。張培元的屬下楊正仲在張培元死後率領殘兵到惠遠城來掠奪財物時，我的叔父把我們姐妹三人及嬸母，還有八個兒子一齊帶到屯子去躲藏了。家父說：那些賊匪來時，玉石不分，怕的因爲都是女兒所以去躲避災難。錫伯兵非常英勇守城，我們得享太平。錫伯兵保衛新疆最爲出力，在各處留下了英勇的骨魂，全族的人方得太平的過日子，是保衛新疆伊犂地方出了英名的勇士。錫伯人雖然說祇有四五萬人，但十四族中，那一族都不能欺侮。伊犂地方除了出產金銀鐵銅珍珠鑽石煤油燃煤以外，吃的果類既多又好，四季順調。再說地震、火山爆發、水災都不曾聽說過，盜賊也少，很太平。錫伯人八個牛彔，種田畜牧打獵，以羊駝毛向俄羅斯換取各種做美麗衣服的毛織布、軟皮的鞋靴等物，所以我們伊犂地方是一個很早進步文明的城市，住的是俄羅斯房子，坐的車子都是俄羅斯的篷車，拉車的馬都是俄羅斯馬，體形高大，長得很好看。

原載《滿族文化》第八期，1985 年 4 月。

〈聰明人尋找聰明人〉滿文內容

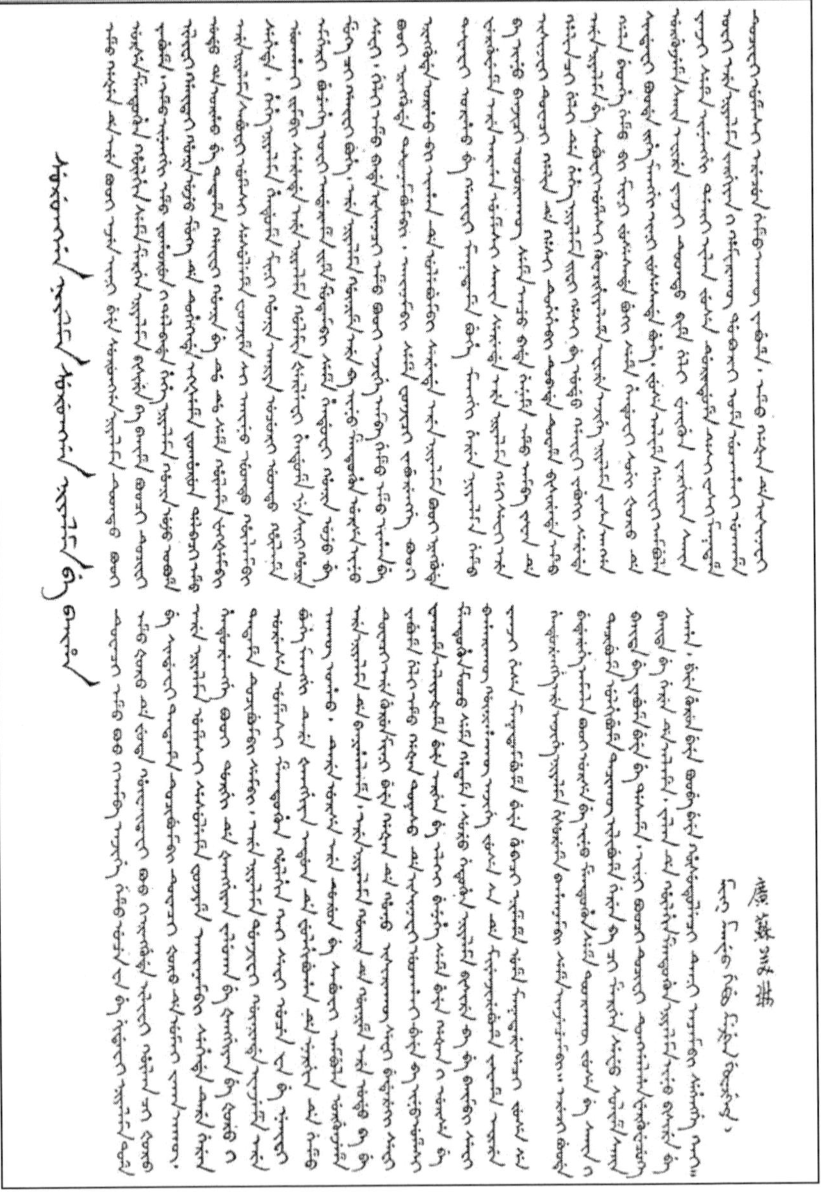

羅馬拼音

surungga niyalma(1) surungga niyalma be baiha 廣蘇美琳寫

聰明的 人 聰明的 人 把 尋找了 莊吉發譯註

emu gašan de ere booi ejen ini beye surungga niyalma tuttu booi urse mentuhun

一 鄉村 於 此 家的 主 他的自身 聰明的 人 所以 家的衆人 愚

hūlhin(2) seme mergen niyalma bisire ba baime booci tucifi yabume, emu inenggi emu

糊塗 說 智 人 所有 地 尋找 從家 出去了 行走 一 日 一

yohorun(3) i dalbade hehe niyalma honin uju obome ilifi gaitai honin uju muke de tuhekede

渠溝 的 旁邊 女人 人 羊 頭 洗濯 正在 忽然 羊 頭 水 於 掉落時

ekšeme yohorun dalbaci emu udu da orho be tatame gaifi honin be du du seme hūlame

急忙 溝渠 從旁邊 一 連 枝 草 把 抽拉 取了 羊 把 嘟 嘟 說 呼叫

fekšembi,(4) ere niyalma sabufi umesi sesuleme(5) fonjime si ainu uttu hūlambi sehede,

跑 此 人 看見了 很 驚訝 問 你爲何 如此 呼叫 說了時

hehe niyalma hendume mini honin aniya ucuri uttu hūlame uthai jimbi serede ere niyalma

女人 人 說 我的 羊 年 一向 如此 呼叫 卽 來 說了時 此 人

golmin šejilefi(6) hendume ne sini honin emgeri bucehe ofi adarame jime mutembi seme

長 嘆氣了 說 現 你的 羊 旣 死了 因 如何 來 能 說

hendufi honin uju be muke ci gaifi buhe, ere niyalma gūnime ere ba inu mentuhun urse

說了 羊 頭 把 水 從 取了 給了 此 人 想 這 地 亦 愚 衆人

inu sefi, geli emu bade isinaci emu booi ajige amba gemu emu ihan be booi ninggude

亦 說了 又 一 於地 到去時 一 家的 小 大 俱 一 牛 把 家的 上面

tafanambumbi, ainambi seme fonjici jaburengge booi ninggude orho bi ihan de ulebumbi

使上高去 做什麼 說 問時 回答的 家的 上面 草 有 牛 於 餵

serede ere niyalma booi ninggude tafafi orho be gaifi maktame buhe manggi geren niyalma

說時 此 人 家的 上面 上高了 草 把 取了 拋 給了 後 衆 人

gemu ferguweme ere arga umesi sain serede ere niyalma hai sefi ere ba inu banjici

俱 驚奇 此 計 很 好 說時 此 人 嗨 說了 此 地 亦 若生活

ojorakū seme encu bade geneme emu amba yafan de isinafi tuwaci halin(7) de hasi

不可 說 另 於地 去 一 大 園 於 到去了 看時 樹 於 茄子

tuhehebi tubade tuwame bisirede emu halin ci geli den hehe niyalma jifi hasi be udu gaifi

結了 於那裡 看 於所有 一 樹 從 又 高 女人 人 來了 茄子 把 幾 取了

yabuki serede ere niyalma be sabufi umesi guwacihiyalame(8) efire ajige niyalma yasa

欲行 說了時 此 人 把 看見了 很 驚奇 玩的 小 人 眼

angga gala bethe gemu bi mini jusesade buki seme hendufi sogi šoro de sindafi boode jihe

口 手 腿 俱 有 我的 於孩子們 欲給 說 說了 菜蔬 筐子 於 放了 於家 來了

manggi ini jusesade buhe, juse alime gaifi ambula urgunjeme sain efire yanji tuttu bime

後 他的 於孩子們 給了 孩子 受 取了 廣 歡喜 好 玩的 演技 然 而

geli weigun yargiyan sain yanji seme inenggi dari ilan juse durindume desi wasi maktame

又 活的 實在 好 演技 說 日 每 三 孩子 搶奪 向東向西 拋

ofi ere niyalma yargiyan i hamirakū dobori ome uthai ukame tucifi umesi erecun gemu

因此 人 實在 的 受不了 夜 爲 卽 逃 出去了 很 期望 俱

akū yabume, emu gašan de isinafi tuwaci emu boo i amba ajige gemu uce fa be gidafi

無 行走 一 鄉村 於 到去了 看時 一 家 的 大 小 俱 門 窗 把 關了

niyalma tome emu šoro de futa hūwaitafi boo i ninggude ilifi hūlan ci šoro be sindafi

人 每 一 筐子 於 繩 拴了 家 的 上面 站立了 煙囪 從 筐子 把 放了

羅馬拼音

tatame tucibumbi tuwaci šoro de umai jaka akū, ere niyalma umesi sesuleme fonjime
拉 使出去 看時 筐子 於 並 物 無 此 人 很 驚訝． 問
ainambi sehede tere geren hendurengge booi dorgi de šanggiyan jaluka be šanggiyan be
做什麼 說了時 那 衆 說的 家的 內 於 煙 滿 把 煙 把
šoro i tatame tucibumbi sembi, ere niyalma donjifi gūninde injeme ere urse umesi
筐子以 拉 使出去 說 此 人 聞了 於意 笑 此 衆人 很
mentuhun hūlhin kai sefi uce fa be neifi buhe manggi tere šanggiyan edun de fulhibuha
愚 糊塗 啊 說了 門 窗 把 開了 給了 後 那 煙 風 於 被吹了
de nergin de gemu akū oho, tere urse ere durun be sabufi ambula urgunjeme ere niyalma
於 臨時 於 俱 無 了 那 衆人 此 樣子 把 看見了 廣 歡喜 此 人
de banihalame, ere niyalma gūnin de gūnime ere udu ba be tuwaci ere gurun mini beye
於 致謝 此 人 意 於 想 此 幾 地 把 看時 此 國 我的 自身
gašan de.hono isirakū sefi bedereki sefi yabume geli emu gašan tokso de isinafi uthai
鄉村 於 尚且 不及 說了 欲歸 說了 行走 又 一 鄉村 莊屯 於 到去了 即
beye ba inu umesi fancame aliyašame beye ergen be elkei benehe seme beye gašan i urse
自身 地 亦 很 生氣 後悔 自身 命 把 差一點 送了 說 自身 鄉村的衆人
be mentuhun moco seme hatame, suru getuken niyalma bisire ba be baimbi sefi baharakū
把 愚 拙鈍 說 嫌 聰 醒 人 所有 地 把 尋求 說了 不得
gūnihakū ajige juse sa de miyenjirebume jafame efire yanji gese maktambume beye gubci
未想 小 孩子 們 於 虐待 拿 玩的 演技 似 拋 自身 全
nimeme ume maktareseci juse se hendurengge ere ajige niyalma gisureme bahanambi seme
病 勿 拋時 孩子們 說的 此 小 人 說 會 說
injecembi. ereci boode bederehe amala booi urse be inu mentuhun seme toorakū juse de
共笑 從此 於家 歸了 後 家的 衆人 把 亦 愚 說 不駡 孩子們把
sain i tacibume ulihibume taciku ilibume geren ba ci mergen sefu solime sain baita be
好 的 教 使曉得 校 使立 衆 地 從 智 師傅 請 好 事 把
yabume beye be dasame, ini booci tucifi tunggalaha ferguwecuke baita be geren de alame,
行走 自身 把 修治 他的 從家 出去了 撞見了 奇怪的 事 把 衆 於 告訴

jalan de hūlhin mentuhun niyalma inu bisire be saha, beye gurun beye boobe beye hūsutuleci
世界 於 糊塗 愚 人 亦 所有 把 知道了 自身 國 自身 把家 自身 用力時
teni acambi sehengge kai.
纔 應 說了的 啊

mini manjeo gebu mergen guwargiya
我的 滿洲 名 墨爾根 瓜爾佳

(1) 聰明人，新滿文讀如"susultungga"，或作"susultungga niyalma"，此作"surungga niyalma"異。
(2) 糊塗，新滿文讀如"hulhi"，此作"hulhin"異。
(3) 溝渠，新滿文讀如"yohoron"，此作"yohorun"異。
(4) 漢語「跑」，新滿文讀如"feksimbi"，此作"fekšembi"異。
(5) 驚訝，新滿文讀如"sesulambi"，原文"sesuleme"似宜作"sesulame"。
(6) 嘆氣，新滿文讀如"sejilembi"，原文"šejilefi"，似宜作"sejilefi"。
(7) 樹木，新滿文讀如"moo"，原文"halin"爲錫伯語「樹木」之通稱。
(8) 原文"guwacihiyalame"，又作"guwacihiyalme"，意即吃驚。

漢文繙譯

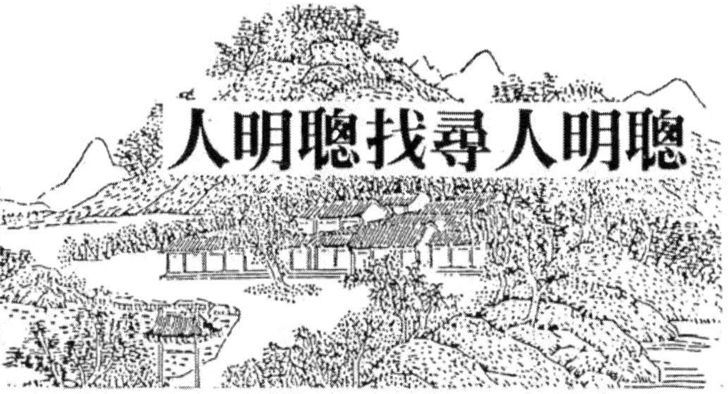

聰明人尋找聰明人

廣蘇美琳 著
莊吉發 譯

在一個村裡有一家的主人，他自以爲是聰明人，所以覺得家裡的人愚笨，爲尋找有聰明人的地方而離家外出。

有一天，看到一個女人在溝渠旁邊正在洗羊頭，忽然羊頭掉到水裡去了，她急忙從溝渠旁邊拔了幾株草，「嘟！嘟！」地跑着呼叫羊。這人看了很驚訝，問說：「你爲什麼這樣呼叫呢？」女人回答說：「我的羊平時這麼呼叫就會來。」這人長嘆了口氣說：「現在你的羊已經死了，怎麼能來呢？」說畢，把羊頭從水裡撈起來交給她。

這人心想這地方也是愚笨的人。又去到一地方，有一戶人家，大小都把一頭牛往屋頂上拉，問說：「幹什麼？」回答說：「屋頂上有草，要牛去吃。」這人爬上屋頂，把草拔下丟給牠以後，大家都稱讚說：「這個辦法很好。」這人說聲「嗨」，這個地方也不能過日子，而往另一個地方，到了一個大園子，看見樹上結了茄子，在那裡正在看時，有個比樹還要高的女人來採了一些茄子，正要走的時候看到了這人，很驚奇地說：「是很好玩的小人，眼口手腿都有，要給我的孩子們」，而放到菜籃裡，帶回家來後給了她的孩子們。

當孩子們接到的時候，高興得不得了，都說：「這是個好玩的玩具，然而還是個活的呢！實在是很好的玩具。」因爲三個孩子每天把他搶過來丟過去地玩弄着，這人實在痛苦得受不了，到了晚上就逃出來了，很失望地走着，來到一個村裡，看見一家大小把門窗全都關了起來，每個人站在屋頂上，用繩子拴了一個筐子，從煙囪把筐子放下去再拉出去，看了筐子裡並沒有東西。這人很驚訝地問：「做什麼？」他們大家說：「要把滿屋子裡的煙用筐子拉出來。」這人聽了心裡頭笑着想這些人很愚蠢，便把門窗給打開了，那些煙一下子被風吹不見了，那些人看了這樣，非常高興地向這人道謝。

這人心裡想：這幾個地方看來比我自己的家鄉還不如，於是想回去，一面想着，一面走着，又來到了一個村莊，就是自己的地方。他很氣又後悔，差一點把命給送了，嫌自己鄉村的人笨拋而去尋找有聰明人的地方，不但找不到，反而被小孩子們虐待當娃娃拋來丟去，弄得全身疼痛，還得討饒說：「不要丟了」，小孩子們一齊笑着說：「這小人會說話。」

自從回到家以後，也不再罵家裡的人們笨了，想把孩子們好好地教誨，設立學堂，從各地聘請明師，行好事及修身。他把離家後所撞見的奇奇怪怪事情告訴大家，知道世界上也有愚笨的人，自己的國，自己的家，自己本身還要自己努力啊！

我的滿洲名字是墨爾根瓜爾佳。

原載《滿族文化》第九期，1986 年 5 月。

為了掌握滿文典籍，我曾先後往返韓國、日本、英國、美國查閱館藏滿文古籍，勤於逛古書店，確實頗有收穫。為了擴大視野，練習聽與說，熟練會話，曾經多次前往北京、遼寧、新疆等地請教滿文專家。有一年寒假，中央民族學院王鍾翰教授安排我住在該校招待所，冒著零度以下寒風，陪我前往拜訪滿文流利的老前輩，令我十分感動。後來我多次拜訪北京中國第一歷史檔案館吳元豐先生，請教《滿和辭典》查不到的滿文詞彙，譬如："suce"，是「玻璃杯」，又作「瓶子」；"kurbo"，是「羔羊」；"kurbu"，是「橋」等等。民國六十九年（1980）九月，我赴英國倫敦參加國際檔案會議期間，曾經把我編譯的《清代準噶爾史料初編》送給中國文化局出席會議的代表。我和吳元豐先生初次見面時，吳元豐先生告知文物局將我的書交下給了他，所以他頗為驚訝，臺灣竟然有人懂滿文。郭美蘭女士是吳元豐先生的夫人，夫婦都是新疆錫伯族，都精通滿文，我多次請郭美蘭女士念誦錫伯文教材，並錄音。每次見面，多用滿文書面語對話。我也曾經請安雙成先生等滿文專家錄音，我暫住中央民族學院招待所期間，曾經多次拜訪季永海先生，請教滿文問題，我也熟讀他編寫的《現代滿語八百句》。其他我拜訪過的滿文專家多人，收穫很多，誠摯表示謝意。

我努力學習滿文，頗有心得，先後在政治大學邊政研究所、民族學系、臺灣師範大學歷史學系、淡江大學歷史學系、故宮博物院滿文班、臺灣大學中文學系，開設滿文課程，培養滿文人材，協助整理滿文檔案。為了教學相長，特地編寫滿文教材，近年來出版的滿文書籍，就是在各校上課使用的輔助教材，都由臺北文史哲出版社出版，感謝老闆彭正雄先生的熱心贊助，對滿學研究，作出了重要的貢獻。這些教材依次為：《清語老乞大》(1976)、《尼山薩蠻傳》(1977)、《孫文成奏摺》(1978)、《清代準噶爾史料初編》(1983)、《滿漢異域錄校注》(1983)、《雍正朝滿漢合璧奏摺校注》(1984)、《謝遂職貢圖滿文圖說校注》(1989)、《滿文故事譯粹》(1993)、《御門聽政 — 滿語對話選粹》(1999)、《滿語童話故事》(2004)、《滿語歷史故事》(2005)、《滿語常用會話》(2006)、《滿漢西遊記會話》(2007)、《滿漢諺語選集》(2010)、《康熙滿文嘉言選》(2013)、《滿漢對譯文選》(2013)、《清語老乞大譯註》(2014)，《佛門孝經：地藏菩薩本願經滿文譯本校註》(2015)等。

錫伯族西遷與滿洲語文的傳承

錫伯族的歷史與文化，源遠流長，西遷伊犁的錫伯族對於滿洲語文的傳習作出了極大的貢獻，回溯錫伯族西遷的歷史，具有時代意義。錫伯族是東北地區的少數民族之一，清太宗崇德年間（1636-1643），錫伯族同科爾沁蒙古同時歸附於滿洲，編入蒙古八旗。康熙三十一年（1692），將科爾沁蒙古所屬錫伯族編入滿洲八旗，從此以後，錫伯族開始普遍使用滿洲語文。康熙三十八年（1699）至四十年（1701）三年中，將齊齊哈爾、伯都訥、吉林烏拉三城披甲及其家眷南遷至盛京、京師等地。乾隆年間，清軍平定天山南北路後，隨即派兵屯種，欲使駐防兵丁口食有資，並使遠竄的厄魯特無從復踞舊地。乾隆二十七年（1762），設伊犁將軍。同年十月，以明瑞為伊犁將軍，伊犁成為新疆政治、軍事中心。為加強邊防，陸續由內地調派大批八旗兵丁進駐伊犁，其中駐守伊犁的錫伯兵，主要是從東三省抽調移駐的。錫伯兵及其眷屬西遷前夕的活動，在今日察布查爾的錫伯族，仍然記憶猶新，還編成錫伯文教材，代代相傳。乾隆二十九年（1764）四月十八日，西遷錫伯族在瀋陽太平寺祭告祖先，與留在故鄉的錫伯族共同聚會餐敘，翌日便啟程，前往伊犁守邊。當時西遷的錫伯兵是從東北三省十七城抽調出來的，官兵連同眷屬總計五千餘人。陰曆四月十八日，就是錫伯族的西遷節，尤其在新疆的錫伯族，每年到了四月十八日，家家戶戶，男女老少都穿上新衣服，聚在一起就餐、演奏樂器、跳貝倫舞（beilen）、玩遊戲、射箭、摔跤、賽馬等活動，四月十八日，就成了錫伯族特別的節日。錫伯官兵從東北家鄉遠赴新疆屯墾戍邊，也把滿洲語文帶了過去。這批錫伯官兵後代子孫，在進入二十一世紀的今日新疆，仍持續使用滿洲語文，這是錫、滿文化傳承歷史上值得關注的大事，察布查爾錫伯自治縣被稱為保存滿文的「活化石」地區[20]。

錫伯官兵到達新疆後，在伊犁河南岸一帶屯墾戍邊，乾隆三十一年（1766），編為八個牛彔，組成錫伯營。蘇德善先生撰〈錫伯族雙語教育的歷史回顧〉一文指出，錫伯營的單獨成立，對錫伯族來說，是政治地位的重大改變，從此凡涉及本族的重大事務，有了自主權，錫伯族在政治、軍事上的成就，均以本族名義被伊犁將軍奏聞朝廷記錄在案。西遷的錫伯族，借助錫伯營這個舞臺，演出了有聲有色的多幕悲喜劇，為發展民族經濟、文教、文學藝術，具備了主、客觀條

20 戈思明撰《新疆錫伯族傳承滿文之研究》（臺北，中國文化大學，2014 年 2 月），頁 14。

件，可謂英雄有用武之地了[21]。乾隆三十一年（1766），伊犁將軍明瑞令每旗各設清書房一所。錫伯營有一所書房，有教習二人，分司教弓箭，學滿文、四書五經、千字文、旗訓等，年終由伊犁將軍府派員考課，考上者走上仕途。嘉慶七年（1802），伊犁將軍松筠以八旗子弟能讀書者甚多，就從各旗閒散童蒙中挑選聰慧者集中在一起，選派滿、漢教師分司教讀，並宣講《聖諭廣訓》，派滿營協領等管理。這種學校稱為敬業官學，伊犁僅有一所。在錫伯營各牛彔還有若干私塾，只有少數富家子弟就讀。在本旗接受軍訓的披甲，也要教授滿文。通過這些學堂和軍營教育，有相當一部分的人學會了滿文。

嘉慶七年（1802），在伊犁察布查爾山口開鑿大渠，引進伊犁河水灌溉。嘉慶十三年（1808），大渠竣工，長達一百八十里，命名為察布查爾大渠，開墾了七萬八千多畝良田。光緒八年（1882），錫伯營總管色布喜賢呈請伊犁將軍金順撥款辦學。翌年，每個牛彔開始各設一所官辦義學。光緒十一年（1885），索倫營錫伯族成立一所義學。當時共有九所學校，小學生約九百名，實施單一的滿文教育。民國三年（1914），伊犁成立了尚學會，總部設在一、三牛彔。為紀念錫伯營總管色布喜賢，在尚學會屬下設立了色公學校，開始採用滿漢對照的課本教學。民國四年（1915），成立了興學會，為紀念曾任索倫營領隊大臣的錫吉爾渾，設立了錫公學校，採用漢文新學課本，實施雙語教學。一年級只學滿文，二年級開始實施滿、漢文教學。民國二十年（1931），在鞏留大營盤設立

---

21 蘇德善撰〈錫伯族雙語教育的歷史回顧〉，《錫伯文化》，第三十五期，頁60。

錫伯小學校，共三個班，教授滿漢文。民國三十三年（1944）秋，錫伯族聚居地區，計小學十三所，包括中心校五所，一般學校八所。民國三十六年（1947）十月，成立「三區錫伯索倫文化促進會」，簡稱「錫索文化促進會」，是年，召開學者大會，對滿文進行改革，並將滿文改稱錫伯文[22]。一九五四年三月，伊犁成立自治縣，廢除寧西舊稱，改用錫伯族喜愛的察布查爾渠名作自治縣的名稱，定名為察布查爾錫伯自治縣。各小學所採用的六年制錫伯文課本，基本上就是滿文教材。

伊克津太先生撰〈錫伯教學之我見〉一文指出，錫伯語文是以滿文為基礎發展起來的，今天的錫伯文就是歷史上業已消失的滿文。五十年代在自治區人民出版社和教育出版社組建了錫伯文編輯室，大量地出版錫伯文圖書及教學課本，為民族教育和文化發展奠定了堅實的基礎。一九九一年，教育局開始在納達齊（nadaci）牛彔即第七牛彔鄉和堆依齊（duici）牛彔即第四牛彔鄉小學各指定一班實施「雙語教學實驗」。經過五年的實驗，結果表明實驗班學生的雙語能力都有大幅度的提高。為了總結實驗班的成果和促進雙語教學的進程，縣教育局於一九九五年召開了雙語教學工作會議。會議在總結實驗班教學成果的基礎上，提出了《錫伯族基礎教育整體改革方案》，並作出決議：「錫伯族雙語教學從實際出發，從幼兒教育入手，強化學前教育，低年級母語起步，集中學習錫伯語文，在學生具備一定基礎的母語思維能力後，再進入漢語學習階段，並使已經掌握的母語為漢語教學服

22 《錫伯文化》，第三十五期，頁 68。

務。」又把這個決議簡化為八字方針:「先錫後漢,以錫促漢」,使雙語教學有機地銜接,相互促進,實現雙語能力同步提高。據教育局一九九五年錫伯語文教學現狀調查顯示,烏珠(uju)牛彔即第一牛彔和齋(jai)牛彔即第二牛彔小學九個年級中有五個年級仍在使用第一冊錫伯文課本,而且在學習第一冊課本的五個年級學生中達到能讀寫的不足一半,錫伯族語文教學的情況可見一斑,並沒有起到「以錫促漢」的作用[23]。

奇車山先生撰〈察布查爾地區錫伯族語言文字使用現狀〉一文指出,二十世紀初,察布查爾地區還是個相對封閉的小社會,旗營制度還沒有退出歷史舞臺。因制度限制,僅有的漢族不能和錫伯族混住在一起。所以,在錫伯人和漢族人的交往不可能很多的情況下,漢語對錫伯語的影響就很小。更主要的一個在於錫伯人有重視教育的好傳統,各牛彔都有私辦或官辦學校,使學齡兒童都能進校學習錫伯語文。七十年代,錫伯語文恢復學習和使用,各錫伯族小學都恢復了錫伯語文課。相應的出版機構也重新開始出版錫伯文圖書和教科書。文中列表統計察布查爾錫伯自治縣有錫伯小學八所,其中烏珠牛彔(ujui niru)即第一牛彔中心校,計十二班;寨牛彔(jai niru)即第二牛彔中心校,計六班;依拉齊牛彔(ilaci niru)即第三牛彔中心校,計十九班;堆齊牛彔(duici niru)即第四牛彔中心校,計十五班;孫扎齊牛彔(sunjaci niru)即第五牛彔中心校,計十二班;寧固齊牛彔(ningguci niru)即第六牛彔中心校,計十一班;納達齊牛彔(nadaci niru)即第七牛彔中心校,計八班;扎庫齊(jakūci niru)即第八牛彔

23 伊克津太撰〈錫伯文教學之我見〉,《錫伯文化》,第三十五期,頁 34。

中心校，計十八班，合計共一〇一班。單純的錫伯班只有九個，其餘九十二個都是錫漢學生混合編班。從調查的狀況看，錫伯族小學在低年級基本使用錫伯語授課，中年級以錫伯語為主，部分使用漢語，高年級則是錫漢兼半[24]。

李樹蘭教授著《錫伯語口語語法概要》一書，是根據幾次語言調查的記錄寫成的，對錫伯語口語的語音和語法作了扼要的介紹。原書指出，錫伯語屬阿爾泰語系滿一通古斯語族滿語支。錫伯族的語言文字和滿族的語言文字很相近。錫伯文是一種拼音文字，是在滿文基礎上略加改動的[25]。

錫伯文共有四十個字母，其中包括六個元音字母：（a）（e）（i）（o）（u）（uu）；二十四個輔音字母：（n）（k）（g）（h）（k）（g）（h）（b）（p）（s）（sh）、（t）、（d）（l）（m）（ch）（zh）（y）（r）（f）（w）（ng）；十個拼音外來的字母（kk）（gg）（hh）（c）（cy）（z）（rr）（sy）（chy）（zhy）。

字母的基本筆劃有（字）頭（uzhu）、（字）牙（arg′an）、（字）圈（fuka）、（字）點（tong′ki）、（字）尾（unchehen）各種方向不同的撇和連接字母的豎線。書寫時，順序從上到下、行款從左到右，使用現代文字通用的標點符號。

同一個字母出現在不同的位置上大都有不同的字形，決定字形不同的位置有四種。

1.獨立。即處於不同其他字母相拼的位置，具有獨立字

24 奇車山撰〈察布查爾地區錫伯族語言文字使用現狀〉，《錫伯文化》，第三十五期，頁7。

25 李樹蘭著《錫伯語口語語法概要》（北京，民族出版社，1982年12月），頁1。

形的只有元音。

2.詞首。即處於詞的開頭位置。元音以及除 r、ng 以外的輔音都有詞首字形。

3.詞末。即處於詞的最末尾的位置。元音和能出現在詞末的輔音 n、k（舌根音）、k（小舌音）、b、s、t、l、m、r、ng 都有不同於出現在其他位置上的詞末字形。

4.詞中。除上述位置以外的所有位置。所有元音都有區別於獨立、詞首、詞末字形的詞中字形。

一九四七年以後，錫伯族的有關人士和語文工作者，在伊寧市成立了「錫伯索倫文化協會」（簡稱「錫索協會」）。在這期間，對個別字母的形體做了改動，增加了必要的音節拚寫形式。如：

1.滿文輔音字母 f 與元音 a、e 相拚時，是一種形體；與元音 i、o、u 相拼時，是另一種形體。錫伯文的 f 只有一種形體，即滿文 f 與元音 a、e 相拼時的那種形體。見下表：

轉寫符號 \ 文字	滿　文	錫伯文
f（a、e）		
f（i、o、u）		

2.滿文輔音字母 zh 出現在詞首的寫法同出現在音節中的寫法不同，錫伯文的 zh 在上述兩種情況下，都用一種形體，即出現在詞首的那種形體。見下表：

轉寫符號＼位置＼文字		滿　文	錫伯文
zh	詞首 音節首	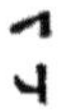	

3.滿文出現在音節末的小舌音 k 的形體是兩個字牙，左邊帶兩個點兒。錫伯文的寫法不同，只有一個字牙，左邊帶兩個點兒。見下表：

轉寫符號＼位置＼文字		滿　文	錫伯文
k（小舌音）	音節末		

4.滿文位於音節末的小舌音 k 同舌根音 k、在形體上有區別，錫伯文則沒有區別，都寫成小舌音 k 的形體。見下表：

轉寫符號＼位置＼文字		滿　文	錫伯文
k（小舌音） k（舌根音）	音節末	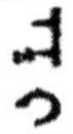	

5.增加一些必要的音節。滿文有音節 wa、we，但沒有音節 wi、wo、wu，後者在錫伯語裡"有音無字"，因此，在錫伯文裡增加了這三個音節。見下表：

文字 / 轉寫符號	滿　文	錫伯文
w（a、e） w（i、o、u）	 —	

錫伯族的口語，與滿語雖然有不少差異，但其書面語，與滿語基本相同。八個牛彔各小學所採用的六年制錫伯文課本，基本上就是滿文教材。二〇〇五年六月，何文勤先生主編錫伯文識字課本，《niyamangga gisun》（母語），一年級，上冊，由新疆教育出版社出版，課本性質是屬於義務教育課程標準實驗教科書。原書出版說明指出，「本教材是根據新疆維吾爾自治區教育廳制訂的義務教育《錫伯語文課程標準》編寫的。在自治區教育廳的安排和具體指導下，由新疆教育出版社組織編寫。本教材於二〇〇五年五月經新疆維吾爾自治區中小學教材審定委員會審查通過。在編寫過程中，以《錫伯語文課程標準》為依據，突出地方特色。錫伯族學生必須學好母語為主，實行『雙語』教學，實現『錫漢兼通』的目的。本教材旨在通過教學活動，讓學生在學唱字母歌中，輕鬆愉快地接觸到錫伯文字母和一些常見的詞語，做到能聽會讀寫。教材中還編排了許多精美的插圖[26]。」本冊教材的編者是何文勤、奇車山、孔金英、孔淑瑞、安淑英、關明書、穆德智等七位先生，封面字、正文書寫，是由何文勤先生執筆。教材內容，主要讓學生學習錫伯文字母，並接觸到一些常見的詞語。課本首頁是“a”字頭字母歌，第一課是“a”字頭字母練習。課本圖文並茂，印刷精美，可以提高學習效

26 何文勤主編《niyamangga gisun》，一年級，上冊（新疆，新疆教育出版社，2005 年 6 月），編者說明。

果。二〇〇五年十月，何文勤先生主編識字課本，《niyamangga gisun》（母語）一年級下冊。在編者說明指出，「《錫伯語文課程標準》規定，錫伯族小學生必須以學好母語為主，在學好錫伯文十二字頭的基礎上達到能聽、會讀、會寫的程度；同時實行『雙語』教學，達到『錫漢兼通』的目的。為了達到這個目的，這次重編教材，引入錫漢兩種文字對照學習的傳統教學方法，從一年級學習錫伯文單詞開始，就把對應的漢譯單詞一起附上，逐漸過渡到整篇課文的錫漢對照，使學生在小學階段就基本實現錫漢對譯的能力，達到錫漢兼通的目的。在教材編輯方面，突出地方特色，增加不少有關錫伯族歷史和傳統文化方面短文和精美插圖，讓學生在輕鬆愉快的氣氛中學好錫伯文[27]。」編寫教材，對學習錫伯文和傳承滿文，都產生了重要的作用。康熙皇帝編纂《御製清文鑑》的目的，是使滿洲語文不至於消失。清朝政權結束後，編寫錫伯文教材，使錫伯文、滿文不至於消失，頗具時代意義。為了便於討論，以及了解錫伯文教材的重要性，可將其中一年級上冊識字課本首頁「“a”字頭之歌」（a uju i ucun），第一課「“a”字頭字母」，以及清朝通行滿文十二字頭第一字頭字母，依次影印於後。

27 何文勤主編《niyamangga gisun》，一年級，下冊（新疆，新疆教育出版社，2005 年 10 月），編者說明。

一、錫伯文“a”字頭之歌

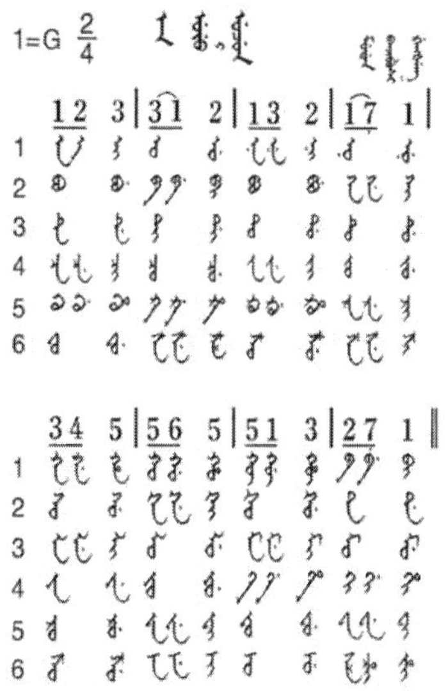

二、錫伯文“a”字頭字母

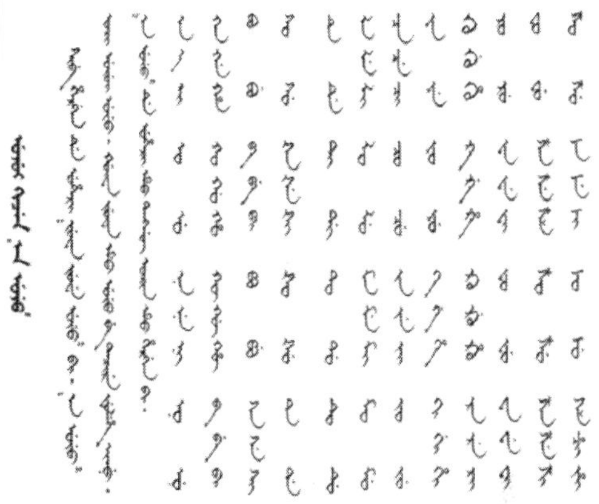

三、清朝通行滿文第一字頭字母表

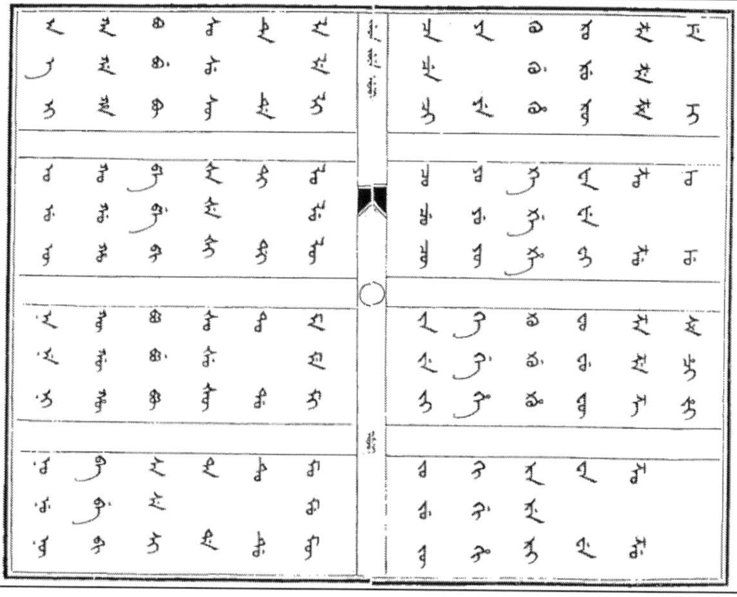

何文勤先生主編《niyamangga gisun》(母語)，一年級上冊，第一課，“a”字頭指出，錫伯文共有十二字頭，“a”字頭是第一字頭，共有一百二十一字。查對清朝通行滿文第一字頭，共計一百三十字，兩者的出入，《niyamangga gisun》，一年級上冊，第一課“a”字頭刪除第六個元音字母“ū”及“ū”所組成音節。包括：nū、bū、pū、sū、šū、lū、mū、cū、jū、yū、rū、fū，共計十三個，另外增加“wi、wo、wu、ža”三個音節。《niyamangga gisun》，一年級上冊，錫伯文“a”字頭既刪除元音“ū”及“ū”所組成的音節，卻仍保留“ᡴᡡ(kū)、ᡤᡡ(gū)、ᡥᡡ(hū)”三個音節。戈思明撰《新疆錫伯族傳承滿文之研究》已指出，錫伯文教材所刪除的元音字母“ū”，只是位於字首的“ū”而已，在字中的“ū”以及字尾的“ū”依然活躍於錫伯文裡，無所不在[28]。

新疆察布查爾錫伯小學基礎教材，自清末民初以來已採用滿文課本，「解放」後出版過一套小學母語教材，文革期間中斷，一九七九年至一九八三年、一九九四年至一九九六年、二〇〇四年至二〇〇六年三個時期，新疆教育出版社都曾編輯出版小學母語課本，早期出版的小學母語教材是全用錫伯文編寫的，品質較差，近年來出版的基礎教材，採取彩色版，紙質較佳，插圖生動，印刷精美，題材多元，文字流暢，可以讓學生在輕鬆愉快的氣氛中學好錫伯文。

錫伯文教材含有頗多有關錫伯族歷史和傳統文化方面的短篇故事，譬如「四月十八日」，是錫伯族的節日，將錫伯官兵及其眷屬移駐伊犁的歷史，編成錫伯文教材，可使歷史記

28 戈思明撰《新疆錫伯族傳承滿文之研究》，頁95。

憶代代相傳，具有重要的教育意義。錫伯文教材的編寫，同時保存了豐富的東北亞文化特色。喜里媽媽的故事（siren mama i jube），在錫伯族社會裡，耳熟能詳。一九九七年六月出版何文勤先生編六年制錫伯文小學課本第六冊收錄喜里媽媽的故事，對研究錫伯族及滿洲等民族譜牒的早期形式提供了十分珍貴的資料。節錄錫伯文教材內容一段如下，影印原文後轉寫羅馬拼音，並譯出漢文。

錫伯文教材一段

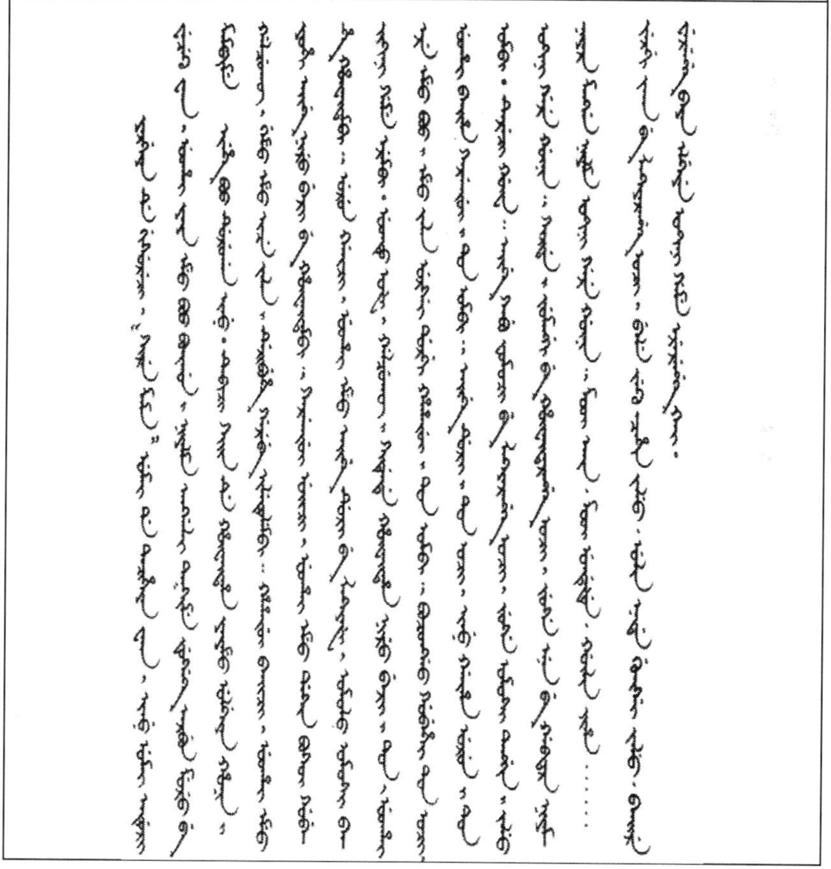

羅馬拼音	yargiyan de gisureci,"siren mama"umai da tacihiyan waka, inu umai enduri weceku waka, uthai yaya emu boo boigon i niyalma anggalai taksime fuseke arbun muru be mampime ejehe boo durugan inu. tebici sijin de hūwaitaha yayamu ulgiyan honin i galcukū, gemu emu ice jalan i deribuhe serebe iletulembi: hahajui banjici, uthai emu yohi ajige niru beri be hūwaitambi; sarganjui ujici, uthai emu dasin bosoi subehe hūwaitambi; urun gaici, uthai emu ajige duri be lakiyafi, omolo omosi banjikini seme erembi. uttu ofi, galcukū i sidende hūwaitaha niru beri i ton, uthai ere emu boo i emu jalan ursei dorgi hahajui i ton ombi; boconggo subehei ton oci, uthai banjiha sarganjui i ton ombi; ajige duri i ton oci, inu gaiha urun i ton ombi. tereci gūwa： ajige sabu fomoci be lakiyarangge oci, juse omosi tanggin i jalu okini sere gūnin; sirdan i jumanggi be hūwaitarangge oci, juse enen be gabtara niyamniyara mangga niyalma okini sere gūnin; mooi anja、mooi undefun、gūlin jiha……jergi jaka be lakiyarangge oci, bele jeku cahin jalu、ulin nadan guisei jalu、banjire werengge bayan elgiyen okini seme ererengge kai.
譯漢內容	說實話，「喜里媽媽」並非宗教，也不是神祇，只是把每一個家庭人口滋生繁衍情形打結作記號的家譜。譬如線上繫的每一個豬羊的背式骨，都是表示一個新輩的開始：若是生男孩，就繫上一副小弓箭；生女兒時，就繫上一塊布條；娶媳婦時，就掛上一個小搖籃，希望生育子孫。因此，背式骨之間所繫弓箭的數目，就是這家同輩人內男孩的數目；彩色布條的數目，就是所生女孩的數目；小搖籃的數目，就是所娶媳婦的數目。此外，所掛小鞋、襪子是希望子孫滿堂的意思；所繫撒袋是指望子嗣成為擅長馬步箭的人的意思；懸木犁、木板、銅錢……等東西，是希望米穀滿倉，貨財滿櫃，生活富裕。

喜里媽媽是錫伯文"siren mama"的音譯，"siren"，意即「絲線」，"mama"，意即「奶奶」，喜里媽媽就是錫伯族保佑家口平安的神仙奶奶，是供在正廳西北角的女神，其形狀是一條長二丈餘的細線，線上繫著小弓箭、布條、犁、鐮刀、鞋、搖籃等物。平時這條細線是捲起來裝在布袋裡面，掛在神位上。到了陰曆十二月二十三日以後，本家年老的奶奶把祂取下來，展開放在炕上，把該繫的物件加上，把祂從西北角拉到東南角，懸掛起來，點香

祭拜。到二月初二日以後，才把祂收拾裝起來，掛回原處。錫伯文教材也指出，喜里媽媽的故事，與古代家譜的起源有密切的關係。錫伯文教材對喜里媽媽故事的起源，有一段敘述，可將錫伯文節錄一段影印後轉寫羅馬拼音，並譯出漢文。

錫伯文教材一段	
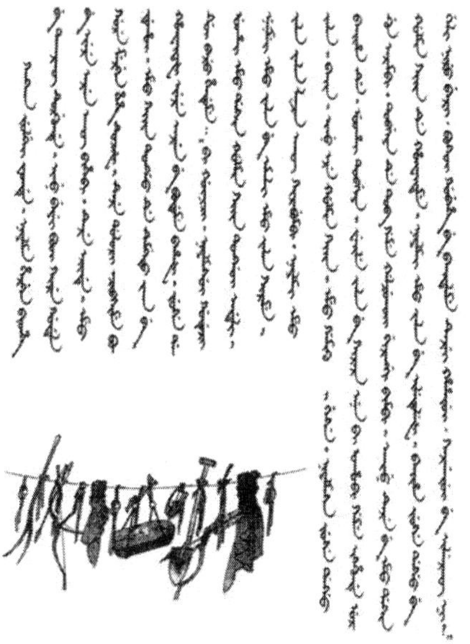	
羅馬拼音	sangkan julgei fonde, niyalma hergen bithe be takarkū turgunde, inu beyei booi siren sudala be ejere arga akū turgunde, inu beyei booi siren sudala be ejere arga akū bihebi. tere erinde, emu sure mergen hehe tucifi, tere dolori, cibsime bodohoi emu sijin tonggo de temgetu jaka be hūwaitafi ejere arga be bodome bahafi, juse dasui baru hendume: “bi gūnici, niyalmasui suduri uthai emu dasin golmin sijin tonggoi adali, nenemei emu jalan be amalai emu jalan sirame, jalan jalan lakca akū sirabumbi. niyalmai emu jalan i banjin, inu ere golmin sijin i emu semiku i gese. niyalmasa juse dasu banjiha de, uthai tobgiya i fejile jalan be sirara enen bi ohobi seme ishunde urgun arambi. tobgiya de tob seme galcukūi giranggi bimbi. ainu tere be emu dasin golmin sijin de hūwaitame, niyalmai emu jalan be iletulefi, banjiha juse dasu be geli niru beri、bosoi subehe be baitalame terei hahajui、sarganjui be ilgarkū ni?

漢譯內容	上古時候，因為人們不認識文字，所以也無法記錄自家的宗系。那個時候，出了一位聰明的婦人，她在心裡深思，想到了在一條細線上繫上有記號的東西，於是對子女說道：「我想，人類歷史就像一根細線一樣，後一代承襲前一代，世世代代延續不斷，人一輩子的生活也就像這長線的一個紉頭。人們生育子女時，就是因為膝下有接續的子嗣而互相祝賀。膝蓋上正好有背式骨，為什麼不把它繫在一根長線上表示人的一代，所生的子女又用弓箭、布條來區分男孩、女孩呢？」

在上古時候，因為沒有文字，無法紀錄自己家族的宗系，有一位聰明的老奶奶發明結繩記事的方法，人類歷史就像一條細線一樣，世代綿延不斷，以骨牌表示世代，長線上繫了背式骨，表示一個新生代的開始，這一代若是生男孩，就在線上繫上一副小弓箭；若是生女孩時，就繫上一塊布條；若是娶媳婦時，就掛上一小搖籃，希望生育子孫。在兩個背式骨之間所繫小弓箭的數目，就是這個家族同一輩人內所生男孩的人數；所掛小搖籃的數目，就是所娶媳婦的人數。所以，喜里媽媽就是世代綿延的世系奶奶，而把它放在神位上加以供奉。喜里媽媽故事中所描述的錫伯族家譜，就是使用文字以前早期家譜的原始形式。

何少文先生從東北、內蒙古地區搜集整理的〈喜利媽媽的傳說〉一文指出，錫伯族的祖先是活動於大興安嶺下，呼倫貝爾草原上的拓跋鮮卑。原文對喜里媽媽傳說的意義作了總結說：

> 在繩上掛上男人們的弓箭，拴上女人們的頭巾和搖孩子們的搖車，來紀念喜利姑娘。後來，許多錫伯人把它作爲家庭傳宗、生兒育女的記事方式，比如生男孩掛弓箭或皮鞋子，生女孩掛彩色布條或搖車，兩輩人相交中間則掛上一枚嘎拉哈，以表示輩

數。平時用羊皮包好，供在本家的西屋西北角上，尊稱它為「喜利媽媽」。每年臘月三十，將喜利媽媽請下來，把天地繩的另一端，拴在東南墻角上，待到二月二日，就請喜利媽媽回歸原位。按年節燒香上供，拜謝這位喜利媽媽繁衍後代昌盛的女神[29]。

引文中的「喜利媽媽」，就是喜里媽媽（siren mama）的同音異譯，故事內容，大同小異。由於錫伯族的西遷，流傳於東北及內蒙古地區的喜里媽媽故事也傳播到伊犁。

在滿族社會裡，保存著生兒育女的一種習俗，如生男孩，即在大門的門樑上懸掛一張小弓和三支小箭。其箭射向門外，俗稱公子箭，它是生子的標誌。如果生了女孩，則在門樑上懸掛一條紅布[30]。楊國才先生編著《少數民族生活方式》一書亦稱，滿族認為生育是傳宗接代，後繼有人的大事。如果是男孩，就在門上掛一個木製的小弓箭；如果是女孩，就掛紅布或藍布條在門上。小孩滿月這天，長輩從家裡墻上拿下索線繩，把一頭繫在祖宗神位的支架上，另一頭拉到門外，拴在柳枝上，然後率全家族人向祖宗神位叩拜，接著就往索線繩上綁木製小弓箭，或綁紅綠布條[31]。在古代的漢族社會裡，也有類似的習俗。《禮記・內則》記載：「子生男子，設弧於門左；女子，設帨於門右[32]。」句中的「弧」，就是木弓，

29 關寶學主編《錫伯族民間故事集》（瀋陽，遼寧民族出版社，2001 年 10 月），頁 12。

30 楊英杰《清代滿族風俗史》（瀋陽，遼寧民族出版社，1991 年 9 月），頁 30。

31 楊國才等編著《少數民族生活方式》（蘭州，甘肅科學技術出版社，1990 年 9 月），頁 105。

32 李光坡撰《禮記述註》，《欽定四庫全書》（臺北，臺灣商務印書館，民國七十二年），第 127 冊，頁 606。

生男，懸掛木弓於門左；「帨」，就是佩巾，生女懸掛佩巾於門右。滿族社會的「懸弓掛帛」習俗，與古代漢族社會的「懸弧設帨」的習俗，其含義大致相近。從錫伯族喜里媽媽故事，可以解釋滿族「懸弓掛帛」與漢族「懸弧設帨」的古俗，就是發明文字以前，使用結繩紀錄生兒育女的方法，都是不同形式的早期家譜片斷紀錄，禮失求諸野，在錫伯族傳承的喜里媽媽故事裡，較完整的保存起來，成爲珍貴的歷史記憶。簡單地說，錫伯族的「喜里媽媽故事」與滿族「懸弓掛帛」的習俗，是屬於同源的歷史記憶。薩滿信仰是北亞文化圈的重要文化因素，滿族家譜的纂修與供奉，都和薩滿信仰有密切的關係，也是滿族家譜的一種鮮明特色。初修家譜、續修家譜，習稱辦譜，在滿族辦譜活動中，薩滿扮演著重要角色，在辦譜活動中，跳神祭祀的靈媒，就是薩滿。滿族續修家譜時，要請本族或本姓薩滿舉行祭祀，將重修家譜懸掛於西墻沿至北墻，擺列神案祭祖，薩滿響動法器，腰佩神鈴，頭戴神帽，身穿神裙，進行祭祀，族人磕頭、燒香。滿族祭祖時的神職人員是薩滿，家譜從木匣請下來擺在供桌上供奉時，也是由薩滿和穆昆達主祭，將家譜和祭祖活動結合在一起，如同神偶一樣地供奉家譜，這種習俗，與錫伯等族供奉喜里媽媽的儀式，十分相近。錫伯族供奉的喜里媽媽，其神位設在西隔間正房的西北角，一條二丈餘長細線繫上小弓箭、布條、犁、鐮刀、鞋子等物，平時這條繩線是捲著裝在布袋裡，掛在神位上保存，十二月二十三日以後取下喜里媽媽，把祂從西北角拉到東南角，懸掛起來，點香拜祭，喜里媽媽就是結繩作記號的家譜，也是將家譜和祭祖結合起來，屬於一種祖靈崇拜。

錫伯文教材的編輯，不僅突出地方特色，也重視西方文化的吸收與選擇。例如「賣火柴的小女孩」（syliyahū uncara ajige sarganjui），六年制小學課本，一九八九年六月出版錫伯文第十一冊，編在第九課，一九九七年六月出版錫伯文第六冊，編在第七課，故事內容，經過改編，譯文生動感人。對照重編教材內容，文字略有修改，為了便於比較，可將其中第一段分別影印如後，並轉寫羅馬拼音，譯出漢文。

錫伯文教材一段
何文勤編《niyamangga gisun》，六年制小學課本，錫伯文第十一冊，新疆教育出版社出版，一九八九年六月。

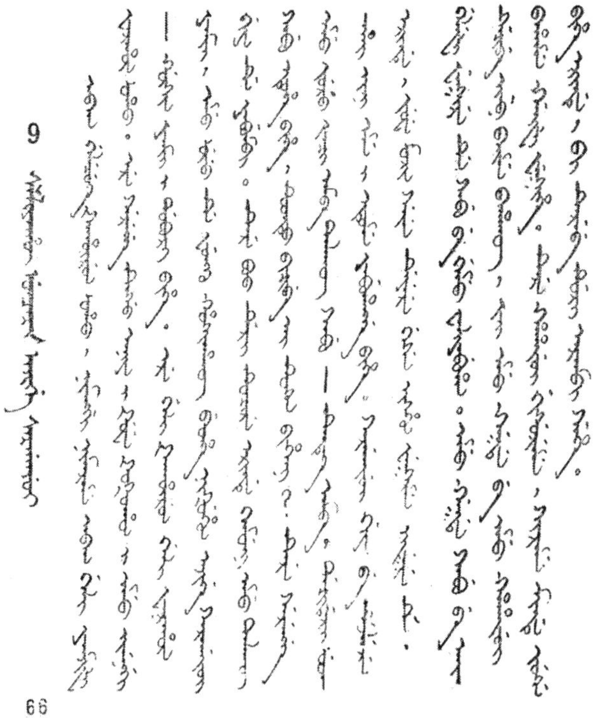
9

66

羅馬拼音	9、syliyahū uncara ajige sarganjui abka gelecuke šahūrun oho, nimanggi nimarame abka geli yamjifi farhūn oho. ere serengge tesu aniya i šuwe šošohon i emu inenggi—gūsin yamji i dobori bihe. ere geli šahūrun geli farhūn yamji, emu uju de fungku hosihakū bethe nišuhun ajige sarganjui giya de yabumbi. tere boo deri tucire erinde kemuni emu talakū sabu etuhe bihe, tuttu bicibe ai tusa biheni？ tere serengge emu juru jaci amba talakū sabu—tenteke amba, dacideri uthai ini eme i etume yabuhangge bihe. sarganjui giya be dulere erinde, juwe morin sejen deyere gese ishun feksime jidere de, gelefi feksire de sabu be gemu waliyabuha. emu gakda sabu be aisecibe inu baime bahakū, jai emu gakda be emu hahajui bahame gaifi feksihe. tere hahajui gisureme, sirame minde juse bihe erinde, bi terebe duri arambi sehe.
譯漢內容	九、賣火柴的小女孩 天氣已經可怕地冷了，下著雪天又昏暗了。這是本年的最後一天（三十日）的夜晚。這個又冷又暗的晚上，一個頭上沒圍圍巾光著腳的小女孩走到街上。她從家裡出來時還穿著一雙拖鞋，但是有什麼好處呢？那是一雙很大的拖鞋 — 那樣大，原來就是她母親穿著走路的。女孩過街時，兩匹馬車飛也似地迎面跑過來時，嚇跑時鞋子都掉了。一隻鞋怎麼也沒找到，另一隻被一個男孩拿跑了。那個男孩說：以後我有孩子時，我要把它做搖籃。

錫伯文教材一段 何文勤編《niyamangga gisun》，六年制小學課本，錫伯文第六冊， 新疆教育出版社出版，一九九七年六月。	
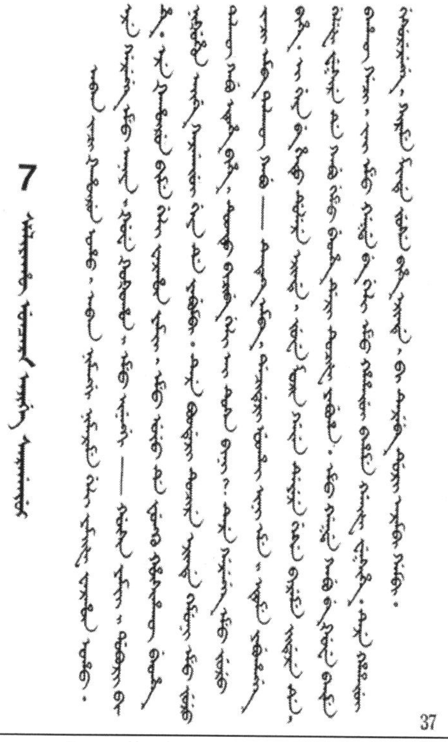	
羅馬拼音	7、syliyahū uncara ajige sarganjui abka jaci šahūrun oho, abka nimanggi nimarame geli yamjifi farhūn oho, ere serengge emu aniya i šuwe šošohon i emu inenggi—gūsin yamji i dobori bihe. ere šahūrun bime geli farhūn yamji, emu uju de fungku hūsihakū bethe nišuhun ajige sarganjui giya de yabumbi. tere booderi tucire erinde, kemuni emu juru talakū sabu etuhe bihe, tuttu bicibe, geli ai tusa bini? tere srengge emu juru jaci amba talakū sabu, tenteke amba, dacideri uthai ini eme i etume yabuhangge bihe. i giya be hetu dulere erinde, juwe morin sejen deyere gese bireme jidere de, gelefi feksire de sabu gemu bethe deri tucifi yabuha. emu gakda sabu be šuwe baime bahakū seci, jai emu gakda be geli emu hahajui bahame gaifi feksihe. tere hahajui gisurerengge：sirame minde juse bihe erinde, bi terebe duri arambi sembi.

譯漢內容	七、賣火柴的小女孩 天氣已經很冷了，天下雪且又昏暗了。這是一年的最後一天（三十日）的夜晚。在這又冷又暗的晚上，一個頭上沒有圍圍巾光著腳的小女孩走到街上。她從家裡出來時還穿著一雙拖鞋，但是那又有什麼好處呢？那是一雙很大的拖鞋，那樣大，原來就是她母親穿著走路的。她橫跨街道時，兩匹馬車飛馳似的衝闖而來，嚇跑時鞋子都從腳上掉了出去。一隻鞋子到最後也沒找到，另一隻又被一個男孩拿跑了。那個男孩說：以後我有孩子時，我要把它拿來做搖籃。

〈賣火柴的小女孩〉譯文，前後大同小異。一九八九年本中“abka gelecuke šahūrun oho”，一九九七年本作“abka jaci šahūrun oho”；一九八九年本“nimanggi nimarame abka geli yamjifi farhūn oho”，一九九七年本作“abka nimanggi nimarame geli yamjifi farhūn oho”；一九八九年本“ere serengge tesu aniya i šuwe šošohon i emu inenggi”，一九九七年本作“ere serengge emu aniya i šuwe šošohon i emu inenggi”；一九八九年本“ere geli šahūrun geli farhūn yamji”，一九九七年本作“ere šahūrun bime geli farhūn yamji”；一九八九年本“tere boo deri tucire erinde kemuni emu talakū sabu etuhe bihe”，一九九七年本作“tere booderi tucire erinde kemuni emu juru talakū sabu etuhe bihe”；一九八九年本“tuttu bicibe ai tusa biheni”，句中“biheni”，一九九七年本作“bini”，一九八九年本“sarganjui giya be dulere erinde”，一九九七年本作“i giya be hetu dulere erinde”；一九八九年本“juwe morin sejen deyere gese ishun feksime jidere de”，一九九七年本作“juwe morin sejen deyere gese bireme jidere de”；一九八九年本“gelefi feksire de sabu be gemu waliyabuha”，一九九七年本作“gelefi feksire de sabu gemu bethe deri tucifi yabuha”；一九八九年本“emu gakda sabu be aisecibe inu baime bahakū”，一九九七年本作“emu gakda sabu šuwe baime bahakū seci”；一九八九年本“jai emu gakda be emu hahajui bahame gaifi feksihe”，一九九七年本作“jai emu gakda be geli emu hahajui bahame gaifi feksihe”；一九八九年本“tere hahajui gisureme”，一九九七年本作“tere hahajui gisurerengge”；一九八九年本“bi terebe duri arambi sehe”，一九九七年本作“bi terebe duri arambi sembi”。大致而言，一九九七年本印刷精美，錫伯文書寫秀麗清晰。

錫伯文教材的特色

西遷新疆的錫伯族重視對外部文化的選擇與改造，為適應環境及加強實用性，錫伯文新詞彙的創造，有助於錫伯文的發展。在六年制小學課本中出現頗多錫伯文創新的詞彙，譬如一九九五年六月，出版錫伯文第二冊在〈還是人有辦法〉（hasita niyalma de arga bihebi）一課指出，飛機飛的又高又快，汽車跑的比馬快，船走的比魚快，火箭飛的比鳥快，機器的力量比象的力氣更大。文中「還是」，錫伯文讀如“hasita”，《錫漢教學詞典》收錄“hasita”此新詞彙，應是由漢字「還是」音寫改造的創新詞彙。文中「飛機」，錫伯文讀如“deyetun”，是“deyembi”與“tetun”的結合詞彙。文中「汽車」，錫伯文讀如“sukdujen”，是“sukdun”與“sejen”的結合詞彙。文中「機器」，錫伯文、《錫漢教學詞典》俱讀如“šunggitun”，也是創新的詞彙。文中「上方的」、「以上的」，錫伯文讀如“ninggurgi”，《錫伯語語匯》收錄“ninggurgi”，是“ninggu”與“ergi”的結合詞彙。一九九三年六月出版錫伯文第二冊，在〈奇車布去上學〉（kicebu tacikū de genembi）一課中敘述奇車布背了書包上學去，樹上有小鳥，唱歌唱的真好，草原上有漂亮的花。文中「書包」，錫伯文讀如"bofun"，是漢文「包袱」的音寫，《錫漢教學詞典》、《錫伯語語匯》俱查無此字。文中唱歌的「唱」，錫伯文課本讀如"cangnarangge"，《錫漢教學詞典》動詞原形作"cangnambi"。文中「漂亮」錫伯文讀如"kuwariyangga"，《錫伯語語匯》解作「漂亮」。〈狼和羔羊〉（niohe jai kurbo honin）的故事，編入一九八九年十月出版的錫伯文課本第四冊，文中描述狼來到小溪岸邊，看見一隻小羔羊正在那裡喝水，就故意挑釁說：「你把我喝的水弄髒了！」句中「小羔羊」，錫伯文讀如"kurbo"，《錫伯語語匯》未收此字，《錫漢教學詞典》釋"kurbo"為「羊羔」。文中「挑釁」，錫伯文讀如"fiktu baimbi"，《錫伯語語匯》釋作「挑釁」、「尋釁」，《錫漢教學詞典》釋作「尋釁」、「挑釁」、「求疵」。〈母愛〉（eme i hairan）一課，編入一九九四年六月出版的錫伯文課本第三冊，敘述孩子打破了暖壺，受到母親的批評。文中「暖壺」，錫伯文音寫讀如"nuwan hū"。「批評」，錫伯文音寫讀如"pipinglere"，《錫漢教學詞典》釋作「批評」，文中是指「責罵」。〈小髒手〉（langse ajige gala）一課，編入一九九五年六月出版的錫伯文課本第二冊，文中"banjirman"，是"banjin"與"karman"的結合詞彙；《錫漢教學詞典》釋作「衛生」。文中"heniyeku"，詞首"heni"，意即「細微」，結合"yeku"，意思是「細菌」，《錫漢教學詞典》、《錫伯語語匯》俱未收此字。〈綠樹・梅花〉（niowanggiyan moo・nenden ilha）一課，編入一九九四年六月出版的錫伯文課本第三冊，課文中敘述寒冷的冬天，「你母親沒有聽到廣播嗎？昨天夜晚已經冷到零下五度了。」句中「廣播」，錫伯文音寫作"guwangbo"；「零下」，錫伯文音寫作“ling siya”，「五度」，句中「度」，據漢語音寫作“du”。〈我是一隻小蜜蜂〉（bi oci emu ajige hibsujen）一課，編入一九九四年六月出版的錫伯文課本第三冊，課文敘述「我是一隻小蜜蜂」，「把最甜的蜂蜜呈獻給祖國」。句中「蜂蜜」，錫伯文讀如“hibsu”，「蜜蜂」，錫伯文讀如“hibsujen”，《錫漢教學詞典》亦作“hibsujen”，《錫伯語語匯》、《滿漢大辭典》俱作“hibsu ejen”，由此可知錫伯文“hibsujen”，就是“hibsu”與“ejen”的結合詞彙。

〈院內的竊竊私語〉（hūwa i dorgi šušunggiyara gisun）一課，編入一九九一年六月出版的錫伯文課本第五冊，課文指出，槐樹的年輪恰好也是指南針。句中「指南針」，錫伯文讀如“julergi jorikū”。指南針，康熙年間，滿文讀如“julergi be toktobure ulme”，意即「定南針」，《錫漢教學詞典》作“julesi jorikū”。〈青蛙的眼睛〉（wakšan i yasa）一課，編入一九八七年十月出版的錫伯文課本第六冊，課文敘述青蛙喜歡吃蒼蠅、蚊子、小蠓蟲、蚱蜢，句中「小蠓蟲」，錫伯文讀如“finjam”，《錫漢教學詞典》、《錫伯語語匯》、《滿漢大辭典》俱查無此詞，錫伯文課本保存了罕見詞彙，可以補充滿、錫辭書的疏漏。烏鴉喝水的故事，在錫伯族社會裡耳熟能詳，分別編入一九七九年十月出版的錫伯文課本一年級第二冊、二〇〇五年十月出版的錫伯文課本二年級下冊等課本，其內容詳略不同，例如一九七九年十月出版的課文標題作“gaha muke omiha”，二〇〇五年十月出版的課文標題作“gaha muke omimbi”。課文中描述烏鴉到處找水喝，看見瓶子裡有水，因為瓶口小，而且裡面的水也少，烏鴉竟然喝不著水。句中「瓶子」，錫伯文讀如“suce”，《錫漢教學詞典》、《錫伯語語匯》漢字俱作「瓶子」，可補滿文辭書的不足。〈觀看月蝕〉（biya alha jafara be tuwaha）一課，編入一九八九年十月出版的錫伯文課本第四冊，課文中記述奶奶笑著說：「現在說月蝕，我們小時候說天狗食月。」句中「月蝕」，《滿漢大辭典》作“biya be jembi”，《錫伯語語匯》作“biya alhūwa jafambi”，錫伯文課本作“biya alha jafahabi”。錫伯文“alha”，與“alhūwa”，讀音相近。〈我愛落葉〉（bi sihara abdaha be cihalambi）一課，編入一九九六年六月出版的錫伯文課本第五冊，課文中描述學童扛起書包放學回家時，看到老爺爺把落葉掃到花園裡。句中「書包」，錫伯文作“bithei fulhū”，“fulhū”，意即「布口袋」，或作「布囊」。〈春耕〉（niyengniyeri tarimbi）一課，編入一九八九年十月出版的錫伯文課本第四冊，課本描寫春天開始播種，李阿姨駕了一輛拖拉機來了。句中「拖拉機」一詞，錫伯文讀如“tolaji”，是漢字「拖拉機」的音寫。一九八五年六月出版錫伯文課本第七冊〈鯨魚〉（jing nimha）一課記述我國捕過的鯨魚八萬斤，長十七米。句中「鯨魚」，錫伯文讀如“jing nimha”，“jing”，是漢字「鯨」的音寫。長十七米，句中「米」，錫伯文讀如“miyeter”，是外來語“meter”的音寫，意思是「公尺」、「米」。

〈我家的菜園〉（mini boo i yafan）一課，編入一九九六年六月出版的錫伯文課本第五冊，課文中描繪園地裡玉米莢長得很大，西紅柿也成熟了。句中「玉米」，滿文讀如“aiha šušu”，意即「玉蜀黍」，錫伯文讀如“bolimo”；「西紅柿」，錫伯文作“pamidor”，外來語讀如“tomado”。「風箏」，滿文讀如“deyenggu”，又讀如“deyebuku”。錫伯文課本〈在春天的懷抱〉（niyengniyeri i hefeliyekui dolo）一課，課文描繪男孩子們飛著風箏比賽考驗技術，句中「風箏」，錫伯文讀如“deyenggu”。〈放風箏〉（fancal deyebumbi）一課，編入一九九一年六月出版的錫伯文課本第五冊，課文列舉老鷹風箏、鸚鵡風箏、白鶴風箏、蜈蚣風箏等名目。句中「風箏」，課文作“fancal”[33]，“fancal deyebumbi”，意即「飛風箏」，漢語作「放風箏」。錫伯文課本中「風箏」一詞的滿文並未規範。〈富饒的西沙群島〉（bayan elgiyen siša ciyundoo tun）一課，編入一九八七年十月出版的錫伯文課本第六冊，課文中的「西沙群島」，錫伯文讀如“siša ciyundoo tun”，句中“siša ciyundoo”，是漢語的音寫。課文中描寫海龜成群地爬到沙灘上產卵。句中「沙灘」，錫伯文讀如“yonggan tan”，句中“tan”，是漢語「灘」的音寫。〈海底世界〉（mederi ferei jalan jecen）一課，編入一九八九年六月出版的錫伯文課本第七冊，文中描述海底動物常發出極小聲音。句中「動物」，錫伯文讀如“aššašu”。滿文“aššambi”，意即動靜的「動」，錫伯文“aššašu”，即由“aššambi”改造而來的新詞彙。海底有一種魚，身體像梭子，每小時能游幾十公里。句中「公里」，錫伯文讀如“gungli”，是漢語「公里」的音寫。「烏賊」，錫伯文音寫作“udzei”，「章魚」，音寫作“jang ioi”，「石油」，音寫作“šiio”。「植物」，錫伯文讀如“mutursu”。滿文“mutumbi”，意即「生長」，“mutursu”，是由“mutumbi”改造而來的詞彙[34]。〈酸和甜〉（jušuhun jai jancuhūn）一課，編入一九九四年六月出版的錫伯文課本第三冊，課文中描寫北山猴子所說「葡萄又酸又澀」，句中「葡

33 李樹蘭等著《錫伯語口語研究》（北京，民族出版社，1982 年 12 月），頁 141。“fanchal”，漢語作「風箏」。

34 李樹蘭等著《錫伯語口語研究》，頁 201。“mutursu”，漢語作「植物學」。

萄」滿文讀如“mucu”。錫伯文讀如“puto”，是漢語「葡萄」的音寫。〈賣火柴的小女孩〉一課，編入一九八九年六月出版的錫伯文課本第十一冊及一九九七年六月出版的錫伯文課本第六冊，課文中的「火柴」，錫伯文讀如“syliyahū”，是漢語「西來火」的音寫。〈會飛的紅鈎〉（deyeme bahanara fulgiyan goho）一課，編入一九九四年六月出版的錫伯文課本第三冊，課文中的「作業」，錫伯文作“urebusu”。滿文“urebumbi”，意即「練習」，“urebusu”就是由“urebumbi”，改造而來的新詞彙。錫伯文課本中常見的新詞彙可舉例列表如下：

錫伯文教材創新詞彙簡表

錫伯文單詞	羅馬拼音	詞義	錫漢教學辭典	錫伯語語匯	滿漢大辭典	備註
ᡥᠠᠰᡳᡨᠠ	hasita	還是	ᡥᠠᠰᡳᡨᠠ			
ᡩᡝᠶᡝᡨᡠᠨ	deyetun	飛機	ᡩᡝᠶᡝᡨᡠᠨ			
ᠰᡠᡴᡩᡠᠵᡝᠨ	sukdujen	汽車	ᠰᡠᡴᡩᡠᠵᡝᠨ			
ᡧᡠᠩᡤᡳᡨᡠᠨ	šunggitun	機器	ᡧᡠᠩᡤᡳᡨᡠᠨ			

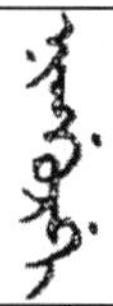	ninggurgi	上方的 以上的		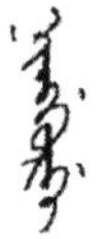		
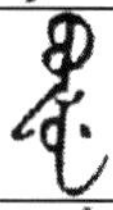	bofun	包袱				
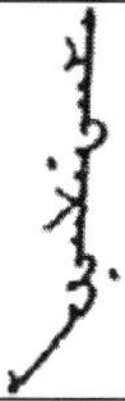	cangnarangge	唱的	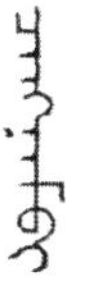			
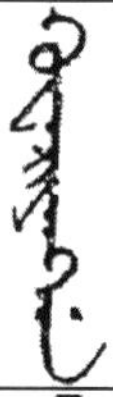	kuwariyangga	漂亮		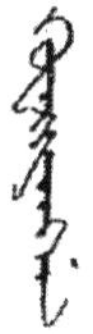		
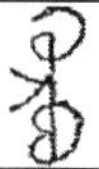	kurbo	羊羔	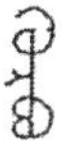			
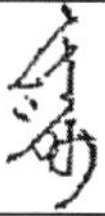	fiktu	嫌隙	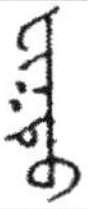	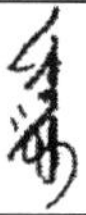		
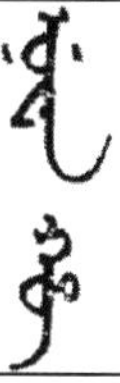	nuwanhū	暖壺				
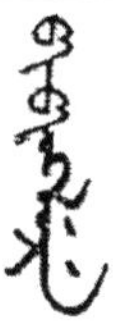	pipinglere	批評 責罵	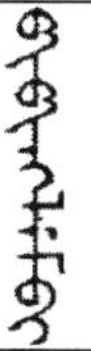			

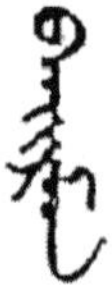	banjirman	衛生	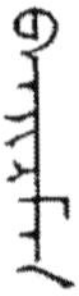			
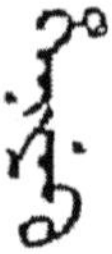	heniyeku	細菌				
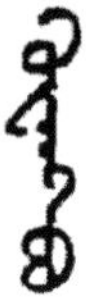	guwangbo	廣播				
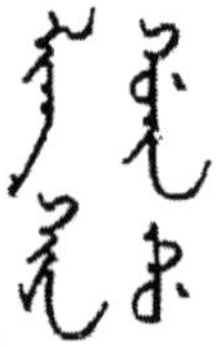	ling siya sunja du	零下五度				
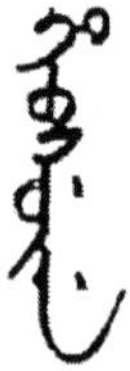	hibsujen	蜜蜂	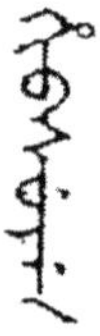	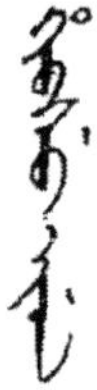	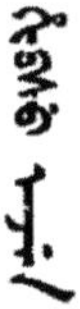	
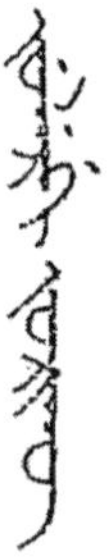	julergi joriku	指南針	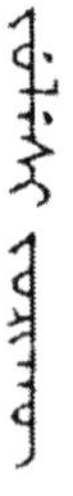			

ᡶᡳᠨᠵᠠᠮ	finjam	小蠓蟲				
ᠰᡠᠴᡝ	suce	瓶子	ᠰᡠᠴᡝ	ᠰᡠᠴᡝ		
ᠪᡳᠶᠠ ᠠᠯᡥᠠ ᠵᠠᡶᠠᡥᠠᠪᡳ	biya alha jafahabi	月食		ᠪᡳᠶᠠ ᠠᠯᡥᠠ ᠵᠠᡶᠠᡥᠠᠪᡳ	ᠪᡳᠶᠠ ᠪᡝ [illegible]	
ᠪᡳᡨᡥᡝᡳ ᡶᡠᠯᡥᡡ	bithei fulhū	書包				
ᡨᠣᠯᠠᠵᡳ	tolaji	拖拉機	ᡨᠣᠯᠠᠵᡳ			
ᠵᡳᠩ ᠨᡳᠮᡥᠠ	jing nimha	鯨魚				

ᠮᡳᠶᡝᡨᡝᡵ	miyeter	米 公尺	[illegible]			
ᠪᠣᠯᡳᠮᠣ	bolimo	玉米	[illegible]		[illegible]	
ᡦᠠᠮᡳᡩᠣᡵ	pamidor	西紅柿	[illegible]			
ᡶᠠᠨᠴᠠᠯ	fancal	風箏	[illegible]		[illegible]	
ᠶᠣᠩᡤᠠᠨ ᡨᠠᠨ	yonggan tan	沙灘				
ᠰᡳᡧᠠ ᠴᡳᠶᡠᠨᡩᠣᠣ ᡨᡠᠨ	siša ciyundoo tun	西沙群島				

ᠠᡧᡧᠠᡧᡠ	aššašu	動物	[illegible]	[illegible]		
ᡤᡠᠩᠯᡳ	gungli	公里				
ᡠᡯᡝᡳ	udzei	烏賊				
ᠵᠠᠩ ᡳᠣᡳ	jang ioi	章魚				
ᠮᡠᡨᡠᡵᠰᡠ	mutursu	植物				
ᡧᡳᡳᠣ ᠨᡳᠮᡝᠩᡤᡳ	šiio nimenggi	石油				
ᡦᡠᡨᠣ	puto	葡萄	[illegible]		[illegible]	
ᠮᠣᠣᠵᡠᠨ	moojun	澀				

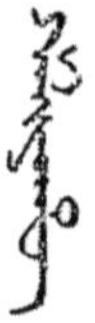	syliyahū	火柴				
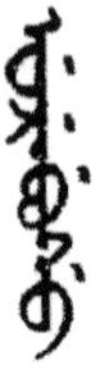	urebusu	作業				

資料來源：

何文勤等編六年制小學錫伯文課本，新疆教育出版社，一九七九年至二〇〇五年。

楊震遠等編譯《錫漢教學詞典》，新疆教育出版社，一九九八年三月。

郭秀昌《錫伯語語匯》，新疆教育出版社，一九九〇年十一月。

安雙成主編《滿漢大辭典》，遼寧民族出版社，一九九三年十二月。

探討清代滿洲語文的發展，不能忽視滿文的書法，書寫滿文的筆順、字體，在不同時期，不同文書的書寫習慣，不盡相同。盛清時期纂修的《起居注冊》、歷朝實錄等官書典籍，其滿文字體整齊工整，筆順清晰，對初學者繕寫滿文，提供了極為珍貴的書法範本，可供臨摹。錫伯文在基本上而言，就是滿文，但是通行的錫伯文教材的字形、筆順，與傳統滿文的字體、書法，不盡相同，認識錫伯文，不能忽視錫伯文的書法，可舉例列表如下。

錫伯文與滿文字形筆順對照表

錫伯文	羅馬拼音	滿文	羅馬拼音	詞義	備註
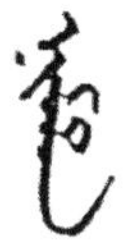	nimaha	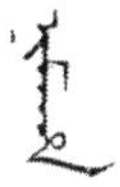	nimaha	魚	
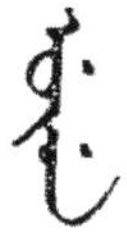	ujen	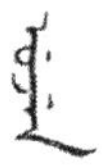	ujen	重的	
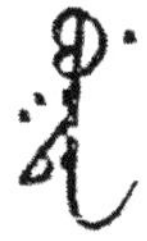	buktan	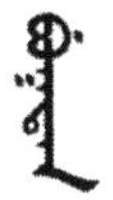	buktan	堆	
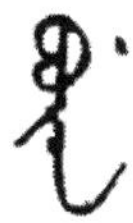	bujan	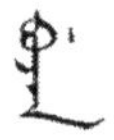	bujan	樹林	
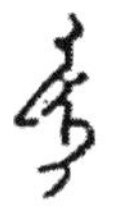	efiki	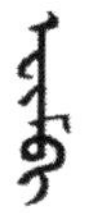	efimbi	玩耍	
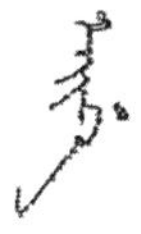	ajige	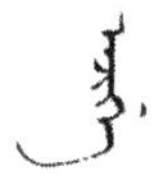	ajige	小	
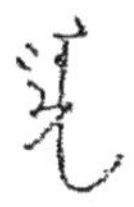	ekcin	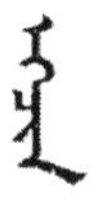	ekcin	岸	

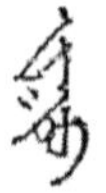	fiktu	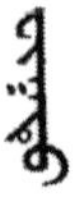	fiktu	嫌隙	
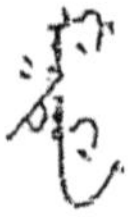	mekteme	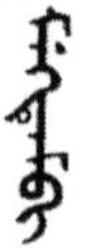	mektembi	打賭	
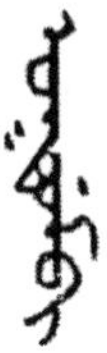	okdombi	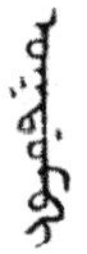	okdombi	迎接	
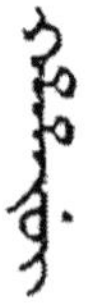	hahajui	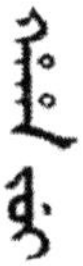	haha jui	男孩	
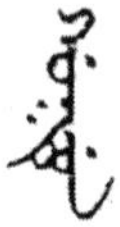	sukdun	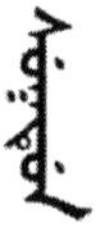	sukdun	氣體	
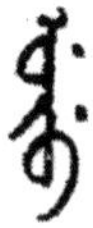	uju	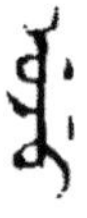	uju	頭	
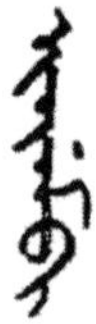	injembi	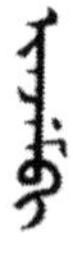	injembi	笑	
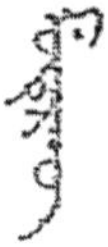	muterkū	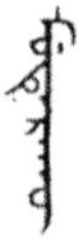	muterakū	不能	

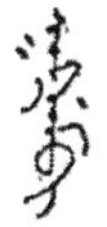	ekšembi	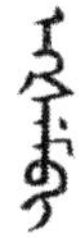	ekšembi	忙	
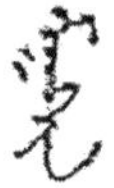	maksin	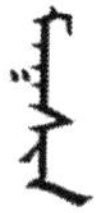	maksin	舞蹈	
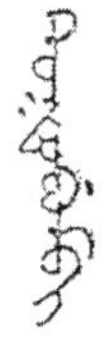	toktobumbi	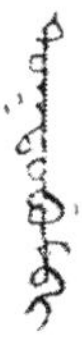	toktobumbi	安定	
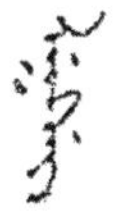	leksei	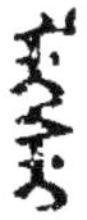	leksei	一齊	
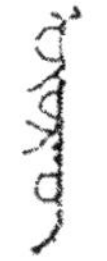	ojorakū	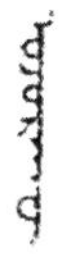	ojorkū	不可以不行	
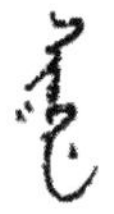	sikse	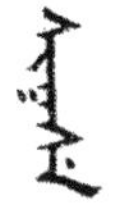	sikse	昨天	
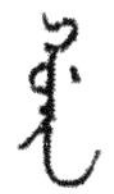	sunja	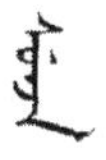	sunja	五	
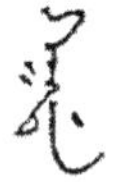	sakda	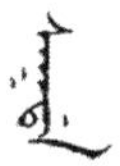	sakda	老的	
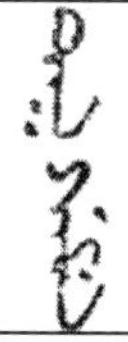	tak seme	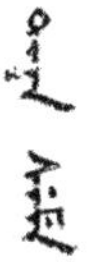	tak seme	緊緊地	

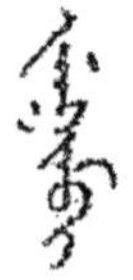	feksimbi	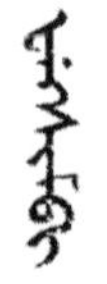	feksimbi	跑	
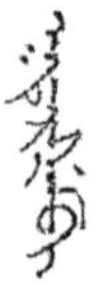	ekteršembi	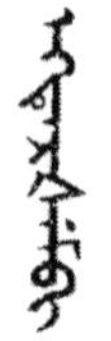	ekteršembi	挺胸	

資料來源：何文勤等編六年制小學錫伯文課本，新疆教育出版社，一九七九年至二〇〇五年。

表中是常見的錫伯文詞彙，譬如：「魚」，滿文讀如“nimaha”，錫伯文讀如“nimha”，省略“a”。「不能」，滿文讀如“muterakū”，錫伯文讀如“muterkū”，省略“a”。「不可以」，滿文讀如“ojorakū”，錫伯文讀如“ojorkū”，省略“a”。錫伯文“buktan”、“fiktu”、“toktobumbi”、“sukdun”、“okdobi”、“maksin”、“sikse”、“sakda”、“takseme”，讀音與滿文相同，但其字體不同。陽性“k”，滿文是兩個字牙，錫伯文省略一個字牙。滿文陽性“k”，與陰性“k”，字形不同，錫伯文不分陽性或陰性。例如：“mekteme”、“ekšembi”、“leksei”、“feksimbi”、“ekteršembi”，錫伯文與滿文讀音相同，但滿文與錫伯文字形不同。滿文“j”，詞頭與詞中字形不同，錫伯文的“j”，其詞中的字形與詞頭，並無不同，例如錫伯文“hahajui”、“uju”、“injembi”、“ujen”、“bujan”、“sunja”，錫伯文詞中的“j”，其字形與滿文不同。

在錫伯文小學課本中有些常用詞彙，與傳統滿文，頗有出入，可舉例列表如後。

錫伯文與滿文詞彙對照表

編號	漢文	錫伯文	羅馬拼音	滿文	羅馬拼音
1	相連	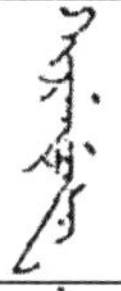	sirendufi	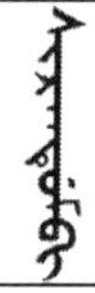	sirandumbi
2	樹木	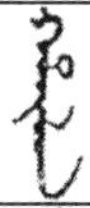	hailan	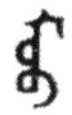	moo
3	第十	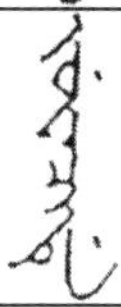	juwacide	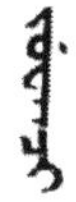	juwanci
4	坎肩	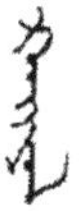	k'anjiyal	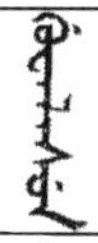	guwalasun
5	青蛙	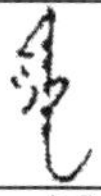	wakšan	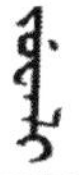	juwali
6	蜜蜂	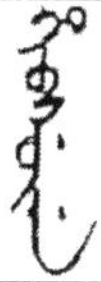	hibsujen	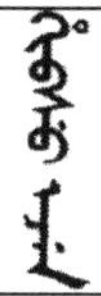	hibsu ejen
7	圈圈	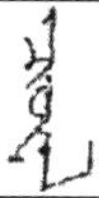	ciowal	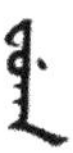	fuka
8	指南針	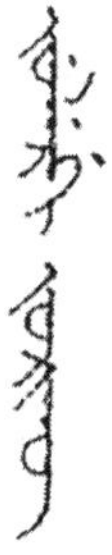	julergi jorikū	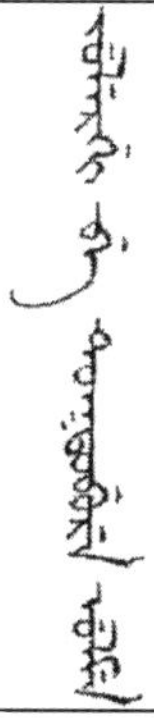	julergi be toktobure ulme

9	瓶子	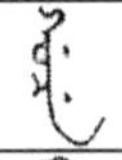	suce	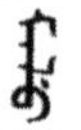	malu
10	月蝕	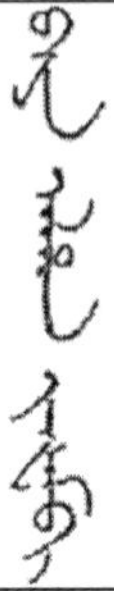	biya alha jafambi	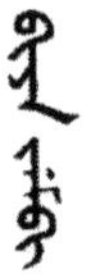	biya jembi
11	妹妹	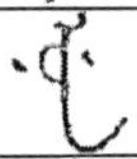	nun	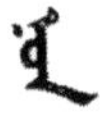	non
12	慢慢	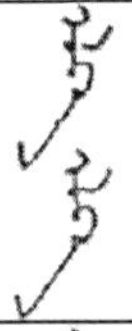	elke elke	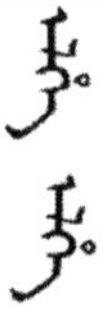	elhe elhe
13	長的	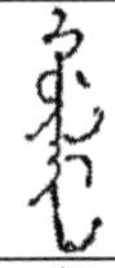	gūlmin	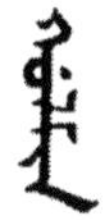	golmin
14	風箏	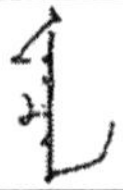	fancal	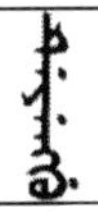	deyenggu
15	葡萄	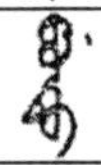	puto	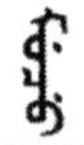	mucu
16	絆跤	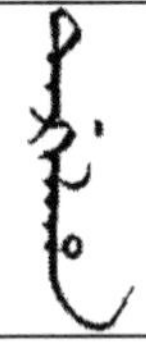	tag'alaha	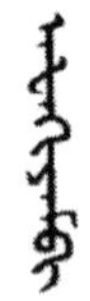	afakiyambi
17	厭煩	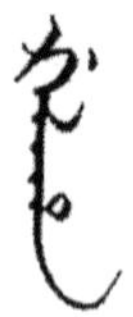	g'alaha	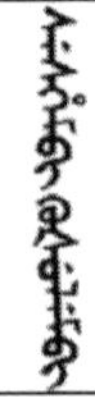	seshembi kušulembi

18	陀螺	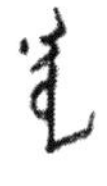	niol	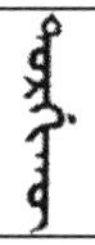	torgikū
19	水桶	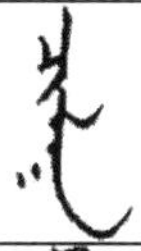	cilk	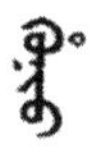	hunio
20	蝦	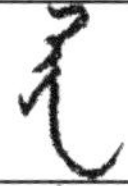	siya	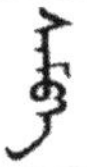	sampa
21	烏龜	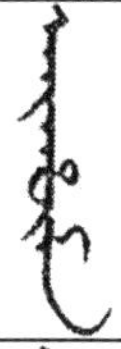	aihūma	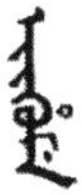	eihume
22	胃	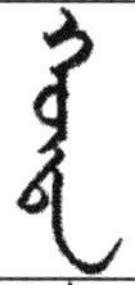	kūta	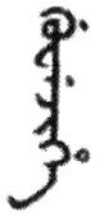	guwejihe
23	朝鮮	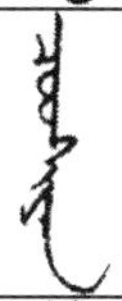	coosiyan	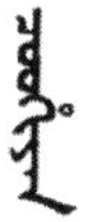	coohiyan
24	孝順	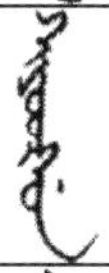	siyoošun	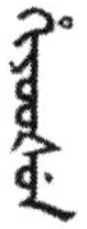	hiyoošun
25	湖	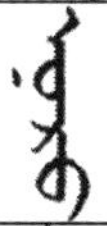	noro	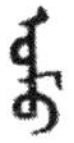	omo
26	蘋果	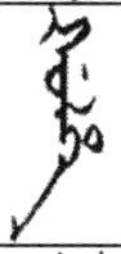	šulhe	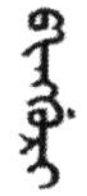	pingguri
27	梨子	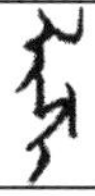	lidz	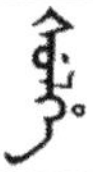	šulhe

資料來源：六年制小學錫伯文課本，新疆教育出版社。

表中所列錫伯文小學課本常用詞彙，與傳統新滿文，或因讀音的差異，而有出入。例如漢語「相連」，滿文讀作"sirandumbi"，錫伯文讀作"sirendufi"；漢語「妹妹」，滿文讀作"non"，錫伯文讀作"nun"；漢語「長的」，滿文讀作"golmin"，錫伯文讀作"gūlmin"；漢語「朝鮮」，滿文讀作"coohiyan"，錫伯文讀作"coosiyan"；漢語「孝順」，滿文讀作"hiyoošun"，錫伯文讀作"siyoošun"，或許受到漢語影響，以致讀音與漢語相近。漢語「蝦」，錫伯文據漢語讀音作"siya"，其實「蝦」，滿文讀作"sampa"。滿語"wakšan"，意即「蛤蟆」，"juwali"，意即「青蛙」，青蛙與蛤蟆分別清楚；「青蛙」，錫伯文讀作"wakšan"，青蛙與蛤蟆不分。在漢語中，烏龜與鱉，分別清楚，在漢族傳統社會裡，視烏龜為陽性，而以鱉為陰性。「烏龜」，滿文讀作"eihume"，屬陰性。「鱉」，滿文讀作"aihūma"意即「甲魚」，屬陽性。蘋果與梨不同，蘋果，清宮內務府習稱平果，滿文讀作"pingguri"，滿語「梨」，滿文讀作"šulhe"；「梨子」，錫伯文讀作"lidz"，蘋果作"šulhe"，與「梨」混淆。漢語「指南針」，錫伯文讀作"julergi jorikū"，康熙年間《起居注冊》滿文讀作"julergi be toktobure ulme"，意即定南針。有許多滿文詞彙，錫伯文教材棄而不用，譬如：「坎肩」，是一種背心，習稱半臂，滿文讀作"guwalasun"，錫伯文讀作"k'anjiyal"；「圈圈」，滿文讀作"fuka"，錫伯文讀作"ciowal"；「瓶子」，滿文讀作"malu"，錫伯文讀作"suce"；「月蝕」，滿文讀作"biya jembi"，錫伯文讀作"biya alha jafambi"；「風箏」，滿文讀作"deyenggu"，錫伯文讀作"fancal"；「葡萄」，滿文、《錫漢教學詞典》等讀作"mucu"，錫伯文讀作"puto"；「絆跤」，滿文讀作"afakiyambi"，錫伯文讀作“tag'alaha”；「厭煩」，滿文讀作“seshembi”，又作“kušulembi”，錫伯文讀作“g'alaha”；「陀螺」，滿文讀作“torgikū”，錫伯文讀作“niol”；「水桶」，滿文讀作“hunio”，錫伯文讀作“cilk”；「胃」，滿文讀作“guwejihe”，錫伯文讀作“kūta”；「湖」，滿文讀作“omo”，錫伯文讀作“noro”；以上所舉錫伯文詞彙，見於錫伯文小學課本教材，就滿文的傳承而言，見於滿文官書典籍的詞彙，棄而不用，久而久之，有許多滿文詞彙，可能因此被後人遺忘，漸致消失。如何重見清朝通用的滿文，回歸滿文官書檔案，是不可忽視的問題。

語言文字是思維的工具，也是表達思想的交流媒介。滿洲文字的創製，是清朝文化的重要特色。清朝入關後，滿洲語文一躍而成為清朝政府的清文國語，對外代表國家，對內而言，滿文的使用，更加普遍，儒家經典，歷代古籍、佛教經文、多譯成滿文，文以載道，多了一種保存東方思想的文字。清朝官方文書，或以滿文書寫，或滿漢兼書。繙譯考試，也考滿文。皇帝召見八旗人員，多使用滿語。西洋傳教士進講西學，也使用滿語，滿洲語文在清朝的歷史舞臺上確實扮演了重要角色。清初諸帝提倡清文國語，深恐滿洲子弟漸習漢語，竟忘滿語，心懷憂患意識。由於滿族後世子孫多缺乏居安思危的憂患意識，清初諸帝搶救滿洲語文的努力，確實效果不彰。正當許多人為滿洲語文的即將消失而憂心忡忡時，海峽兩岸的錫伯族都扮演了搶救滿洲語文的重要角色。西遷伊犁的錫伯族，以及居住在臺灣的錫伯族，都具有使命感，錫伯族不忘記自己的語言文字，同時積極從事滿洲語文的教學及傳授工作，錫伯族對滿洲語文的傳承、搶救與振興，功不可沒。

新疆察布查爾採用的六年制小學母語教材是使用錫伯文編寫的，題材多元，文字流暢。為適應環境，同時加強實用性，而創造了頗多新詞彙，有助於錫伯文的發展。錫伯文教材中含有頗多罕見詞彙，可以補充滿文及錫伯文辭書的不足。就滿文的傳承而言，見於清朝官書檔案的滿文詞彙，錫伯文教材棄而不用，卻據漢語詞彙讀音編寫滿文或錫伯文。譬如：「蝦」，滿文作「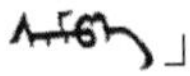」，讀作“sampa”，錫伯文教材作「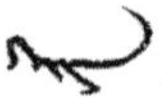」，讀作“siya”，是漢語「蝦」的音寫。又如，漢語「指南針」，錫伯文教材作「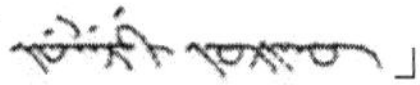」，讀作“julergi jorikū”。據康熙朝滿文《起居注冊》記載，「指南針」，滿文作「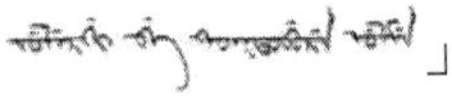」，讀作“julergi be toktobure ulme”，意即「定南針」。

編寫錫伯文教材，仍需參考清朝官書檔案。滿文常用詞彙，棄而不用，漸致消失是一種隱憂。

康熙年間（1662-1722），起居注官侍班記注，按月纂修《起居注冊》。雍正元年（1723）正月初八日，大學士馬齊等議准纂修清聖祖實錄開館事宜，正式著手纂修《聖祖仁皇帝實錄》，歷時九載，於雍正九年（1731）十二月二十日纂輯成書。實錄的纂修，起居注冊是主要的史料來源。將康熙朝《起居注冊》與《聖祖仁皇帝實錄》的滿文本進行比較，除了內容詳略不同外，其滿文書法，亦各有特色。為了便於說明，可以康熙十七年（1678）五月十五日甲寅記事為例，進行比較。先將《起居注冊》漢文、滿文及《聖祖仁皇帝實錄》滿文內容照錄於後：

十五日甲寅，上駐蹕碧雲寺。是日，上由臥佛寺至碧雲寺。上於馬上顧大學士明珠及侍衛等并張英、高士

奇曰：朕觀古來帝王如唐虞之都俞吁咈，唐太宗之聽言納諫，君臣上下，如家人父子，情誼浹洽，故能陳善閉邪，各盡所懷，登於至治。明朝末世，君臣隔越，以致四方疾苦，生民利弊，無由上聞。我太祖、太宗、世祖相傳以來，上下一心，滿漢文武，皆為一體，情誼常令周通，隱微無有間隔，一遊一豫，體恤民情，創作艱難，立萬世不易之法。朕雖涼德，上慕前王之盛事，凜遵祖宗之家法，思與天下賢才，共圖治理，常以家人父子之意，相待臣僚，罔不兢業，以前代為明鑒也。大學士明珠等對曰：皇上所行，事事上追聖帝，仰法祖宗，宵旰勤政，日御宮門，親理萬幾，與大臣講論治道，民情微隱，洞悉聖衷。臣等濫叨隆遇，或掌幾密，或侍左右，日見皇上留心政治，遊幸之際，未嘗不以天下為念。更願乾行不息，慎始慎終，超漢唐之君，鑒明末之弊。臣等雖駑劣不堪，敢不勉思往代良臣，以盡愚藎，仰副聖明孜孜求治之心也[35]。

35 《清代起居注冊·康熙朝》，第六冊，頁 B002610。康熙十七年五月十五日，記事。

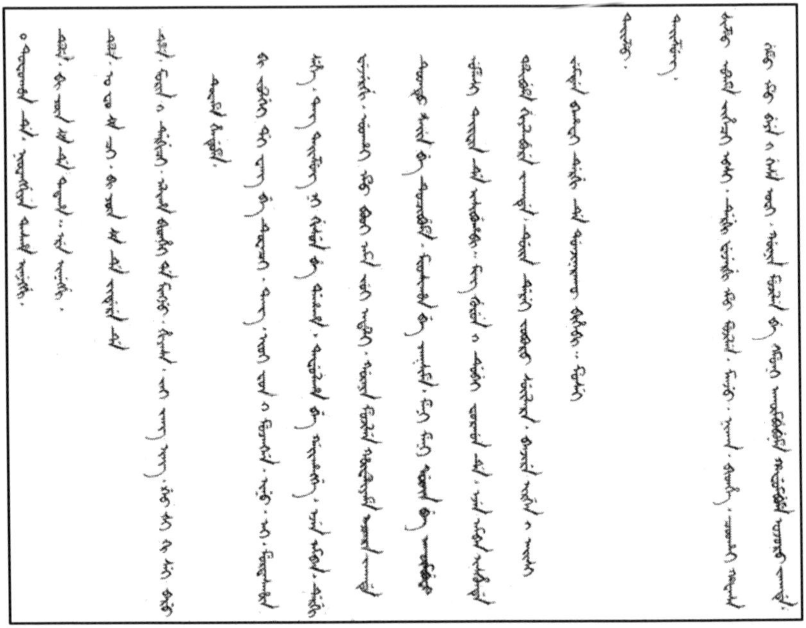

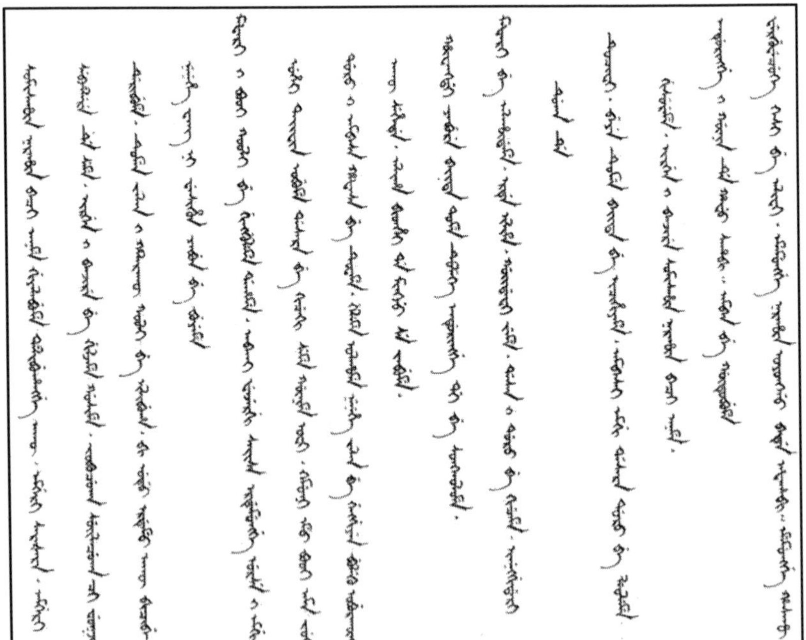

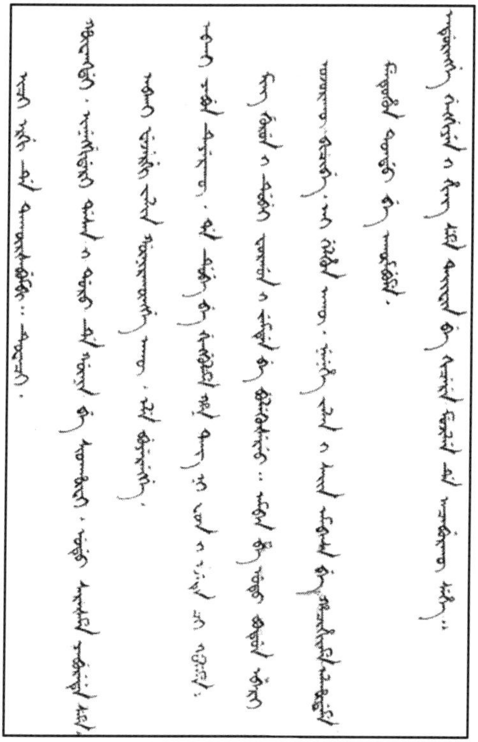

《起居注冊》滿文，康熙十七年五月十五日甲寅

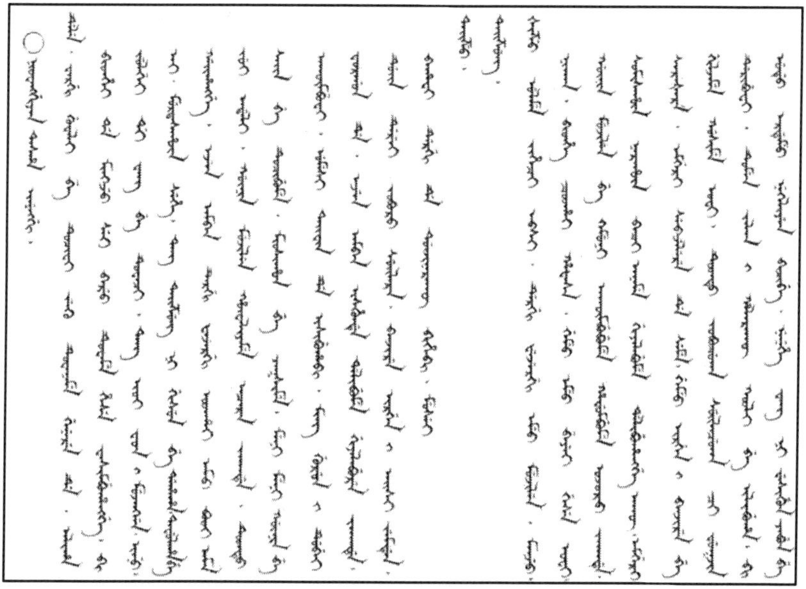

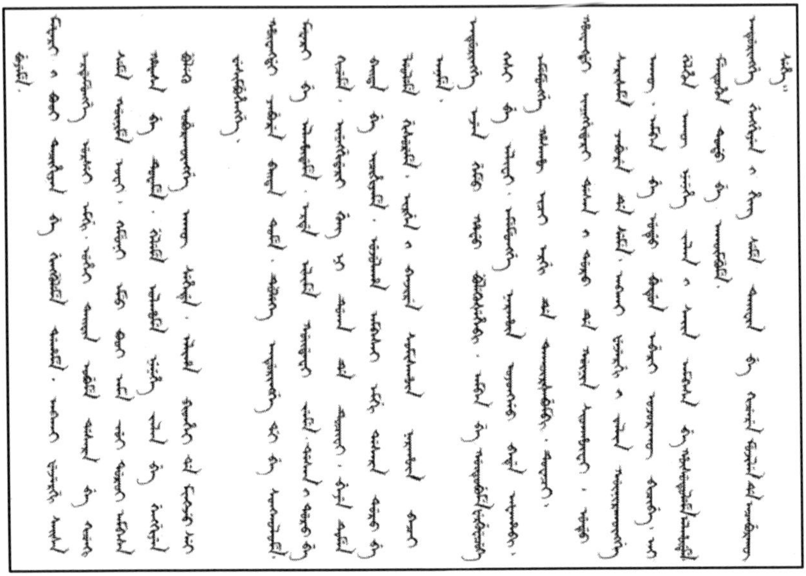

《聖祖仁皇帝實錄》，康熙十七年五月十五日甲寅

《起居注冊》中「上駐蹕碧雲寺。是日，上由臥佛寺至碧雲寺。上於馬上顧大學士明珠及侍衛等并張英、高士奇。」實錄改為「上幸西郊觀禾。顧大學士明珠等。」「常以家人父子之意，相待臣僚。」句中「父子之意」實錄作「父子之誼」。「更願乾行不息，慎始慎終，超漢唐之君，鑒明末之弊」云云，實錄刪略不載。《起居注冊》中「一遊一豫，體恤民情，創作艱難，立萬世不易之法。朕雖涼德，上慕前王之盛事，凜遵祖宗之家法，思與天下賢才，共圖治理，常以家人父子之意，相待臣僚，罔不兢業，以前代為明鑒也。」《起居注冊》滿文本作"emgeri sarašara, emgeri sebjelere de seme, irgen i banjire be giljame gosime, jobocuka suilacuka ci fukjin deribume, tumen jalan i halarakū kooli be ilibuha, bi udu erdemu akū bicibe, nenehe wang ni wesihun yabun be buyeme mafari i booi kooli be gingguleme dahame, abkai fejergi saisa erdemungge urse i emgi uhei taifin obume dasara be kiceki seme gūnime ofi, kemuni emu booi ama jui doro i ambasa hafasa be tuwame, geleme olhome nenehe jalan be genggiyen buleku oburakūngge akū sehe.”《聖祖仁皇帝實錄》滿文本作“emgeri sarašara, emgeri sebjelere de seme, gemu irgen i banjire be giljame gosime ofi, tuttu jobocuka suilacuka ci fukjin deribufi, tumen jalan i halarakū kooli be ilibuha, bi udu erdemu nekeliyen bicibe, nenehe wang ni wesihun yabun be buyeme, mafari i booi tacihiyan be gingguleme dahame, abkai fejergi saisa erdemungge ursei emgi, uhei taifin obume dasara be kiceki seme gūnime ofi, kemuni emu booi ama jui doroi ambasa hafasa be tuwame, geleme olhome nenehe jalan be genggiyen buleku oburakūngge akū sehe.”句中「體恤民情，創作艱難。」《起居注冊》滿文作“irgen i banjire be giljame gosime, jobocuka suilacuka ci fukjin deribume,”《聖祖仁皇帝實錄》作“gemu irgen i banjire be giljame gosime ofi, tuttu jobocuka suilacuka ci fukjin deribufi,”意即「皆因體恤民情，是以創作艱難。」漢文「朕雖涼德」，《起居注冊》滿文作“bi udu erdemu akū bicibe”，意即「朕雖無德」。《聖祖仁皇帝實錄》滿文作“bi udu erdemu nekeliyen bicibe”，意即「朕雖德薄」。漢文「凜遵祖宗之家法」，《起居注冊》滿文作“mafari i booi kooli be gingguleme dahame”，意即「凜遵祖宗之家規」。《聖祖仁皇帝實錄》滿文作“mafari i booi tacihiyan be gingguleme dahame”，意即「凜遵祖宗之庭訓」。為了說明滿文書法的特色，可列簡表如下：

清康熙朝起居注冊與實錄滿文字體對照表

順序	起居注冊	聖祖實錄	漢字	羅馬拼音	順序	起居注冊	聖祖實錄	漢字	羅馬拼音
1	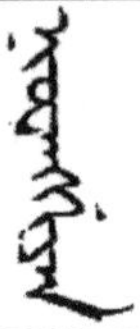	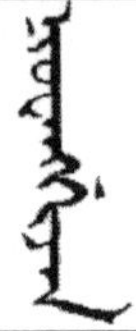	甲	niowanggiyan	2	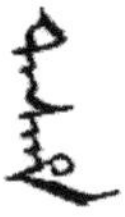	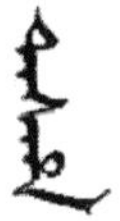	寅	tasha
3	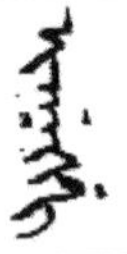	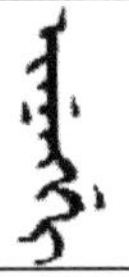	日	inenggi	4	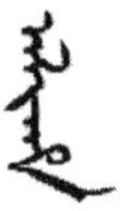	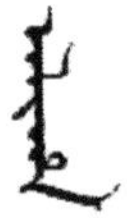	(大)	aliha
5	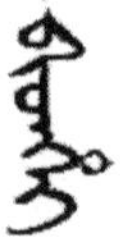	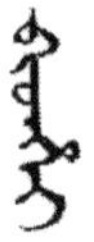	(學)	bithei	6	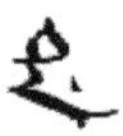	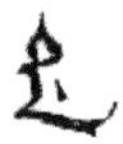	(士)	da
7	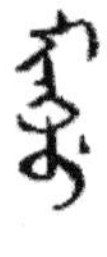	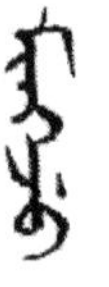	明珠	mingju	8	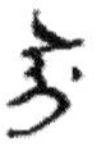	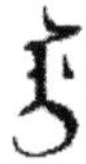	等	sei
9	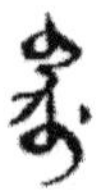	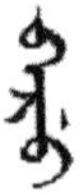	面向	baru	10	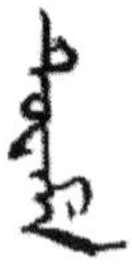	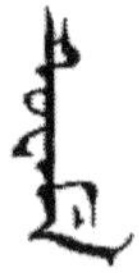	看	tuwame
11	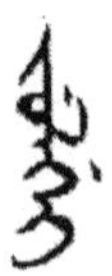	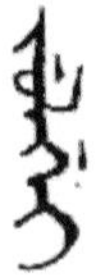	古的	julgei	12	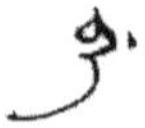	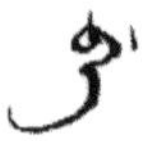	把	be

13	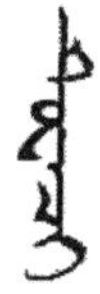	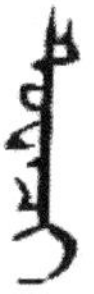	看時	tuwaci	14	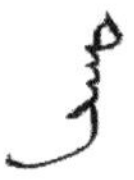	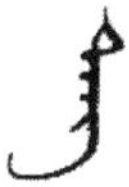	唐	tang
15	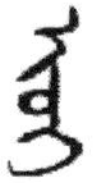	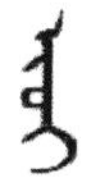	虞	ioi	16	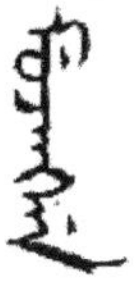	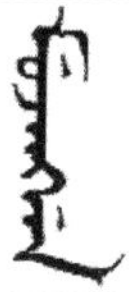	(都)	mujangga
17	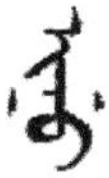	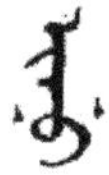	(俞)	inu	18	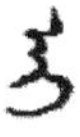	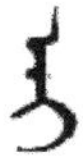	(吁)	ai
19	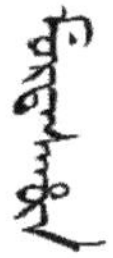	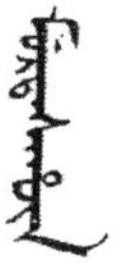	(咈)	murtashūn	20	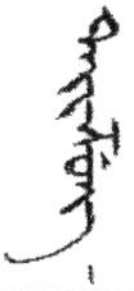	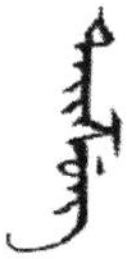	太宗	taidzung
21	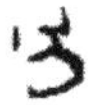	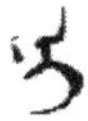	之	ni	22	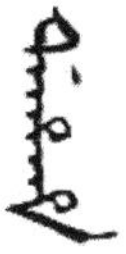	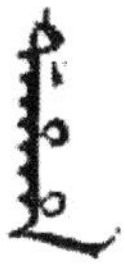	聽從	dahaha
23	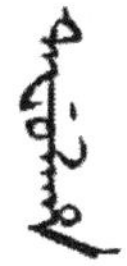	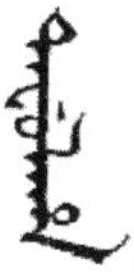	勸諫	tafulaha	24	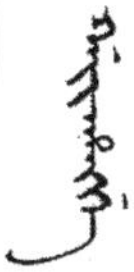	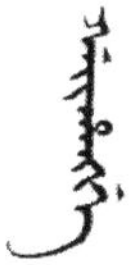	採納	gaihangge
25	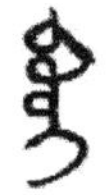	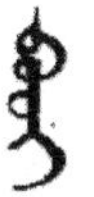	家的	booi	26	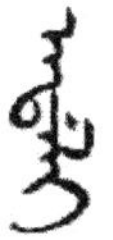	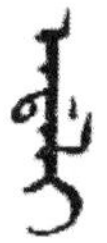	如同	adali
27	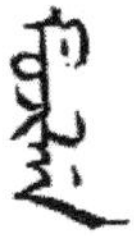	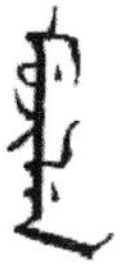	情誼	mujilen	28	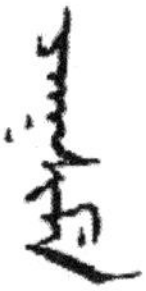	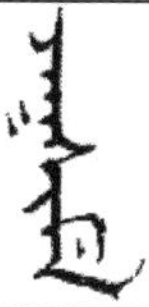	關閉	yaksime

29	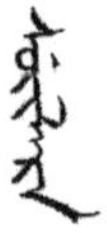	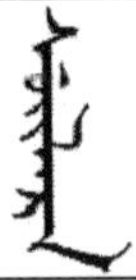	勞苦	suilara	30	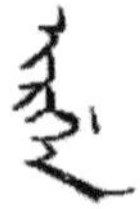	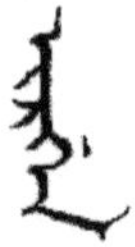	民	irgen
31	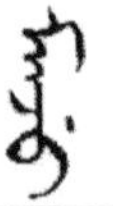	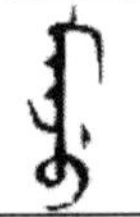	滿洲	manju	32	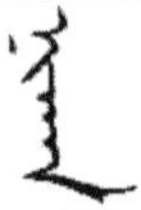	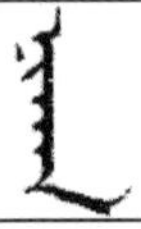	漢人	nikan
33	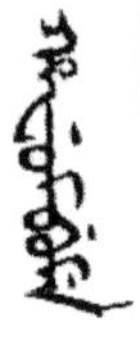	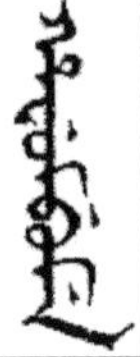	貫通	hafumbume	34	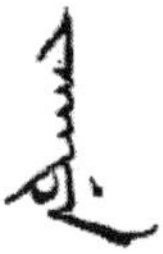	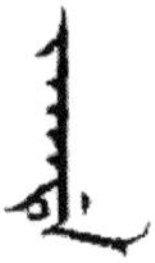	因為	jakade
35	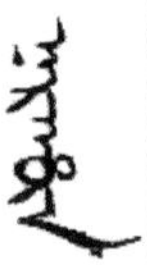	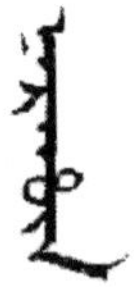	細微	narhūn	36	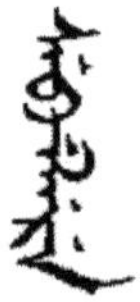	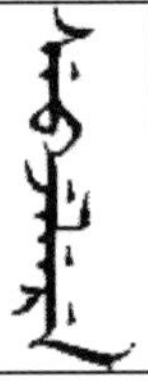	歡樂	sebjelere
37	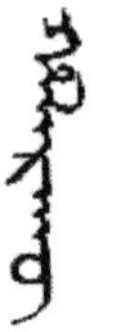	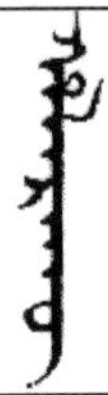	不改易	halarakū	38	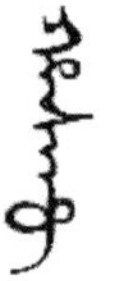	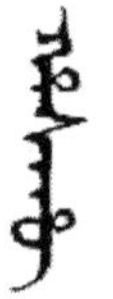	左側	hashū

資料來源：《起居注冊》、《聖祖仁皇帝實錄》滿文本，康熙十七年（1678）五月十五日甲寅，記事。

探討清代滿洲語文的發展，不能忽視滿文的書法，書寫滿字的筆順、字體，在不同時期，不同文書的書寫習慣，不盡相同。從《起居注冊》、《聖祖仁皇帝實錄》的纂修制度，可知康熙朝《起居注冊》是康熙年間纂修繕寫的文獻，《聖祖仁皇帝實錄》則成書於雍正九年（1731）。《起居注冊》、《聖祖仁皇帝實錄》的滿文，都是盛清時期的滿文，其字體整齊工整，而各有特色，熟悉其字體形狀，有助於滿文檔案的整理、典藏與研究。對滿文初學者而言，康熙朝《起居注冊》

的滿文，其筆順、字形清晰可見，對初學者繕寫滿文，提供了極為珍貴的書法範本。實錄中的滿文，逐漸規範，成為官書典籍滿文印刷體常見的字體。《起居注冊》中的滿文，其筆順及字體，繕寫清晰，康熙朝以後，官書典籍，已屬罕見。在對照表中所列《起居注冊》的滿文，如「明珠」（mingju）、「歡樂」（sebjelere）中的"ju"、"je"，其筆順與實錄不同；「寅」（tasha）、「唐」（tang）等字的字牙，筆順清晰；「勞苦」（suilara）、「民」（irgen）等字中的"r"，其筆順較清晰，對書寫滿文，都可提供臨摹的參考。

搶救滿文，久已成為錫伯族的共識，執教於察布查爾師範進修學校專授錫伯文的郭秀昌先生編寫《錫伯語語匯》（sibe gisun isamjan），一九九〇年由新疆人民出版社出版。原書凡例說明語匯所收詞語以現代錫伯語常用詞語為主，為兼顧閱讀和繙譯的需要，也酌收清代滿文典籍中比較常見而現在仍有使用價值的詞語。另外，也收錄了部分錫伯語口語詞彙。為提供錫伯族小學師生教學錫伯文之用，楊震遠、伊津太、富倫泰三位先生編譯《錫漢教學詞典》，一九九六年九月，由新疆人民出版社出版。詞典中所收詞彙多採自小學語文課本，並增加了一些常用詞彙，適合於初學者查閱。詞典是一種工具書，常用詞彙的釋義，力求規範統一，是最基本的要求。譬如六年制小學錫伯文課本封面"niyamangga gisun"，《錫漢教學詞典》漢語作「語文」，《錫伯語語匯》作「母語」，釋義頗有出入。為了便於比較，特從六年制小學錫伯文教材選擇五十二課短文，譯出漢文。為了認識錫伯文的字形、筆順，俱將原文分別影印於後，作為本文的附錄，對於學習錫伯文，或可提供一定的參考價值。是書錫伯文譯漢初稿承北京第一歷史檔案館郭美蘭女士修正潤飾，並承吳元豐先生細心校正。錫伯文羅馬拼音及漢文，由國立中正大學博士班林加豐同學、中國文化大學博士班簡意娟同學打字排版，駐臺北韓國代表部專員連寬志先生、國立苗栗農工國文科彭悅柔老師協助校對，並承國立臺灣大學中文學系滿文班同學的熱心協助，在此一併致謝。

二〇一五年七月
莊吉發謹識

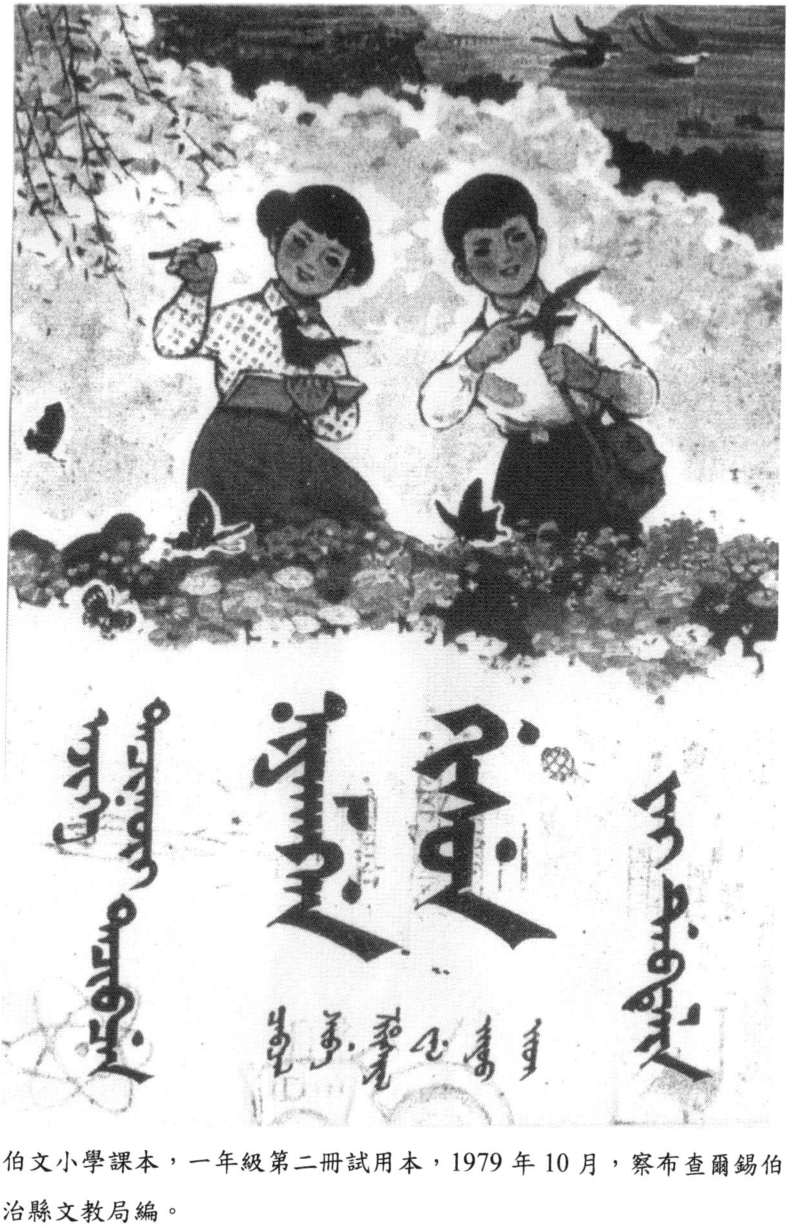

錫伯文小學課本，一年級第二冊試用本，1979 年 10 月，察布查爾錫伯自治縣文教局編。

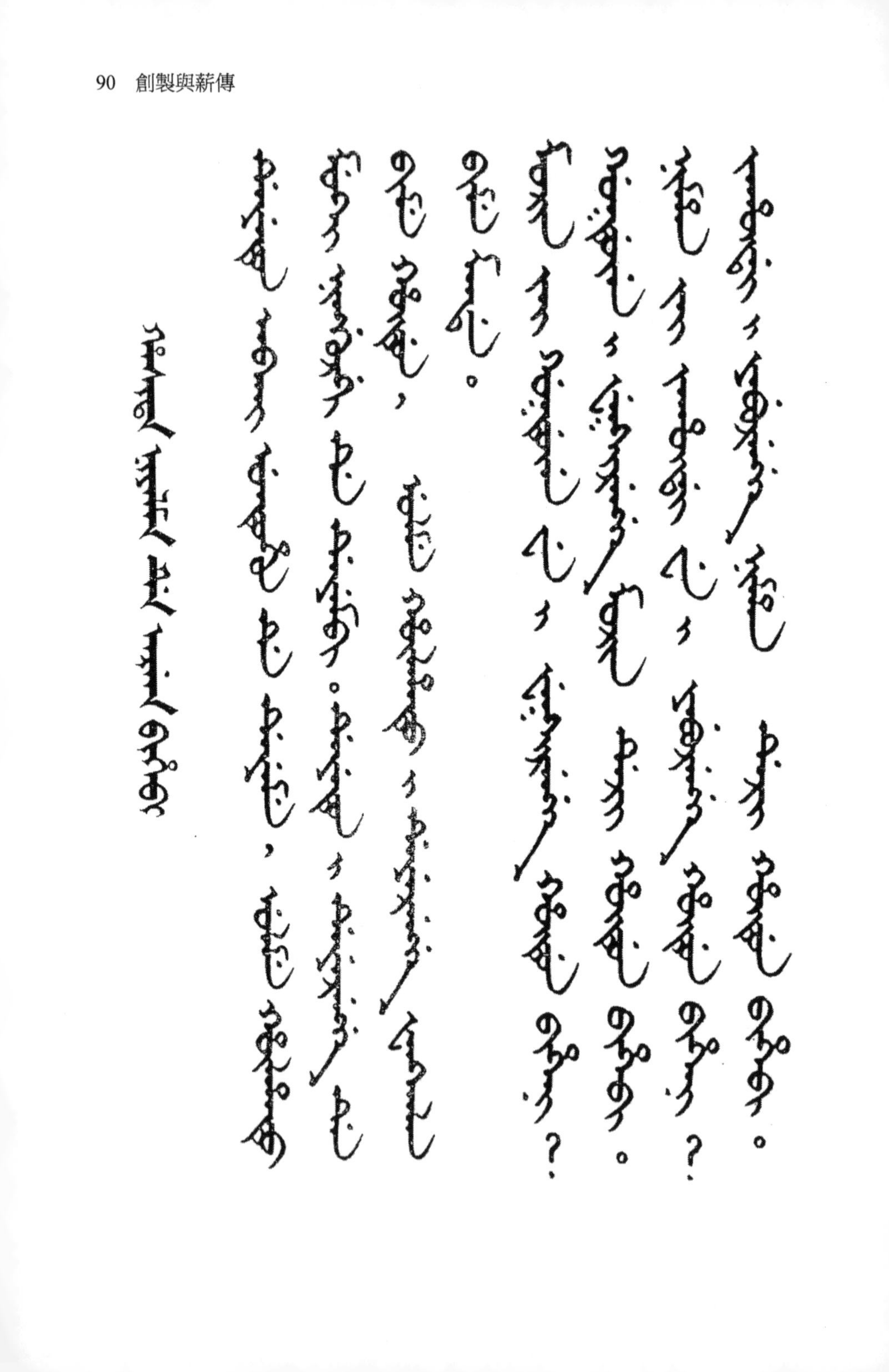

一、hasita niyalma de arga bihebi

deyetun abkai untuhun de deyeme, ulme hūlhatu mukei ninggurgi de deyembi. deyetun i deyerengge den bime hūdun, ulme hūlhatu i deyerengge fangkalan bime manda.

morin jai sukdujen we i feksirengge hūdun biheni？ sukdujen i feksirengge morin deri hūdun bihebi. nimha jai jahūdai we i yaburengge hūdun biheni？ jahūdai i yaburengge nimha deri hūdun bihebi.

一、還是人有辦法

飛機在天空上飛翔，蜻蜓在水面上飛行。飛機飛的又高又快，蜻蜓飛的又低又慢。

馬和汽車誰跑的快呢？汽車跑的比馬快。

魚和船誰走的快呢？船走的比魚快。

一、还是人有办法

飞机在天空上飞翔，蜻蜓在水面上飞行。飞机飞的又高又快，蜻蜓飞的又低又慢。

马和汽车谁跑的快呢？汽车跑的比马快。

鱼和船谁走的快呢？船走的比鱼快。

ᠪᠣᠯᡤᠣ ᠰᡝᡶᡠ ᠪᡝ ᡨᠠᠴᡳᡵᡝ ᠪᡠᠮᠪᡳ᠉

ᡥᡡᠸᠠᡧᠠᠪᡠᡥᠠ᠈ ᠠᠮᠠᠰᡳ᠈ ᠨᡳ ᠵᡠᡥᡝ ᡩᡠᠩᡤᡝ ᠰᡳᠯᡤᡳᠮᡝ ᠠᠮᠠᠰᡳᡵᡳ

ᠨᡳ ᠵᡠᡥᡝ ᡳ ᡨᡠᠸᠠᠮᡝᡳ ᠪᠣᠯᡤᠣᠨ ᡨᡠᠰᠠ ᠪᠣᡩᠣᠨ ᠪᡠᠮᠪᡳ᠉

ᠪᠣᠯᡤᠣᠨ ᡝᡵᡝ ᠨᡳ ᠵᡠᡥᡝ ᠪᡝ ᡳ ᡨᡠᠸᠠᠮᡝᡳ ᠪᠣᡩᠣᠨ ᠪᡠᠮᠪᡳᠣ?

ᠪᡠᠮᠪᡳ᠉

ᠪᠣᠯᡤᠣᠰᡝᡶᡠᡳ ᠪᡝ ᡨᡠᠸᠠᠪᡠᡥᠠ᠉ ᠪᠣᠰᠣᡥᠣᠨ ᡳ ᠪᠣᠯᡤᠣᠨ ᡨᡠᠰᠠ ᡨᡠᠸᠠᠮᡝ

ᡨᡠᡵᡤᡠᠨ ᡨᡠᠸᠠᠪᡠᡥᠠ ᠪᠣᠰᠣᡥᠣᠨ ᡨᠣ ᠪᠠᡳᡥᠠ ᡨᠠᠮᡠ ᠪᡠᡳᠮᡝ ᠪᡝ

ᡨᡠᠸᠠᠪᡠᡥᠠ᠉ ᠪᡠᡳᡥᡝ ᡳ ᠪᠣᠯᡤᠣᠨ ᡝᡵᡤᡝ ᡨᡠᠸᠠᠮᡝ ᠪᡠᠮᠪᡳ᠉

ᠪᡠᡳᡥᡝ ᡳ ᡨᡠᠸᠠᠮᡝ ᡨᠣ ᠪᡝ ᡨᠠᠮᡠ ᠪᡠᡳ ᠪᠣᠮᡝᠨᡳ ᠪᠠᡳᠰᡳ

sufan i oforo emu da moo be hūsime gaifi tukiyehe. sufan i hūsun jaci amba bihebi. ujen tukiyere šunggitun emu buktan moo be futa de hūwaitafi den tukiyehe. šunggitun i hūsun elei amba bihebi. gasha jai cu niru we i deyerengge hūdun biheni？ cu niru i deyerengge gasha deri hūdun bihebi. sukdujen、jahūdai、cu niru gemu niyalmai arahangge, hasita niyalma de arga bihebi.

象的鼻子捲起了一根木頭，象的力氣很大。起重機把用繩子綁的一堆木頭高高的抬起來，機器的力量更大。鳥和火箭誰飛的快呢？火箭飛的比鳥快。汽車、船、火箭都是人製造的，還是人有辦法。

象的鼻子卷起了一根木头，象的力气很大。起重机把用绳子绑的一堆木头高高的抬起来，机器的力量更大。鸟和火箭谁飞的快呢？火箭飞的比鸟快。汽车、船、火箭都是人制造的，还是人有办法。

[illegible]

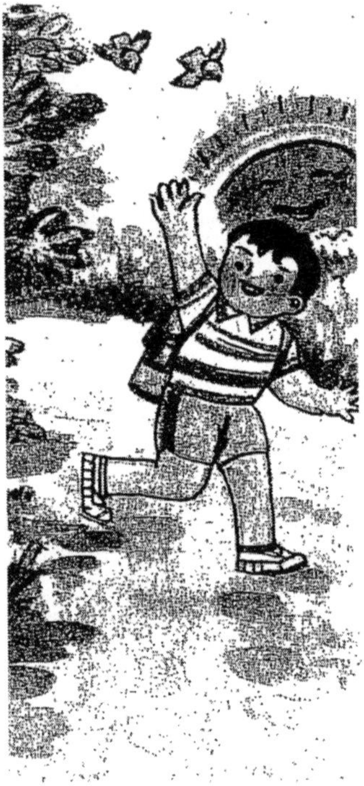

[illegible]

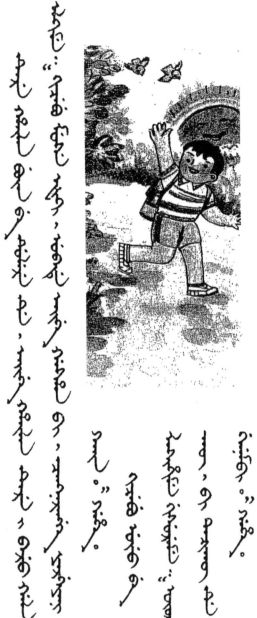

二、kicebu tacikū de genembi

erde, kicebu bithei bofun be unufi tacikū de genembi. tere hailan bujan be dulere de, ajige hailan tere i baru gala elkime:"kicebu muse efiki, ubade ajige gasha bi, cangnarangge yargiyani sain."sehe. kicebu uju be lasihime gisureme:"ojorkū, bi tacikū de genembi."sehe.

二、奇車布去上學

清晨，奇車布背了書包去上學。他經過樹林時，小樹向他招手說：「奇車布，咱們玩耍吧！這裡有小鳥，唱歌唱的真好。」奇車布搖頭說：「不行，我要去上學。」

二、奇车布去上学

清晨，奇车布背了书包去上学。他经过树林时，小树向他招手说：「奇车布，咱们玩耍吧！这里有小鸟，唱歌唱的真好。」奇车布摇头说：「不行，我要去上学。」

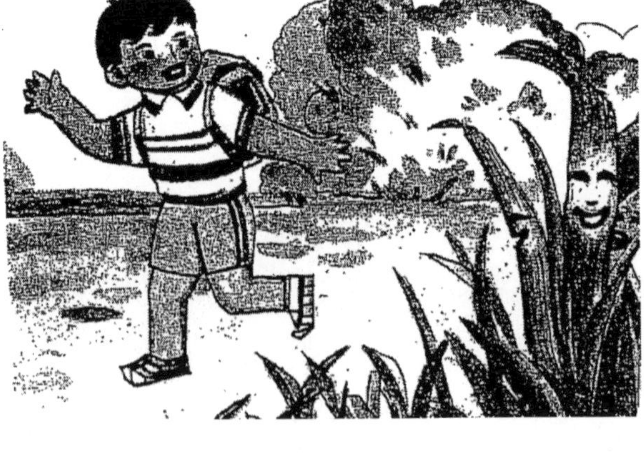

tere orhoi tala be dulere de, ajige orho terei baru uju gehešeme：“kicebu muse efiki, ubade kuwariyangga ilha bi, fithenehengge jingkini saikan.”sehe. kicebu gala lasihime gisureme:“ojorkū, bi tacikū de genembi.”sehe. kicebu ucun uculeme, urgun sebjenggei tacikū de genehe.

他經過草原時，小草向他點頭說：「奇車布咱們玩耍吧！這裡有漂亮的花，開的真美。」奇車布擺手說：「不行，我要去上學。」奇車布唱著歌，快快樂樂地上學去了。

他经过草原时，小草向他点头说：「奇车布咱们玩耍吧！这里有漂亮的花，开的真美。」奇车布摆手说：「不行，我要去上学。」奇车布唱着歌，快快乐乐地上学去了。

[illegible]

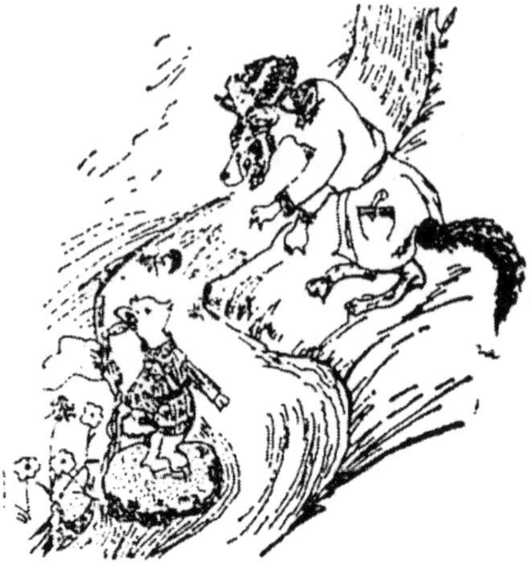

[illegible]

三、niohe jai kurbo honin

niohe ajige birgan i ekcin de jifi, emu ajige kurbo honin tubade jing muke omimaha be sabuha. niohe ajige kurbo honin be jaci jeki seme gūnifi, uthai jortai fiktu baime gisureme:"si mini omire muke be langse obuha！si ai gūnin be tebuhebi？" sehe. ajige kurbo honin ambula golofi, nemegiyen i gisureme: "bi adarame sini omire muke be langse obuha biheni？ si dergi eyen de ilihabi. muke oci sini tuba deri mini ubade eyeme jihengge, umai mini uba deri sini tubaci eyeme genehengge waka."

三、狼和羔羊

狼來到小溪岸邊，看見一隻小羔羊正在那裡喝水。狼很想吃掉小羔羊，就故意挑釁說：「你把我喝的水弄髒了！你居心何在？」小羔羊非常恐懼，溫和地說道：「我怎能弄髒你喝的水呢？你站上游，水是從你那裡流到我這邊來的，並非從我這裡流到你那裡的。」

三、狼和羔羊

狼来到小溪岸边，看见一只小羔羊正在那里喝水。狼很想吃掉小羔羊，就故意挑衅说：「你把我喝的水弄脏了！你居心何在？」小羔羊非常恐惧，温和地说道：「我怎能弄脏你喝的水呢？你站上游，水是从你那里流到我这边来的，并非从我这里流到你那里的。」

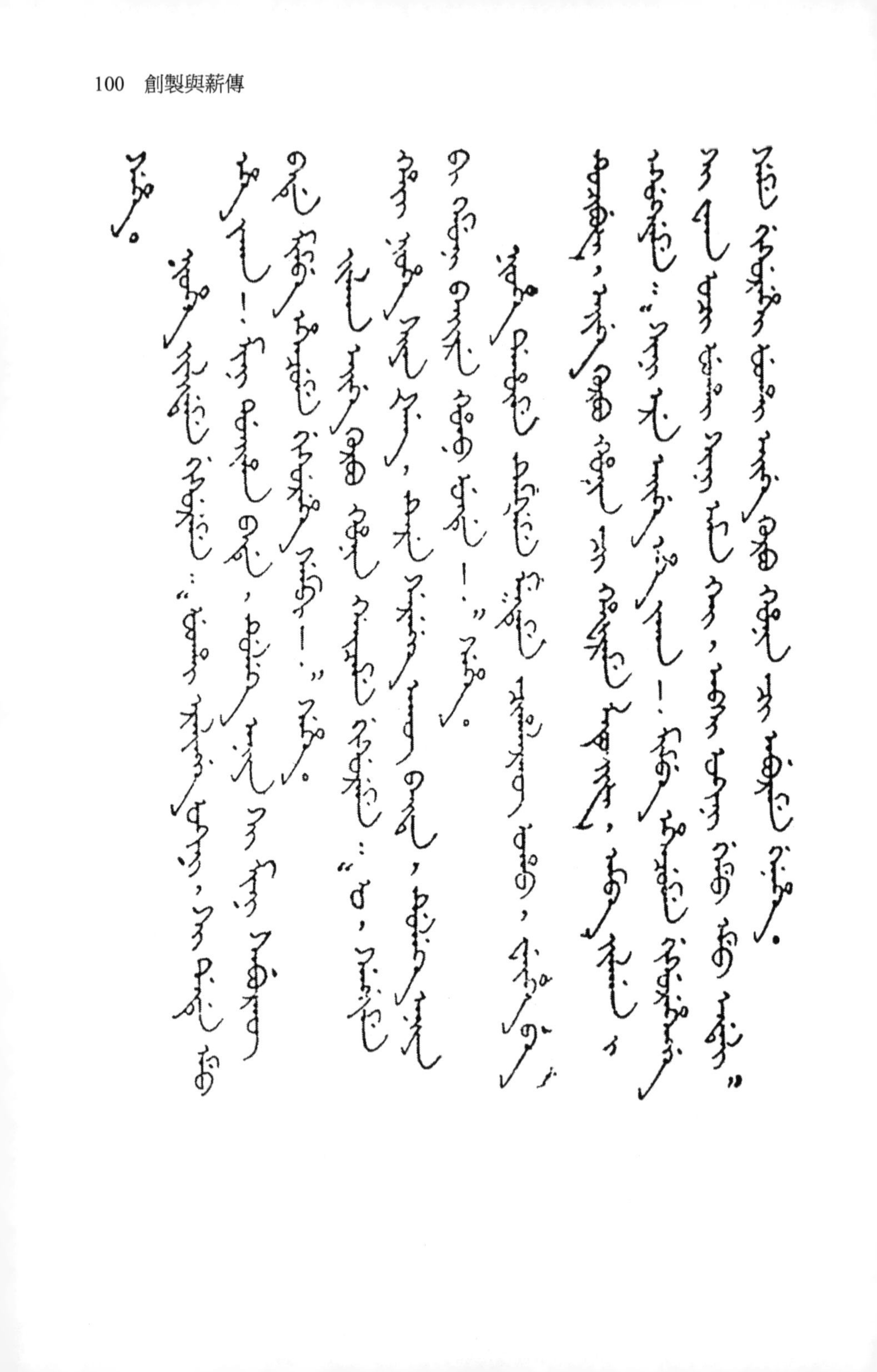

[illegible]

[illegible]

[illegible]

[illegible]

[illegible]

[illegible]

[illegible]

[illegible]

sehe. niohe jilidame gisureme:"uthai eralingge okini, si dade emu ehe jaka！"mini donjiha bade, duleke aniya si mini saburkū bade mimbe ehencume gisurehe sembi！sehe. jilaka ajige kurbo honin kaicame gisureme："o, senggime haji niohe siyan šeng, tere serengge akū baita, duleke aniya bi kemuni banjire hono unde！"sehe. niohe dahūme temšeme mekteme cihalarkū oho, weihe be tucibufi, ajige kurbo honin ci hafirame latunjifi, amba jilgan i esukiyeme:"sini ere ajige ehe jaka！ mimbe ehencume gisurehengge si waka oci uthai sini ama kai, absi okini gemu emu adali"seme gisurehei uthai ajige kurbo honin ci aburame genehe.

狼生氣地說道：「即使是這樣，你原本是一個壞東西！我聽說，去年你在我背後毀謗我！」可憐的小羔羊喊道：「哦，親愛的狼先生，沒有那回事，去年我還沒出生！」狼不願意再爭辯了，露出牙齒逼近小羔羊，大聲呵道：「你這個小壞東西！毀謗我的如果不是你就是你的父親，不管怎樣都一樣。」說著就撲向小羔羊去了。

狼生气地说道：「即使是这样，你原本是一个坏东西！我听说，去年你在我背后毁谤我！」可怜的小羔羊喊道：「哦，亲爱的狼先生，没有那回事，去年我还没出生！」狼不愿意再争辩了，露出牙齿逼近小羔羊，大声呵道：「你这个小坏东西！毁谤我的如果不是你就是你的父亲，不管怎样都一样。」说着就扑向小羔羊去了。

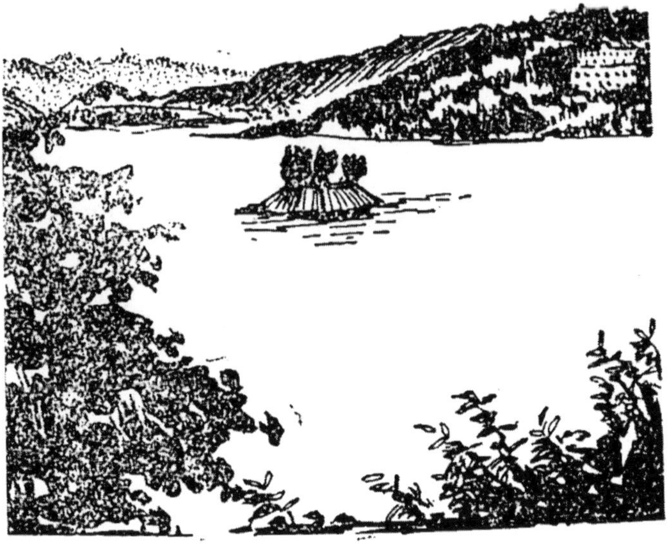

[illegible]

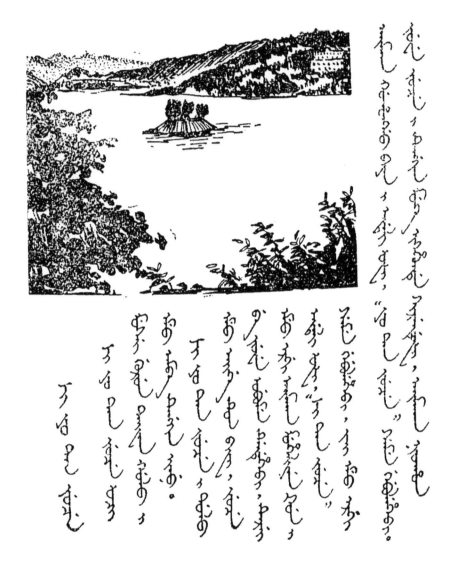

四、ži yo tan juce

ži yo tan juce oci musei gurun taiwan golo i emu amba tenggin inu. ži yo tan juce i dolo emu ajige tun bifi, juce be juwe obume dendehebi, terei emu ergi aimaka muheliyen šun i adali ofi,“ži tan juce”seme gebulehebi, jai emu ergi aimaka gohonggo biya i adali ofi,“yo tan juce”seme gebulehebi. juwe juce i tenggin muke ishunde sirendufi, aimaka niohon

---

四、日月潭

日月潭是我國臺灣省的一個大湖。日月潭裡面有一個小島，把潭分為兩半，其中一邊因為好像是圓日，所以叫做「日潭」，另一邊因為好像是彎月，所以叫做「月潭」。兩潭湖水相連，宛如

四、日月潭

日月潭是我国台湾省的一个大湖。日月潭里面有一个小岛，把潭分为两半，其中一边因为好像是圆日，所以叫做「日潭」，另一边因为好像是弯月，所以叫做「月潭」。两潭湖水相连，宛如

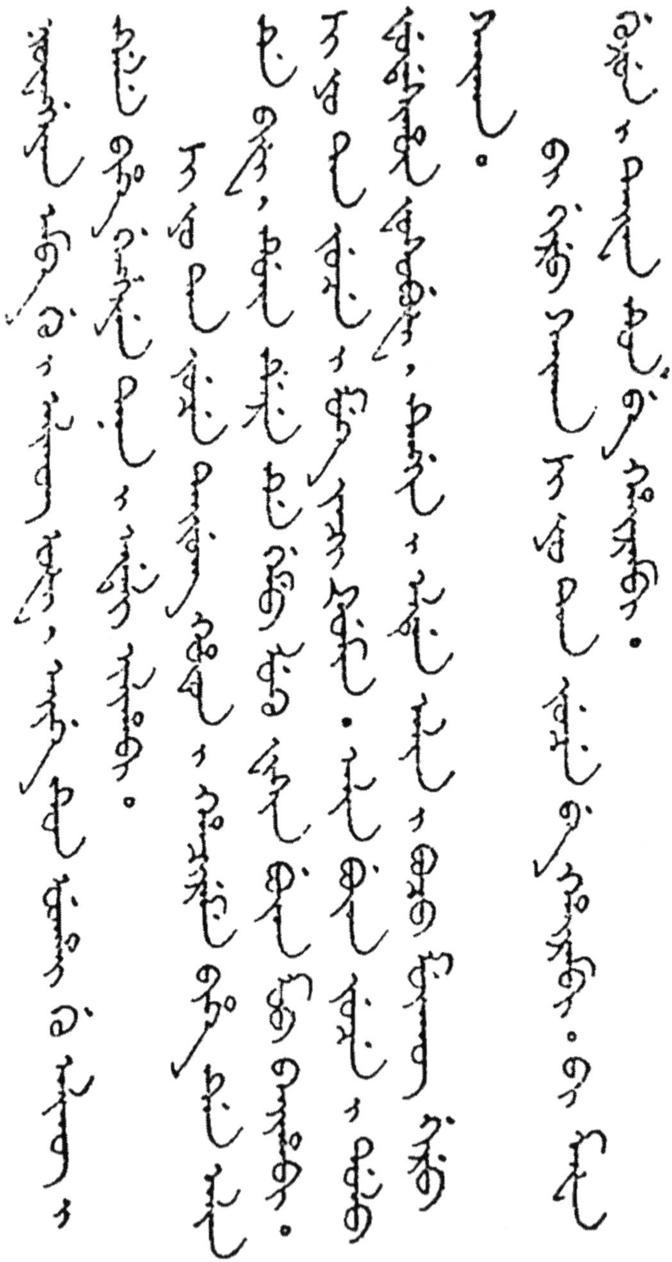

niowanggiyan amba gu i alikū ofi, ajige tun uthai gu alikū i dele bihe genggiyen tana i adali ilihabi. ži yo tan juce taijung hoton i hancireme bihe den alin de bifi, duin dere de gemu luku fisin bujan moo banjihabi. ži yo tan juce i muke jaci šumin. alin bujan juce i dolo fudasihūn fosobufi, tenggin i elden alin i boco mujakū giru saikan. bi giru saikan ži yo tan juce be hairambi. bi mafa gurun i taiwan tun be hairambi.

碧綠的大玉盤，因此小島就像是玉盤上的明珠一樣。日月潭位於臺中市郊的高山上，四面都長滿了茂密的樹林。日月潭的水很深，山林倒映在潭裡，湖光山色非常美麗。我愛美麗的日月潭，我愛祖國的臺灣島。

碧绿的大玉盘，因此小岛就像是玉盘上的明珠一样。日月潭位于台中市郊的高山上，四面都长满了茂密的树林。日月潭的水很深，山林倒映在潭里，湖光山色非常美丽。我爱美丽的日月潭，我爱祖国的台湾岛。

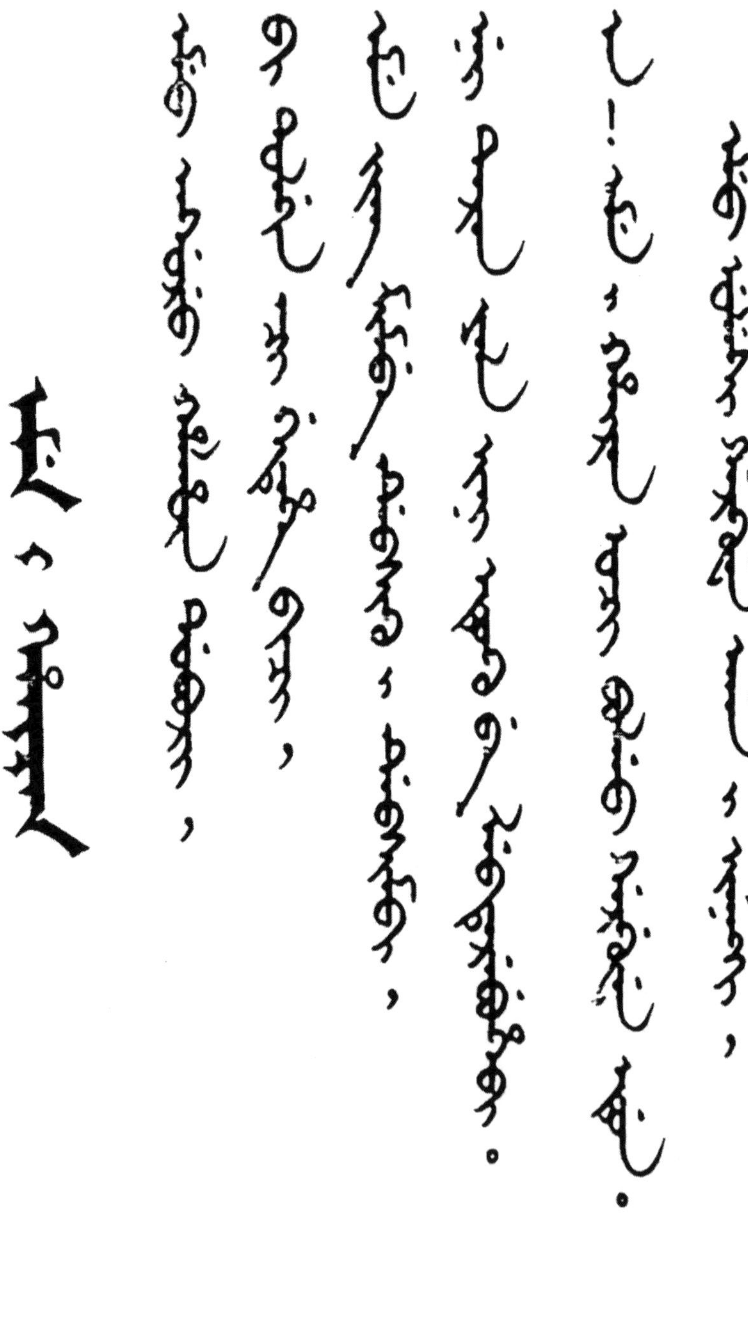

五、eme i hairan

emu asuru halhūn dobori, bi tolgin ci getehe bici, eme jing mimbe debsiku i debsimbi, nei taran yala ini etuku be lebterebuhebi. a ! eme i hairan oci bolgo serguwen edun. emu umesi serguwen aga i inenggi,

---

五、母愛

在一個非常熱的夜晚，我從夢中醒來時，母親正為我搧著扇子，汗水已浸透了她的衣服。啊！母愛是清涼的風。在一個清涼的雨天，

五、母爱

在一个非常热的夜晚，我从梦中醒来时，母亲正为我搧着扇子，汗水已浸透了她的衣服。啊！母爱是清凉的风。在一个清凉的雨天，

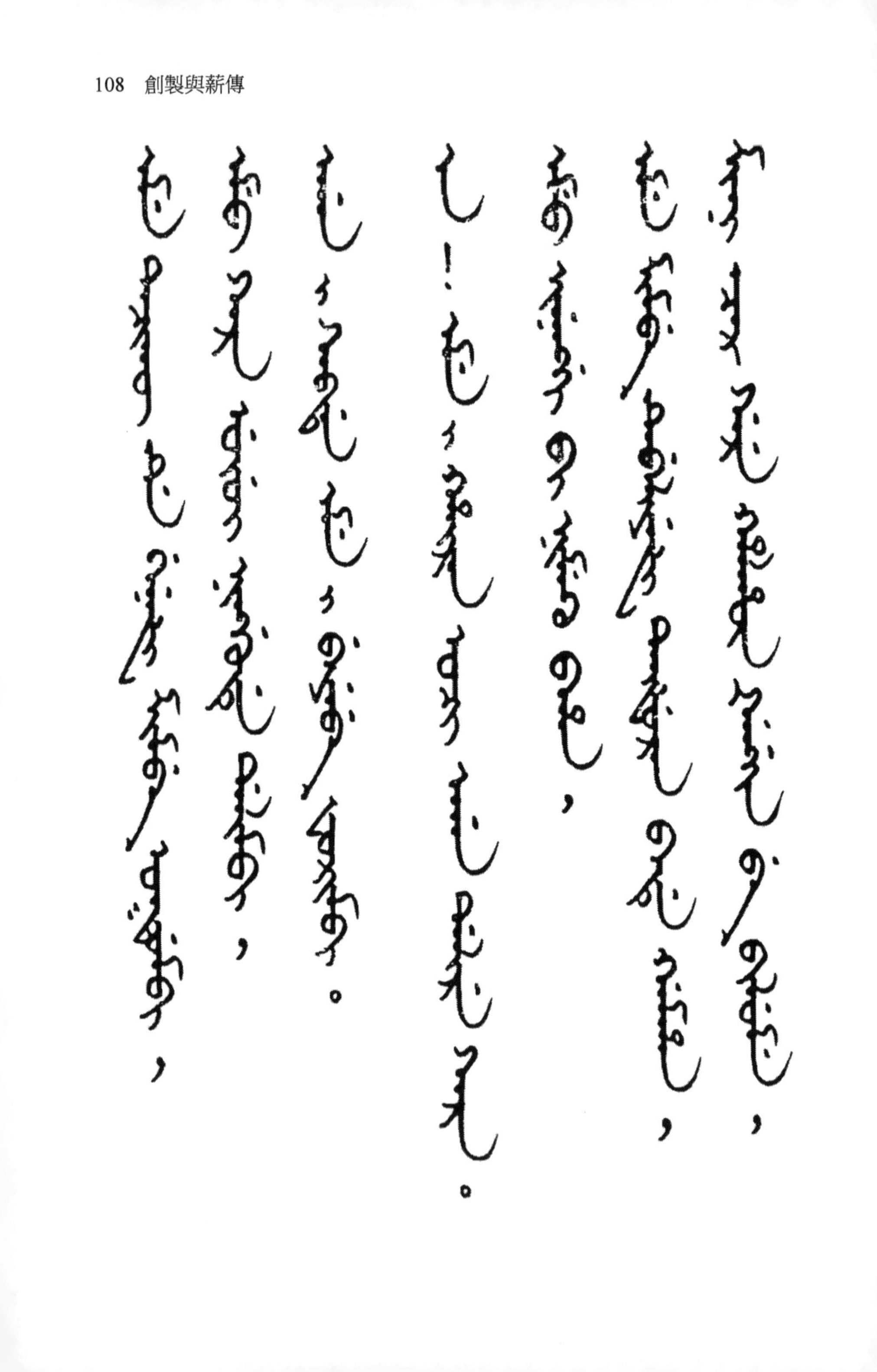

[illegible]

eme tacikū de genefi mimbe okdombi, emu sara ujui ninggude dalimbi, aga i sabdan eme i beyebe forimbi. a！eme i hairan oci aga dalire sara. emu inenggi bi nimeku baha, eme mimbe tebeliyefi taifuran bade gamaha, mini car sere halhūn šenggin be bilume,

---

母親到學校來接我，一把傘撐在頭上，雨點打在母親的身上。啊！母愛是擋雨水的傘。有一天我生病了，母親把我抱到醫院，撫摸著我發燙的額頭，

母亲到学校来接我，一把伞撑在头上，雨点打在母亲的身上。啊！母爱是挡雨水的伞。有一天我生病了，母亲把我抱到医院，抚摸着我发烫的额头，

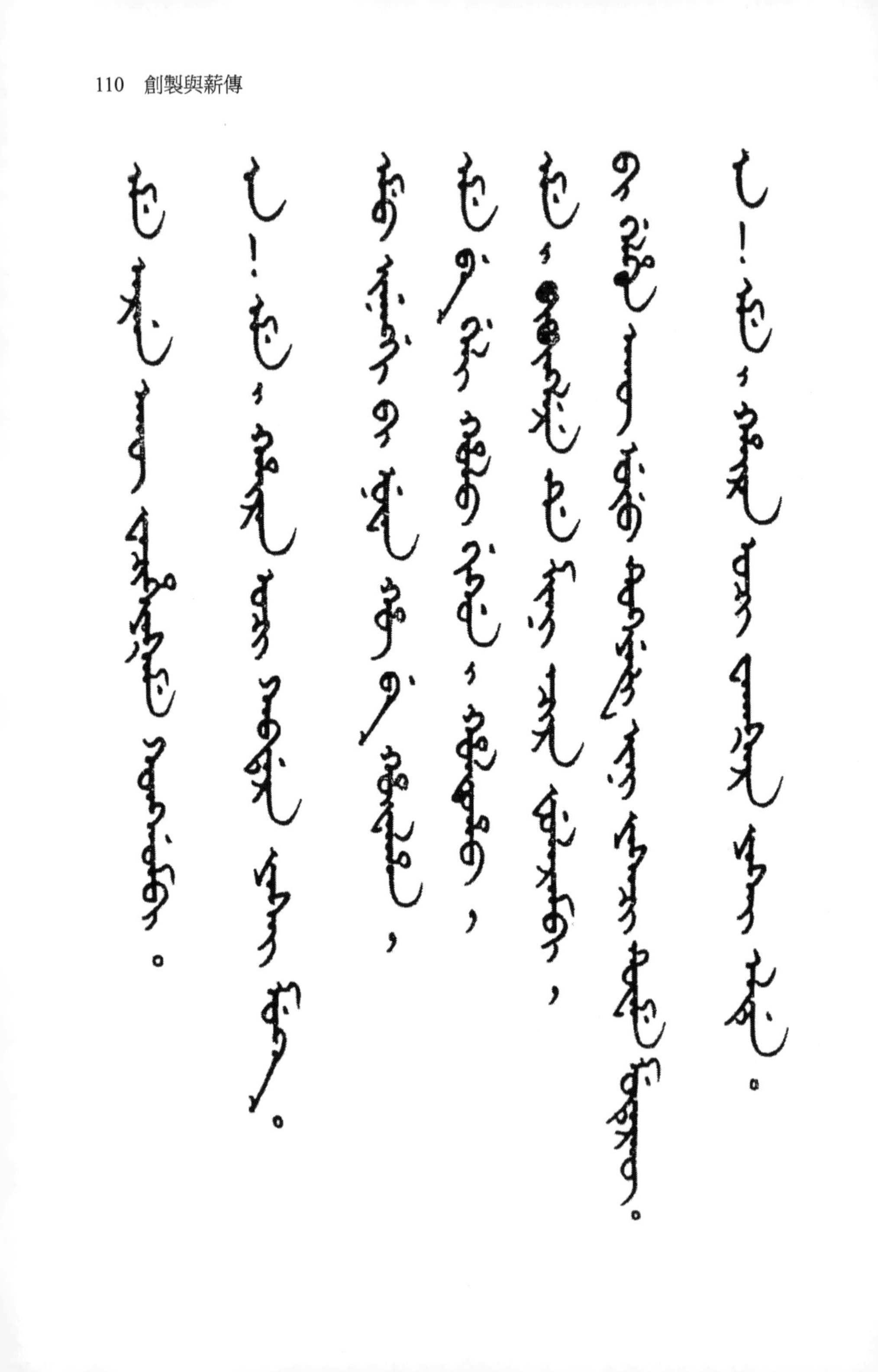

[illegible]

eme arga akū facihiyašame songgombi. a！eme i hairan oci sabdara yasai muke. emu inenggi bi nuwan hū be hūwalaha, eme be geli holo gisun i holtoho, eme i pipinglere de mini cira fularambi, bi gelhun akū uju tukiyefi ini yasaci tuwame muterkū. a！eme i hairan oci wakašara yasai elden.

母親無奈著急地哭了。啊！母愛是飄落的眼淚。有一天我打破了暖壺，還用謊言欺騙母親，母親批評時我的臉發紅，我不敢抬頭看她的眼睛。啊！母愛是責備的目光。

母亲无奈着急地哭了。啊！母爱是飘落的眼泪。有一天我打破了暖壶，还用谎言欺骗母亲，母亲批评时我的脸发红，我不敢抬头看她的眼睛。啊！母爱是责备的目光。

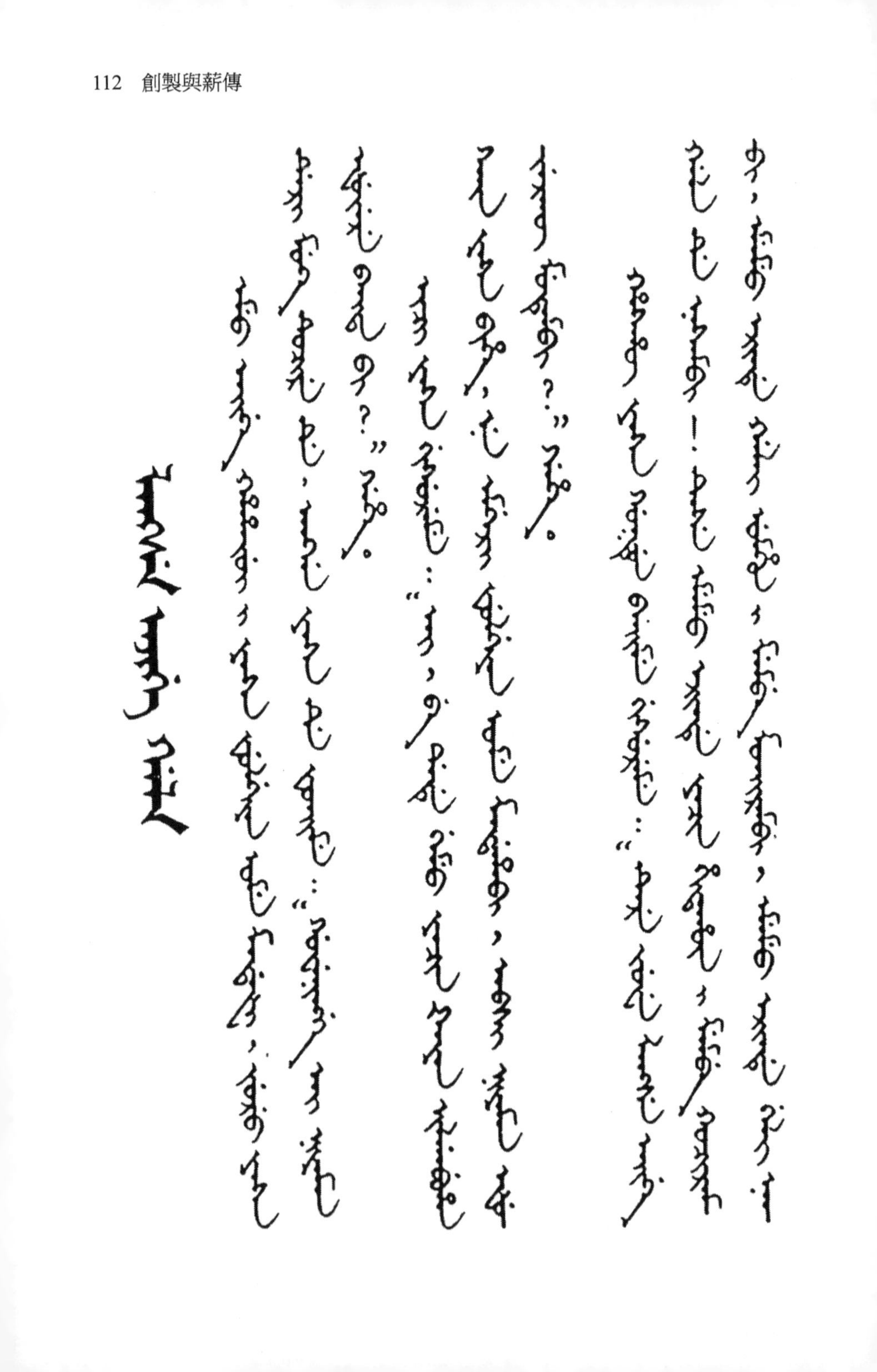

[illegible]

六、langse ajige gala

emu ajige hahajui i yasa fulgiyan ome madafi, juru yasa deri muke tucire de, angga yasa de fonjime:“suweningge ai niyaman efujere baita bi？”sehe. ici yasa gisureme:“ai, be dade gemu yacin šayan ilgabuha sain yasa bihe, ne emgeri fulgiyan ome madahabi, absi niyaman efujerkū mutembi？”sehe. hashū yasa sukdun banjime gisureme:“tere juwe langse ajige gala de nasambi！tese ememu erinde yacin hitahūn i membe kocirambi, ememu erinde galai umhun i membe monjirambi, ememu erinde geli

---

六、小髒手

有一個小男孩的眼睛紅腫了，雙眼流出淚水，嘴巴問眼睛說：「你們有什麼傷心的事？」右眼說道：「唉！我們原來都是黑白分明的好眼睛，現在已經紅腫了，怎麼能不傷心？」左眼生氣地說道：「怨恨那兩隻小髒手！他們有時候用黑指甲摳我們，有時候用手背揉我們，

六、小脏手

有一个小男孩的眼睛红肿了，双眼流出泪水，嘴巴问眼睛说：「你们有什么伤心的事？」右眼说道：「唉！我们原来都是黑白分明的好眼睛，现在已经红肿了，怎么能不伤心？」左眼生气地说道：「怨恨那两只小脏手！他们有时候用黑指甲抠我们，有时候用手背揉我们，

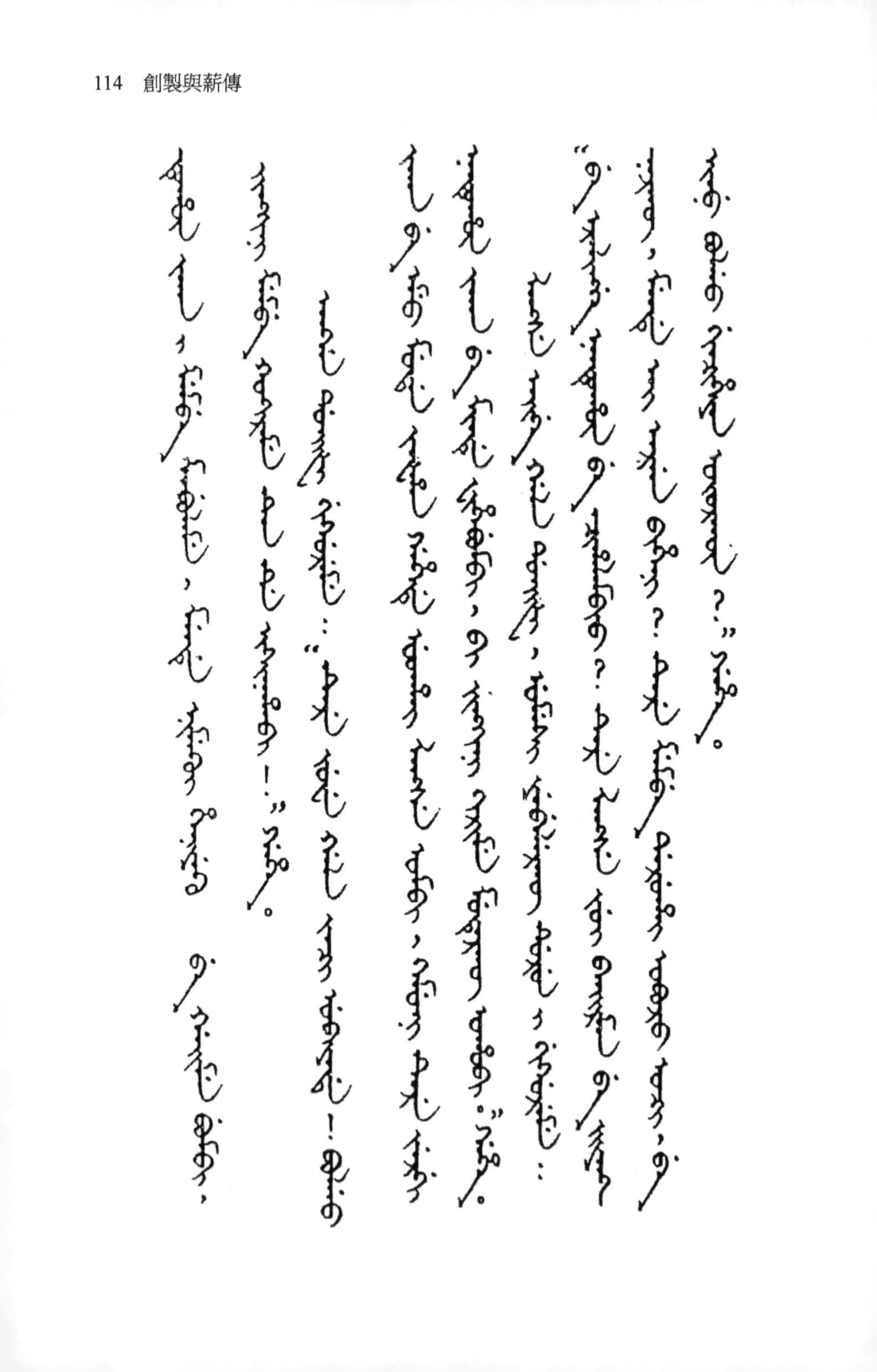

nantuhūn jaka i membe mabulame, mende nimekui heniyeku be gajime bumbi, jingkini membe kokirame ten de isinahabi! ”sehe . angga donjifi gisureme: “ tere juwe gala jaci ubiyada! bolgo jaka be emu mudan jafaha sehede uthai langse ombi, kemuni tere jergi nantuhūn jaka be minde fihebumbi, bi jingkini kirime muterkū ohobi,”sehe. langse ajige gala donjifi, umesi yebelerkū durun i gisureme:“be eralingge nantuhūn be cihalambio? tere langse jui banjirman be jiyangnarkū, mende ai arga biheni? tere membe daruhai oboro oci, be inu bolgo gincihiyan ojorkūn? ” sehe.

有時候又用髒東西擦我們，帶給我們病菌，真是害我們到了極點。」嘴巴聽了說道:「那兩隻手真是可惡！乾淨的東西一旦拿了就變髒了,還把那些髒東西塞給我,我真不能忍受了。」小髒手聽了,很不高興的樣子說道:「我們喜歡這樣髒嗎？那個髒孩子不講衛生，我們有什麼辦法呢？他若是經常洗我們，我們也會不清潔嗎？」

有时候又用脏东西擦我们，带给我们病菌，真是害我们到了极点。」嘴巴听了说道:「那两只手真是可恶！干净的东西一旦拿了就变脏了,还把那些脏东西塞给我,我真不能忍受了。」小脏手听了，很不高兴的样子说道:「我们喜欢这样脏吗？那个脏孩子不讲卫生,我们有什么办法呢？他若是经常洗我们，我们也会不清洁吗？」

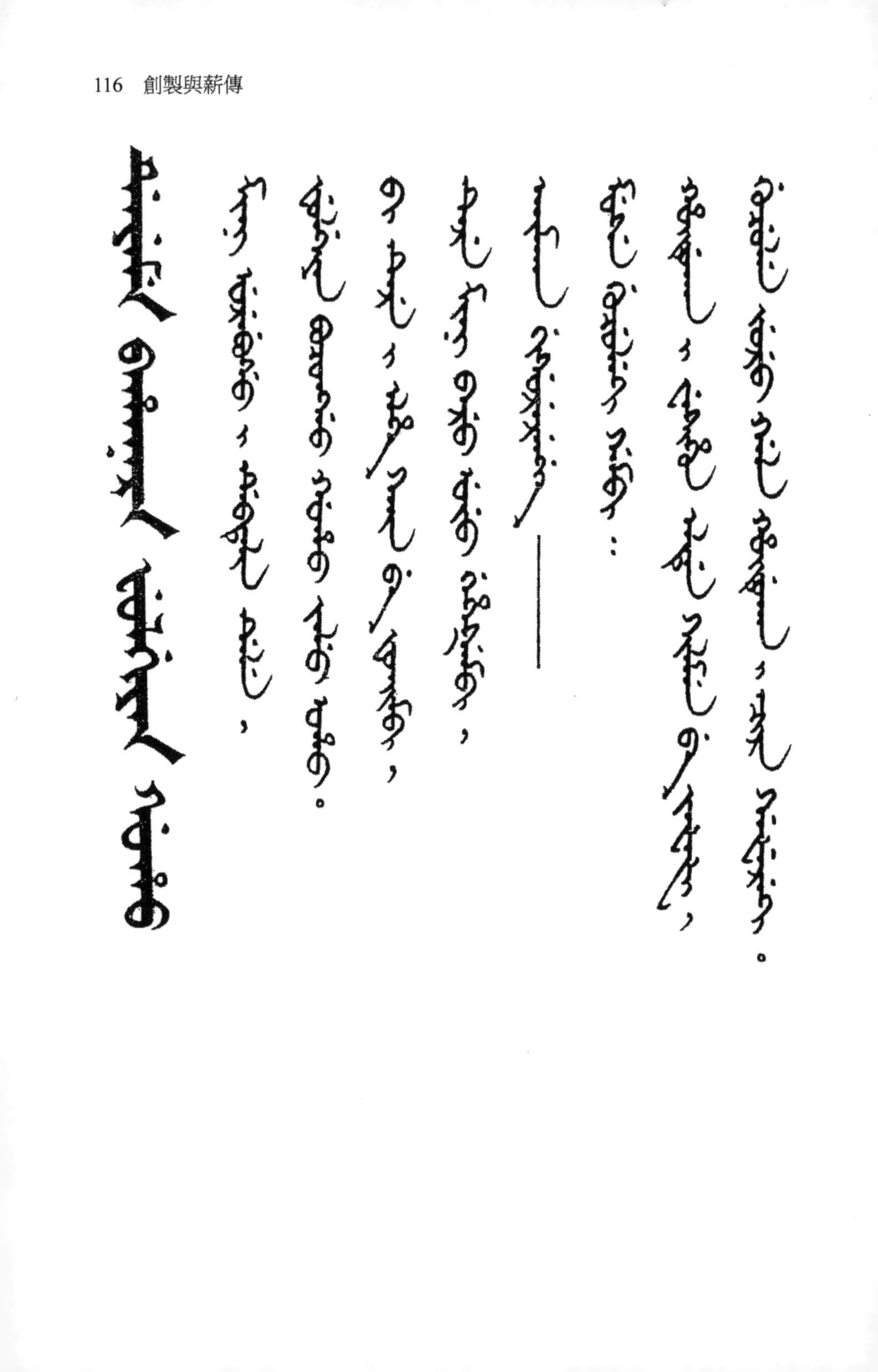

[illegible]

七、deyeme bahanara fulgiyan goho

mini urebusu i debtelin dele, fulgiyan boconggo goho jalu oho. bi tere i elhe sain be fonjimbi, tere mini baru uju gehešembi, aimaka gisurerengge—muse guculeki sembi: hūdukan i wesihun elden silmen be jafafi, guculen juru gala hūdukan i cira seferekí.

七、會飛的紅鈎

在我的練習本上，佈滿了紅色的鈎鈎。我向他問好，他向我點頭，好像是說—咱們交朋友吧！快快地抓住寶貴的時光，快快地緊握友誼的雙手。

七、会飞的红钩

在我的练习本上，布满了红色的钩钩。我向他问好，他向我点头，好像是说—咱们交朋友吧！快快地抓住宝贵的时光，快快地紧握友谊的双手。

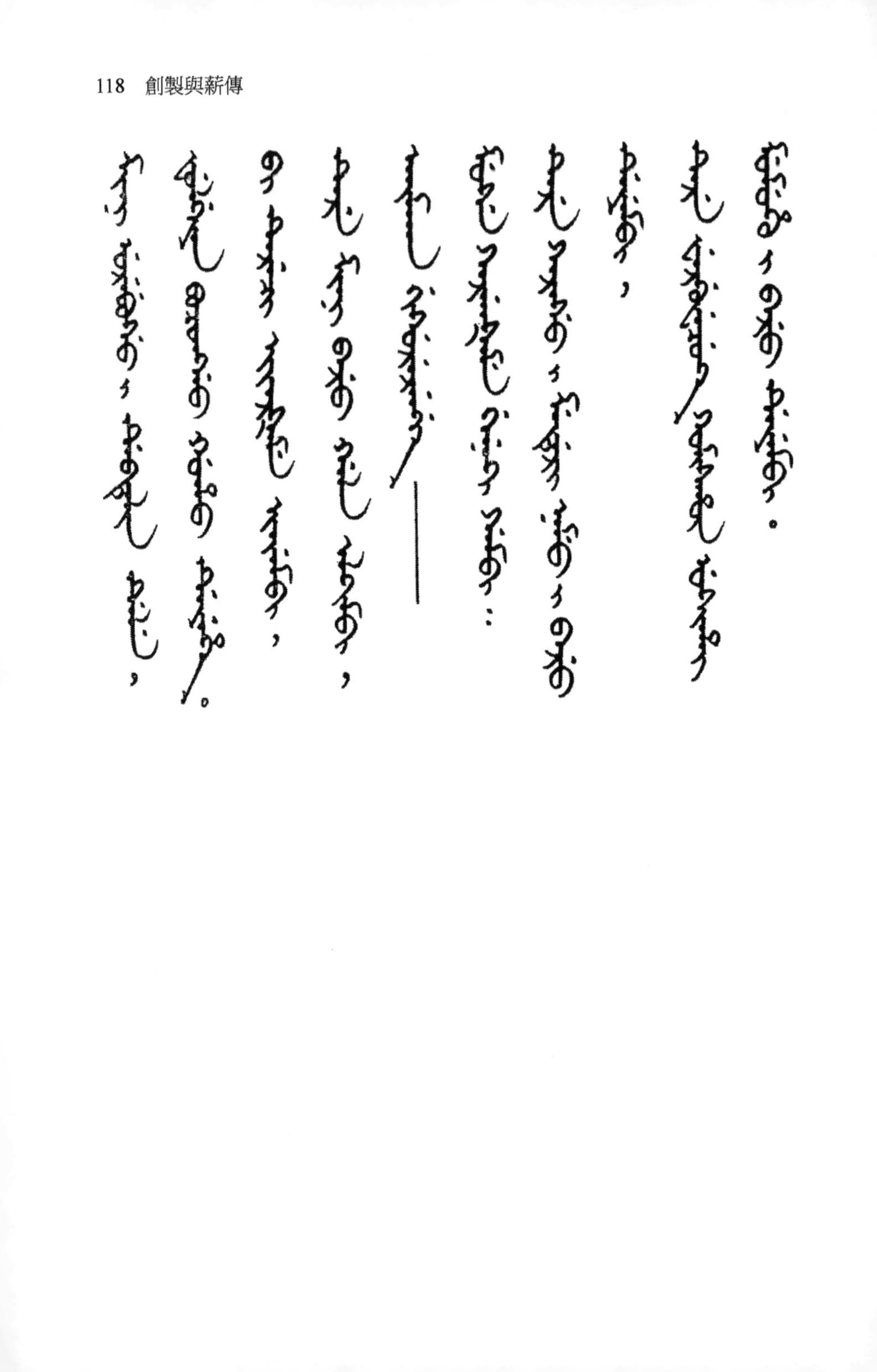

[illegible]

[illegible]

[illegible]

[illegible]

[illegible]

[illegible]

[illegible]

[illegible]

[illegible]

mini urebusu i debtelin dele, fulgiyan boconggo goho deyehe. bi tereci ijaršame injembi, tere mini baru gala elkimbi, aimaka gisurerengge—muse sargašame geneki sembi: tere sarasu i mederi namu i baru deyembi, tere ferguwecuke somishūn usihai mumuhu i baru deyembi.

我的練習本上，紅色的鈎鈎飛起來了。我對他微笑，他向我招手，好像是說—咱們去旅遊吧！飛向那知識的海洋，飛向那神秘的星球。

我的练习本上，红色的钩钩飞起来了。我对他微笑，他向我招手，好像是说—咱们去旅游吧！飞向那知识的海洋，飞向那神秘的星球。

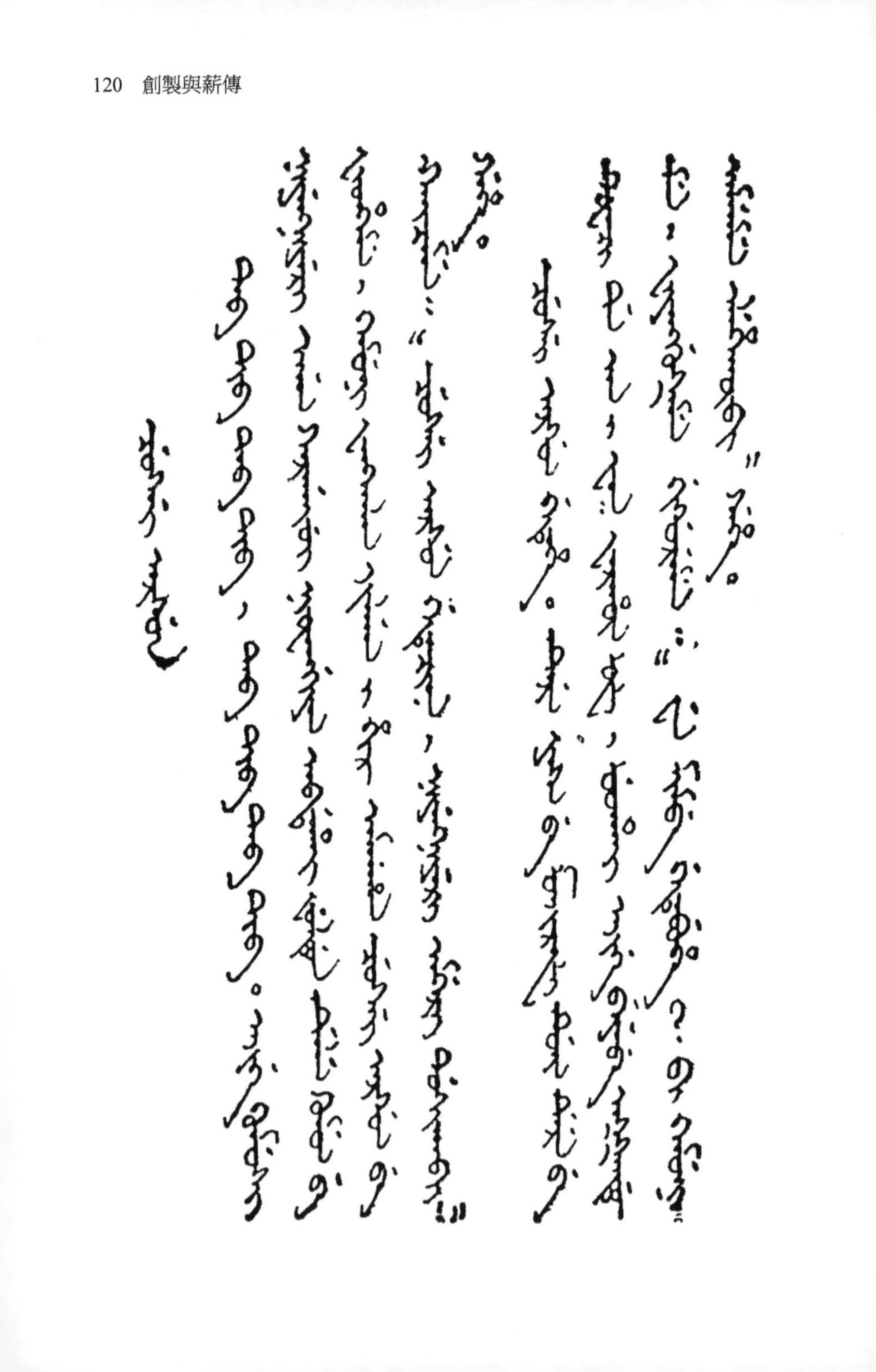

[illegible]

八、cusei arsun

tab tib tab tib, tab tib tab tib. ajige kumusi niyengniyeri aga sarganjui niowanggiyan abdahai fuldun dele kumun be fitheme, kemuni fangkalan jilgan i hir amgaha cusei arsun be kaicame: “cusei arsun getecina, niyengniyeri emgeri dosikabi ! ”sehe. cusei arsun getehe. tere yasa be monjirafi duin dere be tuwaci da an i fak farhūn ofi, uthai ajige beyebe aššandume, fiyanggušame gisureme: “we mimbe getebuhe ? ” bi kemuni amgame elehekūbi ” sehe.

八、竹筍

滴答滴答，滴答滴答。小樂手春雨女孩在綠葉叢中彈奏音樂，還低聲喊著酣睡的竹筍說：「竹筍醒來吧！已經進入春天了。」竹筍醒了，他揉揉眼睛看看四面，見依然昏暗，就動一動小身軀撒嬌道：「是誰叫醒我？我還沒睡夠。」

八、竹笋

滴答滴答，滴答滴答。小乐手春雨女孩在绿叶丛中弹奏音乐，还低声喊着酣睡的竹笋说：「竹笋醒来吧！已经进入春天了。」竹笋醒了，他揉揉眼睛看看四面，见依然昏暗，就动一动小身躯撒娇道：「是谁叫醒我？我还没睡够。」

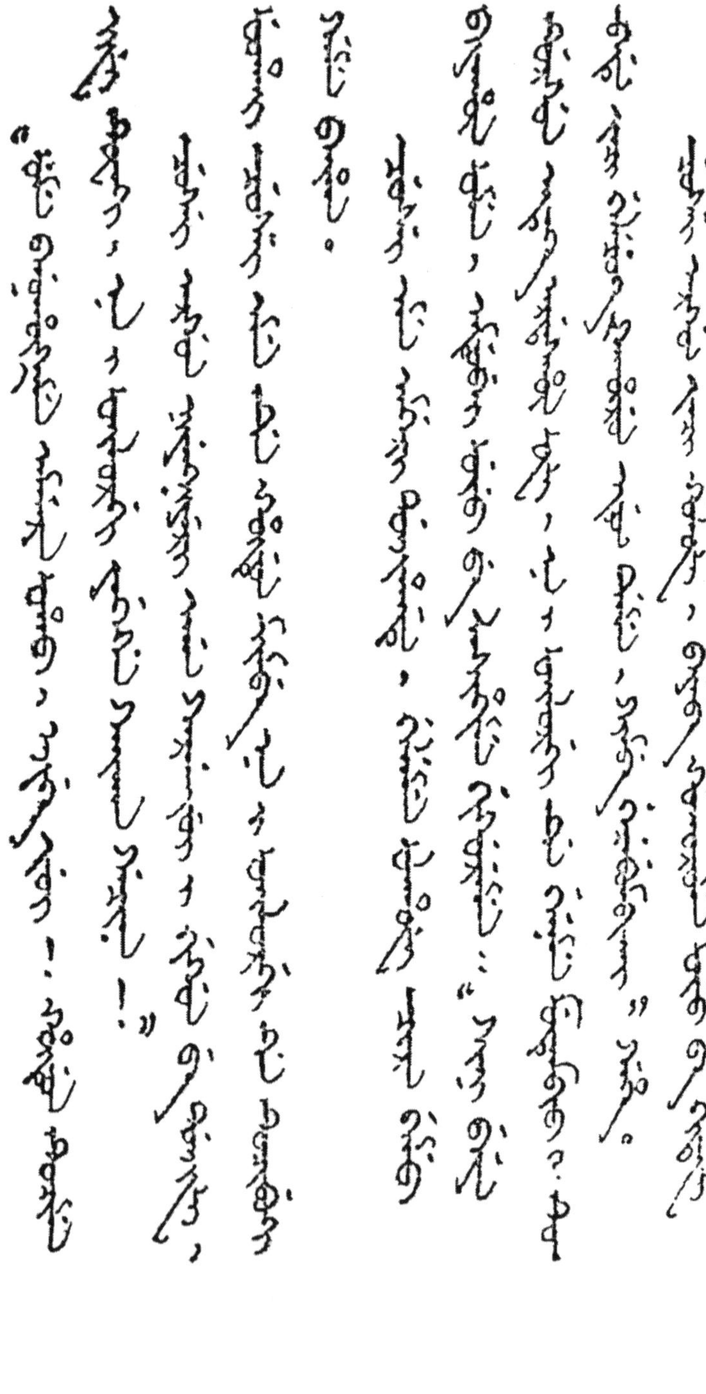

“ume banuhūšame amgara oho, ajige jui！hūdun tucime jifi tuwaki, na i oilorgi yagese saikan secina！”cusei arsun niyengniyeri aga sarganjui i gisun be donjifi, uthai cusei eme de hūdun mimbe na i oilorgi de tucibuki seme baiha. cusei eme emgeri donjihade, geleme olhofi cira gemu biyahūn ome, emdubei uju be lasihime gisureme: “sini beye dursun enteke ardashūn ofi, na i oilorgi de geneme mutembio？ tubade jaci gelecuke šahūrun edun dame, simbe gecebumbikai”sehe. cusei arsun jaci golofi, beyebe gokorome uju be gidafi

---

「別睡懶覺了，小孩子，快出來看看吧，地面多麼美麗呀！」竹筍聽到春雨女孩的話後，就請竹媽媽快快讓我出到地面來。竹媽媽一聽，嚇得臉都變得煞白，連連搖頭道：「你的身體如此嬌嫩，能到地面上去嗎？那裡刮著很可怕的冷風，會凍著你的！」竹筍很害怕，縮身低頭

「别睡懒觉了，小孩子，快出来看看吧，地面多么美丽呀！」竹笋听到春雨女孩的话后，就请竹妈妈快快让我出到地面来。竹妈妈一听，吓得脸都变得煞白，连连摇头道：「你的身体如此娇嫩，能到地面上去吗？那里刮着很可怕的冷风，会冻着你的！」竹笋很害怕，缩身低头

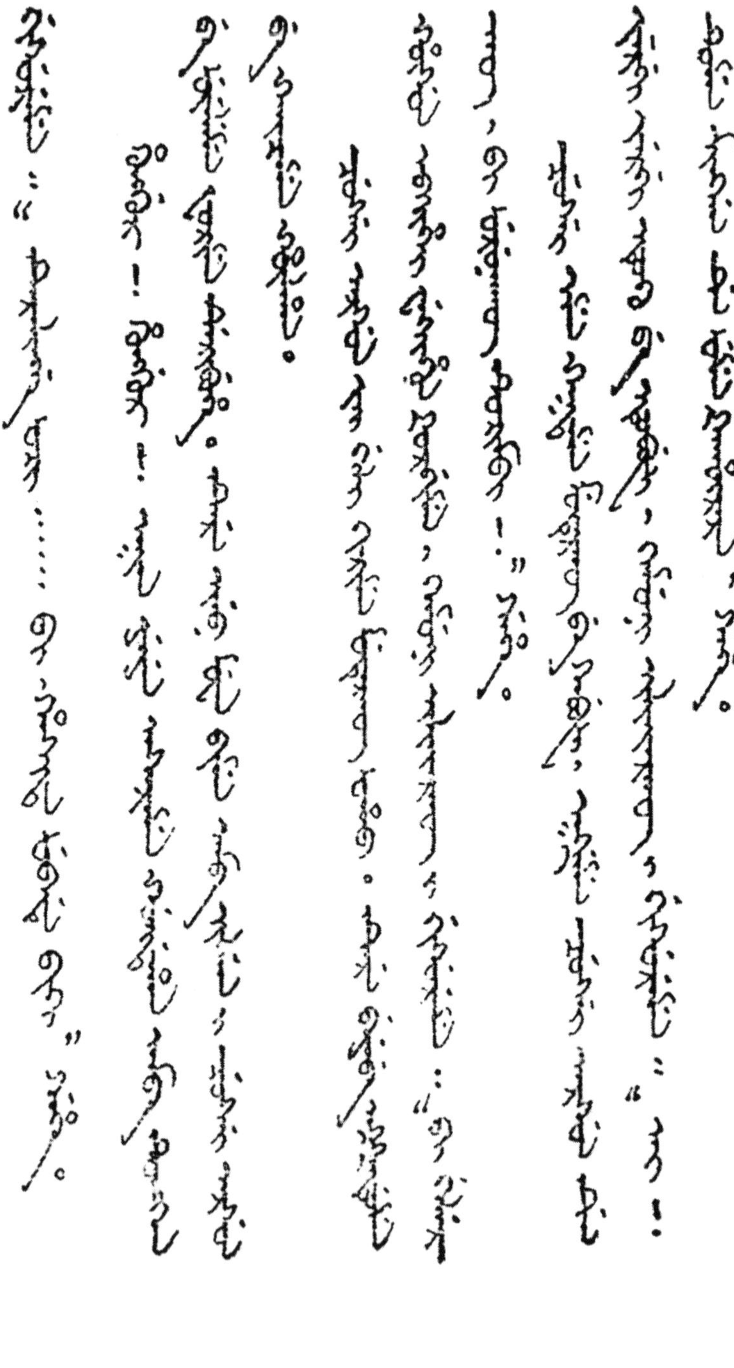

gisureme: “teralingge oci …… bi hasita ubade biki”sehe. hunggur！hunggur！akjan yeye asarame goidaha amba tungken be ujeleme forime deribuhe. tere inu muwa bime amba jilgan i cusei arsun be kaicame hūlaha. cusei arsun jai geli kirime muterkū oho. tere beyebe aššandume hūsun ebjihei wesihun šorgime, kemuni ilinjarkū i gisureme: “bi gelerkū, bi urunakū tucimbi！”sehe. cusei eme kaktame muterkū be sabufi, ekšeme cusei arsun de jergi jergi etuku be etubufi, kemuni ilinjarkū i gisureme: “ai！tumen minggan de ume šahūrara”sehe.

說：「要是那樣的話……我還是在這裡吧！」轟隆！轟隆！雷公公開始重重地敲打收藏已久的大鼓。他也用又粗又大的聲音叫著竹筍。竹筍再也忍不住了，她抖動身體使勁往上鑽，還不停地說：「我不怕，我一定要出去！」竹媽媽見攔不住，急忙給竹筍穿上層層的衣服，還不停的說：「唉！千萬別著涼了。」

说：「要是那样的话……我还是在这里吧!」轰隆！轰隆！雷公公开始重重地敲打收藏已久的大鼓。他也用又粗又大的声音叫着竹笋。竹笋再也忍不住了，她抖动身体使劲往上钻，还不停地说：「我不怕，我一定要出去!」竹妈妈见拦不住，急忙给竹笋穿上层层的衣服，还不停的说：「唉！千万别着凉了。」

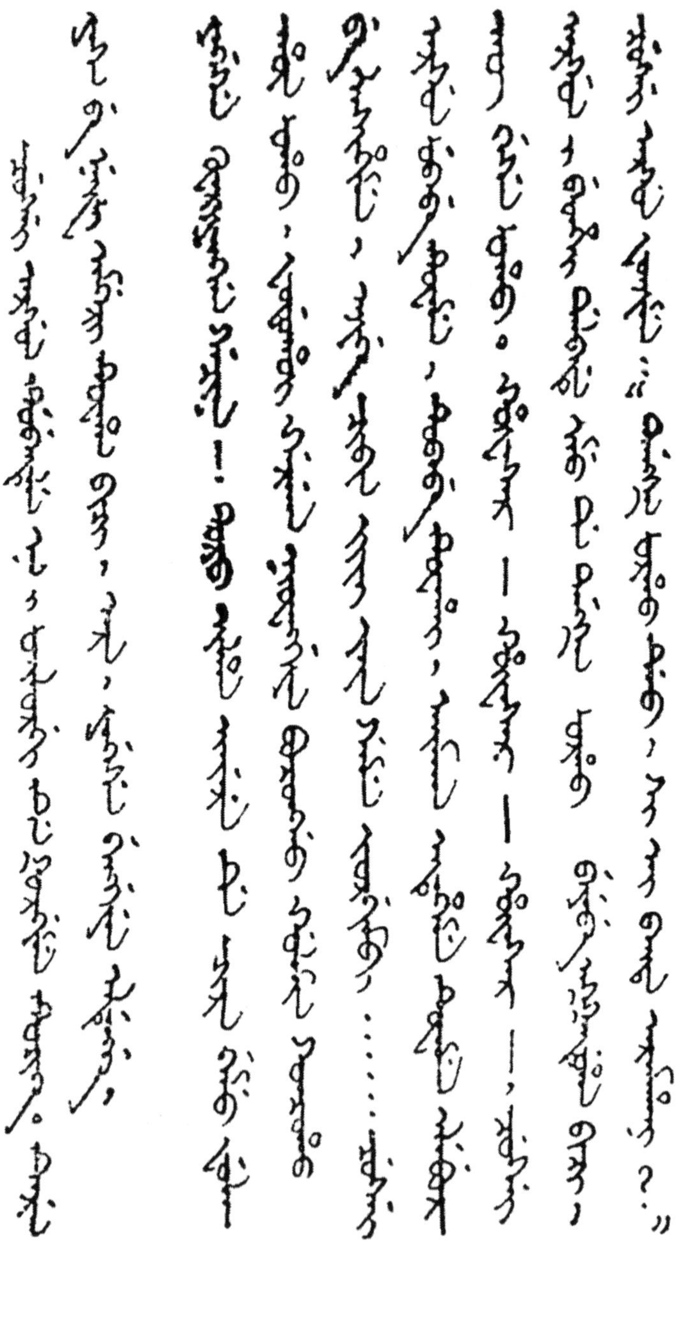

cusei arsun dubentele na i oilorgi de šorgime tucike. tere yasa be neifi emgeri tuwaha bici, ara, yagese genggiyen eldengge, yagese kuwariyangga secina ! toro ilha injere de cira gemu fulahūn oho, fodohoi gargan niowanggiyan boconggo golmin soncoho be lasihime, ajige cibin jiji jaja seme jorgimbi …… cusei arsun ubabe tuwame, tubabe tuwahai, aimaka enteheme tuwame eleburkū gese oho. hūwasar— hūwasar— hūwasar— cusei arsun i bethei dalbade emu da dangšan orho beyebe aššanduha bici, cusei arsun fonjime: “dangšan orho deo, si ai baita aramahani ? ”dangšan orho cusei arsun be emdan tuwafi, karu jabume gisureme:

竹筍終於鑽出了地面。她睜開眼睛一看，呀！多麼明媚，多麼漂亮啊！桃花笑得臉都紅了，柳樹枝甩著綠色的長辮子，小燕子吱吱喳喳地叫著……竹筍這邊看看，那邊看看，好像永遠看不夠似的。嘩沙啦─嘩沙啦─嘩沙啦─，竹筍的腳旁有一棵芥草在動著身軀，竹筍問道：「芥草老弟，你在做什麼呢？」芥草看了竹筍一下，回答道：

竹笋终于钻出了地面。她睁开眼睛一看，呀！多么明媚，多么漂亮啊！桃花笑得脸都红了，柳树枝甩着绿色的长辫子，小燕子吱吱喳喳地叫着……竹笋这边看看，那边看看，好像永远看不够似的。哗沙啦—哗沙啦—哗沙啦—，竹笋的脚旁有一棵芥草在动着身躯，竹笋问道：「芥草老弟，你在做什么呢？」芥草看了竹笋一下，回答道：

[illegible]

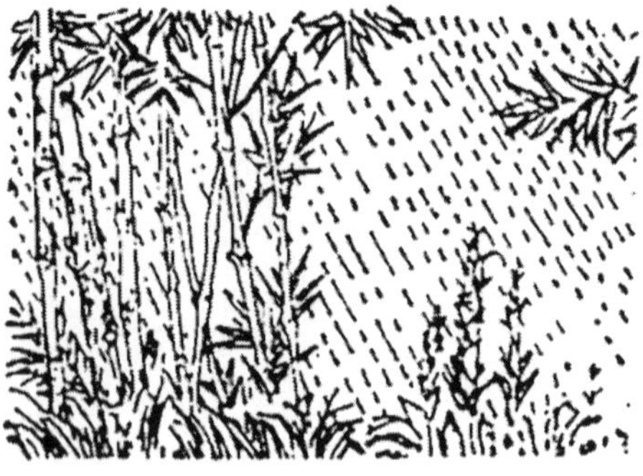

“bi urunakū, urunakū ere sain erin nashūn be nekuleme, hūdukan i hūwašame amba ombi.”sehe. cusei arsun donjifi dolori wenjeme urgunjeme, tere ini beyei baru gisureme:“bi inu ere sain erin nashūn be nekuleme, hūdukan i hūwašame amba oki”sehe. tuttu bicibe, cusei eme terei beyere ci olhome, terebe etuku i tak tak hosifi, ergen hono hūlašame muterkū ohobi. cusei arsun facihiyašame amba jilgan i kaicame:“bi šahūrun deri gelerkū！bi hūdukan

---

「我必定，必定乘這個好時光快快的長大。」竹筍聽了心裡高興，對她自己說：「我也乘此好時光快快長大。」但是，竹媽媽擔心她的身體，用衣服把她緊緊地裹起來，連氣都喘不過來了。竹筍焦急得大聲叫喊：「我不怕冷！我要快快

「我必定，必定乘这个好时光快快的长大。」竹笋听了心里高兴，对她自己说：「我也乘此好时光快快长大。」但是，竹妈妈担心她的身体，用衣服把她紧紧地裹起来，连气都喘不过来了。竹笋焦急得大声叫喊：「我不怕冷！我要快快

[illegible]

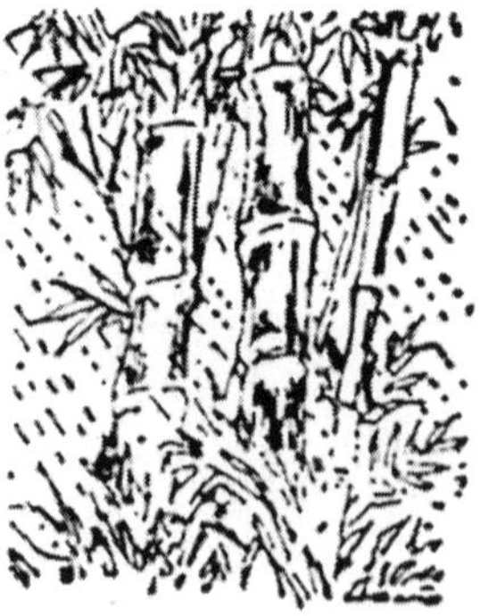

hūwašame amba ombi ! ”sefi, tere baturu fafuri i ini beyebe hosiha ajige etuku be suhe. niyengniyeri aga eyun injeme, terebe bilume hairame, terebe derberambi. šun yeye injeme, terede elden fosome bume, terebe bulukan obuha……dubentele, cusei arsun ini hūwašame amba ojoro de goicuka ojoro jergi jergi etuku be sume, bethei fejile waliyafi emu da bedun cuse oho. tere alin i munggan dele ilifi, edun i ishun yebcungge maksin be maksime, ambakilame:“bi emgeri hūwašame amba oho ! ”seme kaicaha.

長大。」她勇敢的脫掉了裹著身體的小衣服。春雨姊姊笑著，愛撫著她，濕潤著她。太陽公公笑著，照射光亮給她，溫暖了她。……終於，竹筍脫掉妨礙她長大的層層衣服，丟到腳下，成了一棵粗壯的竹子。她矗立在山丘上，迎風跳著好看的舞蹈，驕傲地喊道：「我已經長大了！」

长大。」她勇敢的脱掉了裹着身体的小衣服。春雨姊姊笑着，爱抚着她，湿润着她。太阳公公笑着，照射光亮给她，温暖了她。……终于，竹笋脱掉妨碍她长大的层层衣服，丢到脚下，成了一棵粗壮的竹子。她矗立在山丘上，迎风跳着好看的舞蹈，骄傲地喊道：「我已经长大了！」

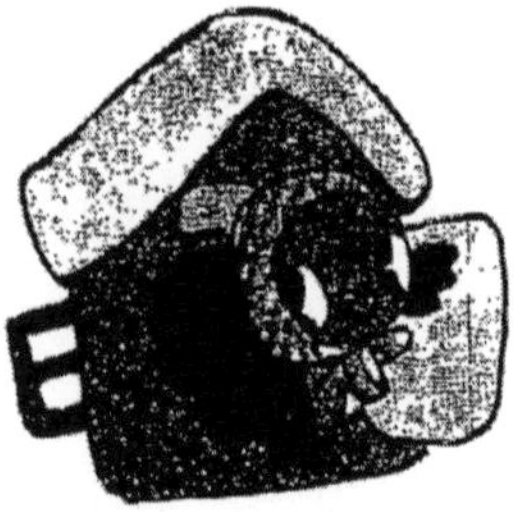

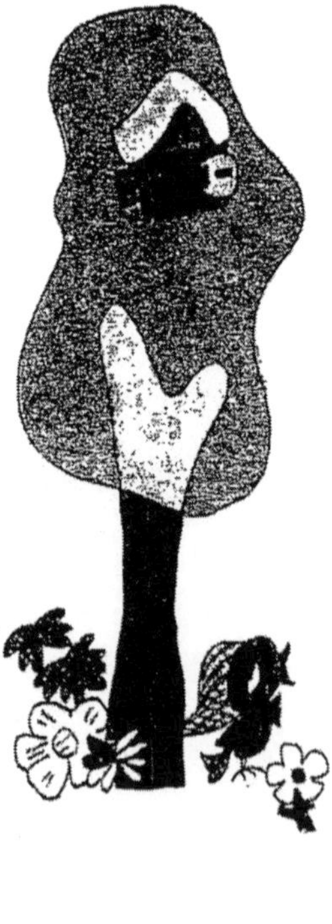

九、ajige gasha jai buleri ilha

emu da den bime amba hailan de, emu ajige gasha feye arafi banjimbi. ajige gasha inenggidari hailan fejile ebume jifi ajige ilha, ajige orho i emgi efime, orhoi dorgideri umiyaha jafame jembi. emu inenggi, ajige gasha nimeku bahafi feye i dolo emhun umudu dedufi, mujilen dolo jaci ališambi. tere kina ilha i emgi gisureme:“kina gege, si tafame jifi mini emgi majige efici ombio？”

九、小鳥和喇叭花

在一棵又高又大的樹上，有一隻小鳥築巢過日子。小鳥每天到樹下來和小花、小草玩耍，從草叢裡捉蟲吃。有一天，小鳥生病了，孤獨地躺在鳥窩裡，心裡很寂寞。她跟鳳仙花說：「鳳仙格格，你能上來跟我玩一會兒嗎？」

九、小鸟和喇叭花

在一棵又高又大的树上，有一只小鸟筑巢过日子。小鸟每天到树下来和小花、小草玩耍，从草丛里捉虫吃。有一天，小鸟生病了，孤独地躺在鸟窝里，心里很寂寞。她跟凤仙花说：「凤仙格格，你能上来跟我玩一会儿吗？」

ᠰᡝᠮᠪᡳ᠉ [illegible] [illegible] [illegible]᠄ “ᠰᡝᡶᡠ [illegible] [illegible]᠈ [illegible] [illegible]᠈ [illegible] [illegible]

[illegible] [illegible] ᠰᡳ᠈ ᠮᠠᠨᠵᡠ ᡤᡳᠰᡠᠨ [illegible] [illegible] [illegible]᠈ [illegible] [illegible] [illegible]

[illegible]᠉” ᠰᡝᠮᠪᡳ᠉

[illegible] [illegible] [illegible] [illegible] [illegible] [illegible]᠄ “[illegible] [illegible]᠈

[illegible] [illegible] [illegible] [illegible]᠈ [illegible] [illegible] [illegible] [illegible] [illegible] [illegible] [illegible]? ” ᠰᡝᠮᠪᡳ᠉

ᠰᡝᡶᡠ [illegible] [illegible]᠄ “ᠰᡝᡶᡠ [illegible]᠈ [illegible] [illegible] [illegible] [illegible] [illegible]᠈ [illegible] [illegible] [illegible]

[illegible] ᠰᡳ᠈ ᠮᠠᠨᠵᡠ ᡤᡳᠰᡠᠨ [illegible] [illegible] [illegible]᠈ [illegible] [illegible] [illegible]᠉”

ᠰᡝᠮᠪᡳ᠉

sehe. kina ilha gisureme:“ajige gasha, si ume fancara, mini hūwašahangge den waka, inu hailan de tafaname bahanarkū, sini emgi efime muterkū.”sehe. ajige gasha geli orho i emgi gisureme:“ajige orho deo, bi nimeku bahahabi, si tafame jifi mini emgi majige efici ombio ? ”sehe. ajige orho gisureme:“ajige gasha, si ume fancara, mini hūwašahangge den waka, inu hailan de tafaname bahanarkū, sini emgi efime muterkū.”sehe.

鳳仙花說道:「小鳥,你不要生氣,我長得不高,也不會爬樹,不能跟你玩。」小鳥又跟草說道:「小草弟,我生病了,你能上來跟我玩一會兒嗎?」小草說道:「小鳥,你不要生氣,我長得不高,也不會爬樹,不能跟你玩。」

凤仙花说道:「小鸟,你不要生气,我长得不高,也不会爬树,不能跟你玩。」小鸟又跟草说道:「小草弟,我生病了,你能上来跟我玩一会儿吗?」小草说道:「小鸟,你不要生气,我长得不高,也不会爬树,不能跟你玩。」

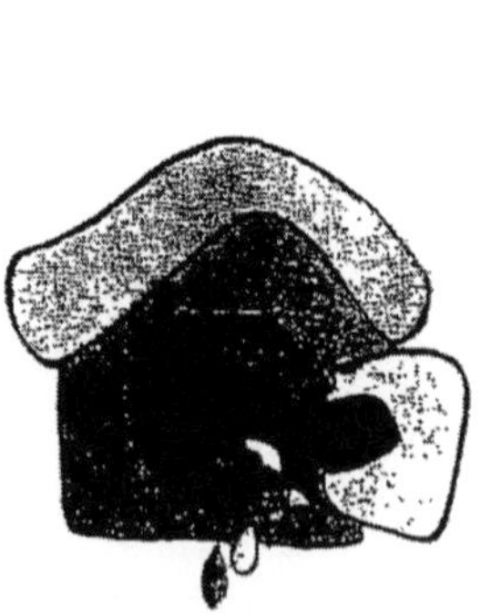

ajige gasha emu mudan golmin sejilefi, feye i dolo gohorome dedufi songgome deribuhe. hailan fejile banjiha buleri ilha hailan be uhufi, hūsun baitalame wesihun tafaname ajige gashai feye i dalbade genefi, ajige gasha be torombume, buleri be uhuken i "da di da······"seme fulgiyembi. ajige gasha imbe gucu jime tuwara be sabufi, yasai muke be fufi, buleri jilgan be donjime, ališara mujilen akūfi, nimeku uthai sain oho.

小鳥長歎一聲，蜷縮在巢裡哭了起來。長在樹下的喇叭花捲著樹，用力往上爬到小鳥巢的旁邊去安慰小鳥，柔和地吹奏喇叭「答滴答……。」小鳥看見朋友來看她，擦了眼淚，聽著喇叭聲，不再寂寞，病就好了。

小鸟长叹一声，蜷缩在巢里哭了起来。长在树下的喇叭花卷着树，用力往上爬到小鸟巢的旁边去安慰小鸟，柔和地吹奏喇叭「答滴答……。」小鸟看见朋友来看她，擦了眼泪，听着喇叭声，不再寂寞，病就好了。

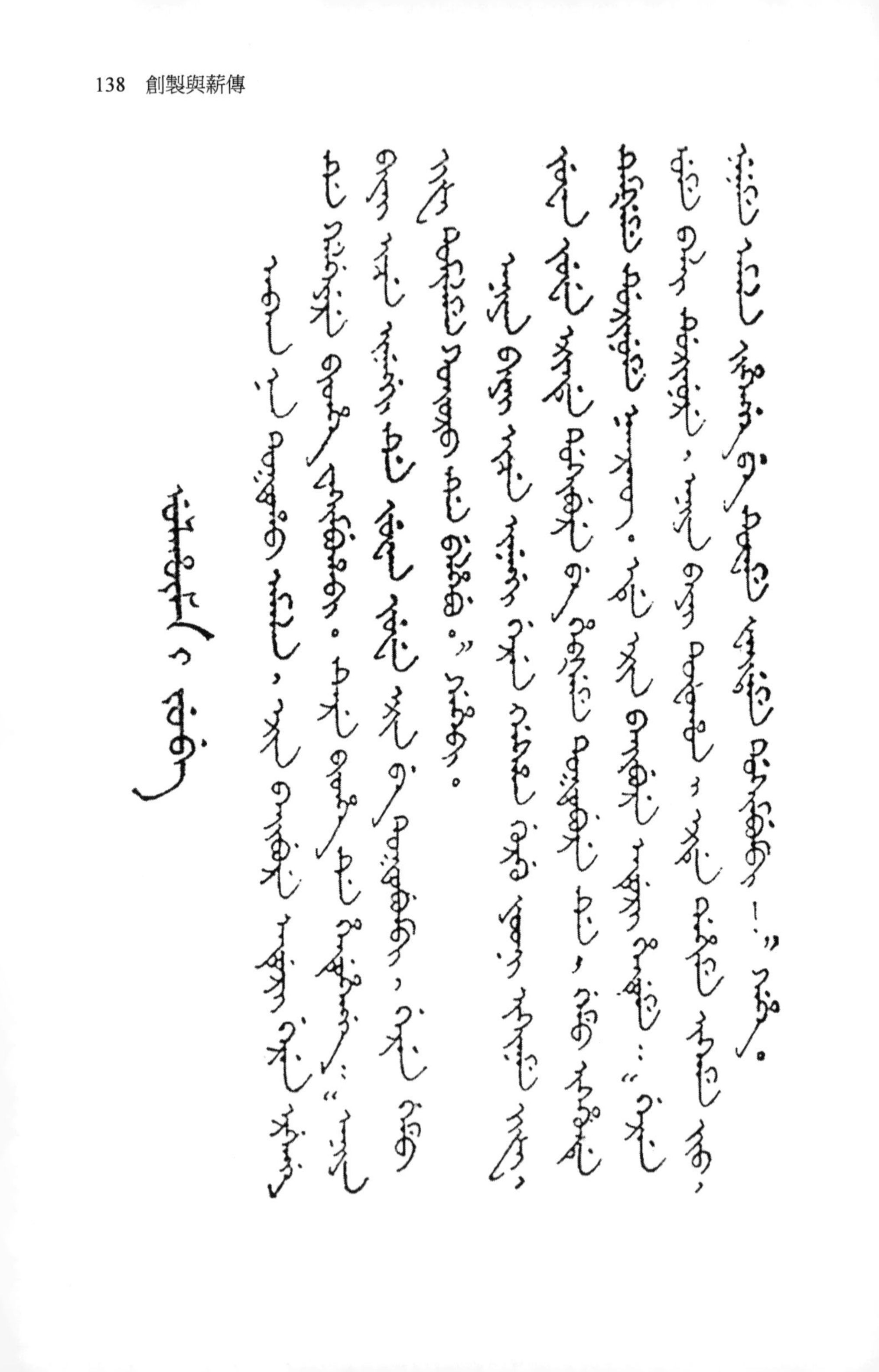

十、ulhūma i jube

abka na toktoho amala, erin banjibure enduri geren ergengge de selgiyere bithe wasimbuhabi. tere bithe de henduhengge:“aniya biyai ice inenggi de juwan juwe erin be toktobumbi, geren gemu jifi tomilame sonjoro de belhebu.”sehebi. aniya biyai ice inenggi geren gasha gurgu yooni isiname jifi, juwan juwe erinde dosibure be hebšeme toktobure de, gemu ishunde temšeme durinume nakarkū. ede erin banjibure enduri hendume:“geren ume balai durinure, aniya biyai tofohon i erde dahime isame jio, neneme amala jihengge be tuwame faidame dosimbumbi！ ”sehe.

十、野雞的故事

天地形成後，編造時辰的神向眾生發佈告示。那告示上說：「正月初一日，要確定十二時辰，大家都來預備挑選。」正月初一日，各種鳥獸都到了，商定選入十二時辰時，都彼此爭搶不休。因此編造時辰的神說道：「大家不要亂搶，正月十五日的清晨再來集合吧，看來的先後編排進去！」

十、野鸡的故事

天地形成后，编造时辰的神向众生发布告示。那告示上说：「正月初一日，要确定十二时辰，大家都来预备挑选。」正月初一日，各种鸟兽都到了，商定选入十二时辰时，都彼此争抢不休。因此编造时辰的神说道：「大家不要乱抢，正月十五日的清晨再来集合吧，看来的先后编排进去！」

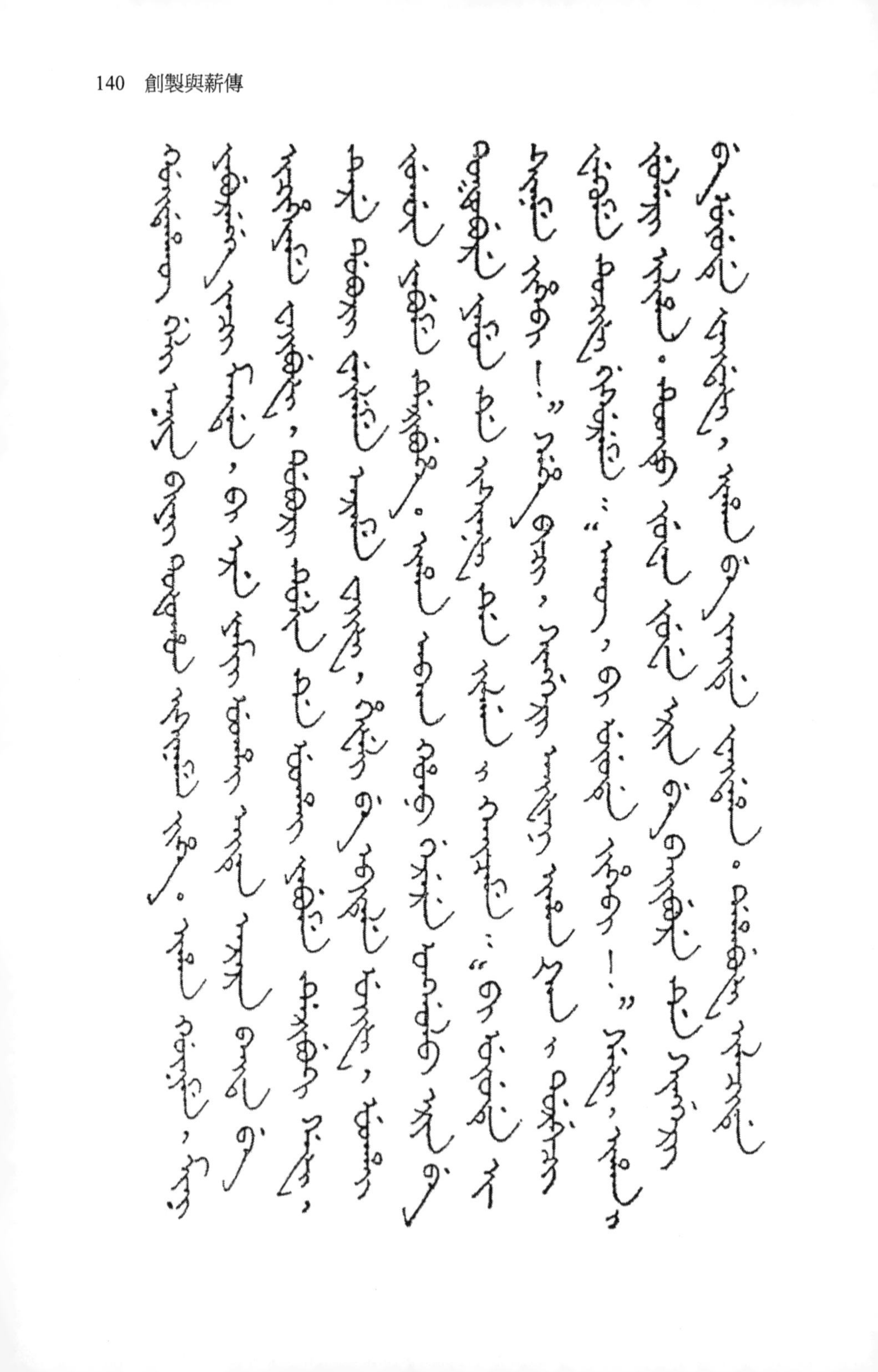

goidahakū geli aniya biyai tofohon isiname jihe. ihan gūnime, mini yaburengge jaci mandan, bi ere yamji uthai eiten arara baita be icihiyame wajibufi, dobori dulin de uthai yabume deribuki sefi, tere dobori weileme arame wajifi, hefeli be ebitele ujifi, uthai jugūn yabume deribuhe. ihan abka hono gerere onggolo erin be toktobure yamun de isinafi den jilgan i kaicame:"bi ujude isiname jihebi！"sehe bici, singgeri aifini ihan šan i dorgici fekume tucifi gisureme:"akū, bi ujude jihebi！"sefi, ihan i juleri iliha. tuttu juwan juwe erin be banjibure de singgeri be ujude faidafi, ihan be jaide faidaha. dahabufi ilacide

---

不久又到了正月十五日。牛想，我走的太慢，我今天晚上就把該做的事都做完，半夜裡就開始走，於是那天夜裡做完事，把肚子填飽，就走路了。牛在天還沒亮以前到了定時衙門高聲喊道：「我第一個到了！」然而老鼠早已從牛耳朵裡面跳出來說道：「不是，是我第一個先到！」說完站到了牛的前面。因此編造十二時辰時把老鼠排列在第一位，牛排在第二位，隨後第三位

不久又到了正月十五日。牛想，我走的太慢，我今天晚上就把该做的事都做完，半夜里就开始走，于是那天夜里做完事，把肚子填饱，就走路了。牛在天还没亮以前到了定时衙门高声喊道：「我第一个到了！」然而老鼠早已从牛耳朵里面跳出来说道：「不是，是我第一个先到！」说完站到了牛的前面。因此编造十二时辰时把老鼠排列在第一位，牛排在第二位，随后第三位

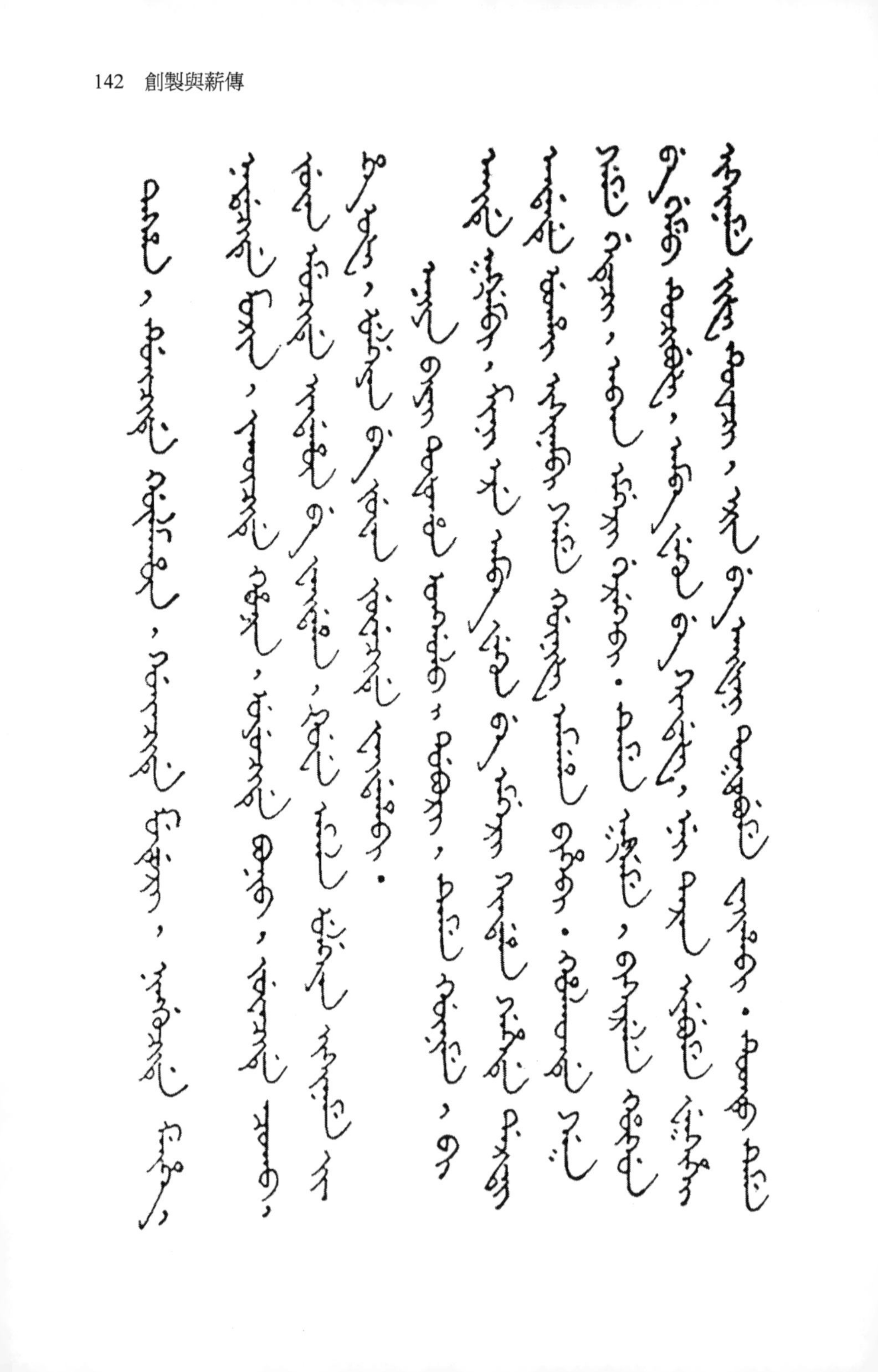

tasha, duicide gūlmahūn, sunjacide muduri, ningucide meihe, nadacide morin, jakūcide honin, uyucide bonio, juwacide coko, juwan emucide indahūn be faidaha, šuwe amala ulgiyan isiname jihe ofi, ulgiyan be juwan juwecide faidahabi. aniya biyai tofohon onggolo i dobori, temen gūnime, bi aide ekšembi, mini ere amba fekun be emgeri sindaha sehede dartai andande uthai isinambi seme gūnifi amgaha bihebi. holkonde sek seme geteci , abka emgeri gerekebi. temen ekšeme, bisirele hūsun be gemu tucibufi, amba fekun be sindafi, nei taran eyebume feksihei isiname jifi tuwaci, erin be aifini toktobume wajihabi. tuttu temen

---

是虎，第四位是兔，第五位是龍，第六位是蛇，第七位是馬，第八位是羊，第九位是猴，第十位是鷄，把狗排在第十一位，因為豬最後到來，所以把豬排在第十二位。正月十五日的前一夜，駱駝想，我著什麼急？我這大踏步一放開，一會兒功夫就到了，想著就睡了。猛然間醒來，天已亮了。駱駝著急，用盡所有力氣，放開大步，汗流浹背奔跑，到後一看，時辰早已定好了。所以駱駝

是虎，第四位是兔，第五位是龙，第六位是蛇，第七位是马，第八位是羊，第九位是猴，第十位是鸡，把狗排在第十一位，因为猪最后到来，所以把猪排在第十二位。正月十五日的前一夜，骆驼想，我着什么急？我这大踏步一放开，一会儿功夫就到了，想着就睡了。猛然间醒来，天已亮了。骆驼着急，用尽所有力气，放开大步，汗流浃背奔跑，到后一看，时辰早已定好了。所以骆驼

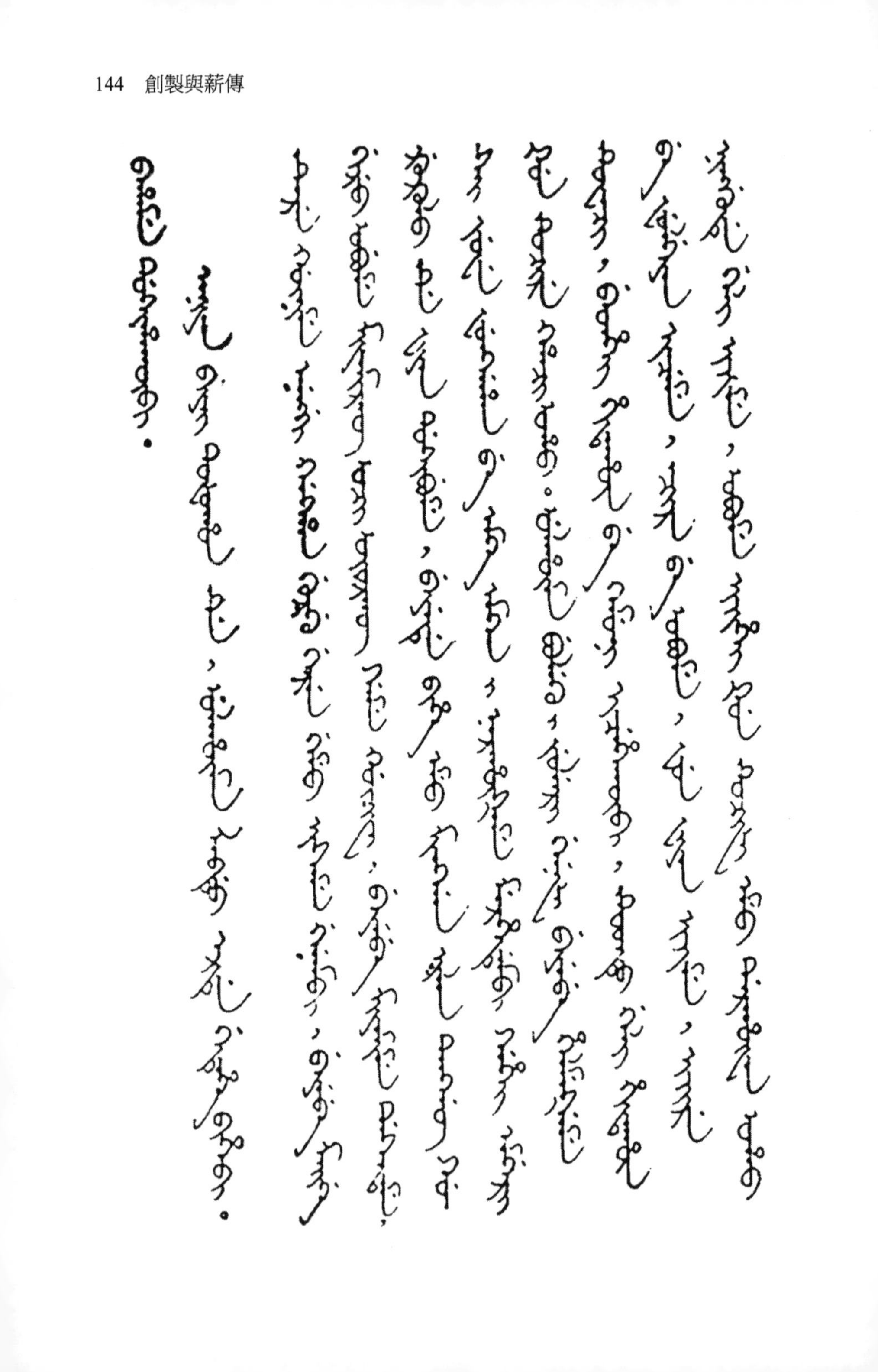

bahame dosihakūbi. aniya biyai tofohon de, ulhūma labdu erde getehe bihebi. tere gūnime enenggi gasha gurgu geren gemu isame genembi, beyebe majige giru obume miyamirkū oci ojorkū seme gūnifi, beyebe miyamime dasatame, g'ok'olo de fiyan dosibume, beyede bihe emu minggan ilan tanggū susai juwe funggaha be emke emken i narhūšame merhedembi sehei emgeri šun tucire hanci oho. ulhūma buleku i juleri genefi beyebe helmešeme tuwaci, bethei hitahūn be kemuni icehekūbi, tuttu geli hitahūn be fulgiyan iceme, cira be obome, fun fiyan ijime, ijire ninggude geli ijime, obome ijihei šun tucifi emu darhūwan oho

---

未能排進去。正月十五日，野鷄很早就醒了。她想今天鳥獸大家都去集聚，不能不把自己打扮漂亮一點，於是打扮自己，在羽毛上染色，把身上的一千三百五十二片羽毛逐一仔細梳理後已接近日出了。野鷄走到鏡子前面照看自己的身影，腳指甲還沒染色，所以又把指甲染紅，洗臉塗脂抹粉，抹完再抹，洗洗抹抹太陽都出來已一竿子了。

未能排进去。正月十五日，野鸡很早就醒了。她想今天鸟兽大家都去集聚，不能不把自己打扮漂亮一点，于是打扮自己，在羽毛上染色，把身上的一千三百五十二片羽毛逐一仔细梳理后已接近日出了。野鸡走到镜子前面照看自己的身影，脚指甲还没染色，所以又把指甲染红，洗脸涂脂抹粉，抹完再抹，洗洗抹抹太阳都出来已一竿子了。

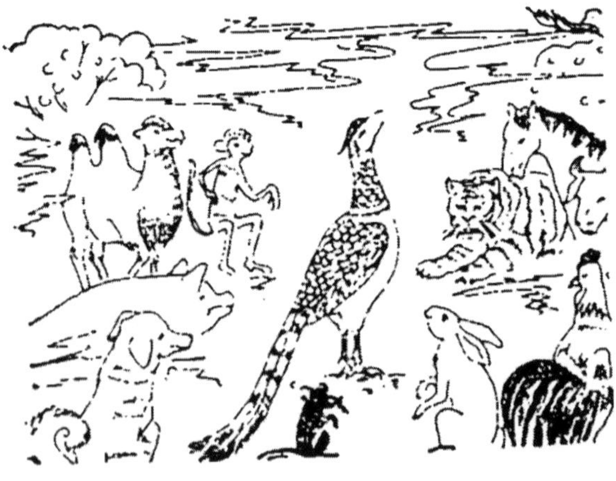

manggi teni beyebe dasatame wajifi, deyeme isara bade isinafi, beyebe oncohošome dosime genefi, narhūn golmin jilgan i gisureme:“bi jihebi！ mimbe juwan juwe erinde dosibu！”sehe bici, geren gasha gurgu leksei gisureme:“ulhūma gegei si erai gelecuke kuwariyang ohobi, ainara si beyebe tumen hacin giru obume dasakini erin be emgeri amcahakūbi！”seme basume injere de, ulhūma girufi uju be hono tukiyeme muterkū, arga akū uju be orhoi buktan dolo funtume somiha.

才把自己打扮好，飛到集合的地方，昂首闊步地進入，用細長的聲音說道:「我來了！讓我進入十二時辰吧！」然而眾鳥獸一齊譏諷道:「野鷄格格你如此了不起的漂亮，可惜你把自己打扮得儀態萬種卻已經趕不上時間了！」野鷄羞愧得頭都抬不起來，無奈地把頭塞進草叢裡藏了起來，

才把自己打扮好，飞到集合的地方，昂首阔步地进入，用细长的声音说道:「我来了！让我进入十二时辰吧！」然而众鸟兽一齐讥讽道:「野鸡格格你如此了不起的漂亮，可惜你把自己打扮得仪态万种却已经赶不上时间了！」野鸡羞愧得头都抬不起来，无奈地把头塞进草丛里藏了起来，

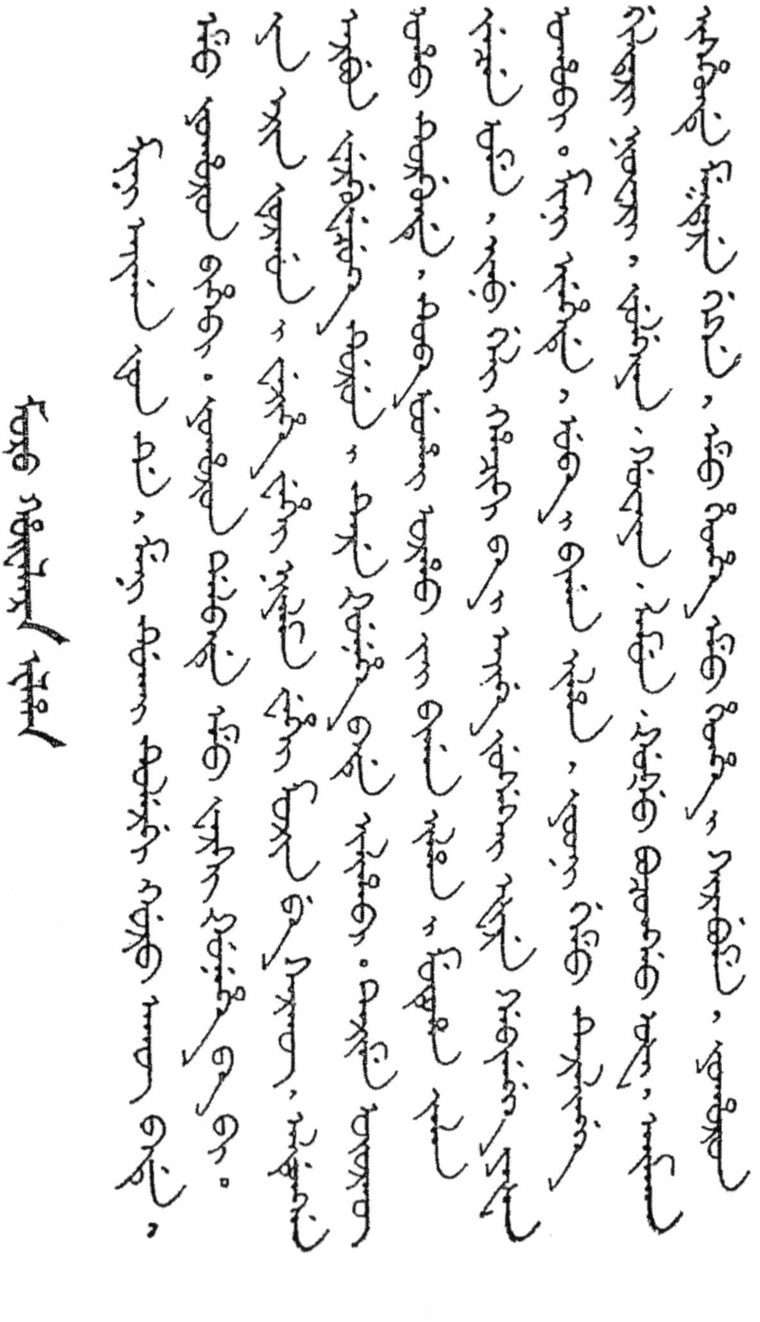

十一、moro hūwalara ilha

mini ajigan fon de, meni dukai tulergi goro akū bade, emu yohoron bihebi, yohoron dalbade emu farsi šunehe ba bi. ya erin forgon i werihe wehei niyalma wehei morin be sarkū, aldungga arbun ferguwecuke durun i tere šunehe bade ilihabi. tarime ojorkū oho turgunde, tuba uthai orho jai bigan ilha i mutuha jalan jecen ome, inu geli hanciki ba i ajige jusesai efire sebjengge yafan ohobi. mini ejehede, uba i bigan ilha, yooni gemu teralingge giltari niowari, fulgiyan, suwayan, lamun, šušu boconggo ofi, aimaka ishunde mektere gese, emu hethe emu hethe i sirabume, yohoron

---

十一、破碗花

我小的時候，在我家門外不遠的地方，有一條水渠，在水渠旁邊有一塊荒地。不知哪個時代留下的石人石馬，怪模怪樣地立在那塊荒地上。因為不能播種，那裡就成了長草和野花的世界，也成了近處小孩子們玩樂的園地。在我的記憶裡，這裡的野花，全都是燦爛的，紅的、黃的、藍的、紫色的，好像是互相競賽似的，一茬接一茬，

十一、破碗花

我小的时候，在我家门外不远的地方，有一条水渠，在水渠旁边有一块荒地。不知哪个时代留下的石人石马，怪模怪样地立在那块荒地上。因为不能播种，那里就成了长草和野花的世界，也成了近处小孩子们玩乐的园地。在我的记忆里，这里的野花，全都是灿烂的，红的、黄的、蓝的、紫色的，好像是互相竞赛似的，一茬接一茬，

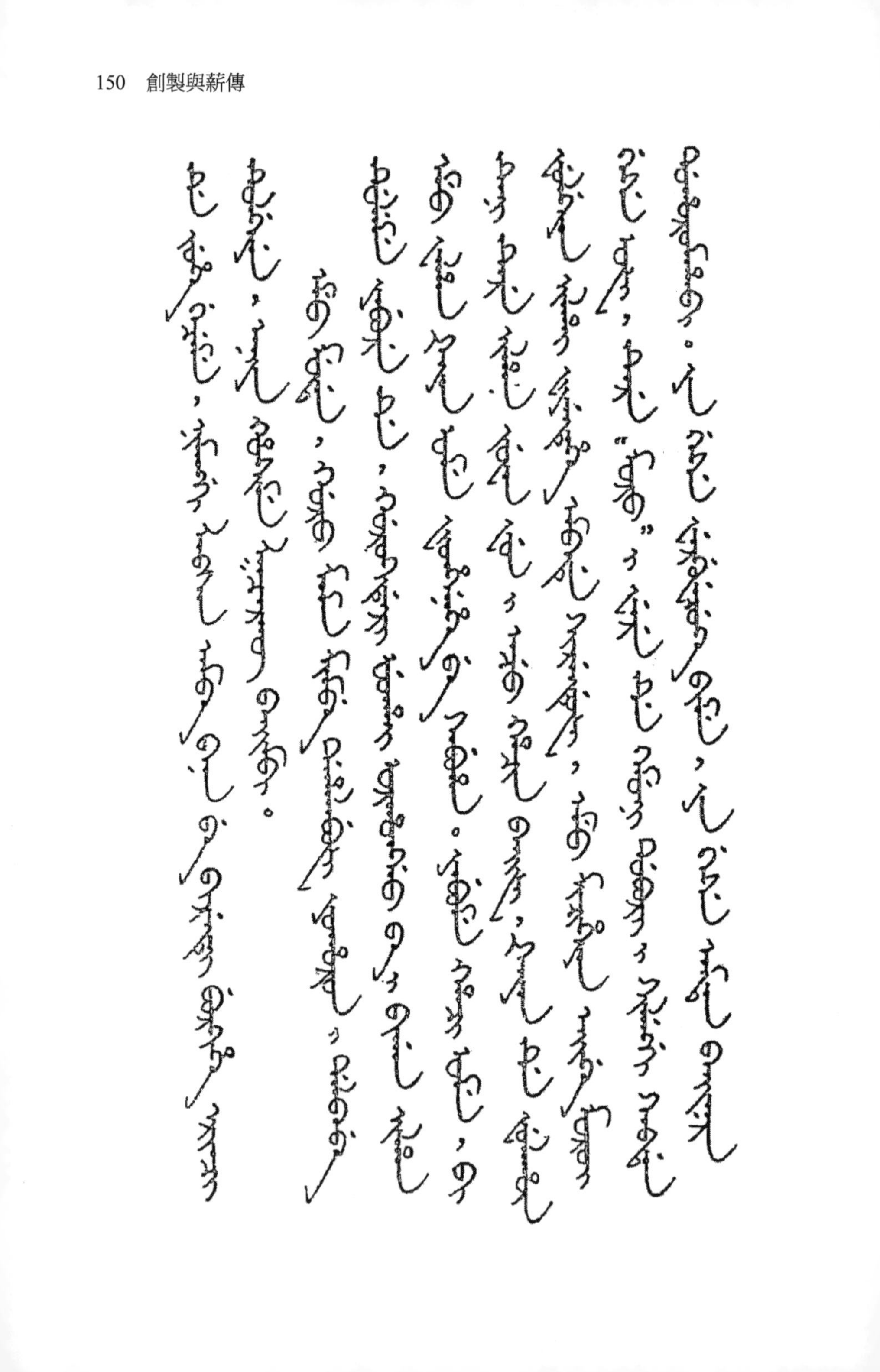

[illegible]

de juhe geceme, nimanggi labsan amba bana be biretei burkihe erinci tulgiyen, aniya hosime lakcarkū banjimbi. emu mudan, goro mama mimbe dahalabufi yohoron i dalbabe duleme yabure de, gorokideri uthai orhonggo ba i bigan ilha emu falha šayan ome fithenehe be sabuha. yabume hanci ome, bi teni tere ilha juwan fun i encu hacin banjifi, šayan de fulahūn fulgiyan ilhai fiyentehe embade sirendufi, emu micihiyan ajige moroi gese ofi, tere“moro”i fere de kemuni dobori i silenggi sabdan dohoromahabi. ya gese ferguwecuke bime, ya gese amtan banjinara

---

除水渠結冰、雪花鋪滿大地時節以外，終年生長不斷。有一回，外婆帶我經過水渠旁邊時，從遠處就看見草地上的野花開成了一片白。走近時，我才看到那花長得十分不一樣，白色上的粉紅花瓣串在一起，好像是一個小的淺碗，那個「碗」的底部還滾著夜晚的露珠。多麼奇妙、多麼有趣的

除水渠结冰、雪花铺满大地时节以外，终年生长不断。有一回，外婆带我经过水渠旁边时，从远处就看见草地上的野花开成了一片白。走近时，我才看到那花长得十分不一样，白色上的粉红花瓣串在一起，好像是一个小的浅碗，那个「碗」的底部还滚着夜晚的露珠。多么奇妙、多么有趣的

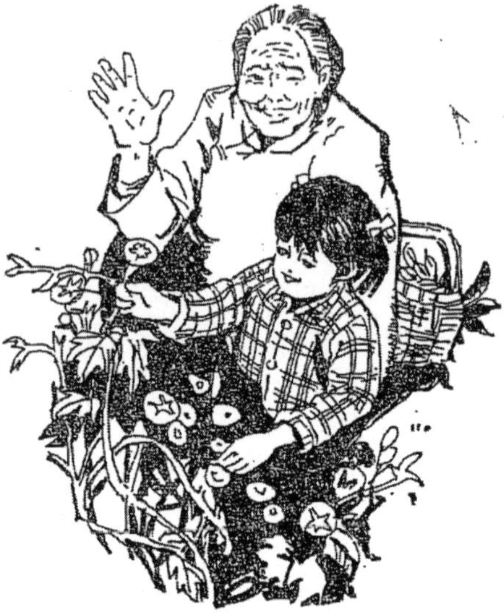

[illegible]

ilha secina！ bi goro mama i gala deri parkaljame ukcafi fekuceme genefi tere ilha be fataki sehe bici, gūnihakū de goro mama ekšeme jifi mimbe tatame jafafi sirani gisureme:"fataci ojorkū, fataci ojorkū, tere serengge moro hūwalara ilha— "sehe. ai aldungga ilhai gebu biheni, bi ere gebu be ujui mudan donjiha." —we terebe fataci, tere uthai we i budai moro be hūwalabumbi."sehe. mimbe gelebume golobuha. ilhai dolo saikan ningge jai

---

花啊！我掙脫外婆的手，跳過去正想摘那個花，沒想到外婆急忙過來拉住我，連連說："不能摘，不能摘，那是破碗花"。多麼奇怪的花名啊，我是頭一回聽到這個名字。「—誰摘它，它就會讓誰打破飯碗。」把我嚇住了。在花裡面有美的和

花啊！我挣脱外婆的手，跳过去正想摘那个花，没想到外婆急忙过来拉住我，连连说："不能摘，不能摘，那是破碗花"。多么奇怪的花名啊，我是头一回听到这个名字。「— —谁摘它，它就会让谁打破饭碗。」把我吓住了。在花里面有美的和

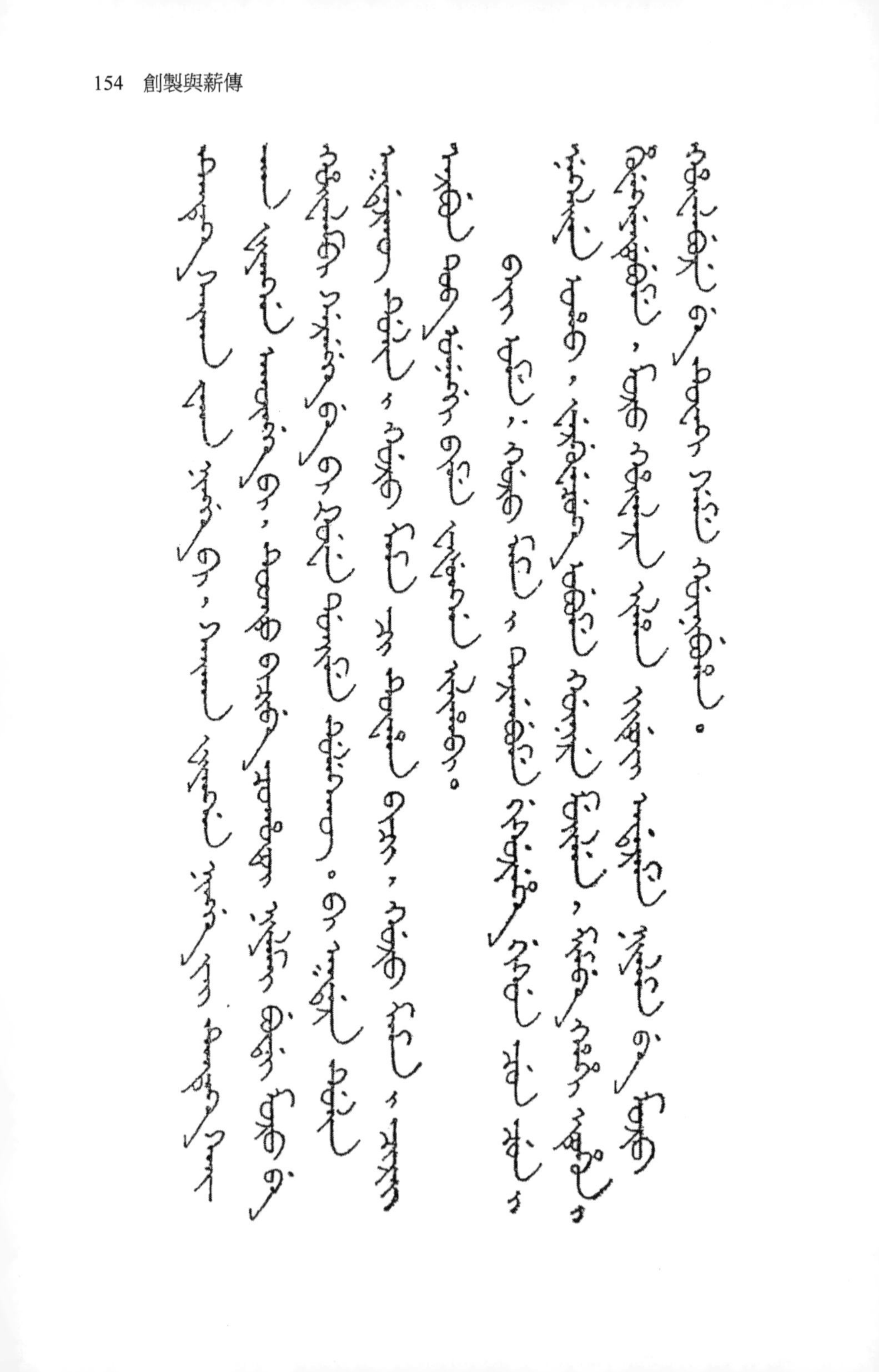

[illegible]

tenteke saikan waka ningge bi, saikan fiyangga ningge jai tenteke saikan fiyangga akūngge bi, tuttu bicibe cohotoi niyalmai budai moro be hūwalambi serengge be bi šuwe donjime dulekekū. bi akdara dulin akdarkū dulin i goro mama ci tuwaha bici, goro mama i cirai arbun tob unenggi bime fafungga ilihabi. baji ome, goro mama i targabume gisurehe gisun cun cun i nekeliyen oho, ferguwecuke obume gūnire mujilen, mimbe hahi etuhun i huwekiyendubume, moro hūwalara ilha jiduji adarame niyalma be moro hūwalabure be tuwaki seme gūnibuha.

不那麼美的，有漂亮的和不那麼漂亮的，但是專門打破人家飯碗的我還沒聽說過。我半信半疑的看著外婆，外婆的臉色虔誠而嚴肅。過了一會兒，就把外婆警告的話漸漸地淡忘了，好奇心使我振奮，想看看破碗花究竟怎麼樣使人打破碗。

不那么美的，有漂亮的和不那么漂亮的，但是专门打破人家饭碗的我还没听说过。我半信半疑的看着外婆，外婆的脸色虔诚而严肃。过了一会儿，就把外婆警告的话渐渐地淡忘了，好奇心使我振奋，想看看破碗花究竟怎么样使人打破碗。

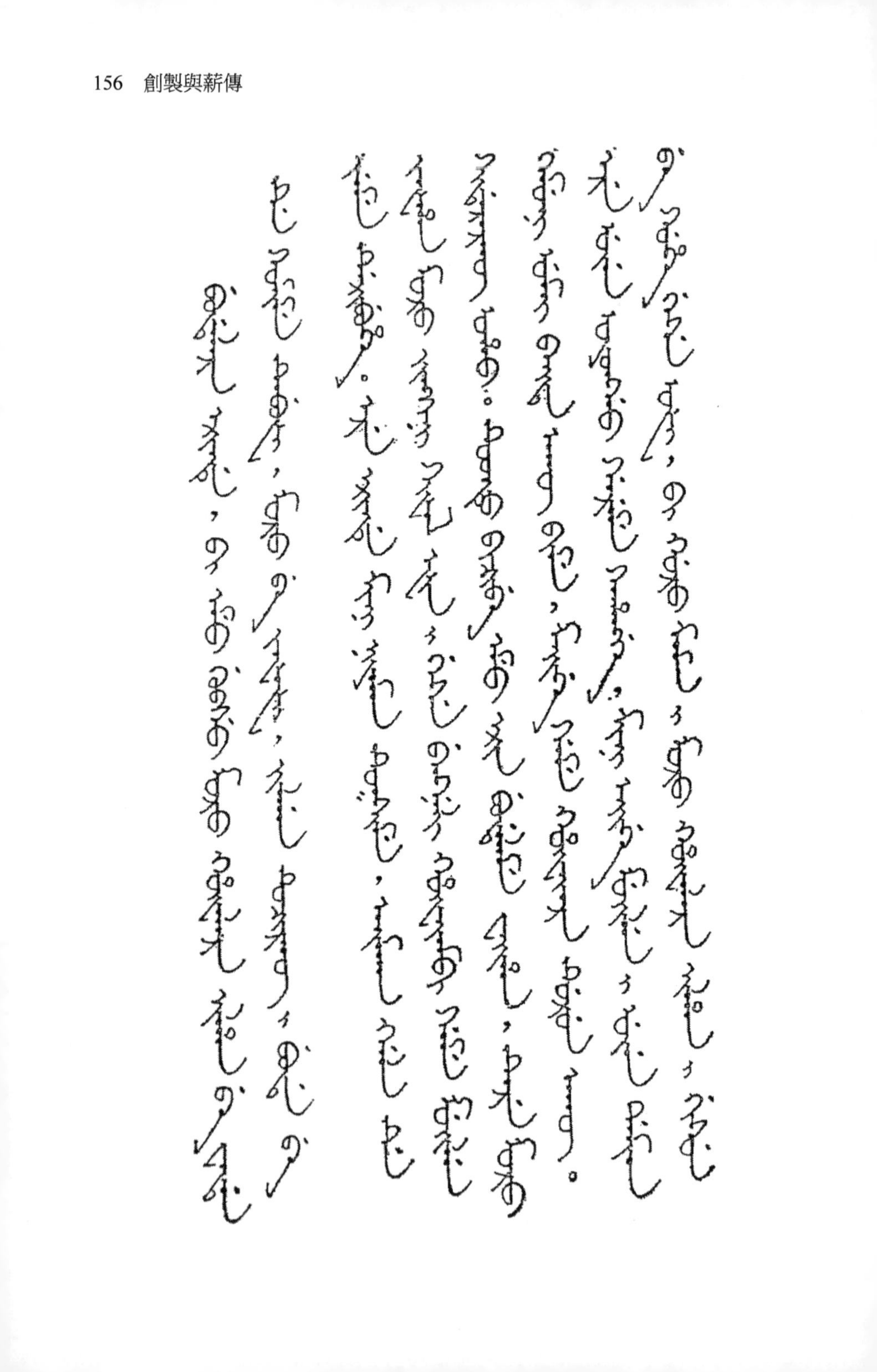

budalara erinde, bi emu gubsu moro hūwalara ilha be wadan de somime tebufi, moro be jafafi, jilgan tucirkū i buda be jeme deribuhe. ere erinde mini niyaman tuksime, aimaka gala de jafaha moro jingkini sifal efin i gese bengneli hūwajambi seme mujilen sidararkū oho. tuttu bicibe emu erin budalame wajiha, tere moro kemuni umai baita akū bime, majige seme hūwajara durun akū. ere ujen oyonggo sereme sahangge, mini ajige mujilen i ujen damjan be suhe gese ofi, bi goro mama i moro hūwalara ilha i gisun

---

吃飯時，我把一朵破碗花藏在口袋裡，拿碗不出聲開始吃飯。這時我心跳，擔心手上拿的碗真像變戲法的猝然破碎。但是吃完一頓飯，那個碗還是沒事，毫無要破的樣子。這個重要發現，使我幼小心裡如釋重負，開始再不相信外婆所說破碗花的話

吃饭时，我把一朵破碗花藏在口袋里，拿碗不出声开始吃饭。这时我心跳，担心手上拿的碗真像变戏法的猝然破碎。但是吃完一顿饭，那个碗还是没事，毫无要破的样子。这个重要发现，使我幼小心里如释重负，开始再不相信外婆所说破碗花的话

[illegible]!

[illegible]? [illegible]

[illegible]

[illegible]。

“[illegible] —— [illegible]!”[illegible]

[illegible]

[illegible]。[illegible]

be jai geli akdarkū oho, aikabade i dahūme geli jonoro oci, bi uthai kenehunjerkū i karu jabume:“moro hūwalara ilha—moro be hūwalarkū bihebi！”seme gisurembi. tuttu bicibe bi šuwe ulhime muterkūngge, niyalmasa ai turgunde eralingge emu bocihi gebu be terede buhe biheni？ musei saci acarangge, tere dade emu saikan fiyangga, buyecuke ilha kai！

了。倘若她再提起，我就肯定地回答說：「破碗花—不破碗！」但是我始終不明白，人們為什麼把這樣一個醜名給了它呢？我們應該知道，它原來是一種漂亮、可愛的花啊！

了。倘若她再提起，我就肯定地回答说：「破碗花—不破碗！」但是我始终不明白，人们为什么把这样一个丑名给了它呢？我们应该知道，它原来是一种漂亮、可爱的花啊！

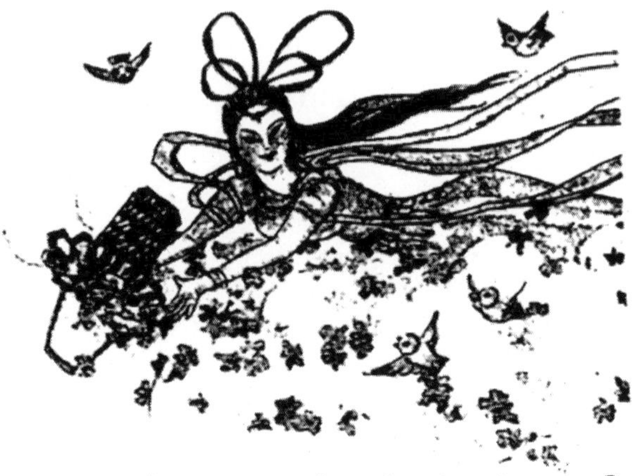

十二、niyengniyeri edun i ajige jui mejige isibumbi

tuweri yeye šuwe amala i emu mudan nimanggi be nimarame wajifi, golmin šayan salu be bišume, lasihibume tasibume abka i ningguci bedereme yabuha. niyengniyeri gugu jing ekšeme ini ilhai šoro be bargiyame teksileme gaifi, uce duka tucire be belhembi. i niyengniyeri edun i ajige jui be neneme nade jifi mejige isibuki sembi. niyengniyeri edun i ajige jui ajige bira i bolosu fa be toksime neihe: niyengniyeri gugu jihe ! niyengniyeri gugu jihe ! seme kaicara de, birai dorgi i nimha weihun weijungge muke ilhai maksin be maksime, ulcin ulcin nicuhe fushubumbi.

十二、春風小孩送信

冬爺爺下完最後一場雪，撫摸著白鬍鬚，搖搖晃晃回到天上去了。春姑姑正忙著收拾她的花籃，準備出門，她想讓春風小孩先到地上來送信。春風小孩敲開了小河的玻璃窗，喊著：春姑姑來了！春姑姑來了！河裡的魚跳起曼妙的水花舞，噴出串串珍珠。

十二、春风小孩送信

冬爷爷下完最后一场雪，抚摸着白胡须，摇摇晃晃回到天上去了。春姑姑正忙着收拾她的花篮，准备出门，她想让春风小孩先到地上来送信。春风小孩敲开了小河的玻璃窗，喊着：春姑姑来了！春姑姑来了！河里的鱼跳起曼妙的水花舞，喷出串串珍珠。

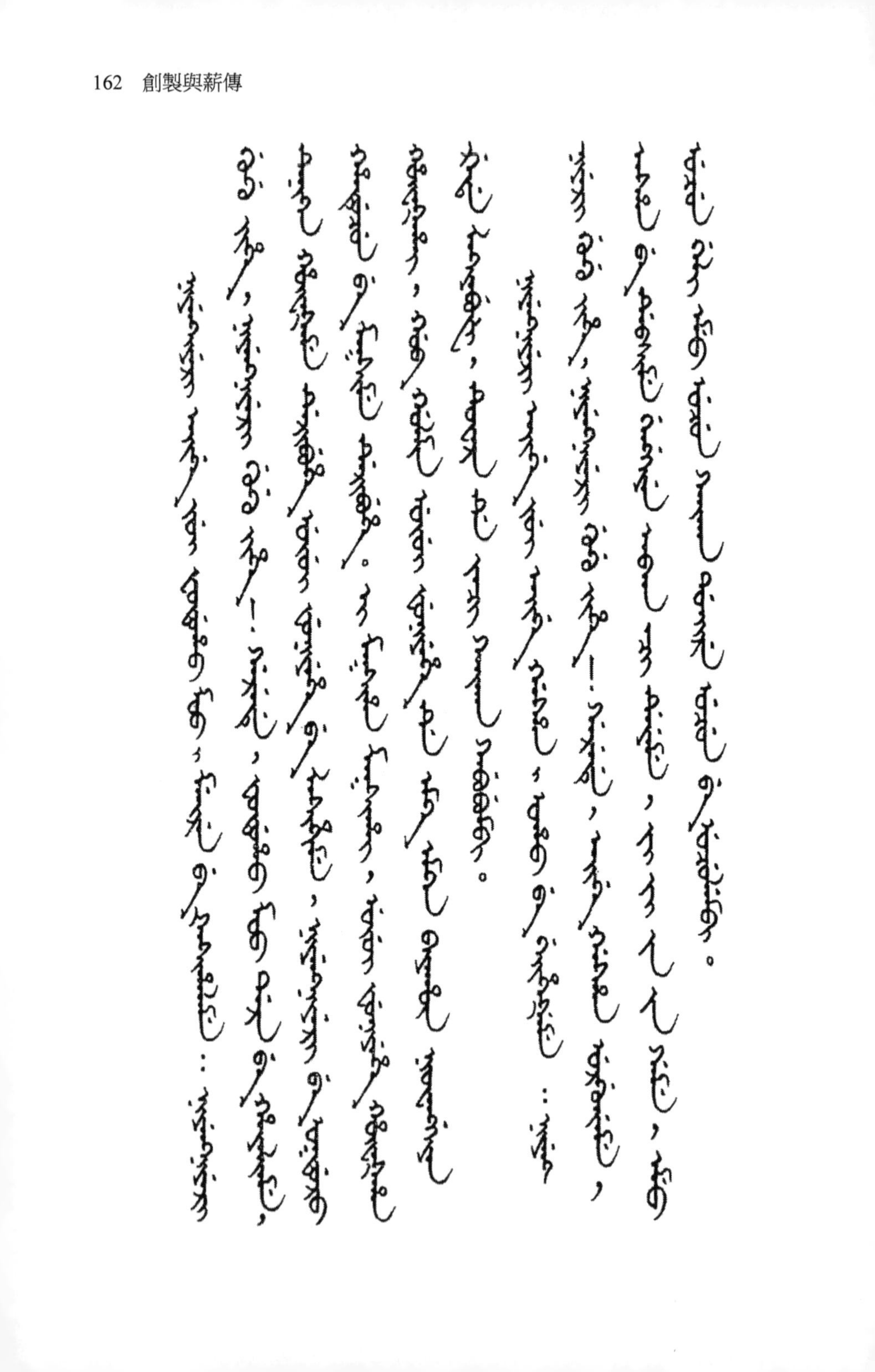

[illegible]

niyengniyeri ajige jui fodoho moo i meiren be šasihalame: “niyengniyeri gugu jihe, niyengniyeri gugu jihe！ ”serede, fodoho moo dara be hayaljame, teniken hūwašame deribuhe ujui funiyehe be lasihime, niyengniyeri be okdoro handucun be maksime deribuhe. i maksiha maksihai, ujui funiyehe hūwašaha hūwašahai, gob golmin ujui funiyehe de emke emken biyahūn niowanggiyan g'ada lakiyabufi, tuwara de jaci saikan sabubumbi. niyengniyeri ajige jui ajige gasha i oho be geihešeme : “ niyengniyeri gugu jihe, niyengniyeri gugu jihe ！ ”serede, ajige gasha urgunjeme, asha be debsime genggiyen abka ci deyeme, ji ji ja ja seme, emu ucun geli emu ucun saikan donjire ucun be uculembi.

春小孩拍打柳樹的肩膀說道：「春姑姑來了，春姑姑來了！」柳樹扭著腰，甩著剛開始長出來的頭髮，跳起迎春秧歌舞。她跳著跳著，頭髮長著長著，長長的頭髮上懸掛著一個一個淡綠的疙瘩，煞是好看。春小孩對小鳥的胳肢窩說：「春姑姑來了，春姑姑來了！」小鳥高興，展翅飛向藍天，吱吱喳喳地唱著一首又一首好聽的歌。

春小孩拍打柳树的肩膀说道：「春姑姑来了，春姑姑来了！」柳树扭着腰，甩着刚开始长出来的头发，跳起迎春秧歌舞。她跳着跳着，头发长着长着，长长的头发上悬挂着一个一个淡绿的疙瘩，煞是好看。春小孩对小鸟的胳肢窝说：「春姑姑来了，春姑姑来了！」小鸟高兴，展翅飞向蓝天，吱吱喳喳地唱着一首又一首好听的歌。

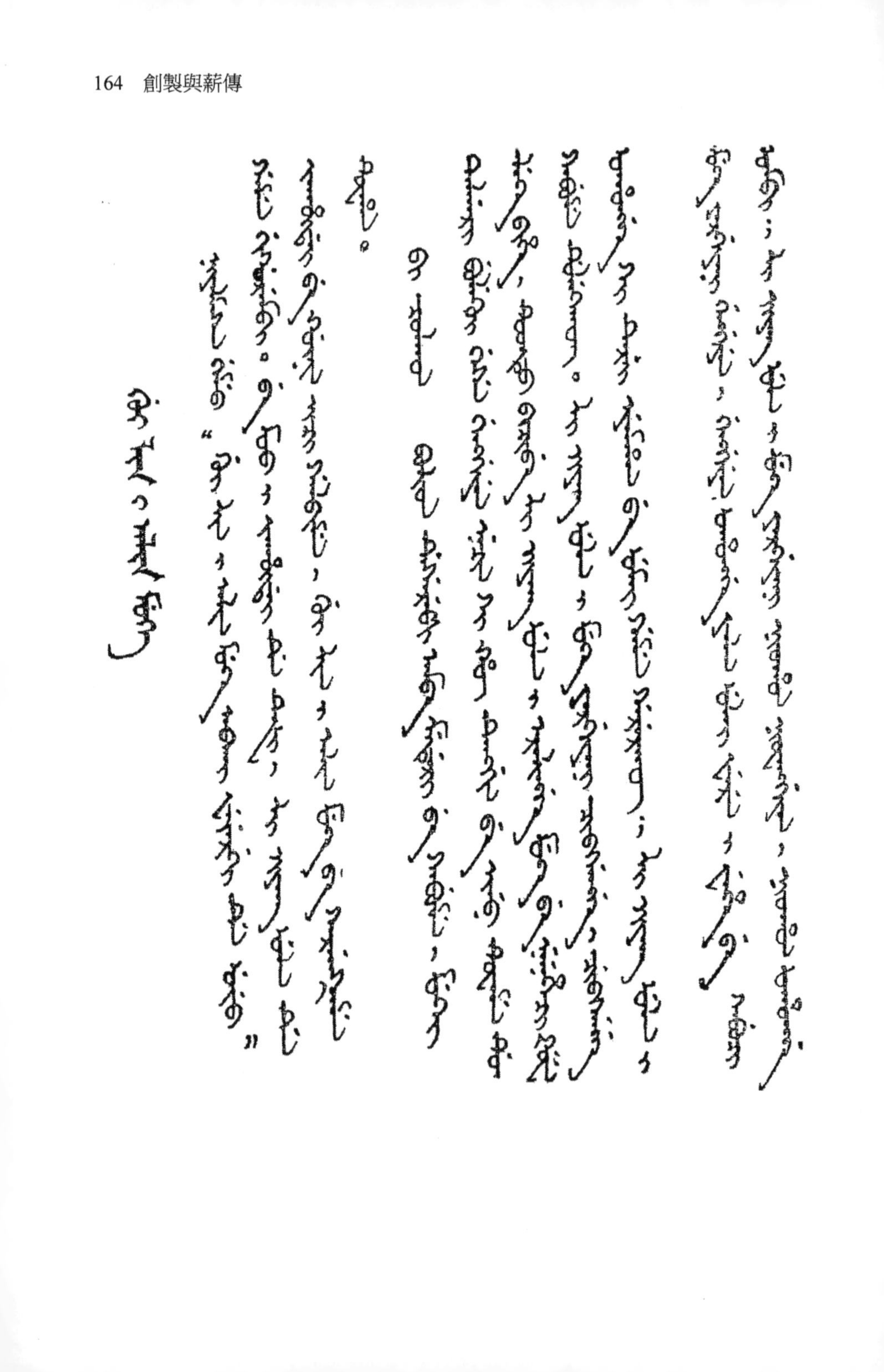

[illegible]

十三、gui lin i alin muke

niyalmasa gemu"gui lin i alin muke abkai fejergi de uju"seme gisurembi. be moo i jahūdai de tefi, li jiyang ula de jahūdai be gūnin ici selbime, gui lin i alin muke be sargašame tuwaha. bi colkon boljon deserepi amba mederi be sabume, mukei talgari bulekui gese genggiyen necin si hū tenggin be inu tuwame duleke bihe, tuttu bicibe li jiyang ula i eralingge muke be neneheci šuwe sabume dulekekū. li jiyang ula i muke yargiyani cibsengge, cibsengge ohongge si terei eyemaha be umai seme sererkū; li jiyang ula i muke yargiyani genggiyen, genggiyen ohongge yala ulai fere i wehe be sabuci ombi; li jiyang ula i muke yargiyani niohon niowanggiyan, niohon ohongge

---

十三、桂林山水

人們都說：「桂林山水甲天下」。我們乘坐木船，隨心於灕江划船，欣賞桂林山水。我雖見過波濤洶湧的大海，也看過水面平靜如鏡的西湖，但是像灕江這樣的水從未見過。灕江的水真平靜，平靜得讓你感覺不到她正在流動；灕江的水真清澈，清澈得竟然可以看到江底的石頭；灕江的水真碧綠，碧綠得

十三、桂林山水

人们都说：「桂林山水甲天下」。我们乘坐木船，随心于漓江划船，欣赏桂林山水。我虽见过波涛汹涌的大海，也看过水面平静如镜的西湖，但是像漓江这样的水从未见过。漓江的水真平静，平静得让你感觉不到她正在流动；漓江的水真清澈，清澈得竟然可以看到江底的石头；漓江的水真碧绿，碧绿得

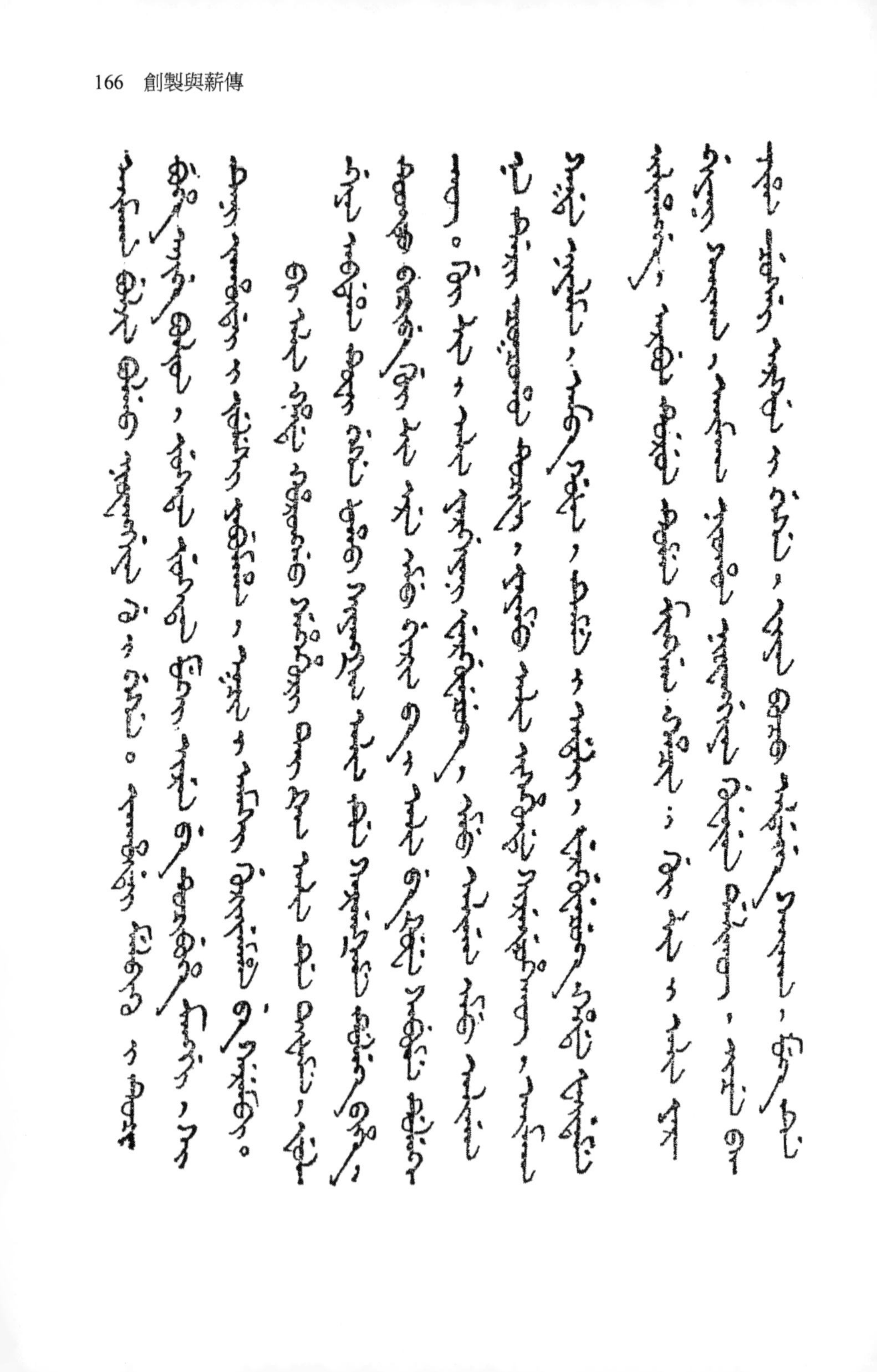

[illegible]

aimaka buljin bolgo niowanggiyan gu i gese. jahūdai melbiku i tucibuhe ajige boljon, justan justan mukei iren be tucibuhe manggi, si teni jahūdai i julesi yabumaha, ekcin i amasi gurinjemaha be serembi. bi alin hada horonggo sehehuri tai šan alin de tafame, fulgiyan abdaha tuwai gese oho siyangšan alin de sargašame duleke bihe, tuttu bicibe gui lin ere emu girin ba i alin be šuwe sabume dulekekū. gui lin i alin yargiyani ferguwecuke, emu aligan emu aligan na deri cokcohon tucifi, yayamu alin ishunde sirenduhekū, aimaka sakda niyalma, amba sufan, temen i adali, ferguwecuke hada faidame ilihangge, arbun durun tumen minggan hacin; gui lin i alin yargiyani saikan, aimaka niohon niowanggiyan guwejen dalikū, ice banjiha cusei arsun i gese, fiyan boco eldengge saikan, muke de

---

像純潔的綠玉。船槳划出的小浪，劃出一道一道的漣漪後，才感覺到木船在前行，江岸在後移。我雖登過山峰巍峨的泰山，遊過紅葉如火的香山，但從未見過桂林這一帶的山。桂林的山實在奇妙，一座一座拔地而起，每一座山互不相連，好像老人、大象、駱駝一樣，神奇的山峰矗立，形態萬千；桂林的山真美，好像是碧綠的屏風，新長出的竹筍似的，顏色光鮮美麗，

像纯洁的绿玉。船桨划出的小浪，划出一道一道的涟漪后，才感觉到木船在前行，江岸在后移。我虽登过山峰巍峨的泰山，游过红叶如火的香山，但从未见过桂林这一带的山。桂林的山实在奇妙，一座一座拔地而起，每一座山互不相连，好像老人、大象、骆驼一样，神奇的山峰矗立，形态万千；桂林的山真美，好像是碧绿的屏风，新长出的竹笋似的，颜色光鲜美丽，

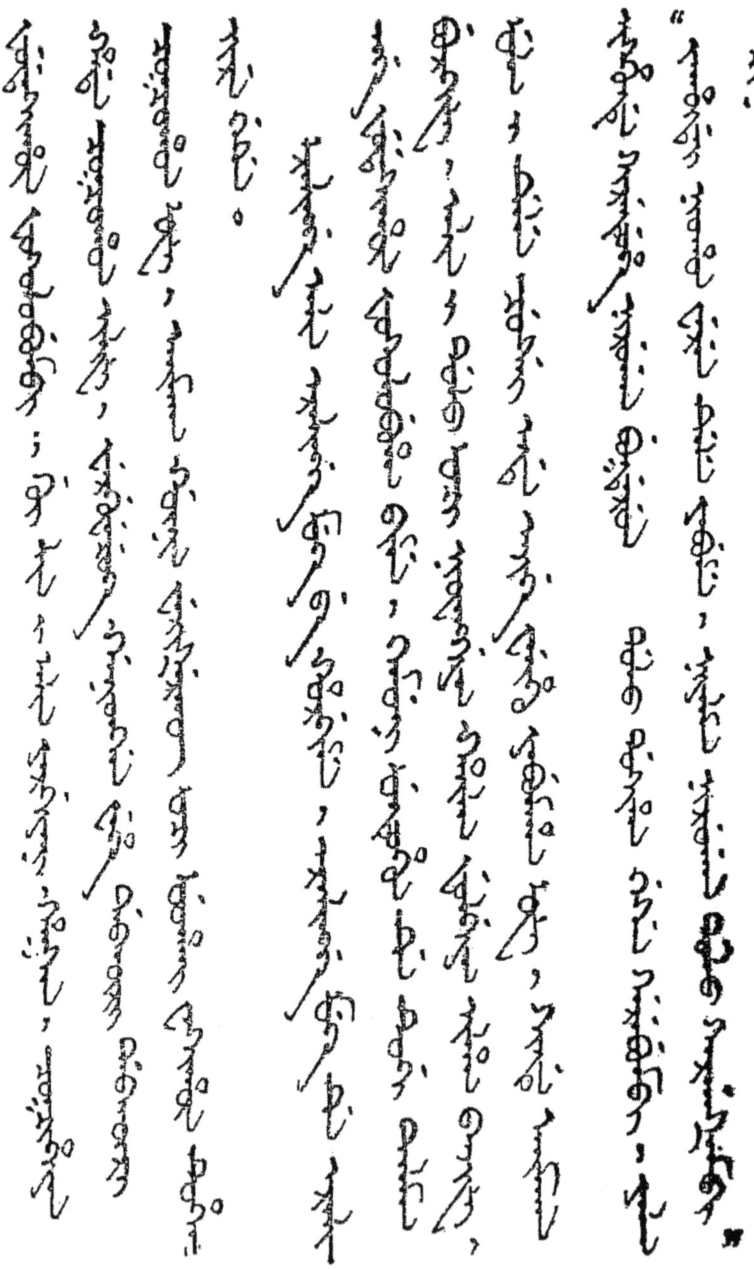

fudasihūn fosolobumbi; gui lin i alin yargiyani haksan, cokcihiyan hada cokcohon ilifi, ferguwecuke ganiongga wehe dabkūri dabkūri cokcohon ofi, aimaka gūnin werišerkū oci uthai wasihūn tuhenjire gese. eralingge alin eralingge muke be horgime, eralingge muke de eralingge fudasihūn fosolobuha bime, kemuni untuhun de tugi talman burkifi, alin i dolo oci niowanggiyan hailan fulgiyan ilha banjifi, ula i dele cusei ada ajige weihu yabumaha ofi, sinde aimaka ishunde sirenduhe nirugan bukdarun dolo dosiha gese serebumbi, yala“jahūdai niohon weren dele yabume, niyalma nirugan dolo sargašambi” secina.

倒映在水上；桂林的山真險峻，陡峭的山峰矗立，奇異的石頭層層重疊，好像是不小心的話就會掉下來似的。遊覽這樣的山這樣的水，倒映這樣的水，而且在空中還佈滿雲霧，山裡長有綠樹紅花，江上竹筏小獨木舟穿行，讓你感覺好像是進入到彼此相連的畫卷裡似的，真可以說是「船行綠波上，人在畫中遊」！

倒映在水上；桂林的山真险峻，陡峭的山峰矗立，奇异的石头层层重迭，好像是不小心的话就会掉下来似的。游览这样的山这样的水，倒映这样的水，而且在空中还布满云雾，山里长有绿树红花，江上竹筏小独木舟穿行，让你感觉好像是进入到彼此相连的画卷里似的，真可以说是「船行绿波上，人在画中游」！

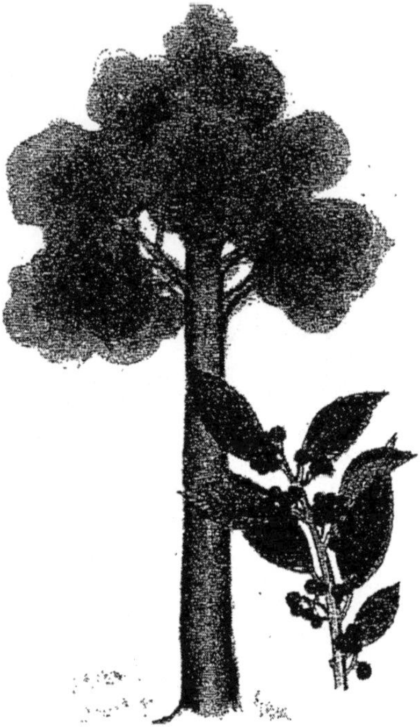

[illegible]

十四、niowanggiyan moo・nenden ilha

niowanggiyan moo hailan, si tuweri i isiname jihebe sarkūna? si kemuni ai turgunde juwari i etuku be etuhebiheni? sini eme guwangbo be donjihakūn? sikse dobori emgeri ling siya sunja du šahūrun ohobi; tuweri eme maisei arsun geceme koro bahara ci geleme, abka deri kubun be nai jalu cacufi, maisei arsun de jiramin jibehun be dasime buhe; tuweri eme ajige nimha geceme nimeku bahara ci geleme, tesei

---

十四、綠樹・梅花

綠樹，你不知道冬天到了嗎？你為什麼還穿著夏天的衣服呢？你母親沒聽到廣播嗎？昨天晚上已經冷到零下五度了；冬媽媽害怕麥苗受到霜害，從天上把棉花撒滿地上，給麥苗蓋上了厚棉被；冬媽媽害怕小魚受凍患病，

十四、绿树・梅花

绿树，你不知道冬天到了吗？你为什么还穿着夏天的衣服呢？你母亲没听到广播吗？昨天晚上已经冷到零下五度了；冬妈妈害怕麦苗受到霜害，从天上把棉花撒满地上，给麦苗盖上了厚棉被；冬妈妈害怕小鱼受冻患病，

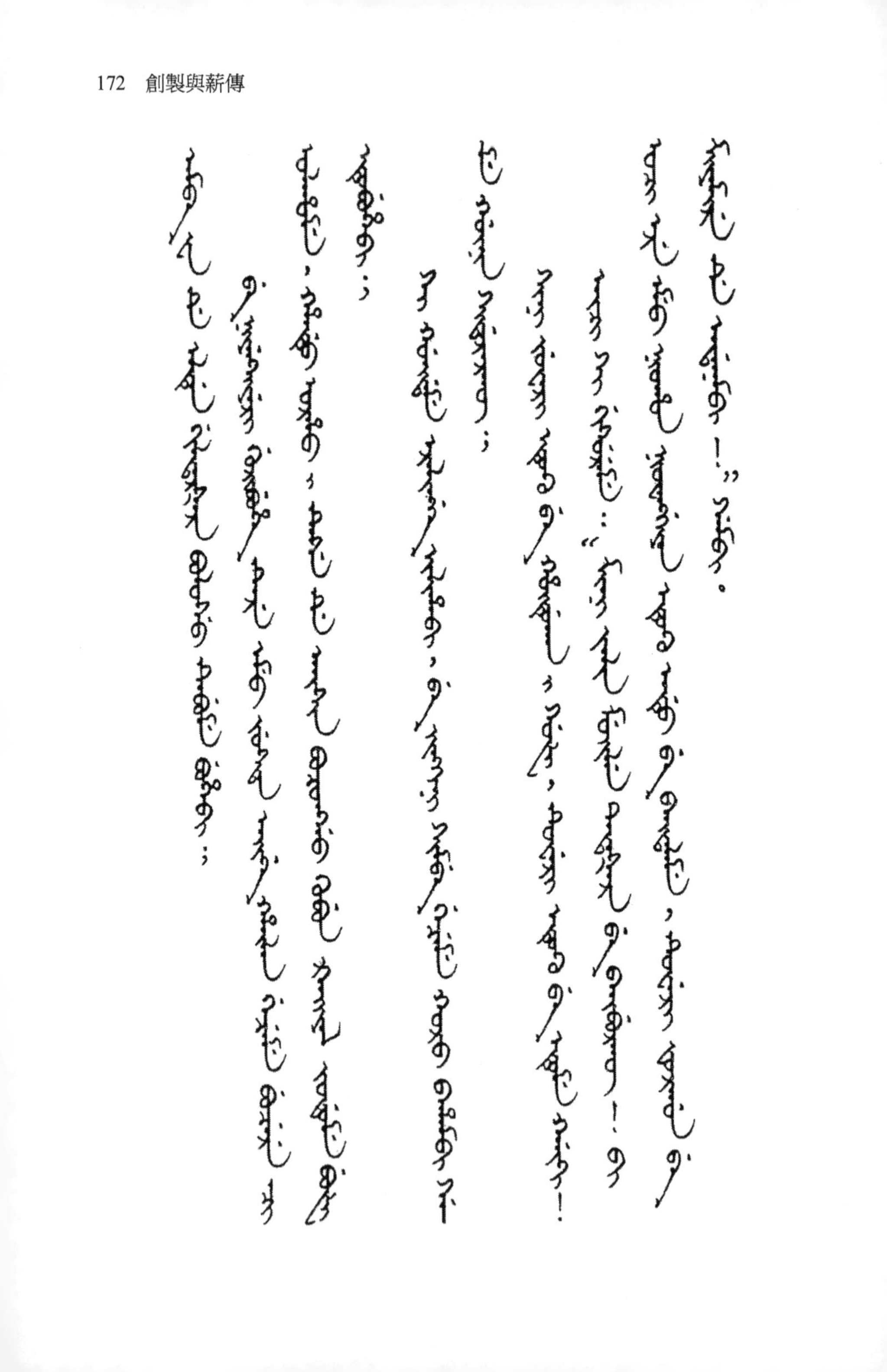

[illegible]

[illegible]

[illegible]

[illegible]

amba fa de elden giltaršara bolosu tebume buhebi; be niyengniyeri guribuhe tere emu justan ajige hailan geceme bucere ci olhome, handu orho i tese de aisin boconggo kubun k'anjiyal jodome bufi etubuhebi; si goidame eralingge ilihabi, be jingkini simbe geceme koro bahambi seme gūnin sidararkū; sini juwari etuku be hūdukan i sufi, tuweri etuku be etume gaiki! eici si gisureme:“mini jalin mujilen tatašara be baiburkū! bi oci ere emu niohon niowanggiyan etuku adu be baitalame, tuweri forgon be miyamire de adanambi! ”sembi.

給他們的大窗戶裝上閃閃發亮的玻璃；害怕我們春天種的那一排小樹凍死，用稻草編織金色的棉坎肩兒給他們穿上；你這樣站了好久，我們真擔心你被凍壞；請你快快的脫下夏天的衣服，穿上冬天的衣服吧！或許你說：「不用為我擔心！我是用這一套碧綠的衣服裝飾冬季！」

给他们的大窗户装上闪闪发亮的玻璃；害怕我们春天种的那一排小树冻死，用稻草编织金色的棉坎肩儿给他们穿上；你这样站了好久，我们真担心你被冻坏；请你快快的脱下夏天的衣服，穿上冬天的衣服吧！或许你说：「不用为我担心！我是用这一套碧绿的衣服装饰冬季！」

[illegible]

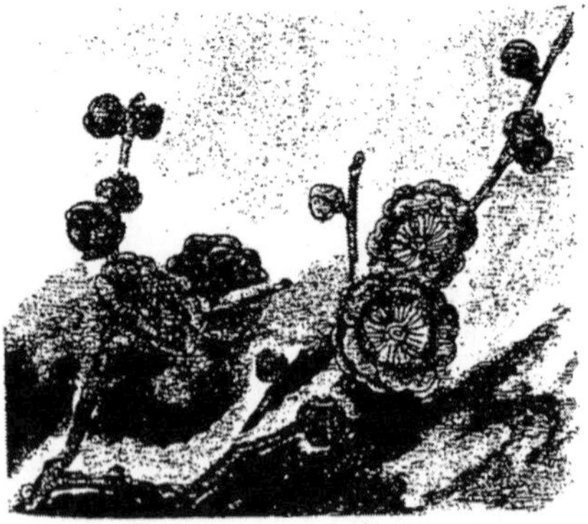

emu ajige gasha deyeme jifi, gūwacihiyalame gisureme:“uba kemuni juwari forgon biheni.”sehe. emu ajige sarganjui yabume jifi, urgunjeme gisureme:“ubade emu tuweri dorgi i juwari bihebi. ”sehe. nenden ilha, si tuweri i isiname jihebe sarkūna？ si kemuni ai turgunde juwari i etukube etuhebiheni？ sini eme guwangbo be donjihakūn？ sikse dobori emgeri ling siya sunja du šahūrun ohobi.

一隻小鳥飛過來，驚訝地說道：「這裡還有夏天呢！」一個小女孩走過來，高興地說道：「這裡有一個冬天裡的夏天。」梅花，你不知道冬天到了嗎？你為什麼還穿著夏天的衣服呢？你媽媽沒有聽到廣播嗎？昨天晚上已經冷到零下五度了。

一只小鸟飞过来，惊讶地说道：「这里还有夏天呢！」一个小女孩走过来，高兴地说道：「这里有一个冬天里的夏天。」梅花，你不知道冬天到了吗？你为什么还穿着夏天的衣服呢？你妈妈没有听到广播吗？昨天晚上已经冷到零下五度了。

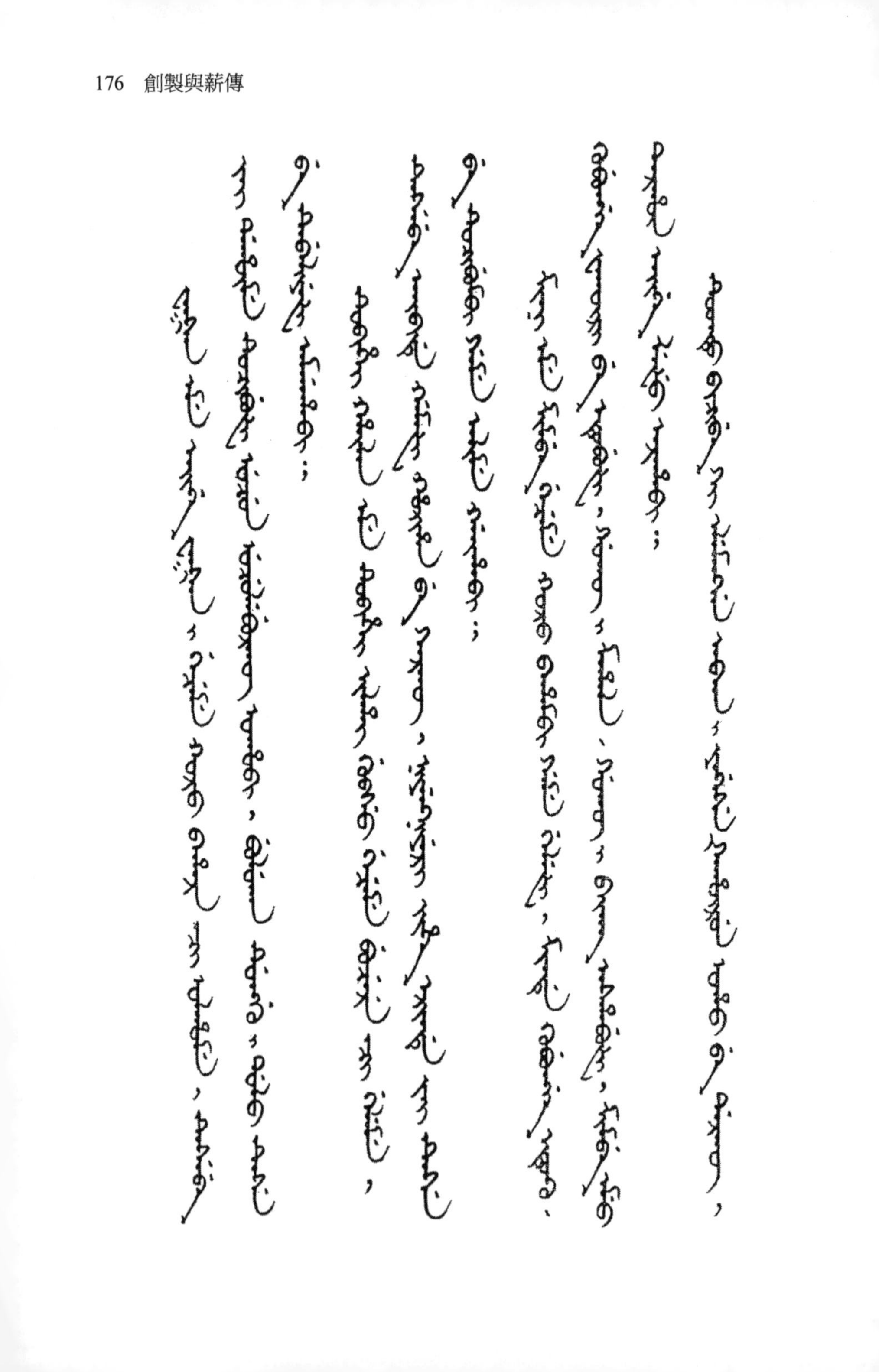

[illegible]

wakšan eme ajige wakšan i geceme koro bahara ci olhome, tesebe jai dahūme tucibufi ucun uculeburkū ohobi, bulukan dunggu i dolo tese be tebeliyefi amgahabi; tubihe hailan eme tubihei ilhai gubsu geceme bucere ci geleme, tesebe aibide gamafi horiha be sarkū, niyengniyeri jihe erinde jai tese be tucibumbi seme alime gaihabi; mini eme mimbe geceme koro bahambi seme gelefi, minde kubungge etuku、kubungge fakūri be etubufi, sukū i mahala, sukū i bajang ashabufi, mimbe emu tarhūn ajige lefu arahabi; tuttu bicibe si elemangga abka i yagese šahūrun oho be darkū,

---

青蛙媽媽害怕小青蛙凍壞，不再讓他們出來唱歌了，在溫暖的洞穴裡抱著他們睡覺；果樹媽媽害怕果樹花朵被凍死，不知把他們帶到什麼地方關起來了，答應春天到來時，再放他們出來；我的母親怕我凍壞，給我穿上棉衣、棉褲，戴上皮帽、皮手套，把我搞成一隻小肥熊；但是你反而不管天氣多冷，

青蛙妈妈害怕小青蛙冻坏，不再让他们出来唱歌了，在温暖的洞穴里抱着他们睡觉；果树妈妈害怕果树花朵被冻死，不知把他们带到什么地方关起来了，答应春天到来时，再放他们出来；我的母亲怕我冻坏，给我穿上棉衣、棉裤，戴上皮帽、皮手套，把我搞成一只小肥熊；但是你反而不管天气多冷，

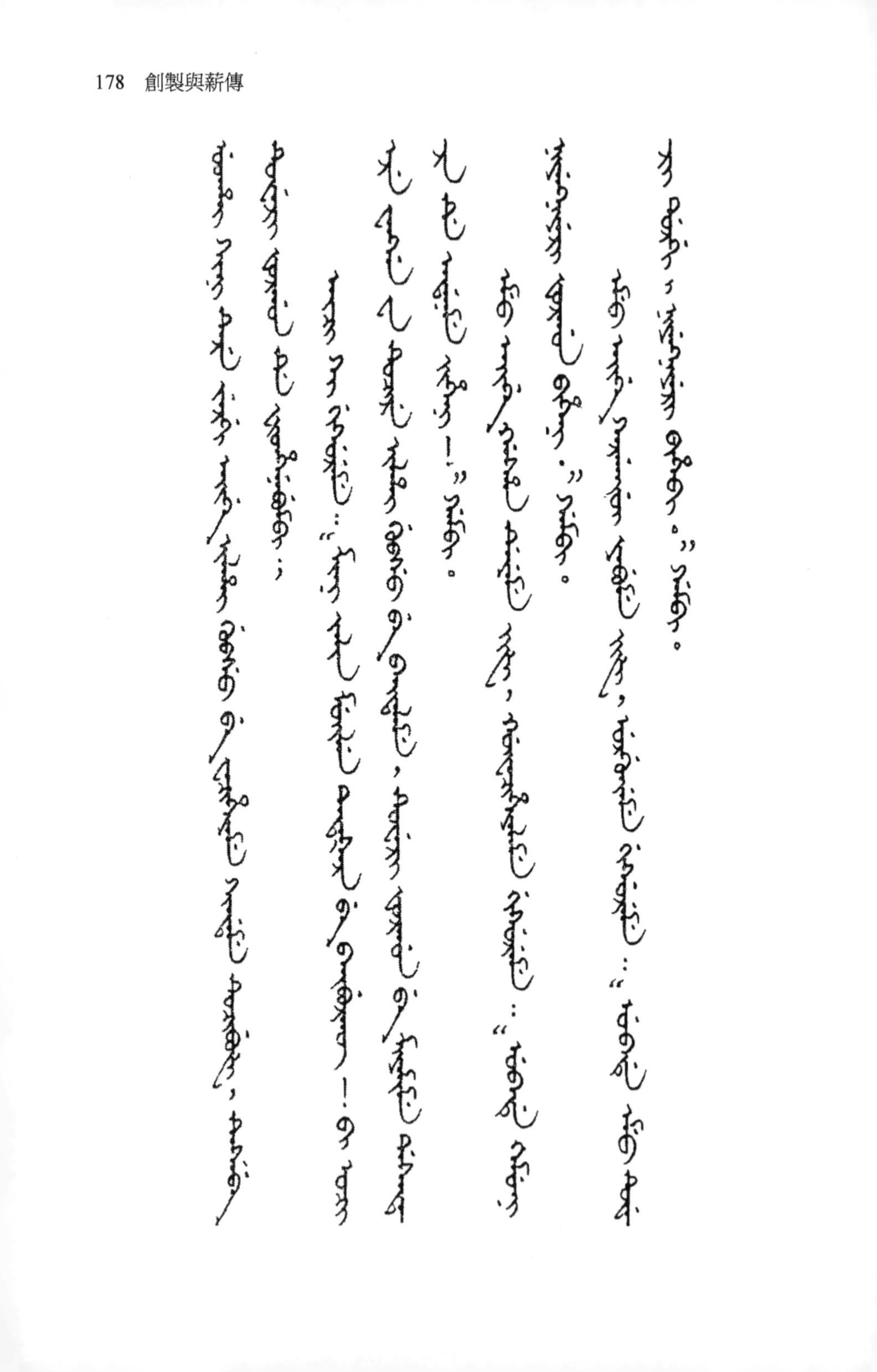

uthai sini tere jergi ajige ilhai gubsu be wacihiyame sindame tucibufi, tesebe tuweri forgon de fithenebumbi; eici si gisureme:"mini jalin mujilen tatašara be baiburkū ! bi oci ere wangga wa tucire ilhai gubsu be baitalame, tuweri forgon be miyamime daṣatara de adaname jiheni ! "sembi. emu ajige gasha deyeme jifi, gūwacihiyalame gisureme:"ubade kemuni niyengniyeri forgon biheni."sembi. emu ajige sarganjui yabume jifi, urgunjeme gisureme:"ubade emu tuweri dorgi i niyengniyeri biheni."sembi.

就把你的那些小花朵全部放出來，讓他們在冬季開放。或許你說：「不用為我擔心！我是用這芬芳的花朵來參加裝扮冬季！」一隻小鳥飛過來，驚訝地說道：「這裡還有春天呢！」一個小女孩走過來，高興地說道：「這裡有一個冬天裡的春天。」

就把你的那些小花朵全部放出来，让他们在冬季开放。或许你说：「不用为我担心！我是用这芬芳的花朵来参加装扮冬季！」一只小鸟飞过来，惊讶地说道：「这里还有春天呢！」一个小女孩走过来，高兴地说道：「这里有一个冬天里的春天。」

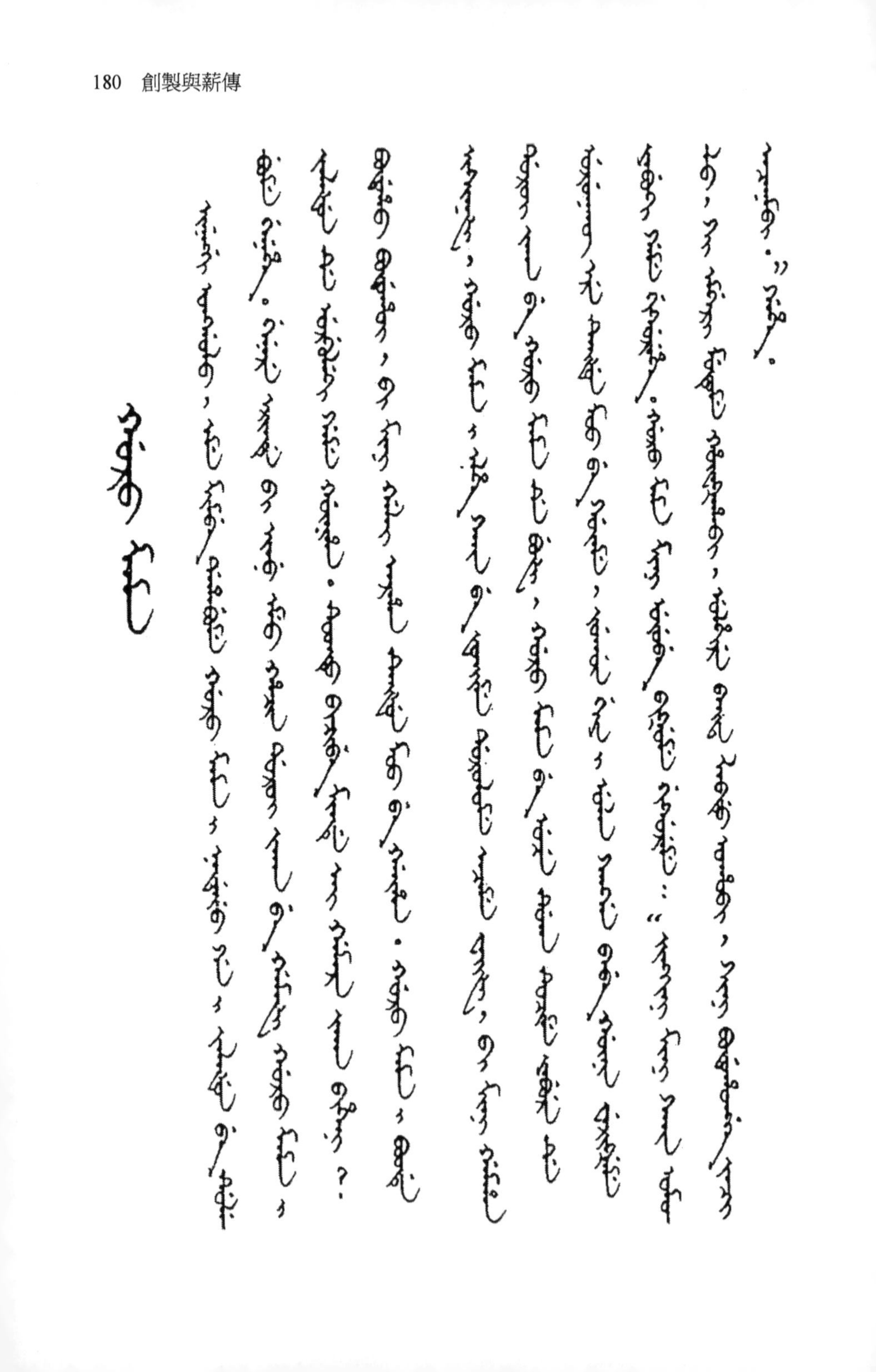

[illegible]

[illegible]

十五、goro mama

inenggi onggolo, eme mimbe dahabume goro mama i nadanju se i jalafun be dulebume genehe. genere erinde bi inu emu hacin doroi jaka be gamafi goro mama i jalafun de urguleki seme gūniha. tuttu bicibe minde ai gamara jaka biheni? bodoho bodohoi, bi mini galai araha teifun moo be gaiha. goro mama i boode isinafi, goro mama i elhe sain be fonjime dorolome acame wajifi, bi mini gamaha doroi jaka be goro mama de bufi, goro mama be uce duka tucime yabure de urunakū ere teifun moo be sujame, jugūn giya i ulan sangga babe gūnin werišeme yabuki seme gisurehe. goro mama mini ujube bišume gisureme:“jingkini mini sain omolo, si emgeri mutume hūwašahabi, ulhire baita labdu ohobi, sini bodohongge jaci acanambi”sehe.

十五、外祖母

日前，母親帶我去過外祖母的七十歲壽辰。去時我也想帶一件禮物為外祖母祝壽。但是，我有什麼可帶的東西呢？經過反覆思考，我帶了親手做的拐杖。到了外祖母的家裡，向外祖母行禮問安後，我把我帶去的禮物給了外祖母，讓外祖母出門行走時務必拄這把枴杖，在街道坑坑窪窪的地方要小心行走。外祖母撫摸著我的頭說道：「真是我的好孫子，你已經長大了，懂的事多了，你想的很正確。」

十五、外祖母

日前，母亲带我去过外祖母的七十岁寿辰。去时我也想带一件礼物为外祖母祝寿。但是，我有什么可带的东西呢？经过反复思考，我带了亲手做的拐杖。到了外祖母的家里，向外祖母行礼问安后，我把我带去的礼物给了外祖母，让外祖母出门行走时务必拄这把拐杖，在街道坑坑洼洼的地方要小心行走。外祖母抚摸着我的头说道：「真是我的好孙子，你已经长大了，懂的事多了，你想的很正确。」

[illegible]

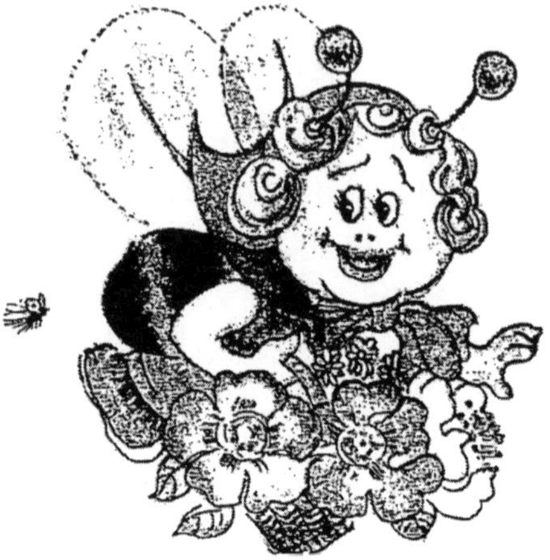

[illegible]

十六、bi oci emu ajige hibsujen

bi oci emu ajige hibsujen, ice fithenehe ilha i mederi namu de deyembi. uba i ilha fithenehengge jaci saikan, gūnin mujilen dolo fithenehe turgun inu. uba i abkai sukdun jaci bulukan, niyaman dolo šun i elden jalukiyaha turgun inu. bi urunakū jobome suilame hibsu gurumbi, ice oori simen be gocime gaimbi. mafa gurun de šuwe amtangga hibsu be alibumbi, niyalma irgen de niyengniyeri i saikan wangga be benembi.

十六、我是一隻小蜜蜂

我是一隻小蜜蜂，遨翔在新開放的花海裡，這裡的花開的非常美麗，是因為開放心裡的緣故。這裡的天氣非常溫暖，是因為心裡充滿陽光的緣故。我一定要辛勤採蜜，吸取新鮮的蜜汁；獻給祖國最甜的蜂蜜，送給人民春天的香甜。

十六、我是一只小蜜蜂

我是一只小蜜蜂，遨翔在新开放的花海里，这里的花开的非常美丽，是因为开放心里的缘故。这里的天气非常温暖，是因为心里充满阳光的缘故。我一定要辛勤采蜜，吸取新鲜的蜜汁；献给祖国最甜的蜂蜜，送给人民春天的香甜。

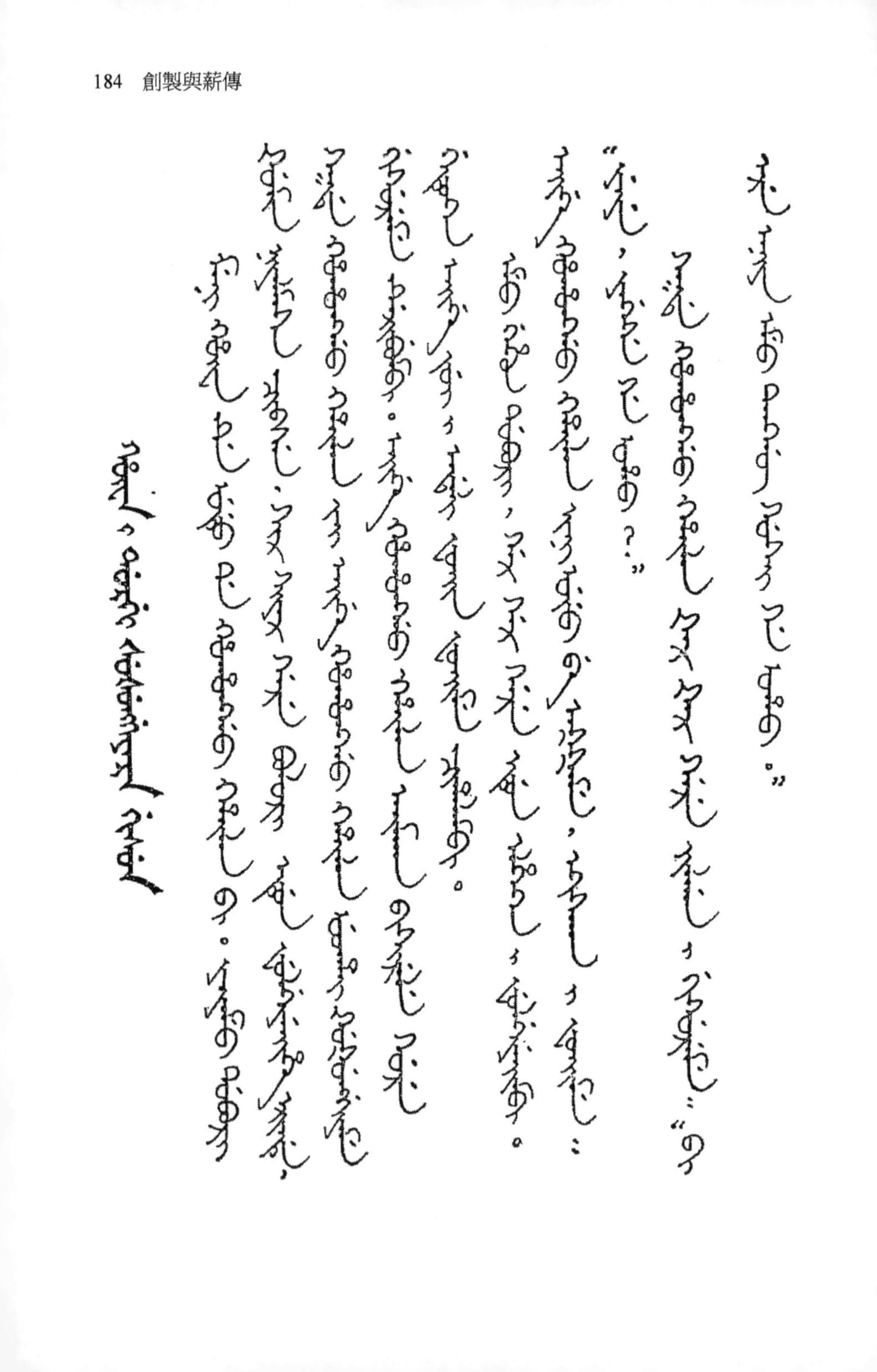

[illegible]

十七、hūwa i dorgi šušunggiyara gisun

meni hūwa de udu da hohonggo hailan bi. yayamu dobori šumin niyalmasa cibsen, sir siyar sere bolori edun fulgiyenjihe erinde, sakda hohonggo hailan jai ajige hohonggo hailan uthai šušunggiyame gisureme deribumbi. ajige hohonggo hailan aimaka bisirele sure getuken ajige jui i adali fonjin fonjime cihalambi. emu gehun dobori, ser ser sere edun elheken i fulgiyenjimbi. ajige hohonggo hailan ini uju be aššame, ekisaka i fonjime:“yeye, yagese se oho？”sakda hohonggo hailan šar šar sere jilgan i gisureme:“bi ere aniya emu tanggū susai se oho.”

十七、院內的竊竊私語

在我們的院子裡有幾棵槐樹。每當夜深人靜，颯颯颼颼吹著秋風時，老槐樹和小槐樹就開始低聲細語。小槐樹就像所有聰明小孩子一樣喜歡問問題。在一個晴朗的夜晚，輕輕的吹著絲絲微風。小槐樹搖動他的頭，悄悄的問道：「爺爺，多大年紀了？」老槐樹以唰唰的聲音說道：「我今年已經一百五十歲了。」

十七、院内的窃窃私语

在我们的院子里有几棵槐树。每当夜深人静，飒飒飕飕吹着秋风时，老槐树和小槐树就开始低声细语。小槐树就像所有聪明小孩子一样喜欢问问题。在一个晴朗的夜晚，轻轻的吹着丝丝微风。小槐树摇动他的头，悄悄的问道：「爷爷，多大年纪了？」老槐树以唰唰的声音说道：「我今年已经一百五十岁了。」

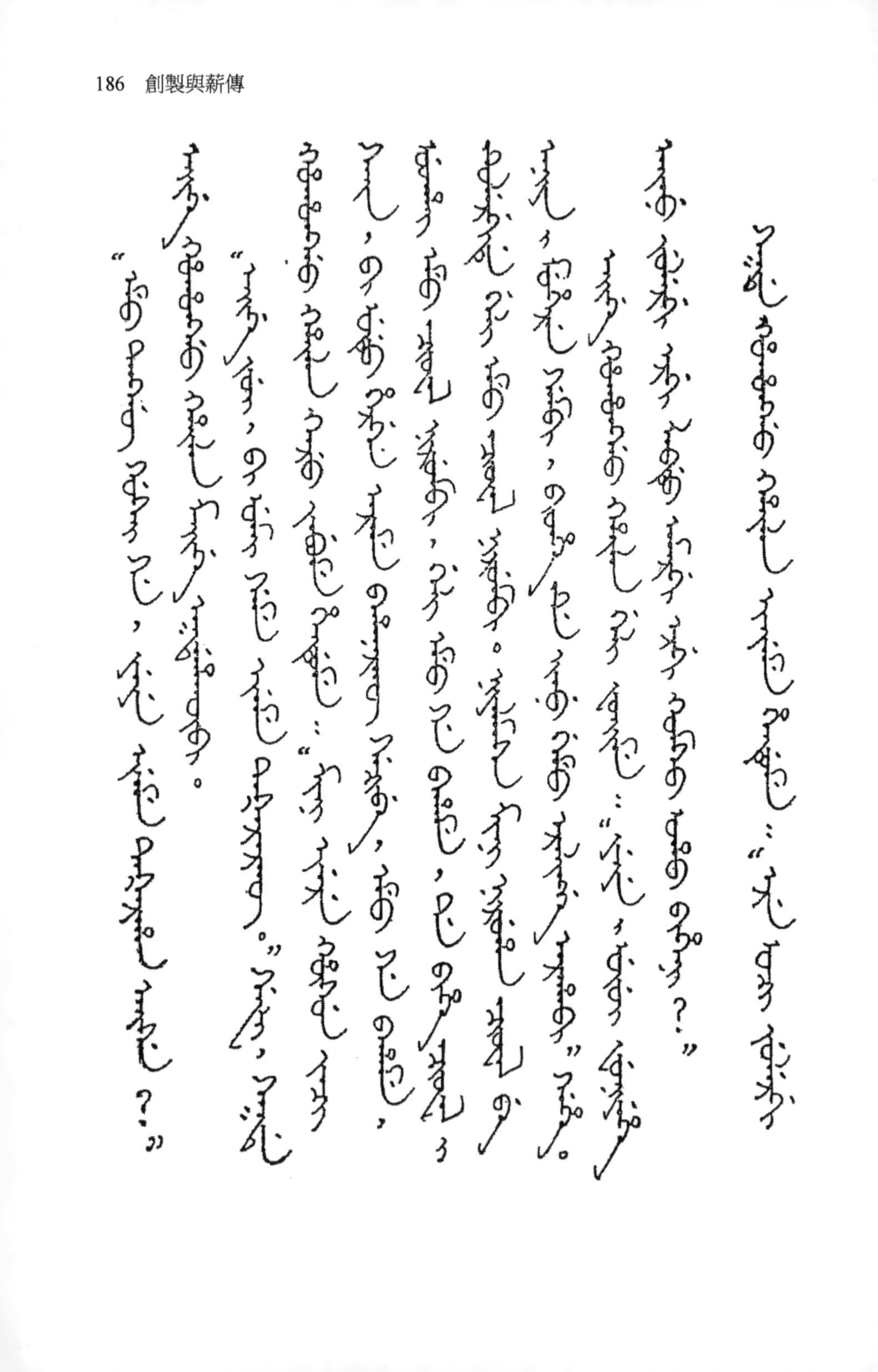

[illegible]

“emu tanggū susai se, yeye ejeme tašaraha aise？”ajige hohonggo hailan majige akdahakūbi. “ajige jui, bi umai seme ejeme tašararkū.”sefi, sakda hohonggo hailan karu jabume hendume: “mini ejere hūsun jaci sain, bi udu hergen arame bahanarkū secibe, emu se bahame, uthai emu ciowal nirumbi, geli emu se bahame, da bihe ciowal i tulergide geli emu ciowal nirumbi.niyalmasa mini niruha ciowal be aniya i muheren sembi, bithe de inu gemu eralingge arahabi”sehe. ajige hohonggo hailan geli fonjime: “yeye i ujui funiyehe ainu julergi ergi labdu amargi ergi komso oho biheni？”sakda hohonggo hailan injeme hendume: “ere oci julergi

---

「一百五十歲，難道是爺爺記錯了？」小槐樹一點也不相信。「小孩子，我並沒有記錯。」老槐樹回答說：「我的記憶力很好，我雖然不會寫字，但是得一歲，就畫一圈兒，再得一歲，在原有的圈兒外又畫一圈兒。人們把我畫的圈兒叫做年輪，書上也都是這樣寫的。」小槐樹又問道：「爺爺的頭髮為什麼南邊多北邊少了呢？」老槐樹笑著說道：「這是

「一百五十岁，难道是爷爷记错了？」小槐树一点也不相信。「小孩子，我并没有记错。」老槐树回答说：「我的记忆力很好，我虽然不会写字，但是得一岁，就画一圈儿，再得一岁，在原有的圈儿外又画一圈儿。人们把我画的圈儿叫做年轮，书上也都是这样写的。」小槐树又问道：「爷爷的头发为什么南边多北边少了呢？」老槐树笑着说道：「这是

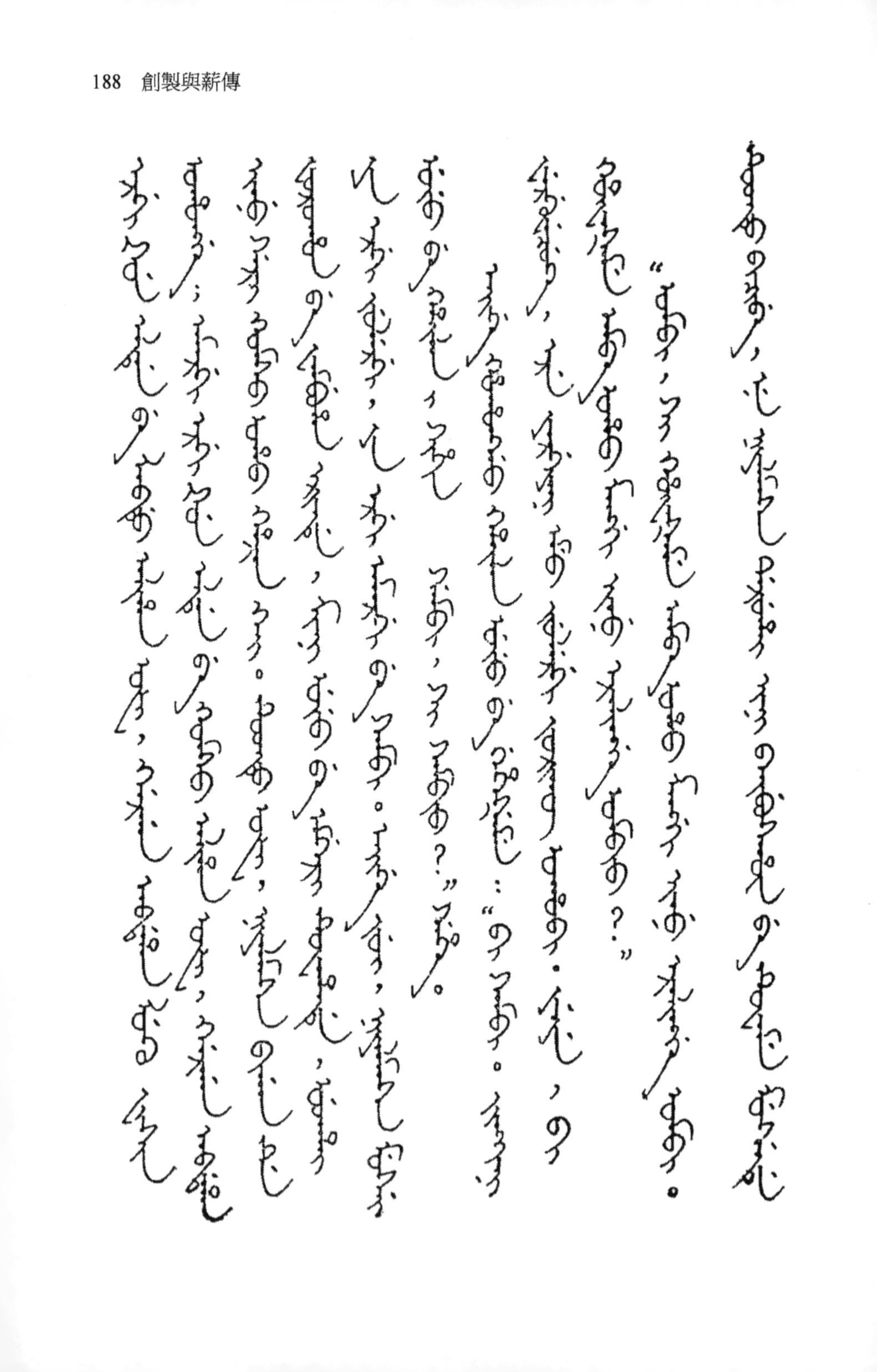

[illegible]

ergi šun elden be labdu aliha ofi, gargan abdaha luku fisin ohongge; amargi ergi šun elden be komso aliha ofi, gargan abdaha inu seri komso oho haran kai. tuttu ofi, niyalmasa bigan de forohon be fambuha erinde, mini uju be emgeri tuwahade, uthai ya ergi julergi, ya ergi amargi be sambi. ajige jui, niyalmasa musei uju be hailan i sihin sembi, si sambio？"sehe. ajige hohonggo hailan uju be gehešeme: "bi sambi. jingkini ferguwecuke, ere yargiyani emu julergi jorikū ohobi. yeye, bi hūwašame amba oho manggi inu eralingge ombio？""ombi, si hūwašame amba oho manggi inu eralingge ombi. tuttu bicibe, ne niyalmasa daruhai ini baibushūn be tuwame musede

---

因為南邊照的陽光多，從而枝葉繁茂；北邊照的陽光少，以至於枝葉也較稀少的緣故啊！因此，人們在野外迷失方向時，一看我的頭時，就能知道哪一邊是南，哪一邊是北。小孩子，人們把咱們的頭叫做樹梢，你知道嗎？」小槐樹點頭說：「我知道。真奇妙，這真成了一個指南針。爺爺，我長大以後也成這樣嗎？」「是的，你長大後也會這樣。但是，現在人們常按他的需要

因为南边照的阳光多，从而枝叶繁茂；北边照的阳光少，以至于枝叶也较稀少的缘故啊！因此，人们在野外迷失方向时，一看我的头时，就能知道哪一边是南，哪一边是北。小孩子，人们把咱们的头叫做树梢，你知道吗？」小槐树点头说：「我知道。真奇妙，这真成了一个指南针。爷爷，我长大以后也成这样吗？」「是的，你长大后也会这样。但是，现在人们常按他的需要

ᡤᡝᠰᡝᡵᡳ ᡩᡝ ᠪᡳᡨᡥᡝᡳ ᠪᡳᡥᡝ。 ᡨᡝᠨᡳ ᠪᡳᡨᡥᡝ ᠪᡝ ᡥᠣᠰᡳᠩᡤᠠ ᡩᡝ ᡨᡠᠸᠠᠨᠴᡳ ᠪᡳᡥᡝ، ᠪᡝᡳᠯᡝ ᠪᡳᠮᠪᡳ
ᡤᡝᠩᡤᡳᠶᡝᠨ ᠪᡝ، ᡥᡡᠸᠠᡧᠠᠨ ᡳ ᠪᡳᡨᡥᡝ ᡩᡝ ᠪᡳᡨᡥᡝᡳ ᠪᡳᡨᡥᡝ، ᠮᡠᠰᡝ ᡩᡝ ᡨᡠᠸᠠᠨᠴᡳ ᠪᡳᡨᡥᡝ。 ᠪᡳᡨᡥᡝ ᡳ ᠮᡠᠰᡝᡳ
ᡥᡡᠸᠠᡧᠠᠨ ᡳ ᡤᡝᠰᡝᡵᡳ ᠪᡳᡨᡥᡝ ᡳᠯᡳᡥᠠ، ᠮᠠᠨᠵᡠ ᠪᡳᡨᡥᡝ ᡳᠰᡳᠨᠵᡳᡶᡳ، ᡨᡝᡵᡝ ᡥᡡᠸᠠᡧᠠᠨ ᡨᡝᠨᡳ ᡳᠯᡳᡥᠠ
ᡥᡡᠸᠠᡧᠠᠨ ᡳᠰᡳᠨᠵᡳᡶᡳ ᡳᠯᡳᡥᠠ، ᠮᠠᠨᠵᡠ ᡥᡡᠸᠠᡧᠠᠨ ᠮᡠᠰᡝ ᡨᡝᠨᡳ ᡳᠯᡳᡥᠠ ᡨᡝᡵᡝ
ᠮᡠᠰᡝ ᡳᠰᡳᠨᠵᡳᡶᡳ، ᠮᠠᠨᠵᡠ ᡥᡡᠸᠠᡧᠠᠨ ᡳᠯᡳᡥᠠ ᡨᡝᠨᡳ ᠪᡳᡨᡥᡝ ᡤᡝᠨᡝᡥᡝ ᡨᡝᠨᡳ ᠪᡳᡨᡥᡝ ᠮᡠᠰᡝ ᠪᡳᡨᡥᡝ ᠪᡳᠮᠪᡳ。”
ᡨᡝᠨᡳ ᡥᡡᠸᠠᡧᠠᠨ ᠪᡳᡨᡥᡝ ᡳᠯᡳᡥᠠ ᠪᡳᡨᡥᡝᡳ: “ᠪᡳ ᠮᠠᠨᠵᡠ ᡥᡡᠸᠠᡧᠠᠨ
ᡤᡝᠨᡝᡥᡝ ᡳ ᠪᡳᡨᡥᡝ ᠪᡳᡨᡥᡝ ᡳ ᡳᠯᡳᡥᠠ ᠪᡳᡨᡥᡝ ᡩᡝ ᠪᡳᡨᡥᡝ ᡳᠯᡳᡥᠠ ᠪᡳᡨᡥᡝ。 ᠪᡳᡨᡥᡝ،
ᡤᡝᠨᡝᡥᡝ ᡥᡡᠸᠠᡧᠠᠨ ᠮᠠᠨᠵᡠ ᡥᡡᠸᠠᡧᠠᠨ ᠪᡳᡨᡥᡝ ᡳ ᠪᡳᡨᡥᡝ ᠪᡳᡨᡥᡝ ?” ᠰᡝᠮᡝ。
ᡥᡡᠸᠠᡧᠠᠨ ᡳᠯᡳᡥᠠ ᠪᡝ ᡤᡠᠸᡝᠯᡝᠮᡝ ᡤᡝᠨᡝᡥᡝ ᠪᡳᡨᡥᡝ: “ᠪᡳ ᡳ ᡳᠯᡳᡥᠠ ᡨᡝᠨᡳ ᠮᡝᠨᠰᡝ
ᡥᡡᠸᠠᡧᠠᠨ ᠪᡳᡨᡥᡝ ᡤᡝᠨᡝᡥᡝ ᡳᠯᡳᡥᠠ ᠮᠠᠨᠵᡠ ᠪᡳᡨᡥᡝ ᠮᡠᠰᡝ ᡥᡡᠸᠠᡧᠠᠨ ᡳᠰᡳᠨᠵᡳᡶᡳ ᡳᠯᡳᡥᠠ ᠮᡠᠰᡝ ᡳ
ᠮᡝᠩᡤᡳ، ᠮᠠᠨᠵᡠ ᡨᡝᡵᡝ ᠮᡠᠰᡝ ᡤᡝᠨᡝᡥᡝ ᡳᠯᡳᡥᠠ ᠪᡳᡨᡥᡝ ᠪᠣᠣ。”

gargan be dasatame bumbi. tesei dasatara be dulembufi, musei durun kūbulime, forohon be jorime bume muterkū oho. tuttu bicibe muse i mujilen dolo jaci getuken, ainu seci aniyai muheren inu lak sere julergi jorikū inu, aniyai muheren seri sargiyan oho ergi oci julergi, aniyai muheren fisin oho ergi oci amargi ombi." ajige hohonggo hailan donjime mengkerefi: "bi aniyai muheren kemuni forohon be jorime bure be yargiyani sarkū bihebi. yeye, minde aniyai muheren binio？"sehe. sakda hohonggo hailan hendume: "bi！sinde inu aniyai muheren bi. tuttu bicibe, sini aniyai muheren damu nadan ciowal i teile. ainu seci si teni nadan se ohobi."

給我們整修樹枝。經過他們修修，我們的樣子改變，不能給指方向了。但是我們的心裡很明白，要說為什麼，因為年輪也恰好是指南針，年輪稀疏的那邊是南，年輪密集的那邊是北。」小槐樹聽得驚呆了：「我實在不知道年輪還能指引方向。爺爺，我有年輪嗎？」老槐樹說道：「有！你也有年輪。但是，你的年輪只有七圈兒，因為你才七歲。」

给我们整修树枝。经过他们修修，我们的样子改变，不能给指方向了。但是我们的心里很明白，要说为什么，因为年轮也恰好是指南针，年轮稀疏的那边是南，年轮密集的那边是北。」小槐树听得惊呆了：「我实在不知道年轮还能指引方向。爷爷，我有年轮吗？」老槐树说道：「有！你也有年轮。但是，你的年轮只有七圈儿，因为你才七岁。」

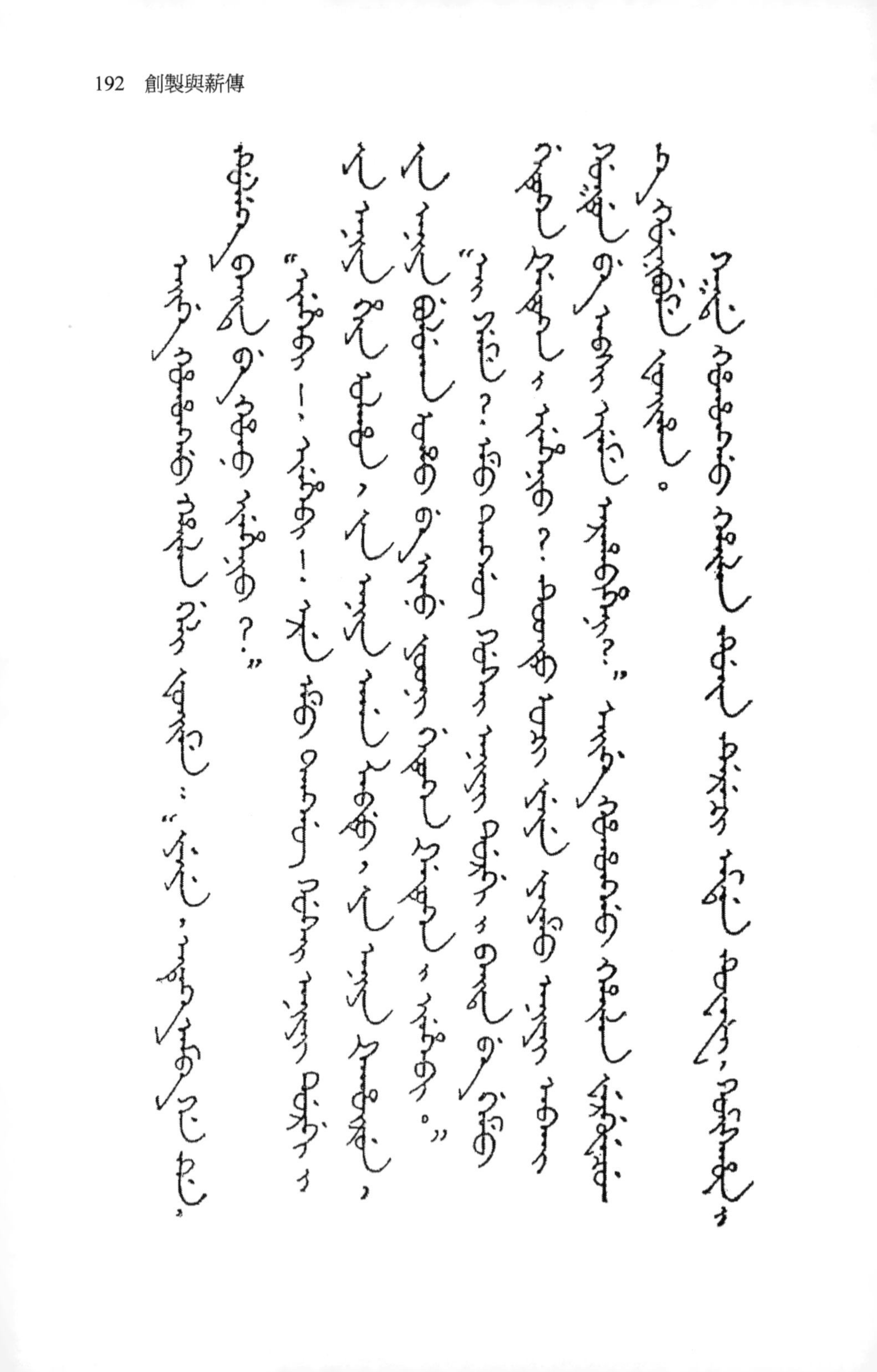

[illegible]

ajige hohonggo hailan geli fonjime: “yeye, enteke amba se de, duleke baita be hono ejehenio？”“ejehebi！ejehebi！ere emu tanggū susai aniyai dorgi i ya aniya hiya olhon, ya aniya aga labdu, ya aniya šahūrun, ya aniya bulukan oho be inu yooni getuken šetuken i ejehebi.”“ai seme？ emu tanggū susai aniyai dorgi i baita be gemu getuken šetuken i ejehenio？tuttu oci yeye yayamu aniyai abkai sukdun be absi ejeme arahabiheni ？”ajige hohonggo hailan ferguwecuke gūnibume fonjiha. sakda hohonggo hailan duin dereci emdan tuwafi, somishūn i

---

小槐樹又問道:「爺爺，這樣大年紀，過去的事情還記得嗎？」「記得！記得！在這一百五十年內，哪一年乾旱，哪一年雨多，哪一年寒冷，哪一年溫暖也都記得清清楚楚。」「為什麼把一百五十年內的事情都記得清清楚楚的呢？那麼爺爺是怎麼記錄每年的天氣呢？」小槐樹好奇地發問。老槐樹看了四周一下，

小槐树又问道:「爷爷，这样大年纪，过去的事情还记得吗？」「记得！记得！在这一百五十年内，哪一年干旱，哪一年雨多，哪一年寒冷，哪一年温暖也都记得清清楚楚。」「为什么把一百五十年内的事情都记得清清楚楚的呢？那么爷爷是怎么记录每年的天气呢？」小槐树好奇地发问。老槐树看了四周一下，

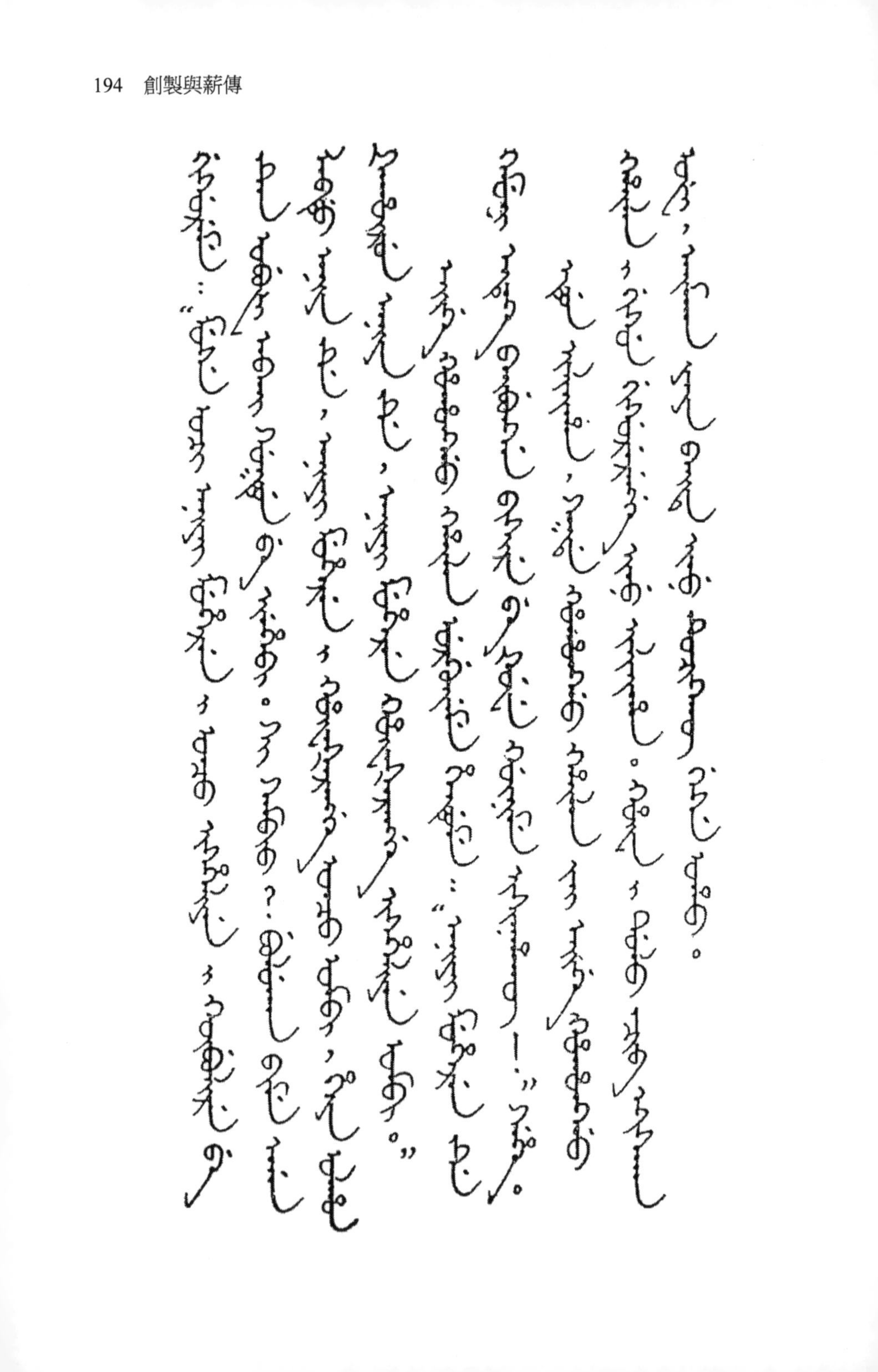

[illegible]

gisureme: "muse oci aniya muheren i onco isheliyen i kūbulire be ten obufi abkai sukdun be ejehebi. si sambio？ bulukan bime aga labdu aniya de, aniyai muheren i hūwašarangge onco ombi, hiya olhon šahurun aniya de, aniyai muheren hūwašarangge isheliyen ombi."ajige hohonggo hailan urgunjeme hendume: "aniyai muheren de kemuni enteke baibungga bisire be šuwe gūnime isinahakū！"sehe. edun ilinjaha, sakda hohonggo hailan jai ajige hohonggo hailan i gisun gisurerengge inu ilinjaha. hūwa i dolo cib ekisaka ofi, aimaka yaya baita inu tucikekū gese oho.

神秘地說：「我們是依據年輪寬窄的變化為基礎記錄天氣的。你知道嗎？溫暖而多雨的年分，年輪長的寬，乾旱寒冷的年分，年輪長的窄。」小槐樹高興地說：「年輪還有這樣的用處實在沒想到！」風停了，老槐樹和小槐樹的對話也停了。院子裡靜悄悄，好像什麼事也沒有發生過。

神秘地说：「我们是依据年轮宽窄的变化为基础记录天气的。你知道吗？温暖而多雨的年分，年轮长的宽，干旱寒冷的年分，年轮长的窄。」小槐树高兴地说：「年轮还有这样的用处实在没想到！」风停了，老槐树和小槐树的对话也停了。院子里静悄悄，好像什么事也没有发生过。

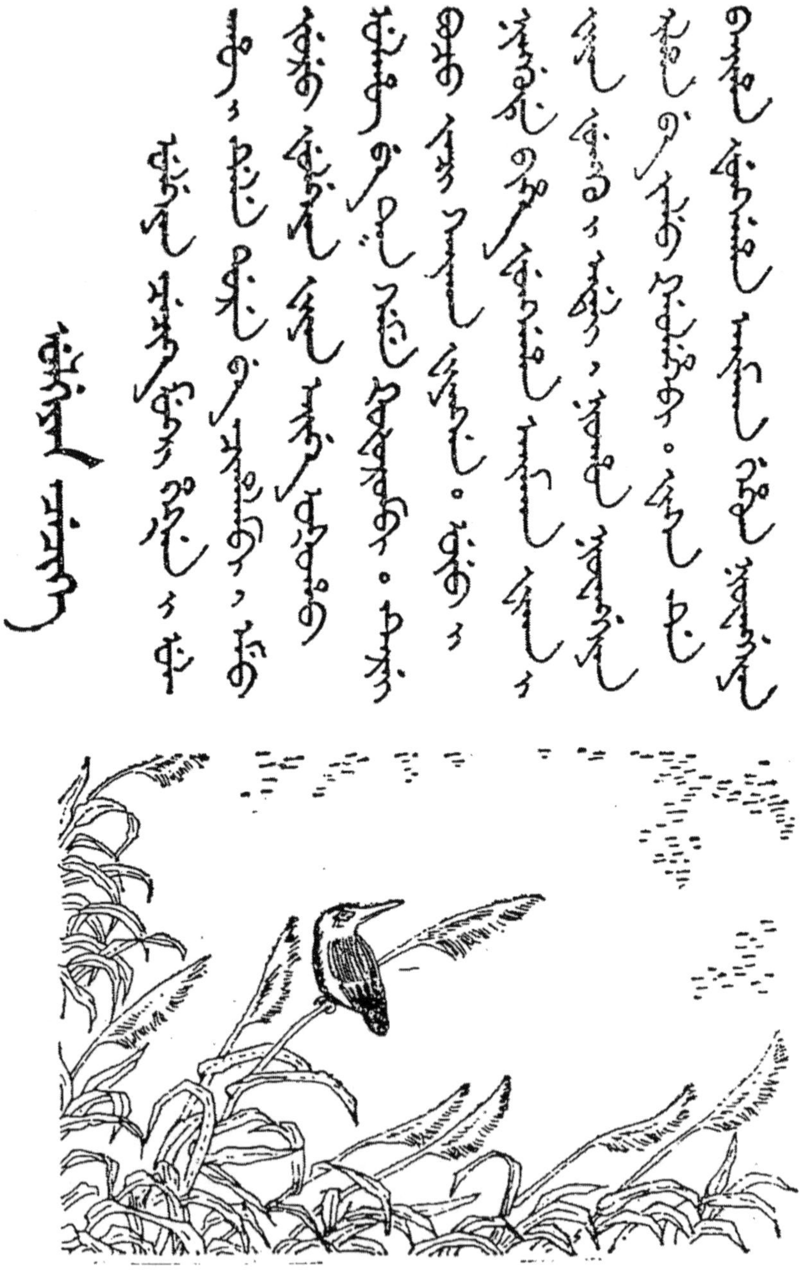

十八、ulgiyan cecike

ulgiyan cecike mukei hešen i ulhū i dele dore be cihalambi, emu juru fulgiyan fiyan ajige ošoho ulhū be tak seme šoforombi. terei boco jaci saikan fiyangga. uju i ninggude bihe funggaha aimaka fika i fiyan fungku i adali, niohon niowanggiyan ilha be jalu šeolehebi. fisa de banjiha funggaha aimaka gehun niowanggiyan

---

十八、翠鳥

翠鳥喜歡落在水邊蘆葦上，一雙紅色的小爪緊緊地抓住蘆葦。牠的顏色很美麗。頭上的羽毛好像是橄欖色頭巾一樣，繡滿了碧綠的花。背上長的羽毛就像是碧綠的

十八、翠鸟

翠鸟喜欢落在水边芦苇上，一双红色的小爪紧紧地抓住芦苇。牠的颜色很美丽。头上的羽毛好像是橄榄色头巾一样，绣满了碧绿的花。背上长的羽毛就像是碧绿的

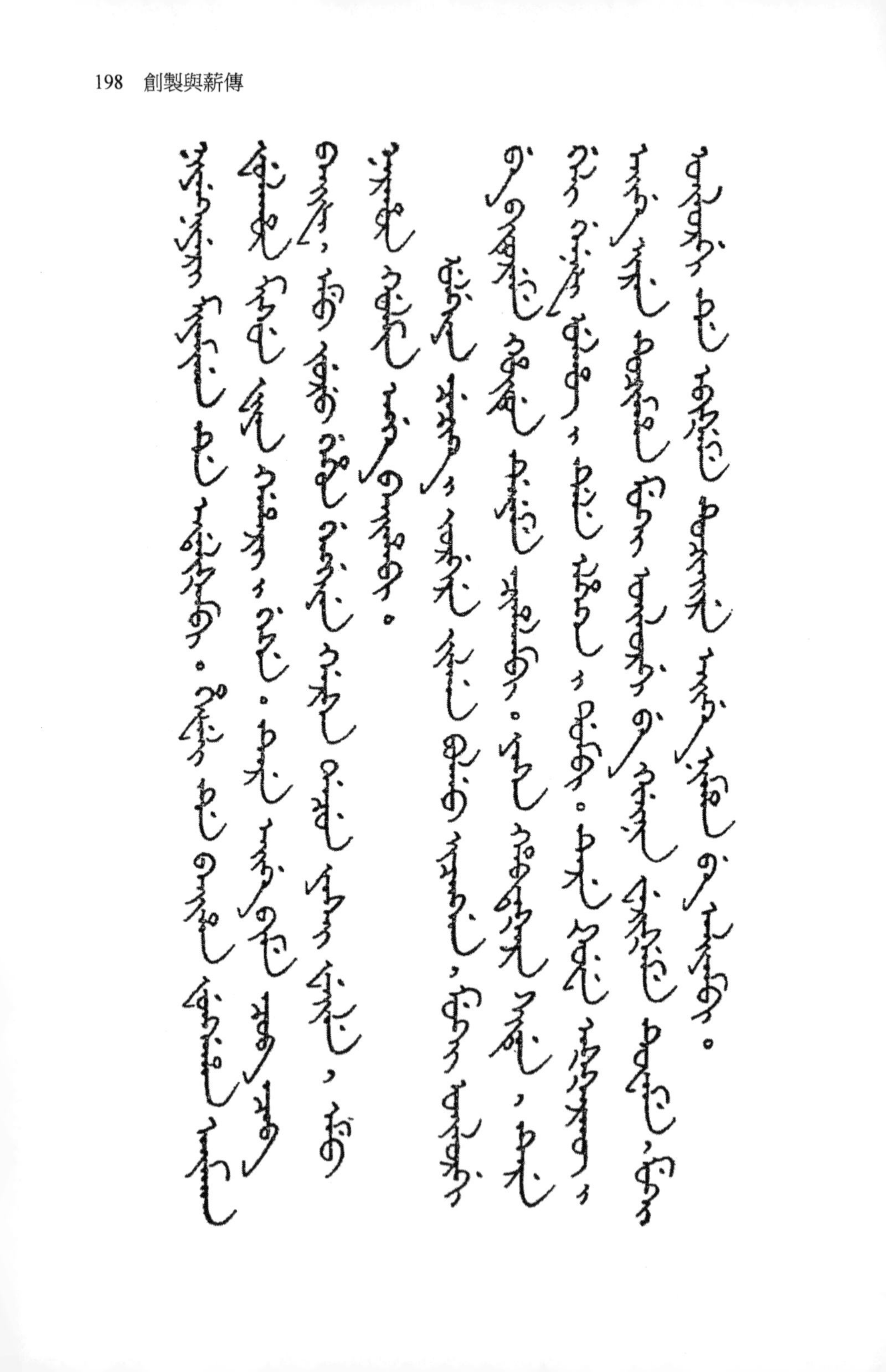

[illegible]

niyengniyeri miyamigan de adališambi. hefeli de banjiha funggaha aimaka fulahūn misun fiyan gahari i gese. tere ajige bime cob cab banjifi, emu juru gehun genggiyen garsa dacun yasai fejile, emu narhūn golmin engge banjihabi. ulgiyan cecike i jorgire jilgan bolgo icangga, mukei oilorgi be bitureme hūdun deyeme cihalambi. yasa habtašara siden, tere geli genefi ulhū i dele elheken i dombi. tere šuwe aššarkū i ajige iren tucimaha mukei oilorgi be gūnin werišeme tuwame, mukei oilorgi de ebišeme tucinjire ajige nimha be aliyambi.

春裝一樣。腹部所長的羽毛就像是醬紅色布衫似的。牠長得小巧而利落，在一雙明亮敏銳的眼睛下面，長了一張細長的嘴巴。翠鳥鳴叫的聲音清脆悅耳，喜歡沿著水面迅速飛翔。眨眼間，牠又輕輕的落在蘆葦上。牠一動也不動地注視著從正面出現小波紋的水面，等候游出水面來的小魚。

春装一样。腹部所长的羽毛就像是酱红色布衫似的。牠长得小巧而利落，在一双明亮敏锐的眼睛下面，长了一张细长的嘴巴。翠鸟鸣叫的声音清脆悦耳，喜欢沿着水面迅速飞翔。眨眼间，牠又轻轻的落在芦苇上。牠一动也不动地注视着从正面出现小波纹的水面，等候游出水面来的小鱼。

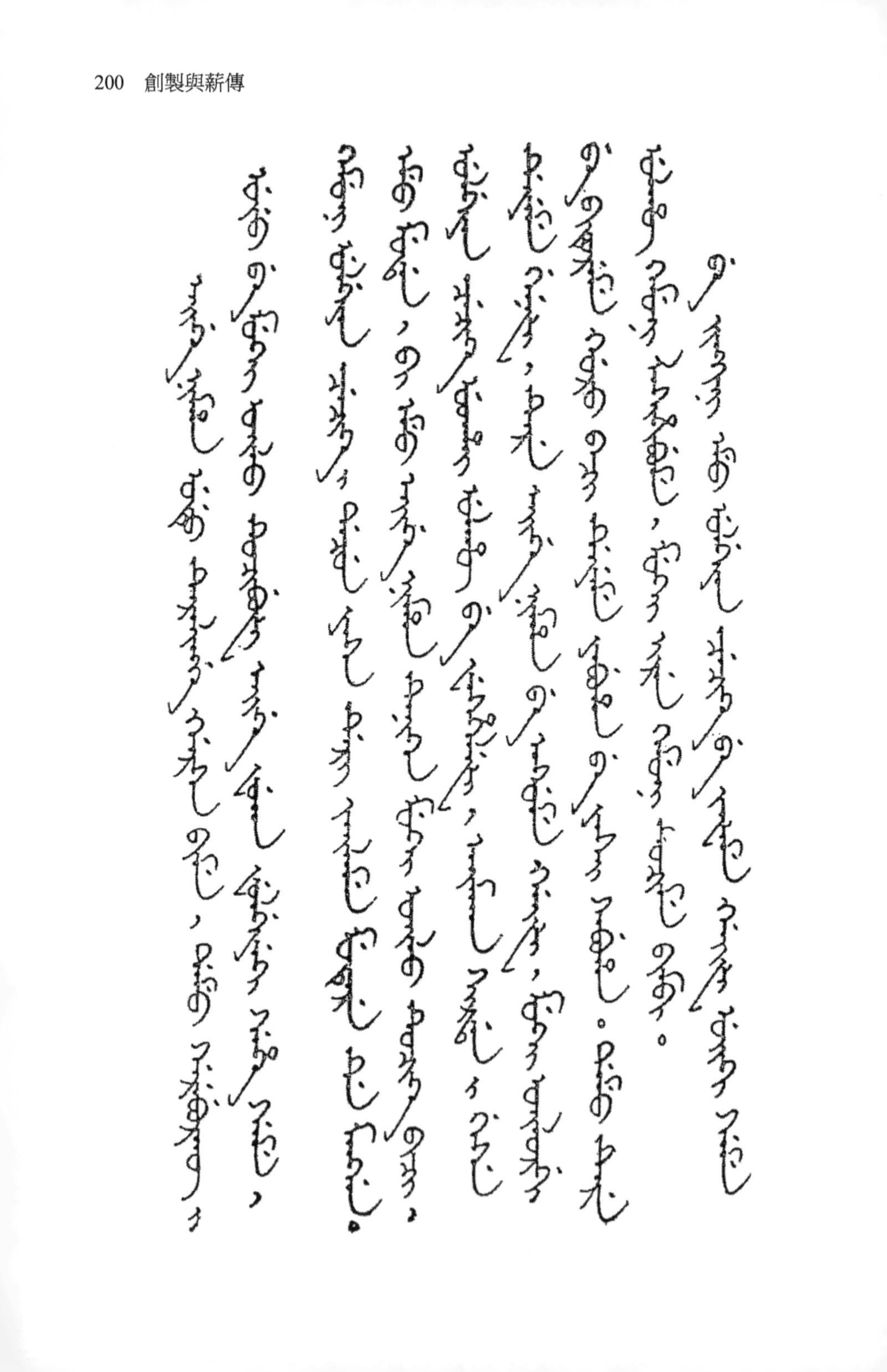

ajige nimha udu teralingge garsa bime, damu sereburkū i uju be mukei oilo tucibufi ajige fuka fulgiyeki sehe seme, kemuni ulgiyan cecike i dacun yasa deri jailame mutere de mangga. emu mudan, bi emu ajige nimha teniken mukei oilo tucike bici, ulgiyan cecike uthai ulhū be feshelefi, aimaka sirdan i gese deyeme genefi, tere ajige nimha be asume gaifi, mukei oilorgi be bitureme goro baci deyeme yabuha be yasai sabuha. damu tere ulhū kemuni lasihibume, mukei iren kemuni tucime bimbi. be jingkini emu ulgiyan cecike be jafame gajifi ujiki seme

---

小魚雖然那麼敏捷，而且想不讓發覺地把頭露出水面吹小水泡，還是難以躲避翠鳥敏銳的眼睛。有一回，我親眼目覩一條小魚剛剛出到水面上，翠鳥就蹬開蘆葦，像箭似地飛過去，銜起那條小魚，沿著水面飛向遠處。只有那蘆葦還在搖晃，漣漪還在波動。我們真想捉一隻翠鳥來養，

小鱼虽然那么敏捷，而且想不让发觉地把头露出水面吹小水泡，还是难以躲避翠鸟敏锐的眼睛。有一回，我亲眼目覩一条小鱼刚刚出到水面上，翠鸟就蹬开芦苇，像箭似地飞过去，衔起那条小鱼，沿着水面飞向远处。只有那芦苇还在摇晃，涟漪还在波动。我们真想捉一只翠鸟来养，

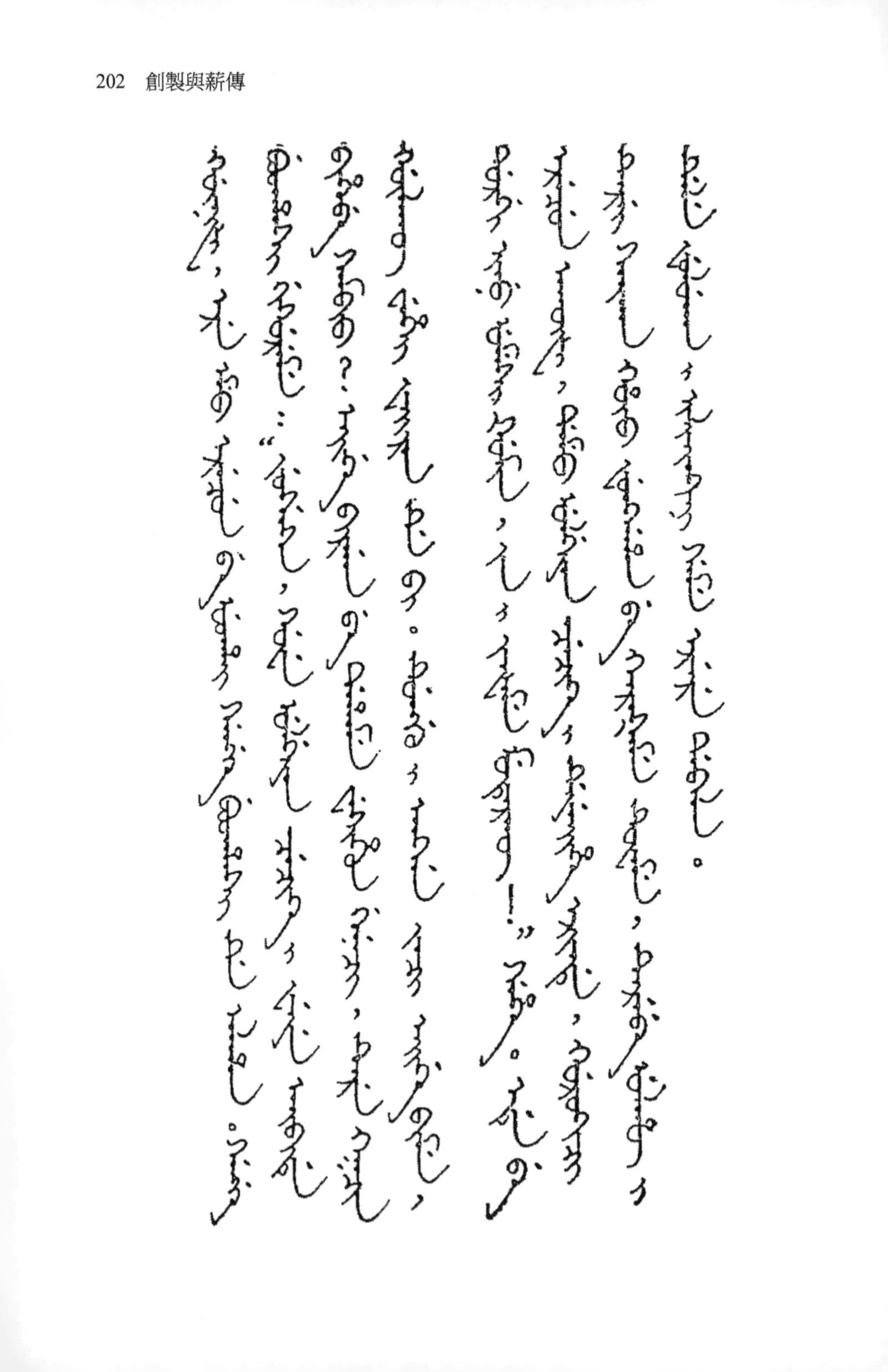

[illegible]

[illegible]

[illegible]

[illegible]

[illegible]

[illegible]

[illegible]

gūnifi, ere emu erecun be uthai sengge buthasi de alaha. sengge buthasi gisureme: "jusesa, suwe ulgiyan cecike i feye aibide bihebe sambio？ ajige birgan be dahame wesihun geneci, tere kakcin gūlakū wehei fajiran de bi. dunggu i angga jaci ajige bime, dorgi inu umesi šumin, ja i jafame muterkū！"sehe. ede be erecun akūfi, damu ulgiyan cecike i deyenjihe erinde, gorokici terei saikan hojo funggaha be karašame tuwame, terebe ulhū i dele fulukan i ilinjakini seme erere dabala.

就把這個願望告訴了年長的漁夫。年長的漁夫說道：「孩子們，你們知道翠鳥的鳥巢在什麼地方嗎？隨著小溪往上走，在那懸崖峭壁上。洞口很小，而且裡面也很深，不容易捕捉！」因此，我們不再希望，只是在翠鳥飛來時，遠遠地眺望牠那美麗的羽毛，希望牠在蘆葦上多多停留而已。

就把这个愿望告诉了年长的渔夫。年长的渔夫说道：「孩子们，你们知道翠鸟的鸟巢在什么地方吗？随着小溪往上走，在那悬崖峭壁上。洞口很小，而且里面也很深，不容易捕捉！」因此，我们不再希望，只是在翠鸟飞来时，远远地眺望牠那美丽的羽毛，希望牠在芦苇上多多停留而已。

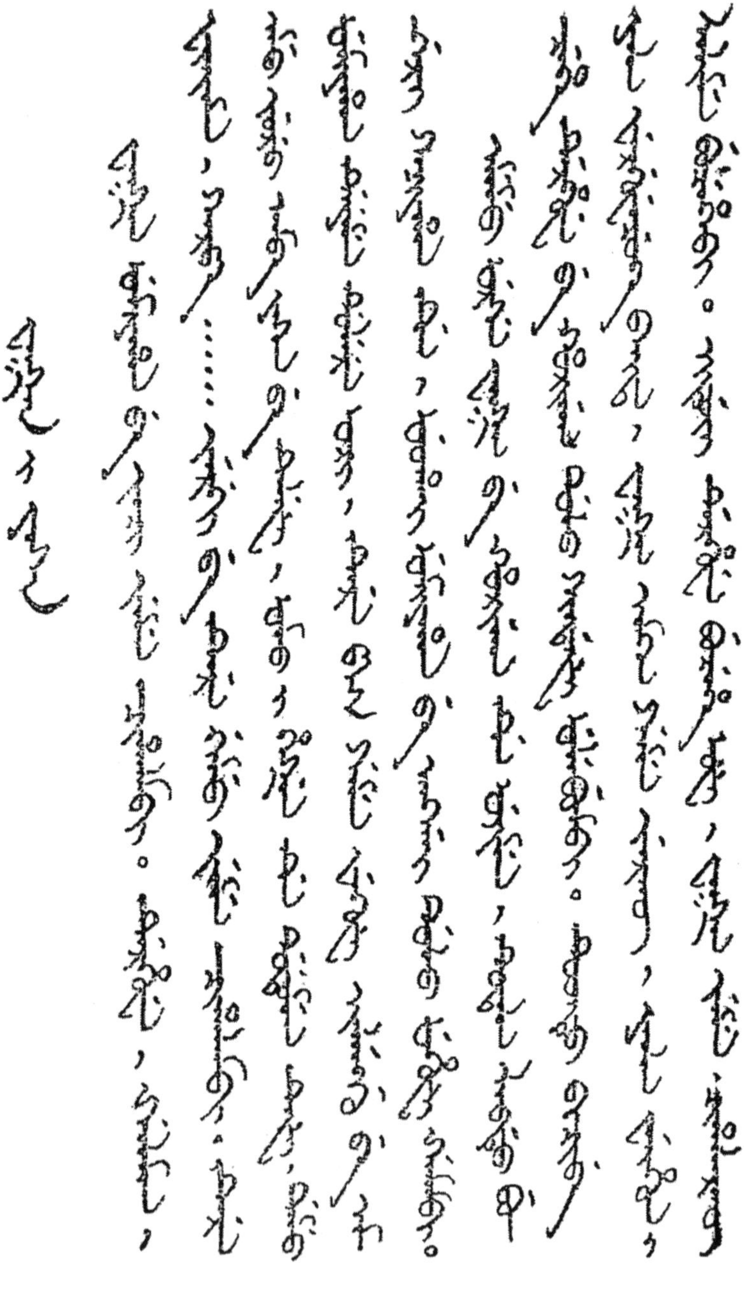

十九、wakšan i yasa

wakšan umiyaha be jaci jeme cihalambi. derhuwe, galman, finjam, sarpa……jergi be tere gemu jeme cihalambi. tere emu juru amba yasa be telefi, omo i hešen de dodome tefi, damu umiyaha deyeme dulere oci, tere pas seme fekufi ilenggu be emgeri saniyaha de, uthai umiyaha be anggai dolo uhufi gamambi. ememu urse wakšan be horigan de ujime, tutala labdu bucehe derhuwe be horigan dolo sindafi ulebumbi. tuttu bicibe yala ferguwecuke baita, wakšan emken seme jerkū, yala weihun i lalime bucehebi. jiduji derhuwe bucehe ofi, wakšan jeme cihalarkū

十九、青蛙的眼睛

青蛙很喜歡吃蟲子。蒼蠅、蚊子、小蠓蟲、蚱蜢……等，牠都喜歡吃。牠張開一雙大眼睛，蹲在池邊，只要有蟲子飛來，牠噗斯一聲跳起來舌頭一伸就把蟲子捲往嘴裡。有些人把青蛙養在籠子裡，放許多死了的蒼蠅在籠裡餵食。但是，事真奇怪，青蛙竟然一隻也不吃，最後活活地餓死了。真的是因為蒼蠅死了青蛙不喜歡吃嗎？

十九、青蛙的眼睛

青蛙很喜欢吃虫子。苍蝇、蚊子、小蠓虫、蚱蜢……等，牠都喜欢吃。牠张开一双大眼睛，蹲在池边，只要有虫子飞来，牠噗斯一声跳起来舌头一伸就把虫子卷往嘴里。有些人把青蛙养在笼子里，放许多死了的苍蝇在笼里喂食。但是，事真奇怪，青蛙竟然一只也不吃，最后活活地饿死了。真的是因为苍蝇死了青蛙不喜欢吃吗？

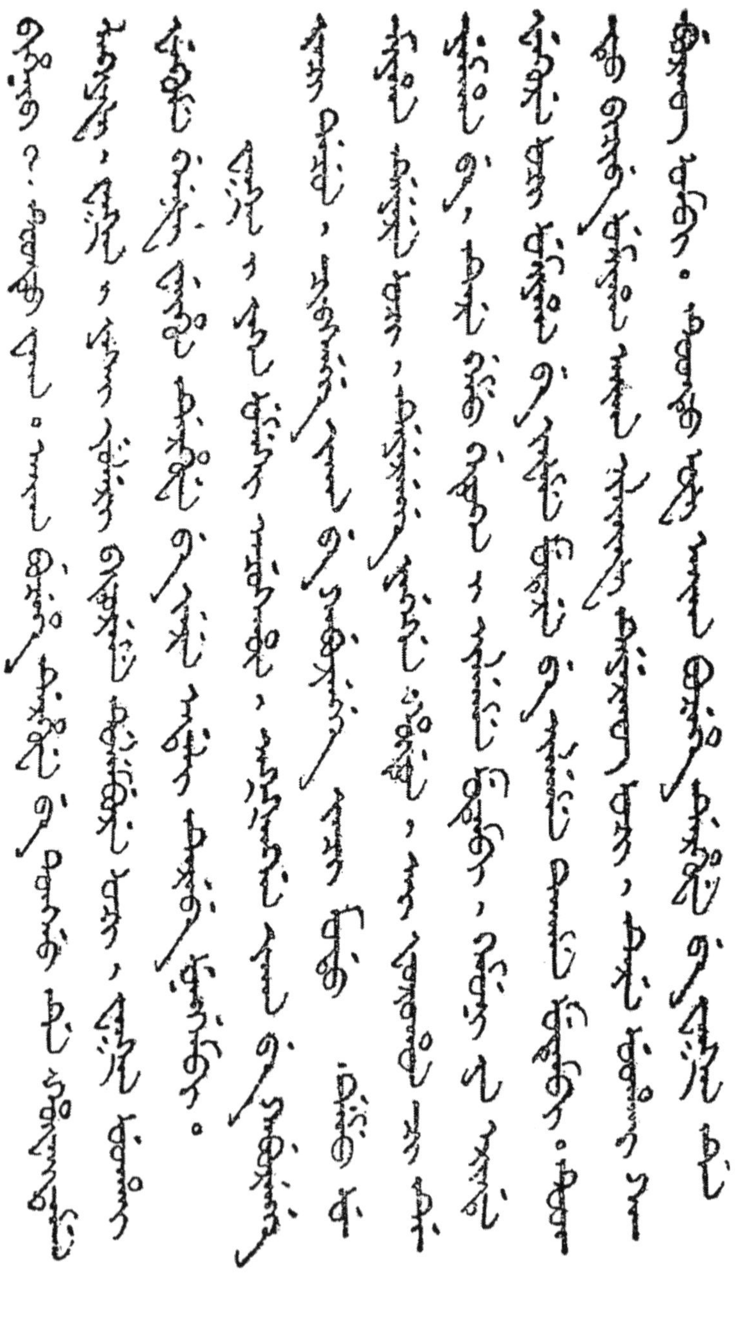

bihenio？ tuttu waka. aika bucehe derhuwe be tonggo de hūwaitame lakiyafi, wakšan i yasai juleri bitureme dulembure oci, wakšan uthai fekume genefi weihun derhuwe be jere adali terebe nunggembi. wakšan i yasa umesi encushūn, aššangga jaka be saburengge jaci dacun, cibsengge jaka be saburengge jaci modo damu umiyaha deyere oci, deyerengge yagese hūdun, ai forohon ci deyemaha be, tere gemu getuken i ilgame mutembi, kemuni ya erinde fekure oci umiyaha be jafame mutere be ilgame takame mutembi. tuttu bicibe umiyaha aika ilinjafi deyerkū oci, tere uthai saburkū ombi. tuttu ofi aika bucehe derhuwe be wakšan de

---

不是那樣的。若是把死了的蒼蠅綁在線上掛起來，沿著青蛙的眼前通過時，青蛙就跳過去像吃活的蒼蠅一樣地吞食牠。青蛙的眼睛很特別，看動的東西很敏銳，看靜的東西很遲鈍，只要蟲子飛起來，不論飛得多快，正在飛往什麼方向，牠都能清楚地辨別，還能知道何時跳起來捕到蟲子。但是蟲子若是停下來不飛，牠就看不見。因此，若給青蛙餵死蒼蠅，

不是那样的。若是把死了的苍蝇绑在在线挂起来，沿着青蛙的眼前通过时，青蛙就跳过去像吃活的苍蝇一样地吞食牠。青蛙的眼睛很特别，看动的东西很敏锐，看静的东西很迟钝，只要虫子飞起来，不论飞得多快，正在飞往什么方向，牠都能清楚地辨别，还能知道何时跳起来捕到虫子。但是虫子若是停下来不飞，牠就看不见。因此，若给青蛙喂死苍蝇，

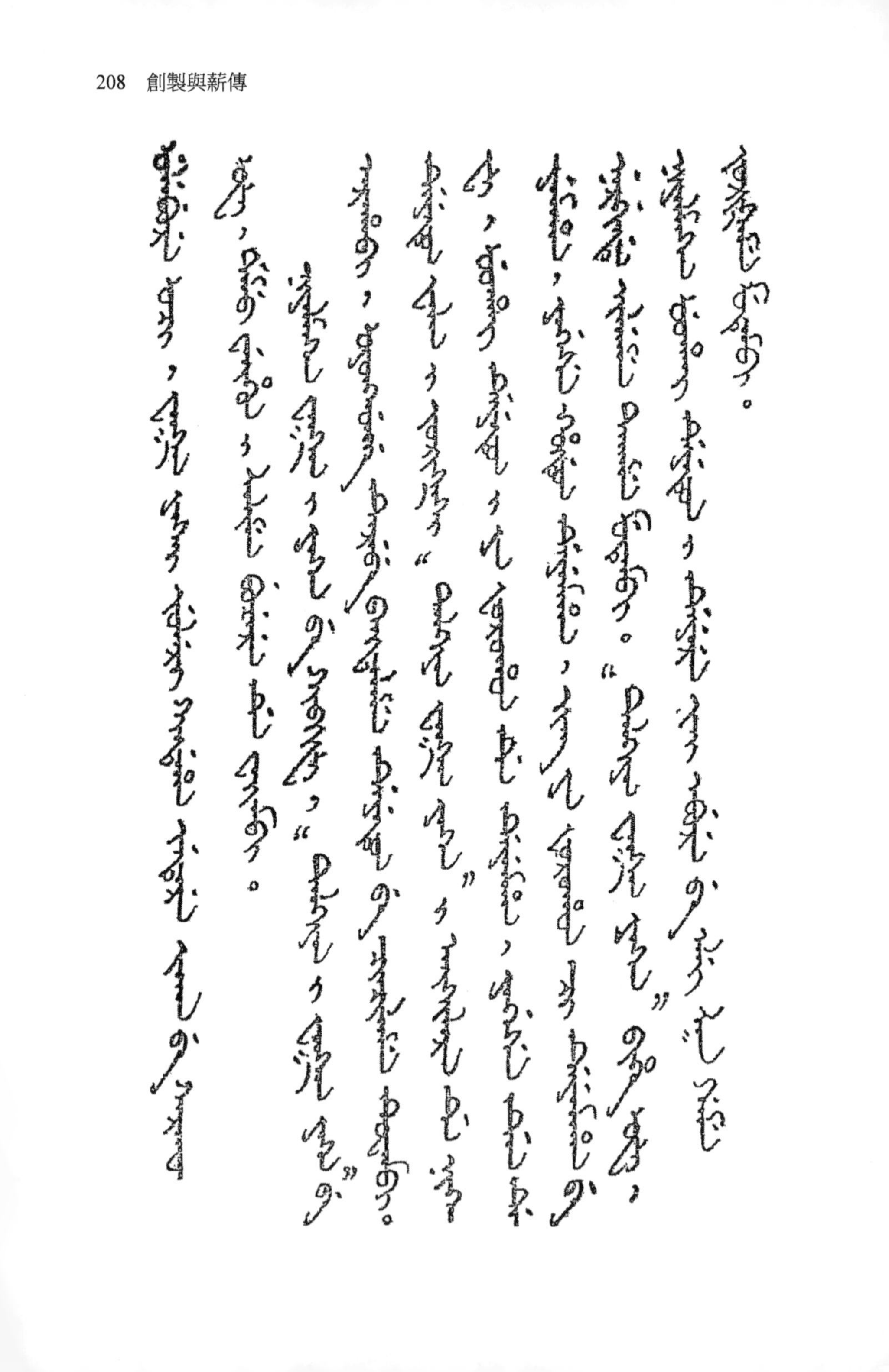

ulebure oci, wakšan yasai juleri sindaha jetere jaka be sarkū ofi, damu weihun i lalime bucere de wajimbi. niyalmasa wakšan i yasa be sibkifi,“talkiyan i wakšan yasa”be arahabi, oyonggongge terebe baitalame deyetun be cincilame tuwambi. deyetun falan i jorišasi“ talkiyan wakšan yasa”i aisilara de nikefi, uthai deyetun i ya forohon de deyemaha, yagese den deyemaha, yagese hūdun deyemaha, jing ya forohon ci deyemaha be nerginde ilgame takame mutembi. “talkiyan wakšan yasa”bihe ofi, niyalmasa uthai deyetun i deyere jai ebure be elei lak seme jorišame mutembi.

青蛙不知道眼前放的食物，只有活活餓死。人們研究青蛙的眼睛，製作「電蛙眼」，重要的是用它來觀察飛機。機艙的指揮者依靠「電蛙眼」的幫助，立刻能辨認飛機在哪個方向飛，飛得有多高，飛得有多快，正往哪個方向飛。因為有了電蛙眼，人們就能更準確地指揮飛機的起飛和降落。

青蛙不知道眼前放的食物，只有活活饿死。人们研究青蛙的眼睛，制作「电蛙眼」，重要的是用它来观察飞机。机舱的指挥者依靠「电蛙眼」的帮助，立刻能辨认飞机在哪个方向飞，飞得有多高，飞得有多快，正往哪个方向飞。因为有了电蛙眼，人们就能更准确地指挥飞机的起飞和降落。

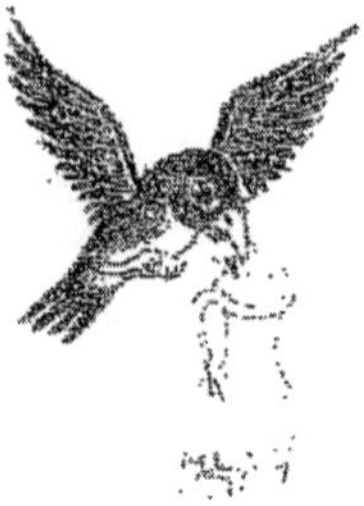

[illegible]

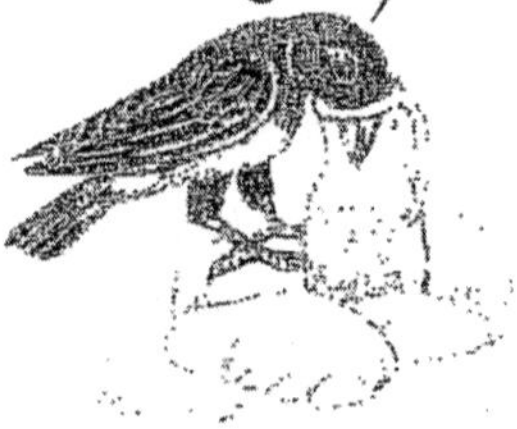

二十、gaha muke be omimbi

emu gaha kangkame hamirkū ofi, isinahala bade muke be baimbi. gaha muke baime yabuhai, emu sucei dolo muke bisire be sabuha. ainara suce i angga ajige bime dorgi i muke komso ofi, gaha udu omiki secibe šuwe omime mutehekū. adarame icihiyaci teni omime mutembini？ gaha dalbade umesi labdu ajige wehe bihe be sabufi, emu arga be bodome bahaha. gaha dalbade bihe ajige wehe be emke emken i engge de ašume suce i dolo sindaha. suce i muke ulhiyen ulhiyeni mukdeme jihe manggi, gaha teni muke be bahame omiha.

二十、烏鴉喝水

有一隻烏鴉因為口渴得受不了，所以到處找水。烏鴉一路找水，看見一隻瓶子裡面有水。奈何瓶口小而且裡面水少，烏鴉雖然想喝，卻未能喝著，怎麼辦才能喝到呢？烏鴉看見旁邊有許多小石子，於是想到了一個辦法。烏鴉把旁邊的小石子一個一個地含在嘴裡放進瓶子裡。瓶子的水漸漸地升起來後，烏鴉才喝到了水。

二十、乌鸦喝水

有一只乌鸦因为口渴得受不了，所以到处找水。乌鸦一路找水，看见一只瓶子里面有水。奈何瓶口小而且里面水少，乌鸦虽然想喝，却未能喝着，怎么办才能喝到呢？乌鸦看见旁边有许多小石子，于是想到了一个办法。乌鸦把旁边的小石子一个一个地含在嘴里放进瓶子里。瓶子的水渐渐地升起来后，乌鸦才喝到了水。

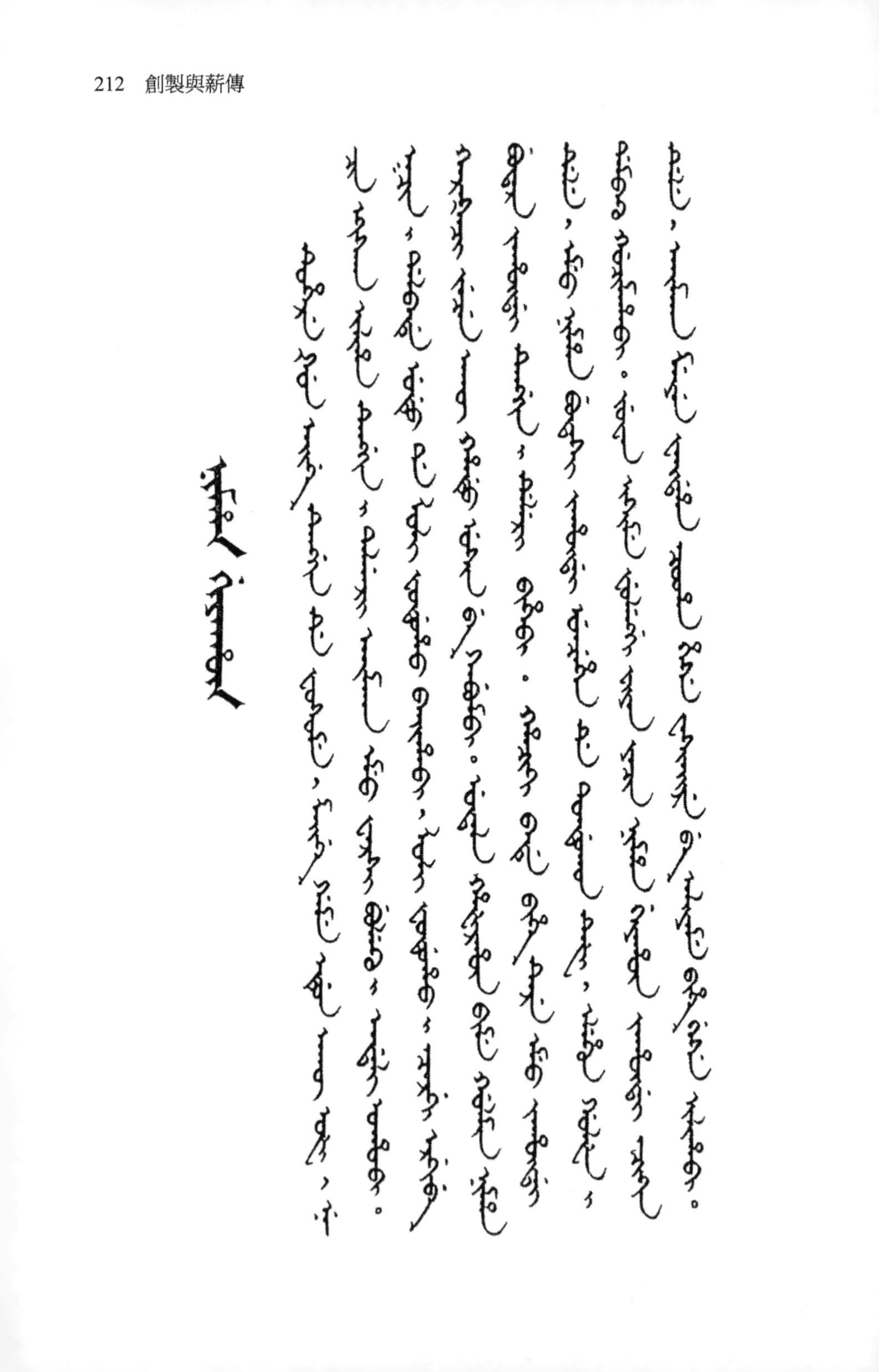

二十一、nimha giyahūn

tuhere šun ajige tenggin de fosome, majige seme edun akū ofi, necin ekisaka iliha tenggin i talgari aimaka emu farsi buleku i adali ohobi. ekcin i dalbade udu da loli fodoho banjihabi, loli fodoho i cargi ergibe karašaci jecen akū handu usin be sabumbi. utala hafirhūn bime golmin nimha butara jahūdai tenggin i deleri bihebi. hanciki bade bihe tere emu jahūdai dele, emu nimha butasi jahūdai uncehen de tondokon tefi, elehun sulfa i dambaku gocimahabi. juwan isime fulenggi fiyan yacin nimha giyahūn jahūdai cikin dele, aimaka meyen faidaha cooha hese wasinjire be aliyame bihe gese ilihabi.

二十一、魚鷹

落日照在小湖上，因為沒有一絲風，平靜的湖面像是一面鏡子一樣。岸邊長著幾棵垂柳，見垂柳對面是一望無際的稻田。有許多又窄又長的捕魚船浮在水面上，近處那一艘船上，有一個漁夫直直的坐在船尾上，泰然自若地抽著烟。將近十隻灰黑色魚鷹落在船邊上，好像列隊的士兵等候命令似的站著。

二十一、鱼鹰

落日照在小湖上，因为没有一丝风，平静的湖面像是一面镜子一样。岸边长着几棵垂柳，见垂柳对面是一望无际的稻田。有许多又窄又长的捕鱼船浮在水面上，近处那一艘船上，有一个渔夫直直的坐在船尾上，泰然自若地抽着烟。将近十只灰黑色鱼鹰落在船边上，好像列队的士兵等候命令似的站着。

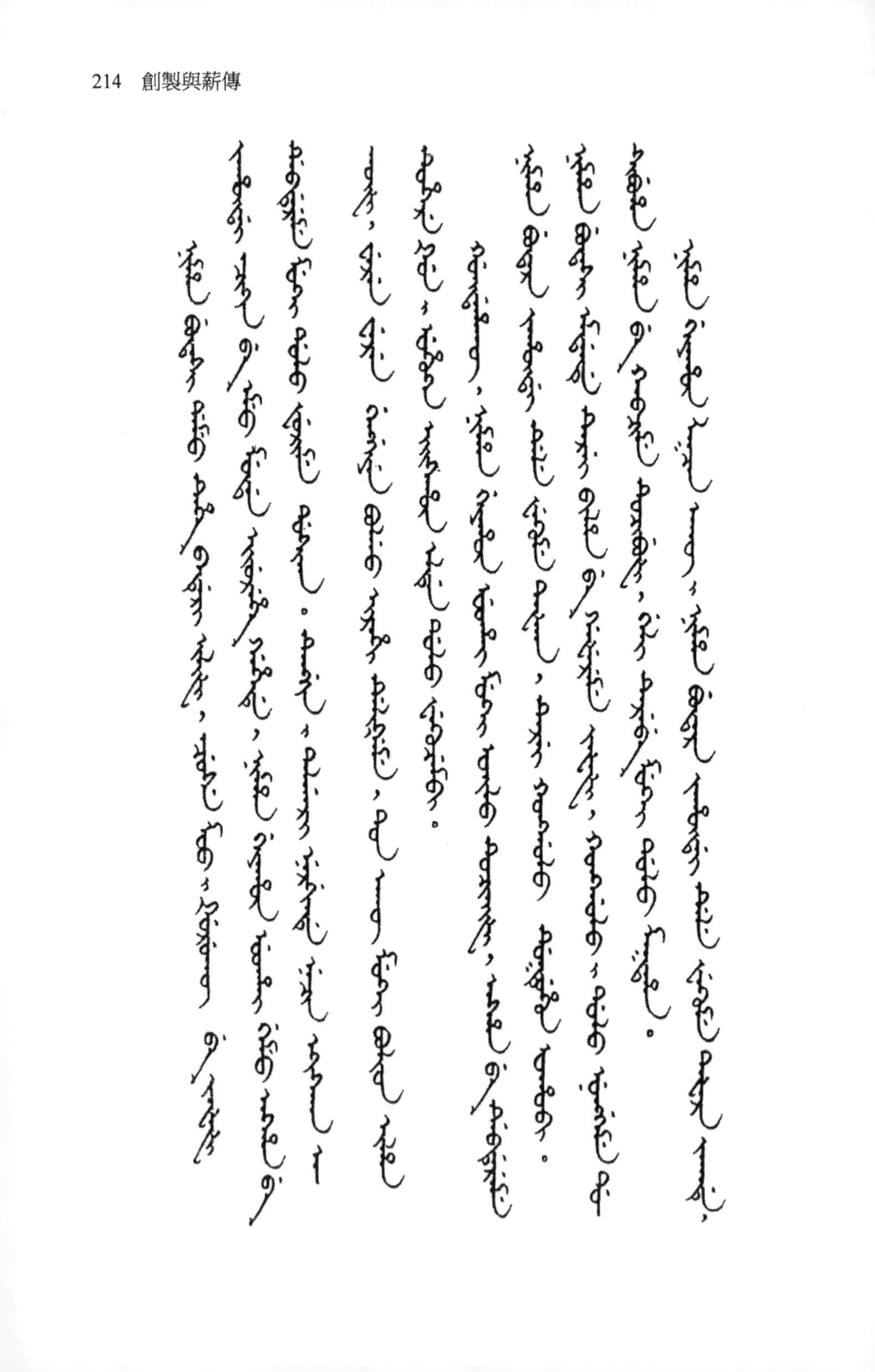

[illegible]

nimha butasi damu tehe baderi ilifi, cuse moo i šurukū be jafafi jahūdai cikin be emu mudan ijurehe sehede, nimha giyahūn uthai gemu asha be debdereme mukei dolo furime dosika. tenggin i talgari nerginde necin ekisaka akūfi weren weren genggiyen bolgo irahi delišeme, ton akū mukei boljon ilha tuhere šun i uhuken ijishūn elden dolo fekucembi. goidahakū, nimha giyahūn uthai mukei oilo tucinjifi, asha be debdereme nimha butara jahūdai dele fekume tafaka, terei konggolo dukduhun ohobi. nimha butasi emdande terei bilha be sefereme jafafi, konggolo i dolo nunggeme dosibuha nimha be kabcime tucibufi, geli terebe mukei dolo maktaha. nimha giyahūn lakcan akū i nimha butara jahūdai dele fekume tafara jakade,

---

漁夫從坐的地方站起來，拿起竹篙劃擦一下船沿，魚鷹就全都展翅潛入水裡。湖面立刻不再平靜了，盪起清潔的水紋，無數的浪花在落日柔順的光線裡跳耀著。不久，魚鷹浮出水面，展翅跳上捕漁船，牠的嗉囊鼓起來了。漁夫一下抓住牠的喉嚨，擠出吞進嗉囊裡的魚，又把牠拋進水裡。魚鷹連續不斷地跳到捕魚船上面，

渔夫从坐的地方站起来，拿起竹篙划擦一下船沿，鱼鹰就全都展翅潜入水里。湖面立刻不再平静了，荡起清洁的水纹，无数的浪花在落日柔顺的光线里跳耀着。不久，鱼鹰浮出水面，展翅跳上捕渔船，牠的嗉囊鼓起来了。渔夫一下抓住牠的喉咙，挤出吞进嗉囊里的鱼，又把牠抛进水里。鱼鹰连续不断地跳到捕鱼船上面，

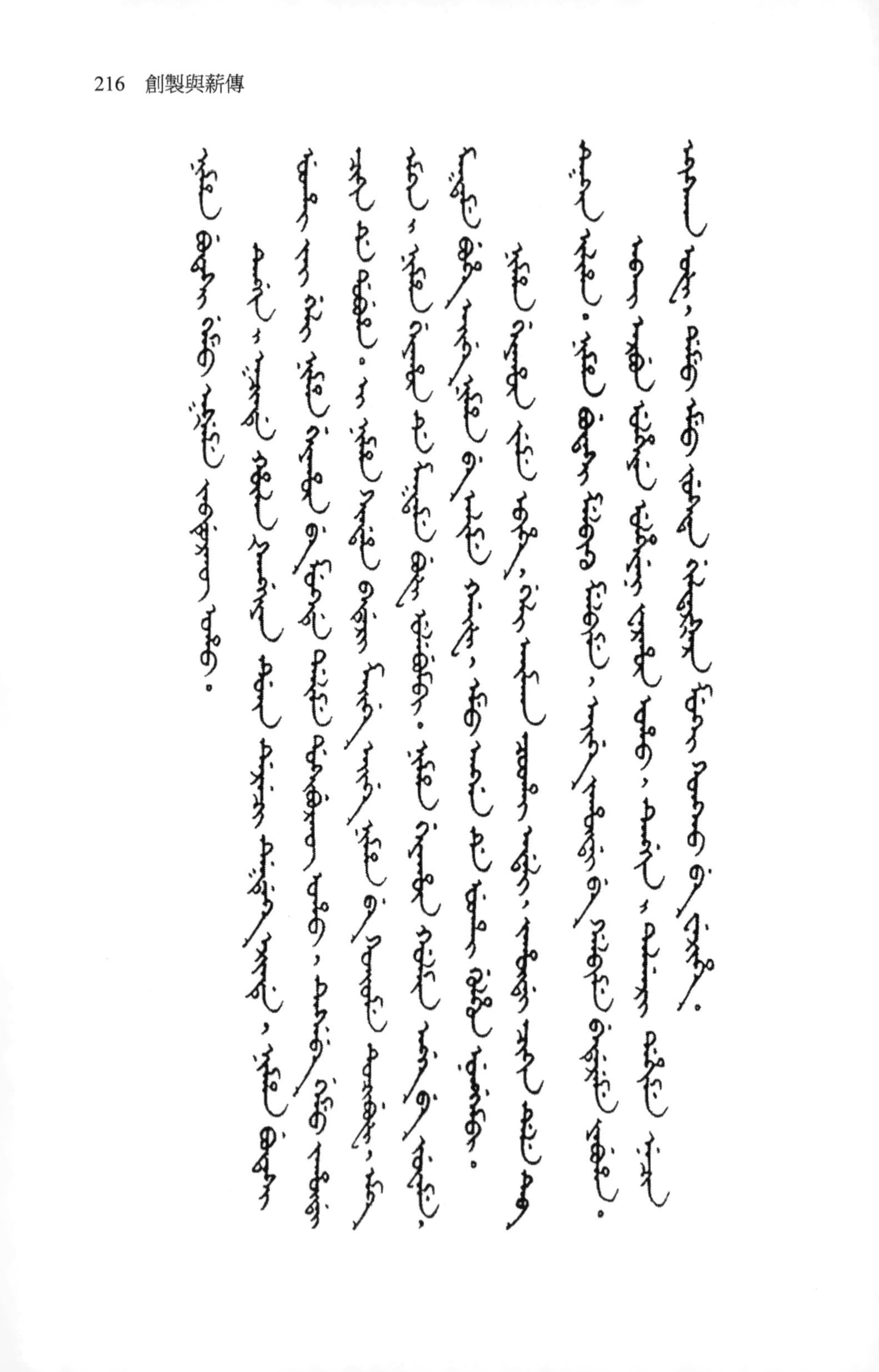

[illegible]

nimha butasi gemu ekšeme jabdurkū oho. tenggin i ekcinde hūlan šanggiyan duin dereci dekdeke erinde, nimha butasi uthai jai geli nimha giyahūn be mukede dalime dosiburkū oho, tesebe gemu jahūdai cikin de dobuha. i nimha sindaha baderi majige ajige nimha be sonjome tucibufi, emke emken i nimha giyahūn de maktame bufi ulebumbi. nimha giyahūn golmin engge be juwame, maktame buhe ajige nimha be alime gaifi, emu angga de uthai gulhun nunggembi. nimha giyahūn jeme ebihe, geli aimaka coohai adali, jahūdai cikin dele teb teksin iliha. nimha butasi melbiku melbime, ajige jahūdai be selbime bedereme yabuha. abkai arbun ulhiyen ulhiyeni farhūn oho, tenggin i talgari dahime necin ekisaka ofi, damu emu justan giltaršara mukei songko be werihe.

漁夫都忙不過來了。湖邊四面升起炊烟時，漁夫就不再趕魚鷹進水裡了，讓牠們都落在船沿上。他從放魚的地方挑出稍小一些的魚，一條一條的扔給魚鷹吃。魚鷹張開長嘴，接住扔給牠的小魚，一口就整個吞下去。魚鷹吃飽後，又好像是士兵一樣，整齊地立在船沿上。漁夫搖動船槳，劃著小船回去了。天色漸漸地暗了，湖面恢復了平靜，只留下一道閃亮的水印。

渔夫都忙不过来了。湖边四面升起炊烟时，渔夫就不再赶鱼鹰进水里了，让牠们都落在船沿上。他从放鱼的地方挑出稍小一些的鱼，一条一条的扔给鱼鹰吃。鱼鹰张开长嘴，接住扔给牠的小鱼，一口就整个吞下去。鱼鹰吃饱后，又好像是士兵一样，整齐地立在船沿上。渔夫摇动船桨，划着小船回去了。天色渐渐地暗了，湖面恢复了平静，只留下一道闪亮的水印。

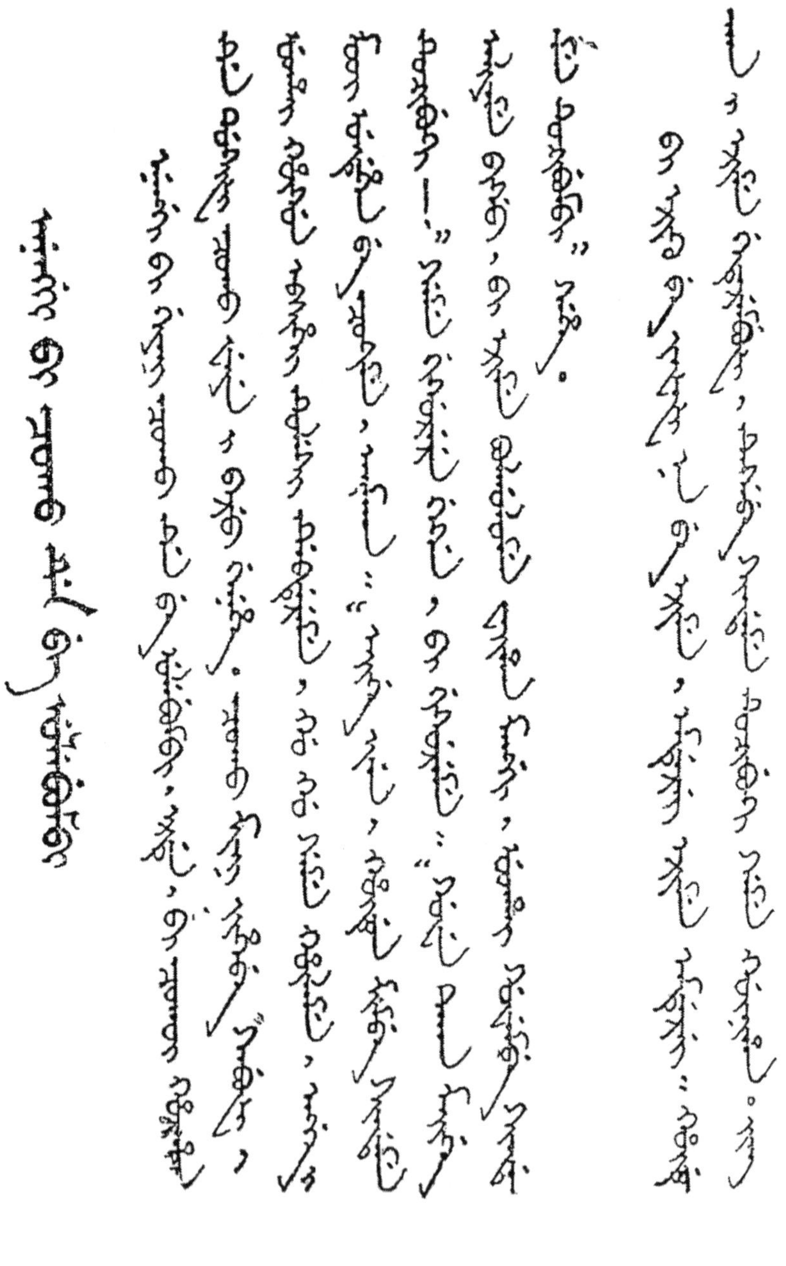

二十二、eneggi bi coko de be ulebumbi

eneggi bi giyani coko de be ulebumbi, erde, bi cokoi horhon de dosifi coko feye i baru genehe. coko mini jihebe sabufi, uthai hūsun ebsihei tulesi debdereme, go go seme hūlame, engge i mooi undehen be cokime, aimaka:“ajige ejen, hūdun mimbe sindame tucibuki！”seme gisurere gese, bi gisureme:“suwe taka majige aliyame bisu, bi erime bolgolome wajiha manggi, uthai suwembe sindame tucibumbi”sehe. bi eriku be jafafi na be erime, emderei erime emderei:“hūdukan i erime geterembufi, tesebe sindame tucibuki seme gūniha. Jing

---

二十二、今天我餵雞

今天我應該給雞餵食，清晨，我進入雞圈，走近雞窩。雞見到我來，就奮力往外撲，咕咕地叫著，用嘴啄木板，好像在說：「小主人，快放我出去吧！」我說道：「你們暫時等一會兒吧！我打掃乾淨後就放你們出去。」我拿起掃帚掃地，一面掃一面想：趕快掃乾淨，放牠們出去吧！

二十二、今天我喂鸡

今天我应该给鸡喂食，清晨，我进入鸡圈，走近鸡窝。鸡见到我来，就奋力往外扑，咕咕地叫着，用嘴啄木板，好像在说：「小主人，快放我出去吧！」我说道：「你们暂时等一会儿吧！我打扫干净后就放你们出去。」我拿起扫帚扫地，一面扫一面想：赶快扫干净，放牠们出去吧！

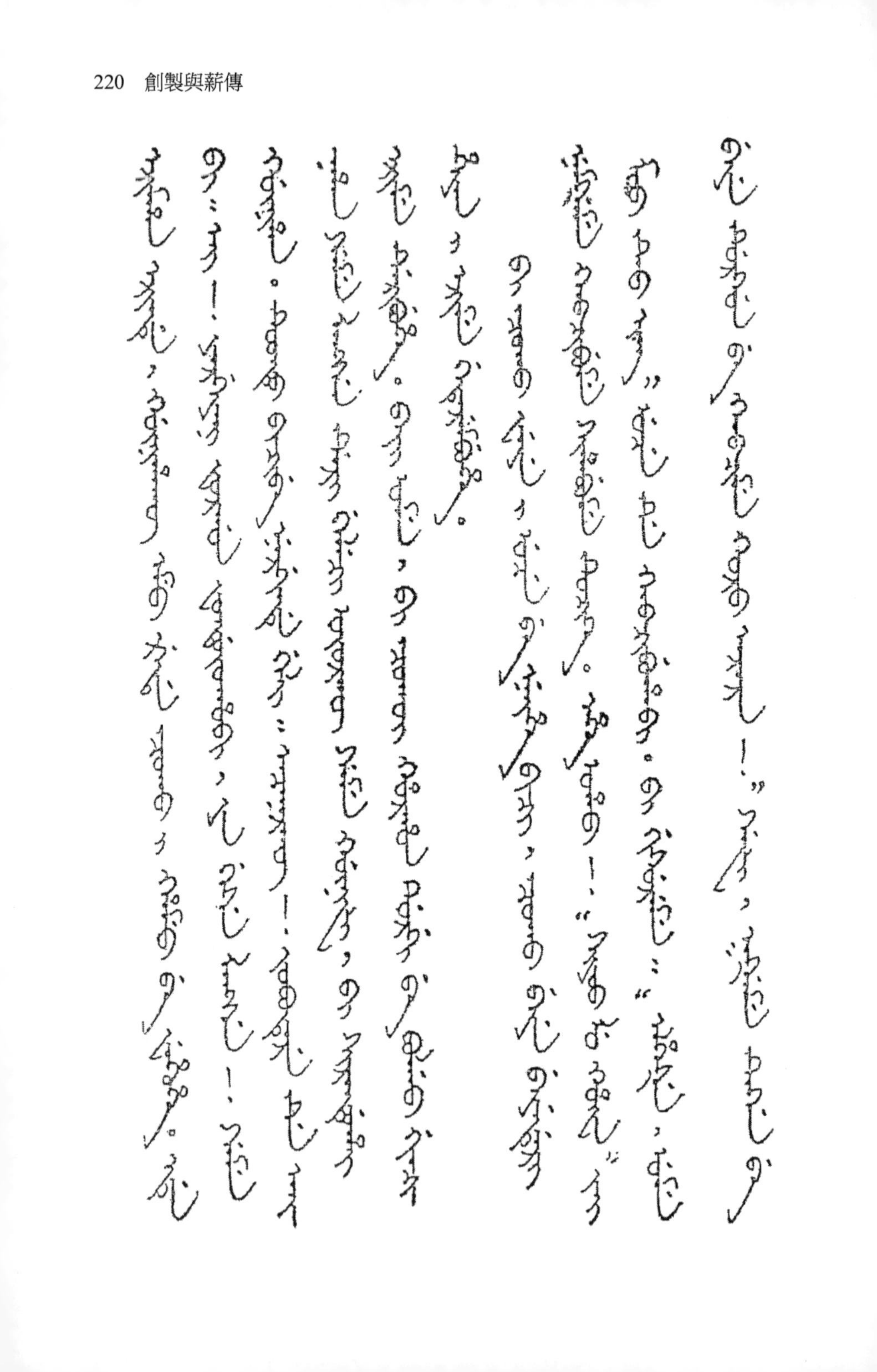

erimaha erinde, gūnihakū emu g'ada coko i hamu be fehuhe. ede bi： ai！yargiyani forgon fondojohobi, ya gese langse！seme gūniha. tuttu bicibe nerginde geli: acanarkū！jobotere de ainaha seme langse deri geleci ojorkū seme gūnifi, bi siranduhai erime deribuhe. baji ome, bi cokoi horhon dorgi be bolgo gincihiyan i erime geterembuhe. bi coko feye i uce be neihe bici, coko beye beyederi nemšeme kabcibume sihabume tucike. ehe oho！"siyoo lu hūwa"jai "moo teo ing"uce de kabcibuhabi. bi gisureme: "elheše, ume beye dursun be kabcime koro arara！"sefi, ekšeme tese be

---

正在打掃時，沒想到踩到了一塊鷄屎。因此我想：唉！實在倒霉，多髒！轉而又想：不對！勞動絕對不能怕髒，開始掃地了。不一會兒，就把鷄圈打掃乾淨了。等我打開鷄窩的門，鷄爭先恐後一湧而出。不好了！「小蘆花」和「貓頭鷹」被門夾住了。我說：「慢慢來，不要把身體夾傷了！」

正在打扫时，没想到踩到了一块鸡屎。因此我想：唉！实在倒霉，多脏！转而又想：不对！劳动绝对不能怕脏，开始扫地了。不一会儿，就把鸡圈打扫干净了。等我打开鸡窝的门，鸡争先恐后一涌而出。不好了！「小芦花」和「猫头鹰」被门夹住了。我说：「慢慢来，不要把身体夹伤了！」

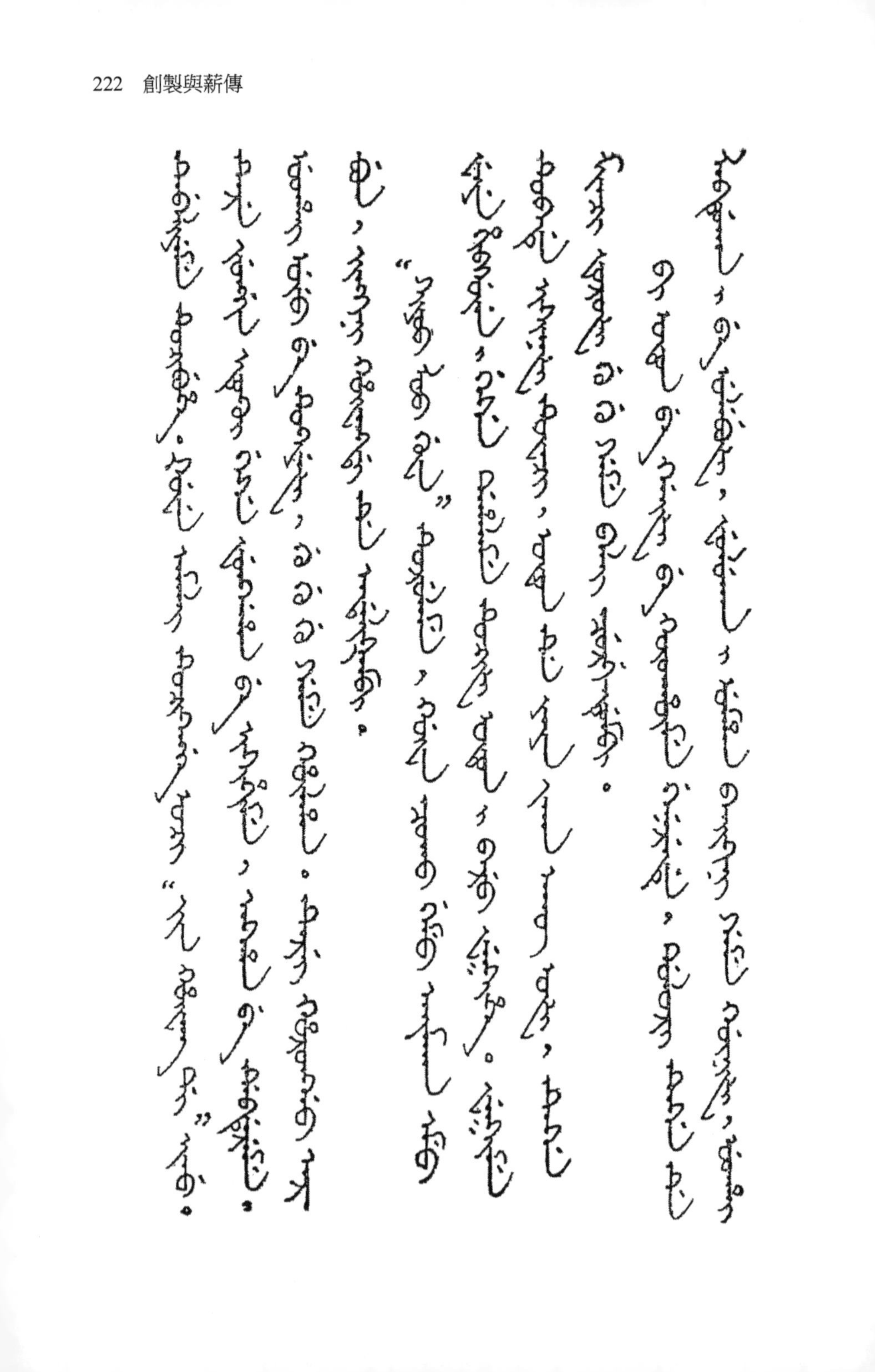

[illegible]

tebeliyeme tucibuhe. šuwe amalai tucikengge oci"jin hūwang di"inu. tere junggin etukui gesc funggaha be isihime, asha be debdereme, uthai uju be tukiyefi, gu gu gu seme hūlaha. terei horonggo arbun, jingkini hūwangdi de adališambi. "siyoo loo guwa"turulame, gūwa coko gemu aimaka emu feye hibsujen i gese dahalame tucifi oton i baru feksihe. feksime tubade isinafi tuwaci, oton de yaya jaka akū ofi, tese minci forofi gu gu seme balai curgindumbi. bi oton be gaifi be kūthūme generede, dolori tese de labdukan i be ulebufi, fulukan i umhan banjikini seme gūnifi, uthai

---

急忙把牠們抱出去了。最後出去的是「金皇帝」。牠抖動錦緞般的羽毛，振動翅膀，昂首咕咕咕地鳴叫。牠威武的樣子，真像皇帝一樣。「小老瓜」帶頭，其他的鷄都一窩蜂地跟著跑到槽盆邊。跑到那裡一看，槽盆裡什麼東西都沒有，牠們遂轉向我咕咕地亂叫。我帶著槽盆去攪拌飼料，心裡想給牠們多餵些飼料，讓多生些蛋，

急忙把牠们抱出去了。最后出去的是「金皇帝」。牠抖动锦缎般的羽毛，振动翅膀，昂首咕咕咕地鸣叫。牠威武的样子，真像皇帝一样。「小老瓜」带头，其他的鸡都一窝蜂地跟着跑到槽盆边。跑到那里一看，槽盆里什么东西都没有，牠们遂转向我咕咕地乱叫。我带着槽盆去搅拌饲料，心里想给牠们多喂些饲料，让多生些蛋，

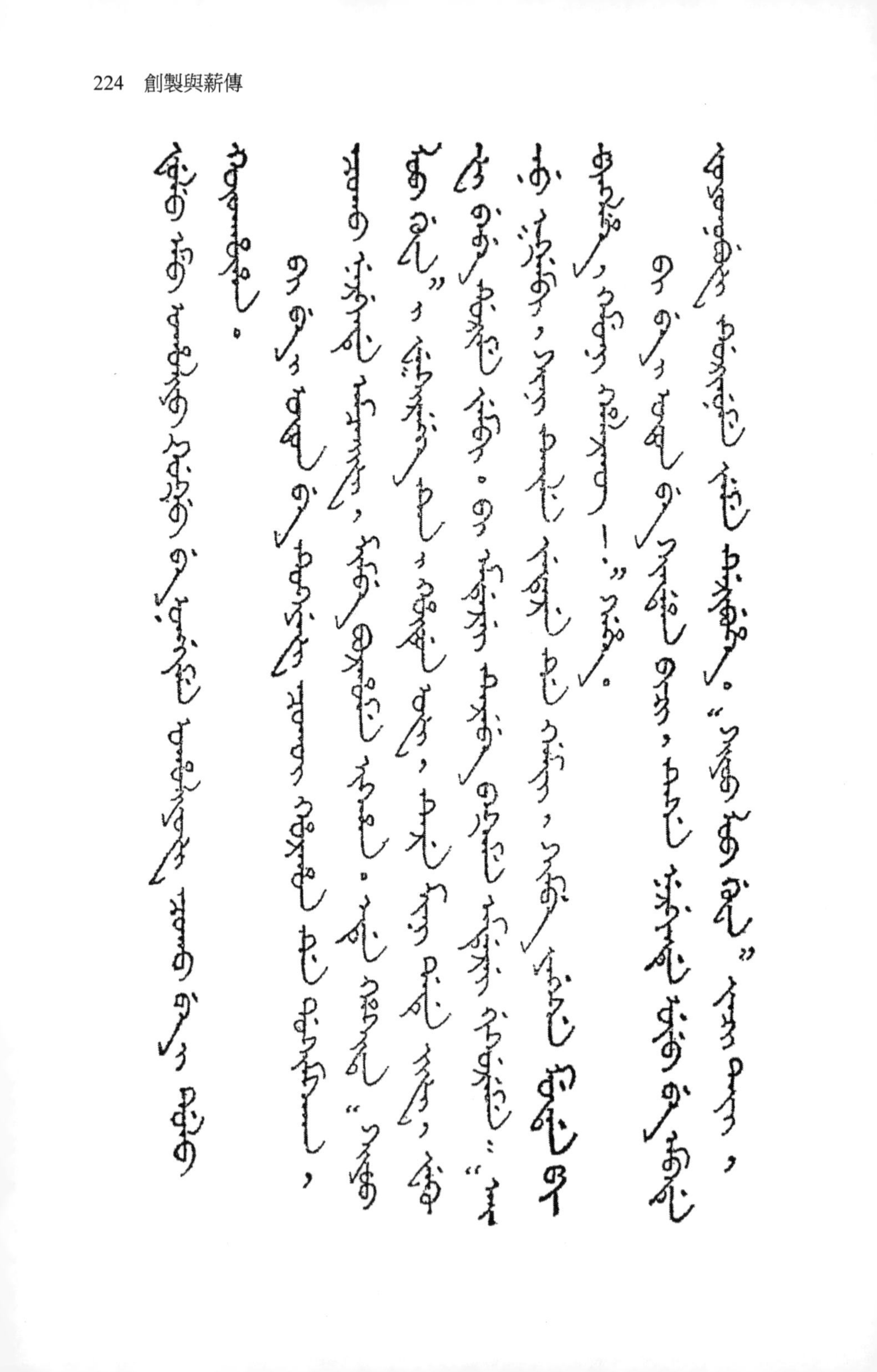

fulu emu oholiyo šušu be nonggime oholiyofi coko be i dolo kūthūha. bi be i oton be tukiyefi cokoi horhon de dosimsaka, coko nerginde amcanjifi, mimbe borhome isaha. ede hasita "siyoo loo guwa"i feksirengge ten i hūdun ofi, tere mini dade jifi, fekufi bebe durime jembi. bi emderei terebe bašame emderei gisureme:"ainu ekšembi, sini teile jetere de gamji, simbe yagese mudan pipinglehe, kemuni halarkū！"sehe. bi be i oton be sindaha bici, tese nerginde uju be embade foyonobufi durinume jeme deribuhe."siyoo loo guwa"jaci taji,

---

就加掬一捧高粱攙和在雞飼料裡。我抬著槽盆剛進鷄圈，就把我圍起來了。因為還是「小老瓜」跑得最快，牠來到我前面，跳起來搶吃飼料。我一面趕牠走一面說道：「為什麼著急，只有你貪吃，批評你多少次了，還是不改！」待我放下槽盆，牠們立刻把頭聚到一處開始搶著吃起來。「小老瓜」太頑皮，

就加掬一捧高粱搀和在鸡饲料里。我抬着槽盆刚进鸡圈，就把我围起来了。因为还是「小老瓜」跑得最快，牠来到我前面，跳起来抢吃饲料。我一面赶牠走一面说道：「为什么着急，只有你贪吃，批评你多少次了，还是不改！」待我放下槽盆，牠们立刻把头聚到一处开始抢着吃起来。「小老瓜」太顽皮，

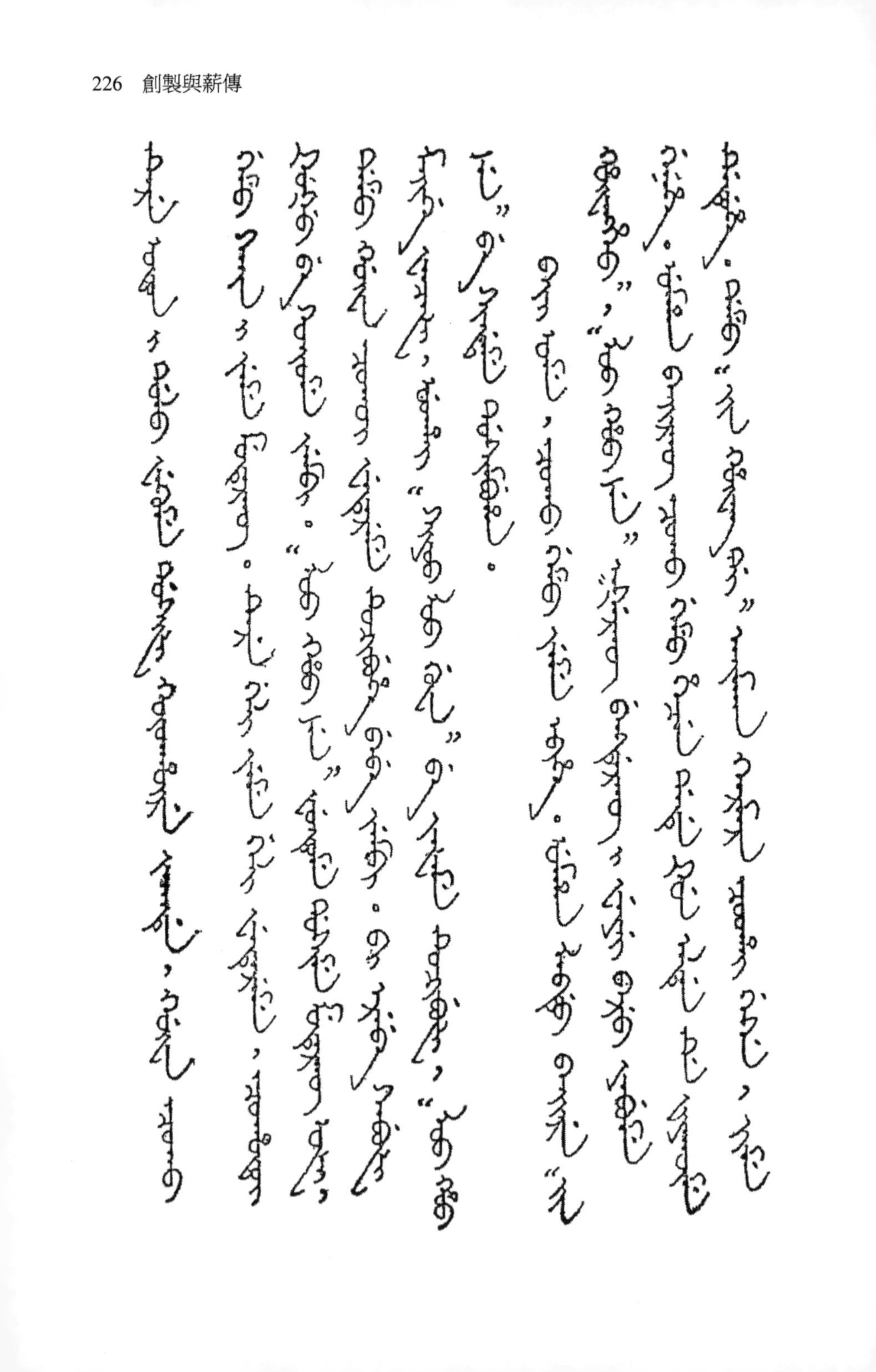

tere oton i dolo fekume dosifi kūthūre jakade, gūwa coko gemu sain i jeme muterkū. tere geli jeme geli fetereme, cohotoi šušu be sonjome jembi."loo hoo žen"funtume dosime muterkū ofi, damu gūwa cokoi fetereme tucibuhe bebe jembi. bi erebe sabufi majige fancafi, uthai"siyoo loo guwa"be jafame tucibufi,"loo hoo žen"be sindame dosimbuha. baji ome, coko gemu jeme ebihe. umhan labdu banjire"jin hūwangheo","loo hoo žen"ekšerkū bengderkū i feyei baru yabume genehe. umhan banjirkū coko gemu hecen dade šun elden de fiyakūme deduhe. damu"jin hūwang di"aimaka karmara coohai gese, jime

---

牠跳進槽盆裡攪和，以至於其他鷄都不能好好地吃。牠又吃又刨，專挑高粱吃。「老好人」擠不進去，只能吃別的鷄刨出來的飼料。我見這樣，有些生氣，就把「小老瓜」抓出去，把「老好人」放進去。過了一會兒，鷄都吃飽了。產蛋多的「金皇后」、「老好人」不慌不忙的朝窩裡走去。不生蛋的鷄都臥在墻角曬陽光。只有「金皇帝」像衛兵似的

牠跳进槽盆里搅和，以至于其他鸡都不能好好地吃。牠又吃又刨，专挑高粱吃。「老好人」挤不进去，只能吃别的鸡刨出来的饲料。我见这样，有些生气，就把「小老瓜」抓出去，把「老好人」放进去。过了一会儿，鸡都吃饱了。产蛋多的「金皇后」、「老好人」不慌不忙的朝窝里走去。不生蛋的鸡都卧在墙角晒阳光。只有「金皇帝」像卫兵似的

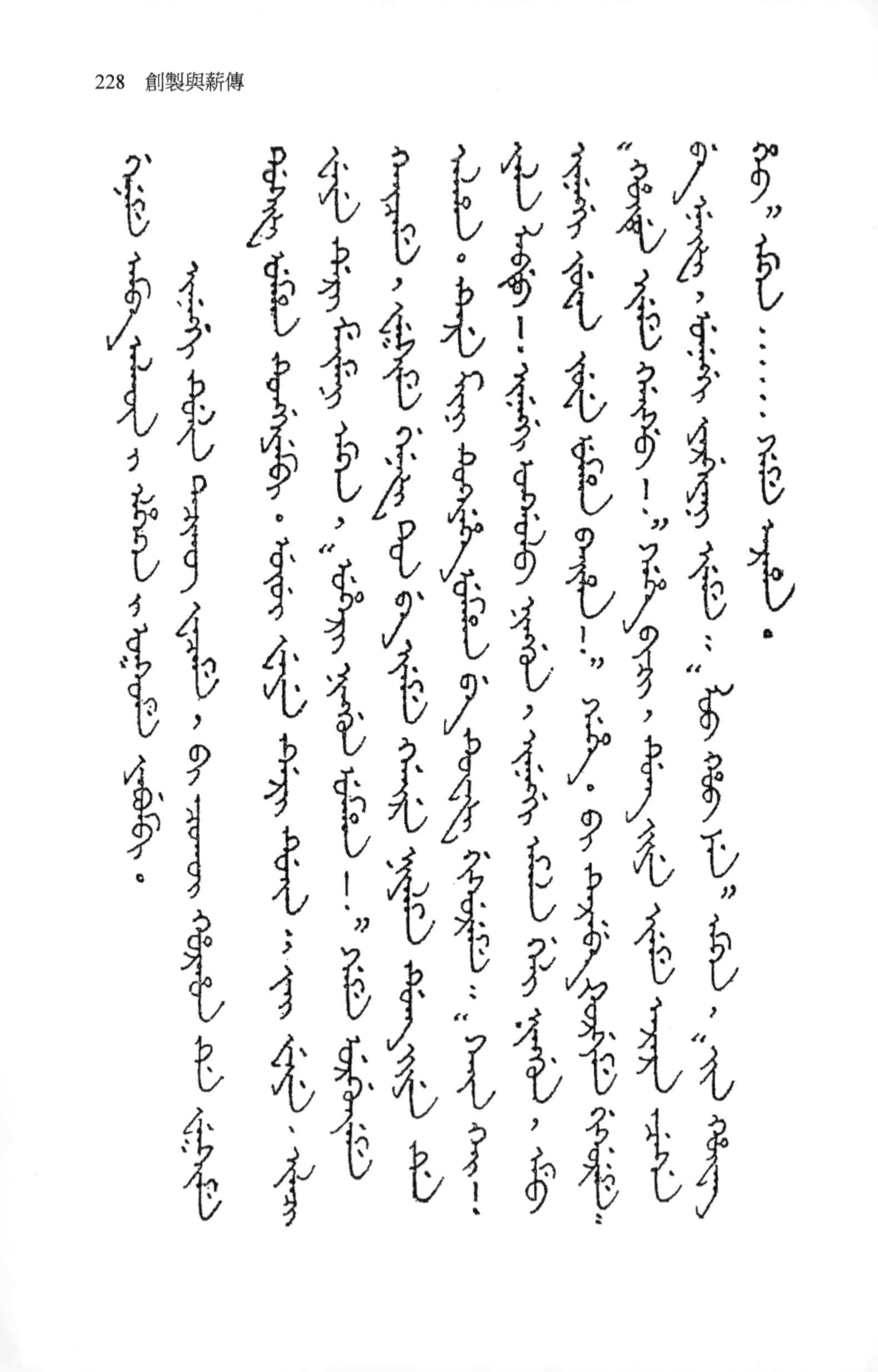

[illegible]

geneme amba alkūn i elheken i oksome yabumbi. inenggi dulin tacikū facame, bi cokoi horhon de feksime dosifi umhan tunggiyembi. ujui feye deri duin; jai feye ilaci feye deri meimeni emken,“uheri ninggun umhan！”seme urgunjeme kaicame, feksime genefi ton be ejeme gaire niyalma dung jiye de alaha. tere mini tukiyehe umhan be tuwafi gisureme:“sain kai！yala labdu！inenggi onggolo ninggun, inenggi amala geli ninggun, emu inenggi juwan juwe umhan banjiha！”sehe. bi terebe šorgime gisureme:“hūdun ejeme gaisu”sehe bici, dung jiye ejeme arara cese be neifi, unenggi yargiyani ejeme:“loo hoo žen”emken,“jin hūwang heo”emken……seme araha.

———————

來回踱步。中午放學，我跑進鷄圈去撿蛋。第一窩四個；第二窩、第三窩各一個，「共六個蛋！」高興地喊著，跑過去告訴記帳員冬姐。她看了我撿的鷄蛋後說：「好啊！真多！上午六個，下午又六個，一天生了十二個鷄蛋！」我催她道：「趕快記下來！」冬姐打開賬本，準確地記錄：「老好人」一個，「金皇后」一個……。

———————

来回踱步。中午放学，我跑进鸡圈去捡蛋。第一窝四个；第二窝、第三窝各一个，「共六个蛋！」高兴地喊着，跑过去告诉记账员冬姐。她看了我捡的鸡蛋后说：「好啊！真多！上午六个，下午又六个，一天生了十二个鸡蛋！」我催她道：「赶快记下来！」冬姐打开账本，准确地记录：「老好人」一个，「金皇后」一个……。

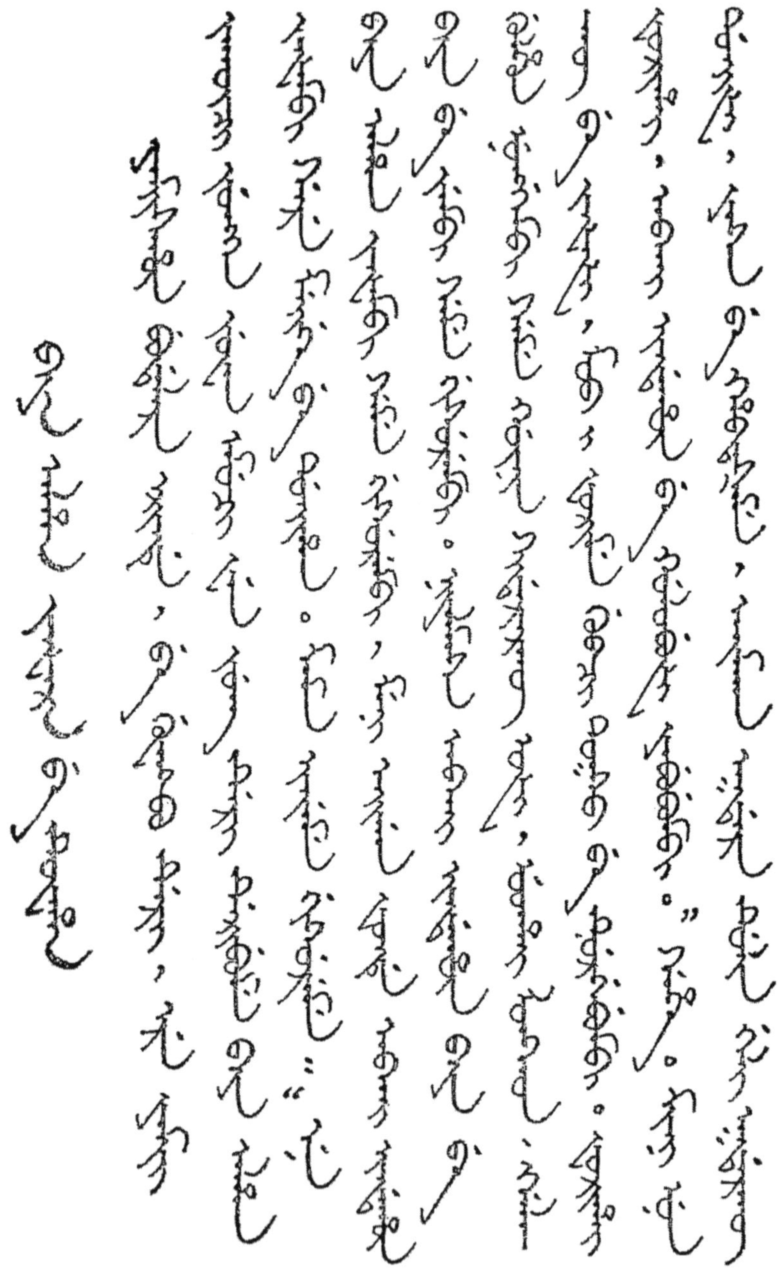

二十三、biya alha jafara be tuwaha

yamjishūn budalara erinde, be guwangbo deri, ere yamji jakūci jungken juwan emuci fen jung deri deribume biya alha jafambi sere mejige be donjiha. mama injeme gisureme:"ne biya alha jafambi seme gisurembi, meni ajigan fonde abkai indahūn biya be jembi seme gisurembi. niyalmasa abkai indahūn biya be gulhun nunggembi seme gūnin sidararkū ofi, uthai longkon, galakū be jafafi, moo i forime gubci tokso be durgebumbi. forihai forihai, abkai indahūn be golobufi yabubumbi."sehe. mini nun donjifi, yasa be habtašame, aimaka akdara dulin geli akdarkū

二十三、觀看月蝕

吃晚飯時，我們從廣播裡聽到今晚八點十一分起月蝕的消息。奶奶笑著說道:「現在說月蝕，我們小時候說天狗食月。人們因擔心天狗把月亮整個吞掉，就拿了鑼、手板，用木頭捶打，震動全村。捶著、捶著，要嚇跑天狗。」我的妹妹聽了，眨著眼睛，好像是半信又

二十三、观看月蚀

吃晚饭时，我们从广播里听到今晚八点十一分起月蚀的消息。奶奶笑着说道:「现在说月蚀，我们小时候说天狗食月。人们因担心天狗把月亮整个吞掉，就拿了锣、手板，用木头捶打，震动全村。捶着、捶着，要吓跑天狗。」我的妹妹听了，眨着眼睛，好像是半信又

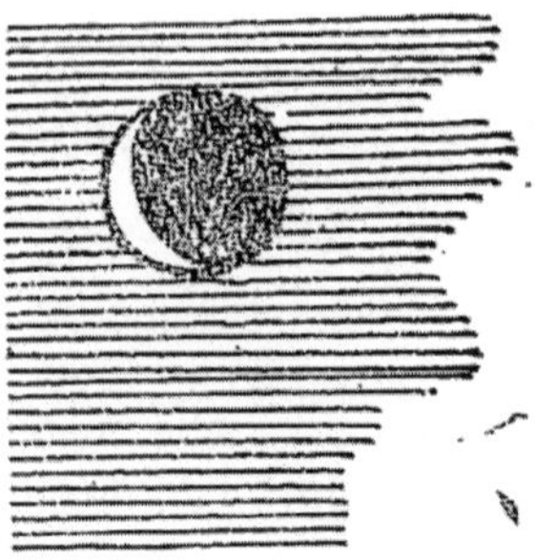

dulin i gese oho. budalame wajifi, ama meni baru gisureme:"muse biya alha jafara be tuwame geneki."sehe. i nun jai mimbe kutuleme duka tucifi birai ekcin de jihe. muk muheliyen biya aimaka amba gu i alikū i adali abkai untuhun de lakiyabufi, menggun i gese genggiyen elden birai oilo fosobufi, gilir gilir elden giltaršambi. nun urgunjeme gisureme:" eyun, ere yamji abkai indahūn jirkū oho aise ? "sehe. terei gisun wajinggala, damu tuwaci biya emgeri muheliyen waka ofi, aimaka ai jaka de emu farsi saibufi gamabuha adali oho. biya

---

半疑似的。吃過飯，父親跟我們說：「我們去看月蝕吧！」他牽著妹妹和我出門來到河岸。圓圓的月亮好像大玉盤一樣掛在天空上，銀色的亮光照在河面，閃閃發光。妹妹高興地說：「姊姊，今天晚上天狗不來了嗎？」她的話剛說完，但看月亮已經不圓了，好像被什麼東西咬去一塊了。

半疑似的。吃过饭，父亲跟我们说：「我们去看月蚀吧！」他牵着妹妹和我出门来到河岸。圆圆的月亮好像大玉盘一样挂在天空上，银色的亮光照在河面，闪闪发光。妹妹高兴地说：「姊姊，今天晚上天狗不来了吗？」她的话刚说完，但看月亮已经不圆了，好像被什么东西咬去一块了。

[illegible]

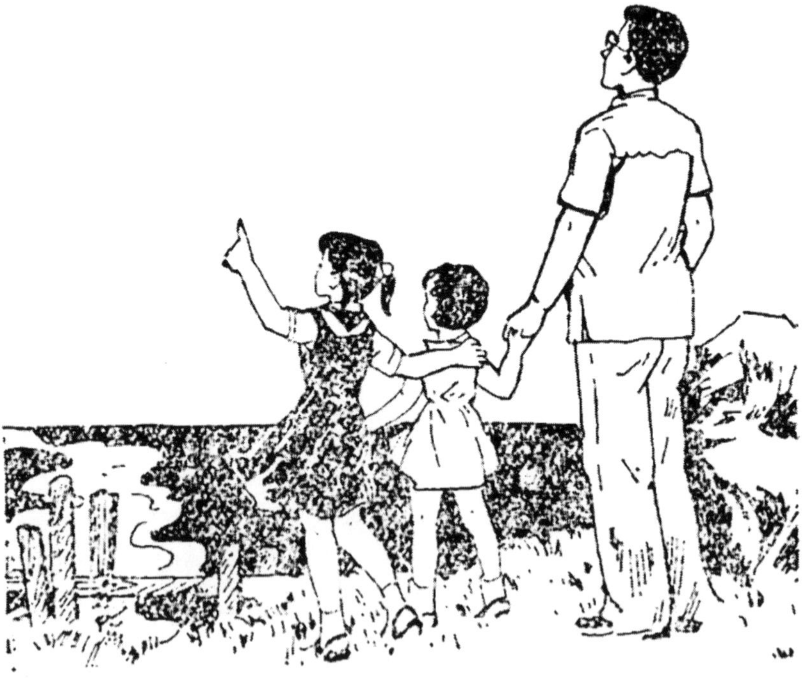

elke elke i kūbulifi weihu i adali oho, sirabufi hadufun i adali, yasai faitan i adali, gohonggo narhūn goho i adali ofi, abkai fiyan elei yabume elei buruhun oho. baji ohakū, narhūn goho be inu saburkū ofi, gubci biya yooni sahaliyan helmen de burubume akūfi, damu emu fulgiyan teišun bocoi muheliyen

---

月亮慢慢的變得像小船一樣了，接著像鐮刀一樣，像眉毛一樣，像彎曲的細鈎一樣，天色越來越暗了。沒過多久，細鈎也看不見了，整個月亮都被黑影遮住不見了，只留下一個紅銅色的圓影，

月亮慢慢的变得像小船一样了，接着像镰刀一样，像眉毛一样，像弯曲的细钩一样，天色越来越暗了。没过多久，细钩也看不见了，整个月亮都被黑影遮住不见了，只留下一个红铜色的圆影，

ᠪᠣᡳᡤᠣᠨ ᠪᡝ ᡤᡳᠰᡠᠨ ᠰᠠᡵᡳᡴᡝ, ᡨᡠᠸᠠᠨ ᡳ ᠠᡵᠠᡶᡳ ᠪᡳᠮᠪᡳ。

ᡳ ᡤᡝᠯᡝᠨ ᠪᡝ ᠠᠰᡠᡵᡝ ᠨᡝᠯᡳ ᡳ ᠴᡳᡥᠠᠩᡤᠠ ᠪᡳᠰᡳ: “ᡝᠮᡠ, ᠪᡳ

ᠠᠮᠠᠨ ᡝᠮᡝᡥᡝᡳ ᠪᡳ ᠮᡝᠨᡳᠩᡤᡝ ᠨᡳᠩᡤᡠᠨ ᠠᠨᡳ?” ᠰᡝᠮᡝᡴᡝ, ᡨᡝᠪᡳ ᠰᡝᠮᡝᡥᡝᠨ:

“ᠠᠮᠠᠨ ᡝᠮᡝᡥᡝᡳ ᠪᡳ ᠰᡳᠮᡝᡵᡝᠩᡤᡝ ᠪᡝ ᠰᡠᠸᠠᡶᡳ, ᠮᡠᡨᡝᡵᡝᠩᡤᡝ ᠪᡳᠴᡳ ᠨᡳ

ᡤᡠᠸᠠᠩᡤᠠᡥᠠᡳ ᡤᡝᠮᡠ ᡥᡝᡩᡠᠨ ᠮᡠᠰᡝᠩᡤᡝ ᠵᡠᠸᡝᠨ, ᠰᡳᠩᡤᡡᡥᡝᡴᡡ ᠠᡳᠰᡳᠩᡤᠠ ᠪᡳᠴᡳ

ᠮᡠᠰᡝ ᡨᡠᡥᡝᡴᡝ, ᡤᡝᠯᡝᠨ ᠪᡳ ᠪᡳ ᡝᠰᡳᡥᡝᠨ ᡥᡡᠸᠠᠩᡤᡳᠶᠠᠩᡤᠠ, ᡨᡠᡩᡝᠮᡠᠰᡝᠩᡤᡝ

ᠪᡳ ᠮᡠᠰᡝ ᡳᠨᡳᠩᡤᡝ ᡨᡠᠸᠠᡶᡳ。 ᠪᡳ ᡩᡠᠰᡳᡤᡝᠨᡝᡵᡝ ᡩᠣᠰᡳᠩᡤᡝ ᡨᡠᡵᡤᡝᠨ ᡨᡝᠩᡤᡝ

ᡳᠰᡳ ᡥᡡᠰᡠᠨ ᡩᡝ ᠪᡳᠰᡳᠩᡤᡝ ᡩᠠᠪᠠᡥᠠ, ᠪᡳ ᠠᡳᠰᡳᠩᡤᡝ ᡩᡝᠯᡝᠩᡤᡝ ᠮᡠᠰᡝᠩᡤᡝ

ᡤᠣᠰᡳᠨ。” ᠰᡝᠮᡝᡥᡝ。

ᠪᡝᠶᡝ ᡨᡠᠸᠠᡴᡝ, ᠪᡳ ᠪᡳᠴᡳ ᡥᠠᠯᡳᠩᡤᠠ ᡳ ᡨᡠᠸᠠᡴᡳ, ᠠᠯᡳᡥᠠᠩᡤᡝ

ᠮᡠᠰᡝᠮᡝ ᠪᡳᠮᡝ, ᠪᡳ ᡤᡝᠮᡠ ᠪᡳ ᡤᡠᠸᠠᠩᡤᡝ ᡨᡠᠸᠠᡵᠠᡴᡡ ᡳ ᡨᡠᠸᠠᡵᠠᡴᡡ ᡳ ᡨᡠᠸᠠᡴᡳ,

helmen be teile werifi, aimaka emu longkon i adali oho. nun minde tak seme nikefi elheken i fonjime:“eyun, biya abkai indahūn de ulebuhebio？”serede, ama injeme gisureme:“umai abkai indahūn biya be jekengge waka, uthai biya torgime nai mumuhui šun elden dalibuha ergide jifi, nai mumuhui sahaliyan helmen dolo dosifi, šun elden biya de fosome muterkū, erebe uthai biya alha jafahabi sembi. biya dahanduhai torgime nai mumuhui sahaliyan helmen deri tucike manggi, biya geli dahūme eldengge ombi kai.”sehe. baji ohakū, biya yala geli gohonggo narhūn goho i adali ofi tucinjihe, sirabufi, yasai faitan i adali, hadufun adali,

---

像一個鑼一樣了。妹妹緊緊靠著我輕輕地問道：「姊姊，月亮被天狗吃掉了嗎？」父親笑著說道：「並非天狗吃掉月亮了，而是月亮轉到地球遮住陽光的這邊來，進入地球的黑影裡，陽光照不到月亮，這就叫做月蝕。月亮繼續轉動從地球的黑影裡出來後，月亮又再亮起來了啊！」不一會兒，月亮果然又變成彎曲的細鈎一樣出來了，接著，像眉毛一樣，像鐮刀一樣，

像一个锣一样了。妹妹紧紧靠着我轻轻地问道：「姊姊，月亮被天狗吃掉了吗？」父亲笑着说道：「并非天狗吃掉月亮了，而是月亮转到地球遮住阳光的这边来，进入地球的黑影里，阳光照不到月亮，这就叫做月蚀。月亮继续转动从地球的黑影里出来后，月亮又再亮起来了啊！」不一会儿，月亮果然又变成弯曲的细钩一样出来了，接着，像眉毛一样，像镰刀一样，

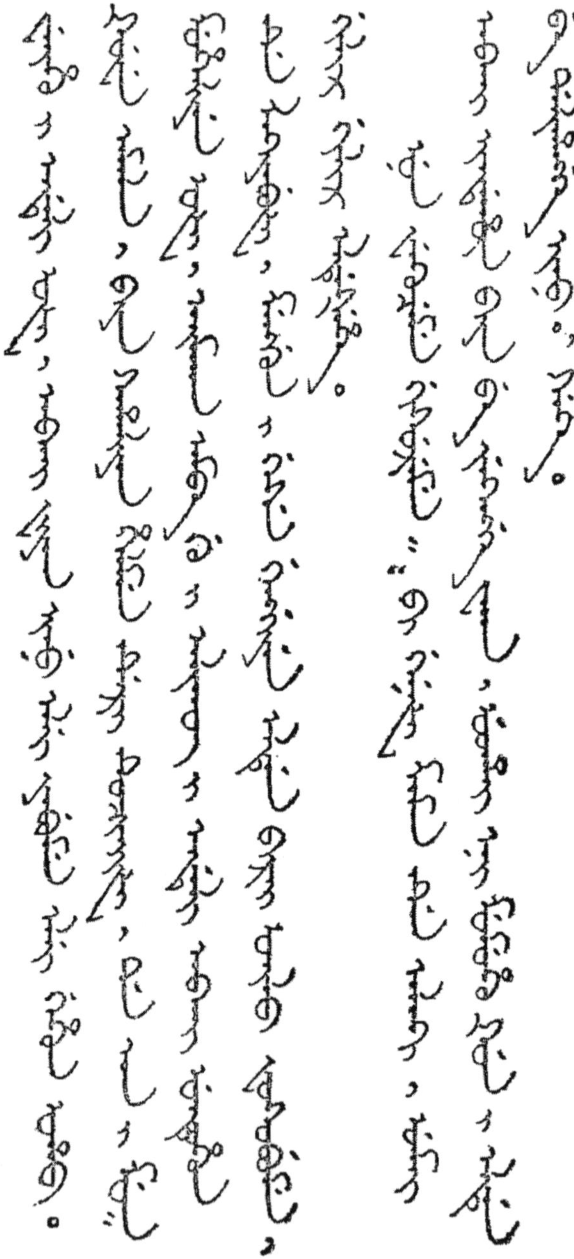

weihu i adali ofi, abkai fiyan inu elei yabume elei gehun oho. šuwe amala, biya sahaliyan helmen deri tucinjifi, da an i muk muheliyen ofi, aimaka amba gu i alikū i adali abkai untuhun de lakiyabufi, menggun i gese genggiyen elden birai oilo fosobume, gilir gilir eldešehe. nun fekuceme gisureme:"bi genefi mama de alaki, umai abkai indahūn biya be jekengge waka, uthai nai mumuhu šun i elden be dalihangge inu." sehe.

像小船一樣了，天色也越來越亮了。最後，月亮從黑影裡出來，仍然變得圓圓的了，好像大玉盤一樣掛在天空上，銀色的光亮照在河面上，閃閃發光。妹妹跳起來說道：「我去告訴奶奶，並不是天狗吃掉月亮的，是地球遮住了太陽的光亮。」

像小船一样了，天色也越来越亮了。最后，月亮从黑影里出来，仍然变得圆圆的了，好像大玉盘一样挂在天空上，银色的光亮照在河面上，闪闪发光。妹妹跳起来说道：「我去告诉奶奶，并不是天狗吃掉月亮的，是地球遮住了太阳的光亮。」

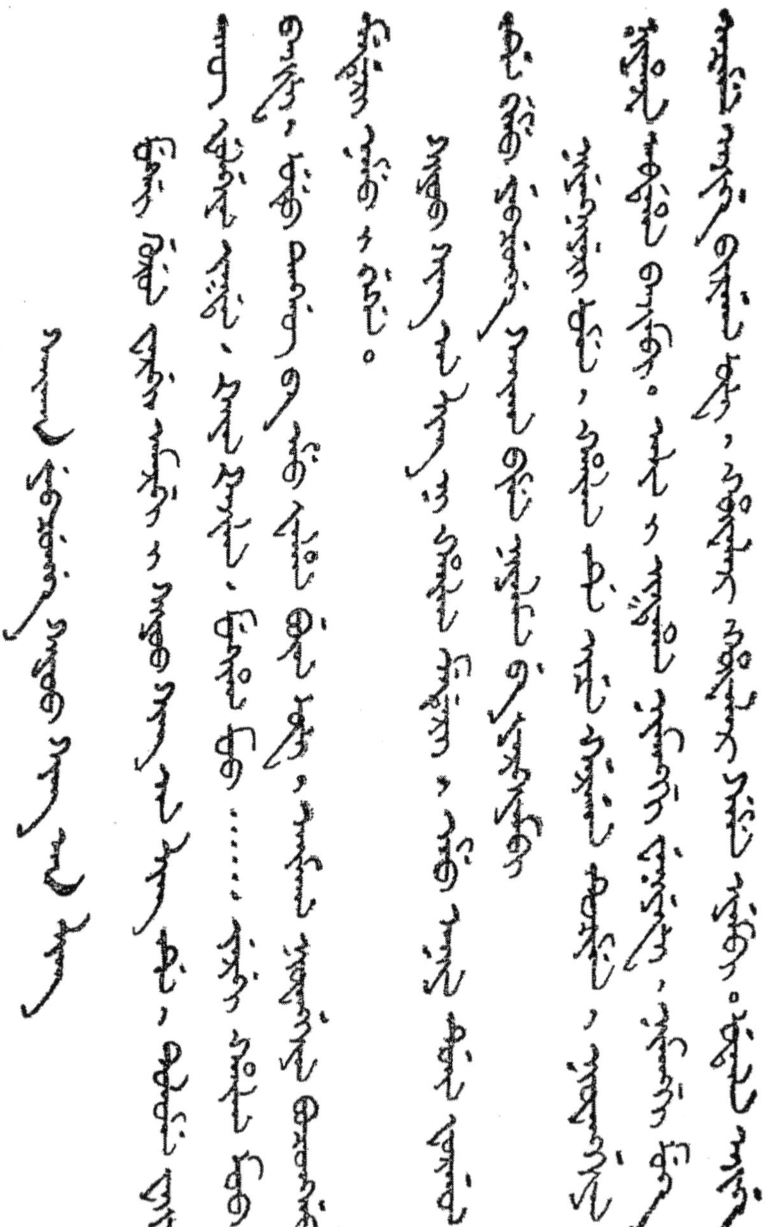

二十四、saikan yebcungge siyoo sing an ling

musei gurun wargi amargi i siyoo sing an ling de, tolome wajirkū fulgiyan jakdan、šayan šajilan、musiha moo……jergi hailan moo banjifi, udu tanggū ba emu falha bujan ofi, aimaka niowanggiyan boconggo mederi namu i gese. siyoo sing an ling ni hailan mederi, emu aniya duin forgon de gemu yebcungge saikan bime niyalma be yarkiyambi. niyengniyeri ome, hailan de ice gargan tucime, niowanggiyan niyahara abdaha banjimbi. alin i iktaha nimanggi weniyefi, nimanggi muke acame ajige birgan ofi, hūwalar hūwalar seme eyembi. utala ajige

---

二十四、美麗的小興安嶺

在我國東北的小興安嶺，長有無數的紅松樹、白樺樹、櫟木……等樹木，幾百里一片森林，宛如綠色的海洋。小興安嶺的林海，一年四季都美麗而誘人。到了春天，樹上長出新枝，長出碧綠的嫩葉。山上的積雪融化後，雪水匯聚為小溪，嘩啦嘩啦地流著，

二十四、美丽的小兴安岭

在我国东北的小兴安岭，长有无数的红松树、白桦树、栎木……等树木，几百里一片森林，宛如绿色的海洋。小兴安岭的林海，一年四季都美丽而诱人。到了春天，树上长出新枝，长出碧绿的嫩叶。山上的积雪融化后，雪水汇聚为小溪，哗啦哗啦地流着，

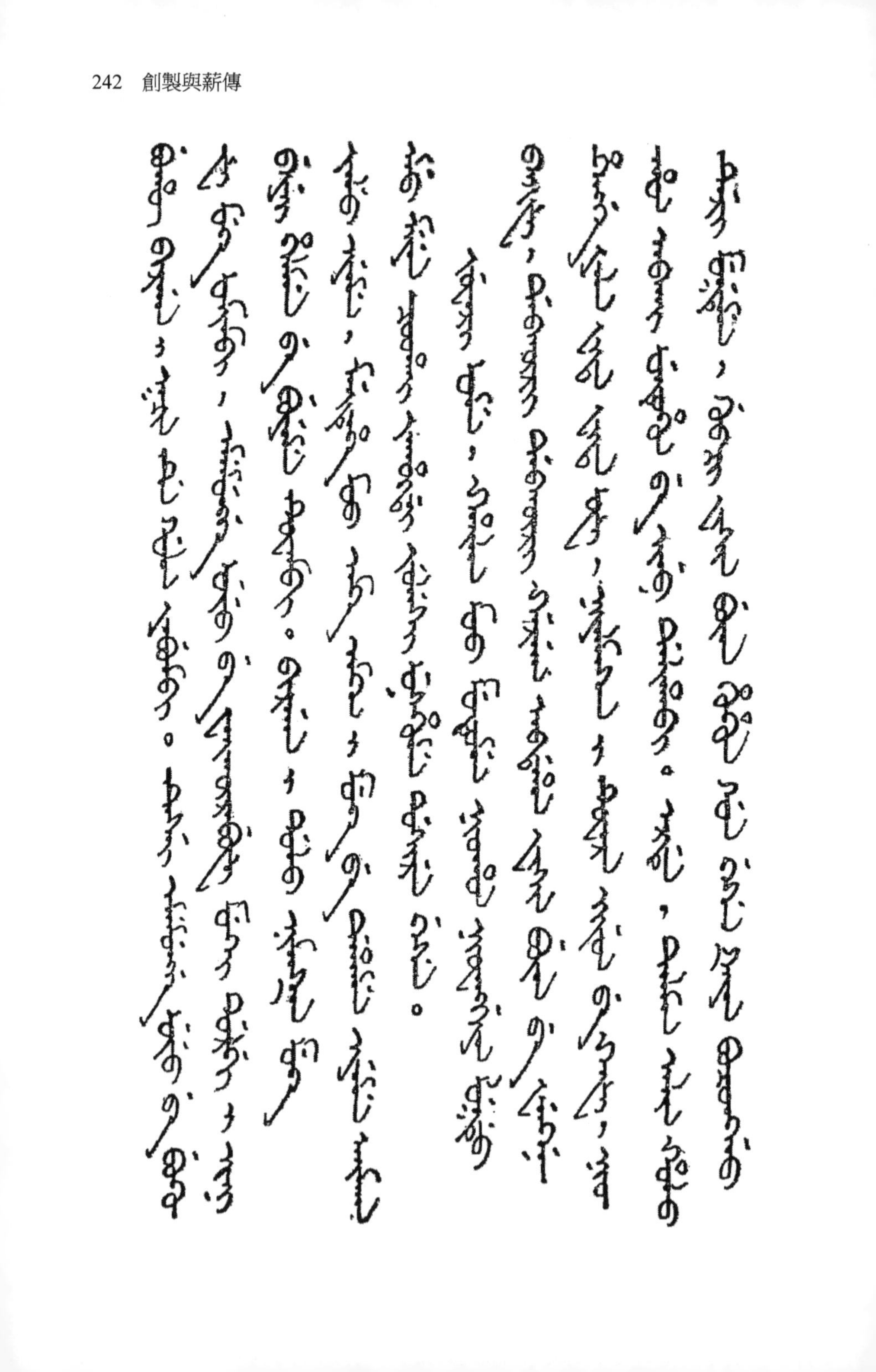

[illegible]

buhū birgan i ekcin de sula yabumbi. tesei ememungge uju be bukufi muke omimbi, ememungge uju be waikūrabufi muke dorgi i ini beyei helmen be buyeme tuwambi. birgan i dolo nimašan muke jalu eyeme, meitehe moo emke emken i muke be dahame eyeme aimaka emu meyen coohai jahūdai julesi nushume dosire gese. juwari ome, hailan moo mutume niohon niowanggiyan lukdu banjifi, dabkūri dabkūri gargan abdaha fisin bujan be fengnehengge yala fita fita ofi, niyalmasa i tuwara jijun be kafi, niohon abkai untuhun be inu dalihabi. erde, talman alin holo deri mukdeme, gubci fisin bujan huhun sun gese šayan boconggo

---

許許多多的小鹿在小溪岸邊漫步。牠們有的低頭喝水，有的歪頭欣賞水裡自己的影子。溪裡流滿雪水，伐下來的木頭一根一根隨波逐浪好像是一隊軍艦向前衝鋒似的。到了夏天，樹木長得碧綠茂密，層層疊疊的枝葉把密林捆得密實，擋住了人們的視線，也遮住了綠色的天空。清晨，霧氣從山谷升起來，整個密林被淹沒在乳白色

许许多多的小鹿在小溪岸边漫步。牠们有的低头喝水，有的歪头欣赏水里自己的影子。溪里流满雪水，伐下来的木头一根一根随波逐浪好像是一队军舰向前冲锋似的。到了夏天，树木长得碧绿茂密，层层迭迭的枝叶把密林捆得密实，挡住了人们的视线，也遮住了绿色的天空。清晨，雾气从山谷升起来，整个密林被淹没在乳白色

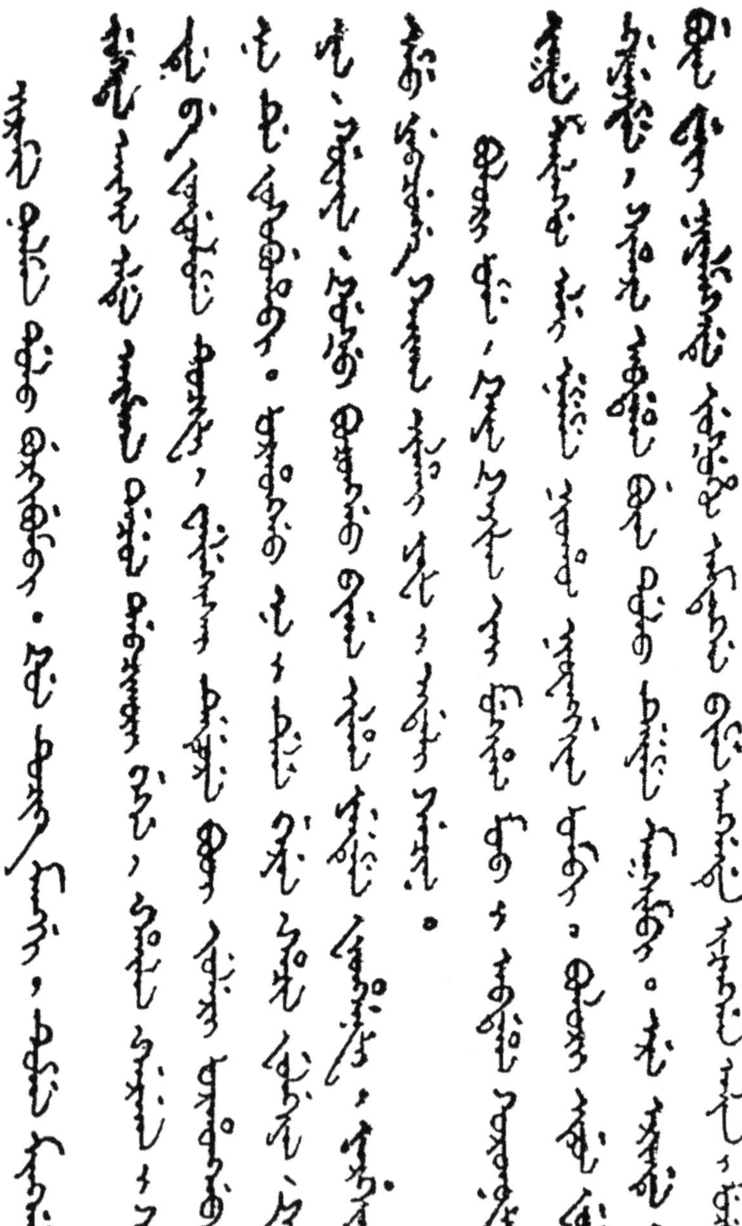

jiramin talman dolo burkibumbi. šun tucike manggi, tumen minggan justan aisin elden aimaka dacun dabcikūi gese, hailan gargan i siden be fondolome tucifi, weilesisai dedure booi juleri orhonggo na de fosobuhabi. orhonggo na i dele geren hacin fulgiyan、šayan 、suwayan、šušu boconggo bigan ilha yendeme fithenefi, yargiyani emu yebcungge saikan ilhai yafan i adali secina. bolori ome, šayan šajilan jai musiha moo i abdaha soronofi, jakdan mailasun elei nememe niohon niowanggiyan ombi. bolori edun fulgiyenjime, sihara abdaha bujan dolo deyeme maksimbi. ere erinde, bujan weji niyalmasade jušuhun amtangga bime anggade icangga alin i mucu,

---

厚霧當中。太陽出來後，千萬道金光就像利劍似的，從樹枝間衝出來，照耀在工人們所住房屋前的草地上。草地上盛開著各種紅、白、黃、紫色的野花，真像一個美麗的花園。到了秋天，白樺和櫟木的葉子變黃了，松柏變得更加碧綠。秋風吹來，落葉在林中飛舞。此時，森林為人們獻上酸甜而美味的山葡萄，

厚雾当中。太阳出来后，千万道金光就像利剑似的，从树枝间冲出来，照耀在工人们所住房屋前的草地上。草地上盛开着各种红、白、黄、紫色的野花，真像一个美丽的花园。到了秋天，白桦和栎木的叶子变黄了，松柏变得更加碧绿。秋风吹来，落叶在林中飞舞。此时，森林为人们献上酸甜而美味的山葡萄，

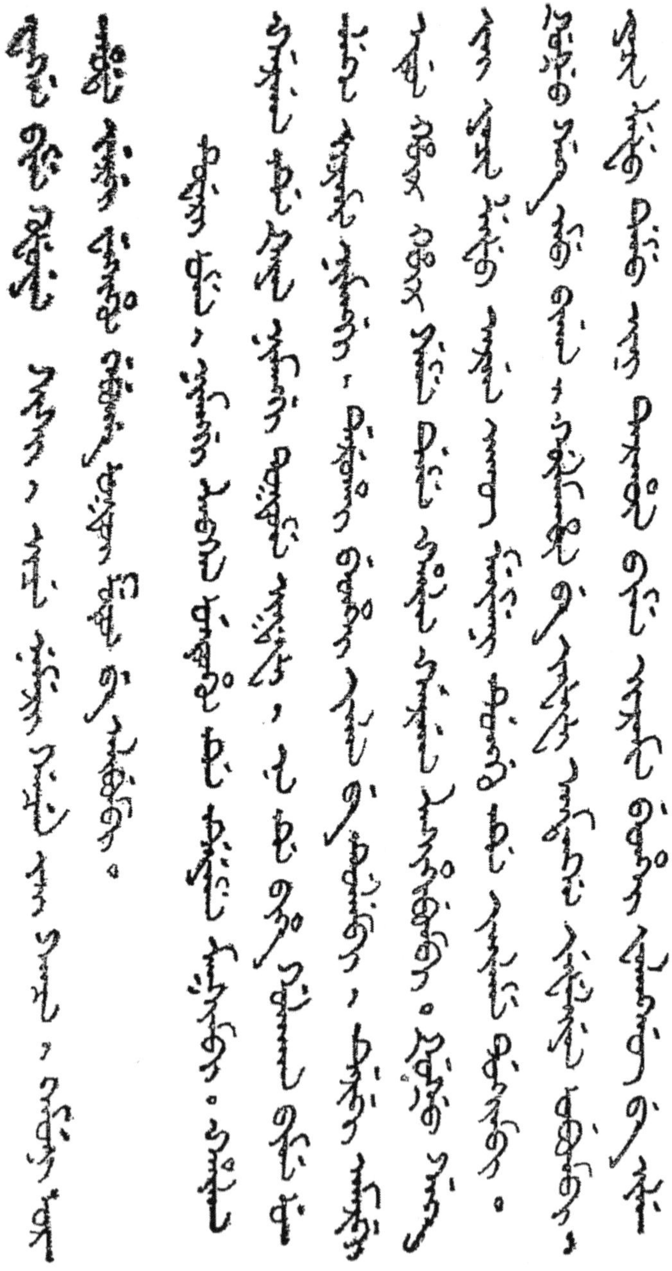

wangga bime kufuyen sisi, ice nemeri sence jai sanca, kemuni orhoda jergi wesihun gebungge oktoi mutun be alibumbi. tuweri ome, nimanggi labsan untuhun de deyeme maksimbi. hailan gargan de šayan nimanggi toktome iktafi, na de bihe sulakan bime uleken jiramin nimanggi, daruhai bethei jalan be dulembi, dergi amargi edun hūr hūr seme dame hailan gargan lasihibumbi. šušu seke jai yacin lefu arga akū meimeni dunggu de jailame dosimbi. šušu seke emu bigan i gūlmahūn be jafafi amtangga jefeliyen obumbi, yacin lefu damu ini tarhūn bime jiramin bethei falanggū be

---

又香又脆的榛子，新鮮細嫩的蘑菇和木耳，還有人參等名貴藥材。到了冬天，雪片在空中飛舞。樹枝上積滿了白雪，地上又鬆又軟的厚雪，常常沒過膝蓋，西北風呼呼地颳得樹枝搖動。紫貂和黑熊無奈地各自躲進洞穴裡。紫貂捉到一隻野兔作為美食，而黑熊只是用舌頭舔牠自己又肥又厚的腳掌。

又香又脆的榛子，新鲜细嫩的蘑菇和木耳，还有人参等名贵药材。到了冬天，雪片在空中飞舞。树枝上积满了白雪，地上又松又软的厚雪，常常没过膝盖，西北风呼呼地刮得树枝摇动。紫貂和黑熊无奈地各自躲进洞穴里。紫貂捉到一只野兔作为美食，而黑熊只是用舌头舔牠自己又肥又厚的脚掌。

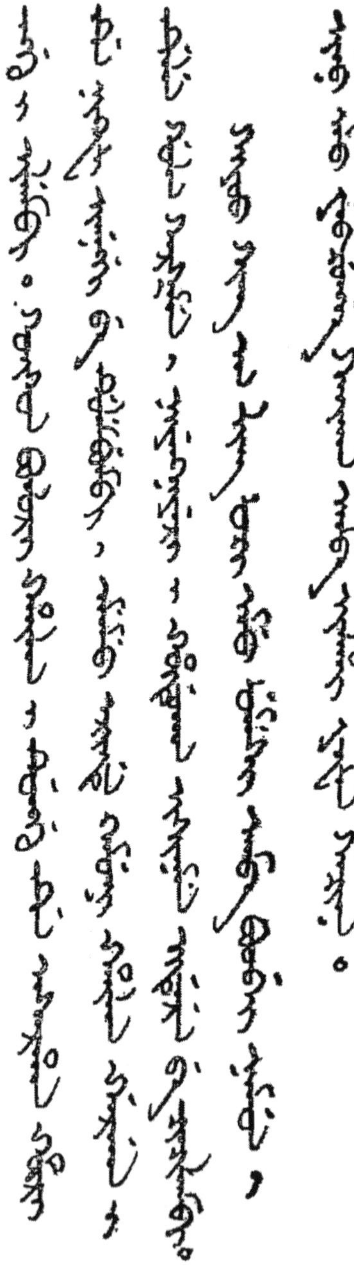

ilenggu i ilembi. soison bolori hailan i dunggu de asaraha hūri de nikefi inenggi be dulembumbi, ememu erinde kemuni hailan gargan i dele sula saršame, niyengniyeri i hūdukan isiname jidere be cincilambi. siyoo sing an ling oci emu umesi amba boobei namun, inu emu yebcungge saikan amba ilhai yafan secina.

松鼠靠秋天儲藏在樹洞裡的松子過日子，有時候還在樹枝上閒逛，盼望春天趕快到來。小興安嶺是一個很大的寶庫，也是一個美麗的大花園！

松鼠靠秋天储藏在树洞里的松子过日子，有时候还在树枝上闲逛，盼望春天赶快到来。小兴安岭是一个很大的宝库，也是一个美丽的大花园！

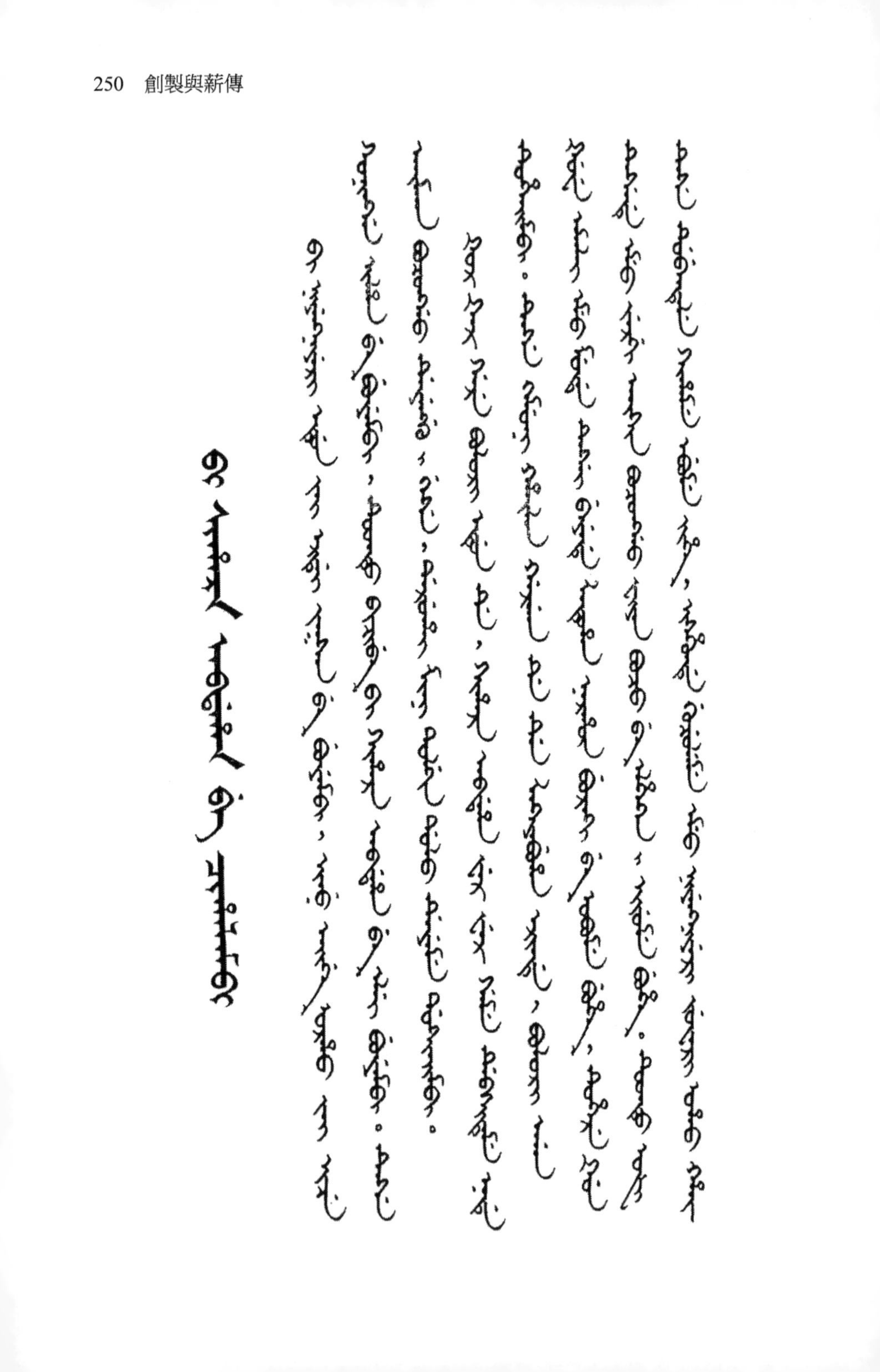

二十五、bi sihara abdaha be cihalambi

bi niyengniyeri edun jai erdei jaksan be buyembi, inu ajige orho jai ice soningga ilha be buyembi, tuttu bicibe bi sihara abdaha be elei buyembi, tese aimaka boconggo deyenggu i gese, daruhai mini tolgin dolo deyeme dosinjimbi. šor šar sere bolori edun de, sihara abdaha fer fer seme debsiteme nade tuhenjimbi. tese kemuni hailan gargan de den lakiyabuha erinde, bolori aga šuwe amalai emu mudan tesei beyede latuha narhūn buraki be obome buhe, tuhere šun tesede emu jergi aisin boconggo fiyan boco be elheken i ijume buhe. tuttu ofi tese dubentele sihame ebume jihe, ishunde guculeme emu niyengniyeri juwari oho

---

二十五、我愛落葉

我愛春風和朝霞，也愛小草和鮮花，但我更愛落葉。它們就像是彩色的風箏，常常飛進我的夢裡。蕭瑟的秋風中，落葉紛紛掉落到地上。當它們還高掛在樹枝上時，秋雨最後一次為它們洗刷了身上附著的細塵，落日給它們輕輕鍍上一層金色。因此，它們終於落下來，從彼此交友一個春夏的樹枝上

二十五、我爱落叶

我爱春风和朝霞，也爱小草和鲜花，但我更爱落叶。它们就像是彩色的风筝，常常飞进我的梦里。萧瑟的秋风中，落叶纷纷掉落到地上。当它们还高挂在树枝上时，秋雨最后一次为它们洗刷了身上附着的细尘，落日给它们轻轻镀上一层金色。因此，它们终于落下来，从彼此交友一个春夏的树枝上

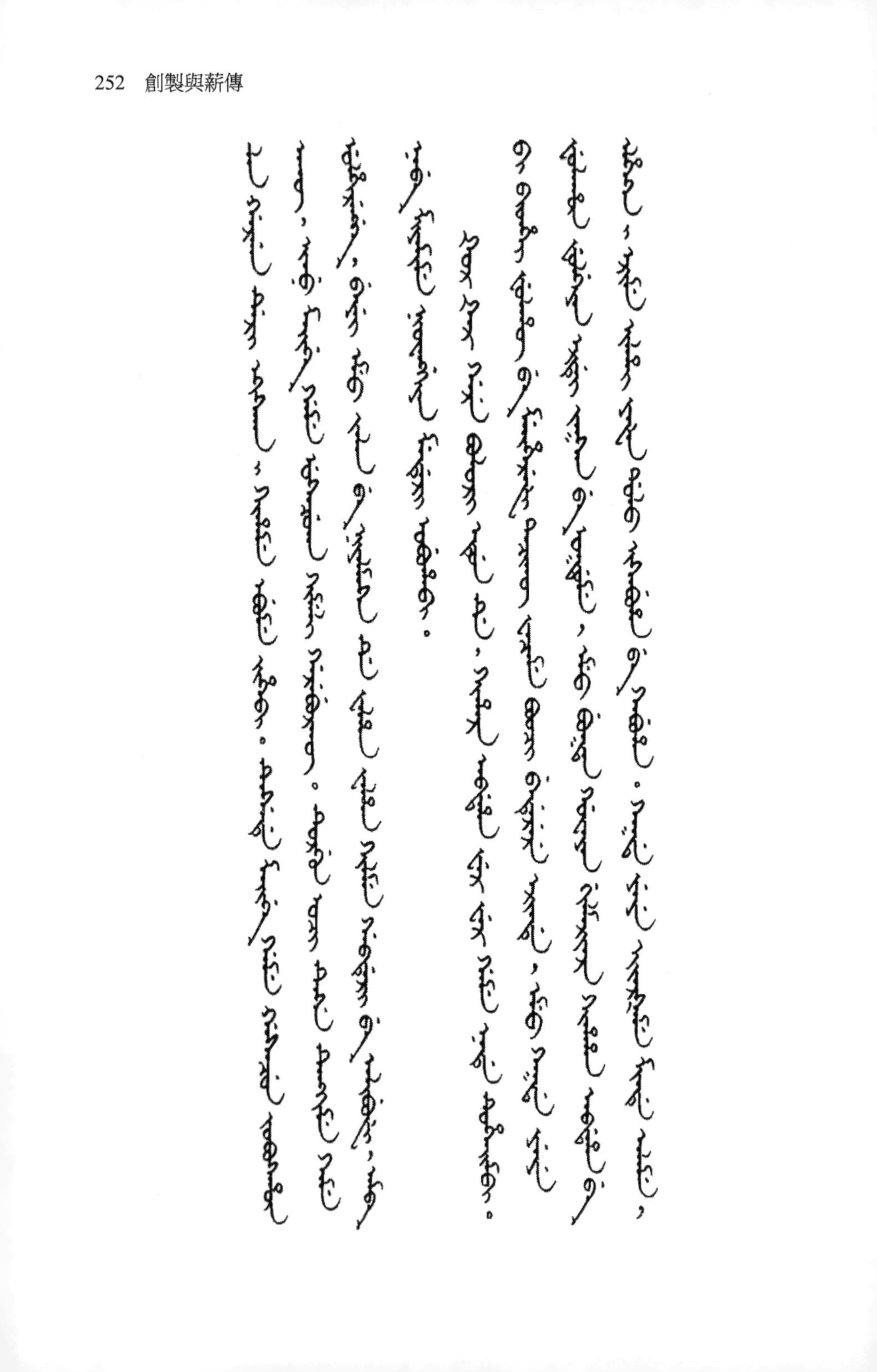

[illegible]

[illegible]

[illegible]

[illegible]

[illegible]

[illegible]

[illegible]

[illegible]

hailan gargan deri ekisaka i sihame ebume jihebi. tesede majige seme gasacun joboshūn akū, inu majige seme usacuka simeli sereburkū. turgun oci tese tengkime same ulhirengge, beyei emu jalan be niyalmasa de falha falha silmen sebderi be alibufi, amba nabe miyamime niowanggiyan mederi obuhabi. šor šar sere bolori edun de, sihara abdaha fer fer seme nade tuhenjimbi. bi bithei fulhū be meiherefi tacikū facame booci bederere erinde, emu sakda yeye fulahūn fulgiyan erdei jaksan be okdome, emu buktan suwayan gilmarjara sihaha abdaha be elheken i erime ilhai yafan dolo isabuha be sabuha. sakda yeye ijaršame minde alame,

---

悄悄地落下來。它們沒有絲毫抱怨，也一點不覺得悲傷。原因是它們深知，用自己一生奉獻給人們一片片蔭涼，把大地裝扮成了綠色的海洋。蕭瑟秋風中，落葉紛紛掉落到地上。我背著書包放學回家時，見一位老爺爺正迎著鮮紅的朝霞，把一堆閃著金光的落葉輕輕地掃到花園裡，老爺爺笑呵呵地告訴我，

悄悄地落下来。它们没有丝毫抱怨，也一点不觉得悲伤。原因是它们深知，用自己一生奉献给人们一片片荫凉，把大地装扮成了绿色的海洋。萧瑟秋风中，落叶纷纷掉落到地上。我背着书包放学回家时，见一位老爷爷正迎着鲜红的朝霞，把一堆闪着金光的落叶轻轻地扫到花园里，老爷爷笑呵呵地告诉我，

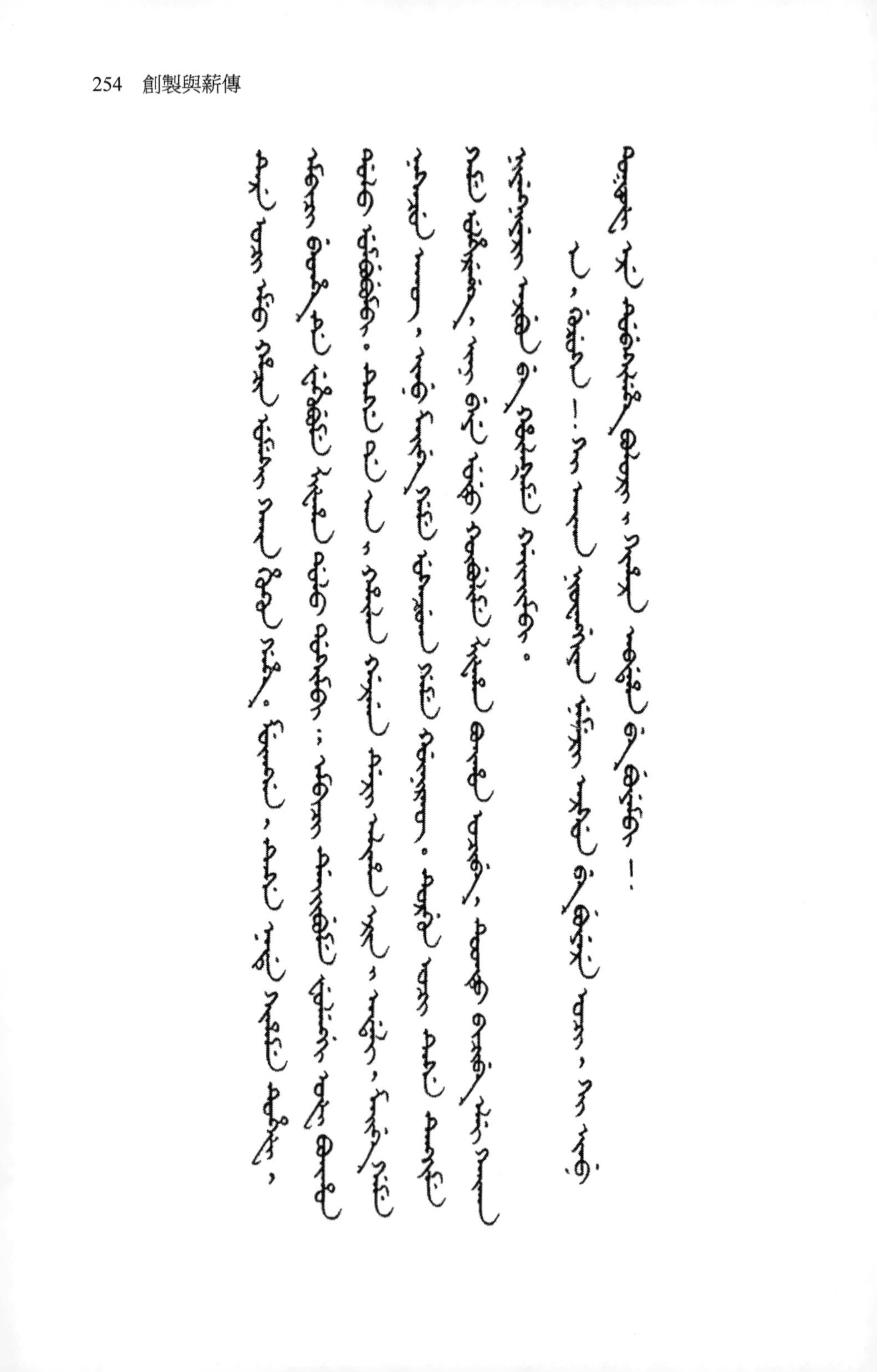

[illegible]

[illegible]

[illegible]

[illegible]

[illegible]

[illegible]

[illegible]

tere oci emu hacin umesi sain hukun sehe. mujangga, tese nade sihame tuhefi, embici bethe de fehubume lifahan dolo dosimbi; embici deijibume fulenggi ofi boihon dolo umbubumbi. tese da an i hailan gargan deri alihan erin i adali, majige seme nasacun akū, inu majige seme usacuka seme gūnirkū. turgun oci tese tengkime same ulhirengge, ini beye udu kūbulime lifahan boihon ocibe, tuttu bicibe elei saikan niyengniyeri arbun be hūlašame gajinjimbi. a, gucusa！si aika niowanggiyan nemeri arsun be buyere oci, si inu toktofi ere dubesilehe bolori i sihara abdaha be buyembi！

那是一種很好的肥料。真的，它們落在地上，或被腳踩入泥中；或被燒成灰埋到土裡。它們仍然跟離開樹枝時一樣，毫不怨恨，也一點不悲傷。原因是它們深知，雖然它自己變成了泥土，但能換來更美麗的春色。啊！朋友們！你若是愛綠色嫩芽的話，你也一定愛晚秋的落葉了。

那是一种很好的肥料。真的，它们落在地上，或被脚踩入泥中；或被烧成灰埋到土里。它们仍然跟离开树枝时一样，毫不怨恨，也一点不悲伤。原因是它们深知，虽然它自己变成了泥土，但能换来更美丽的春色。啊！朋友们！你若是爱绿色嫩芽的话，你也一定爱晚秋的落叶了。

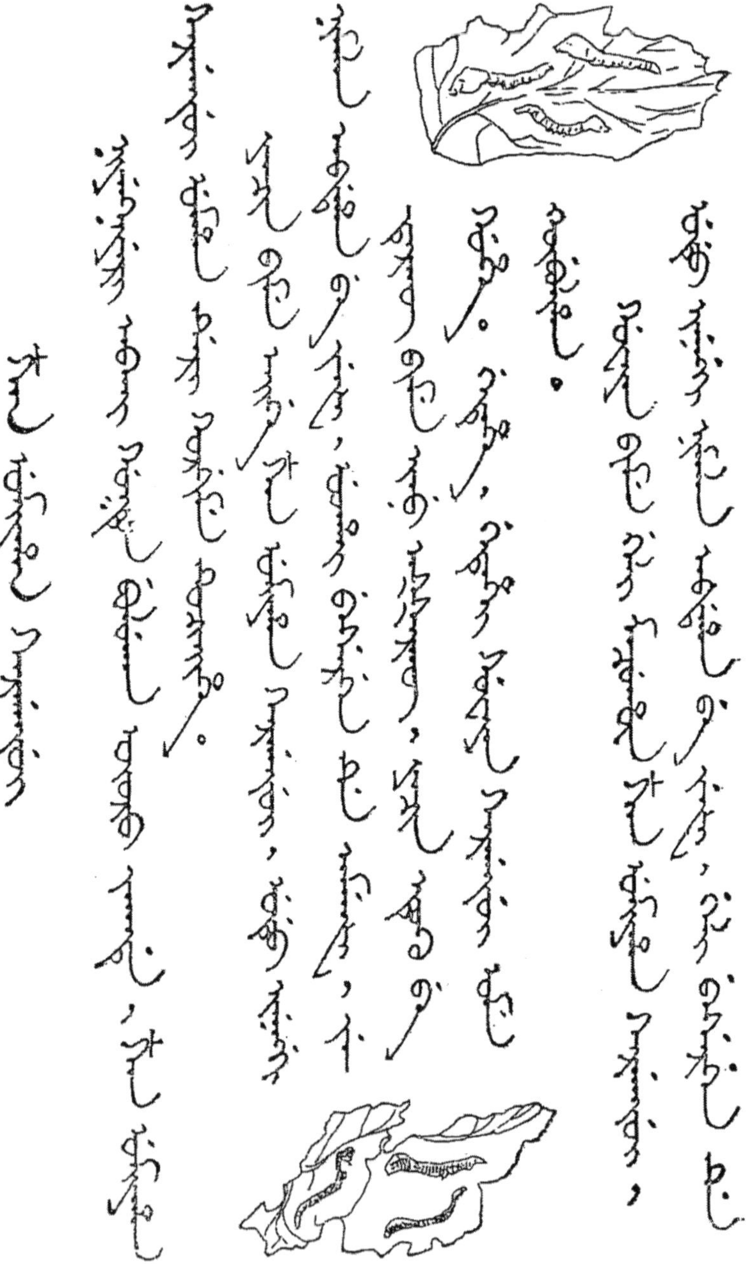

二十六、ts'an umiyaha sarganjui

niyengniyeri abkai sukdun bulukan ojoro jakade, ts'an umiyaha sarganjui umhan deri šorgime tucinjihe. yacin bime ajige ts'an umiyaha sarganjui, udu inenggi nimalan abdaha be jefi, uthai besergen de amgafi, jeterkū bime inu aššarkū, yacin etuku be suhe. getehe, getehei suwayan sarganjui ome kūbuliha. suwayan bime geli macuhūn ts'an umiyaha sarganjui, udu inenggi nimalan abdaha be jefi, geli besergen de

---

二十六、蠶女孩

春天天氣轉暖，蠶女孩從蠶卵裡鑽出來了。又黑又小的蠶女孩，吃了幾天桑葉，就睡在牀上，既不吃，也不動，脫去了黑衣。醒了，醒後變成了黃女孩。又黃又瘦的蠶女孩，吃了幾天桑葉後

二十六、蚕女孩

春天天气转暖，蚕女孩从蚕卵里钻出来了。又黑又小的蚕女孩，吃了几天桑叶，就睡在床上，既不吃，也不动，脱去了黑衣。醒了，醒后变成了黄女孩。又黄又瘦的蚕女孩，吃了几天桑叶后

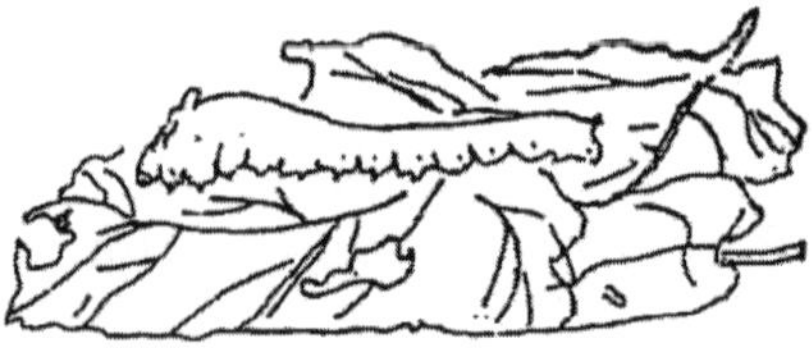

[illegible]

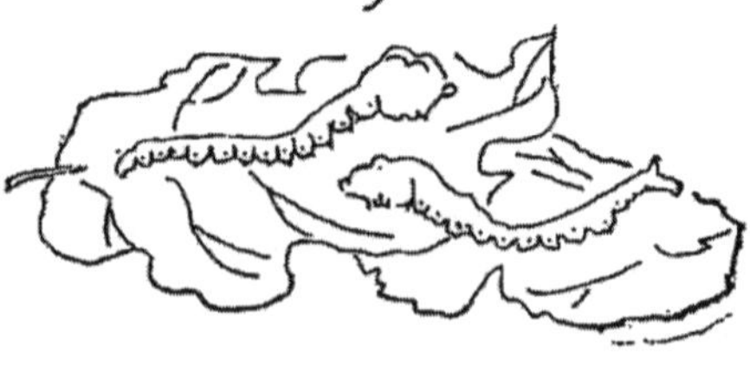

amgafi, jeterkū bime inu aššarkū, suwayan etuku be suhe. getehe, getehei šayan sarganjui ome kūbuliha. šayan bime geli nemeri ts'an umiyaha sarganjui, udu inenggi nimalan abdaha be jefi, geli besergen de amgafi, fe etuku be sume, ice etuku hūlašaha. getehe, getehei beye dursun ulhiyen ulhiyeni tarhūn ome hūwašaha. šayan bime geli tarhūn ts'an umiyaha sarganjui, udu inenggi nimalan abdaha be jefi, geli besergen de amgafi, fe etuku be sume, ice etuku hūlašaha. getehe, getehei beye dursun ulhiyen ulhiyeni

---

又在牀上睡著了，既不吃，也不動，脫去了黃衣。醒了，醒後變成了白女孩。又白又嫩的蠶女孩，吃了幾天桑葉後又在牀上睡著了，脫去了舊衣，換上了新衣。醒了，醒後身體漸漸地變胖了。又白又胖的蠶女孩，吃了幾天桑葉後，又在牀上睡著了，脫去了舊衣，換上了新衣。醒了，醒後身體漸漸地

又在床上睡着了，既不吃，也不动，脱去了黄衣。醒了，醒后变成了白女孩。又白又嫩的蚕女孩，吃了几天桑叶后又在床上睡着了，脱去了旧衣，换上了新衣。醒了，醒后身体渐渐地变胖了。又白又胖的蚕女孩，吃了几天桑叶后，又在床上睡着了，脱去了旧衣，换上了新衣。醒了，醒后身体渐渐地

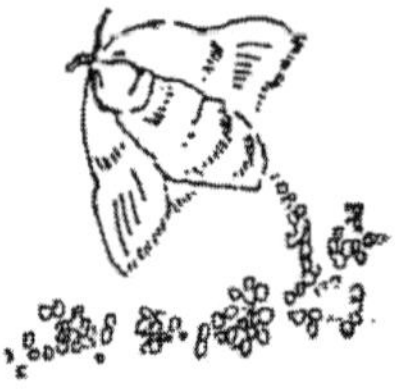

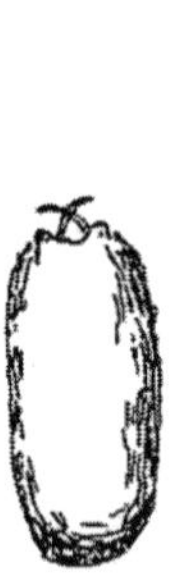

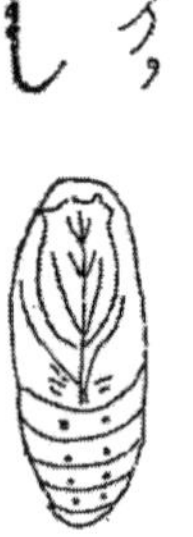

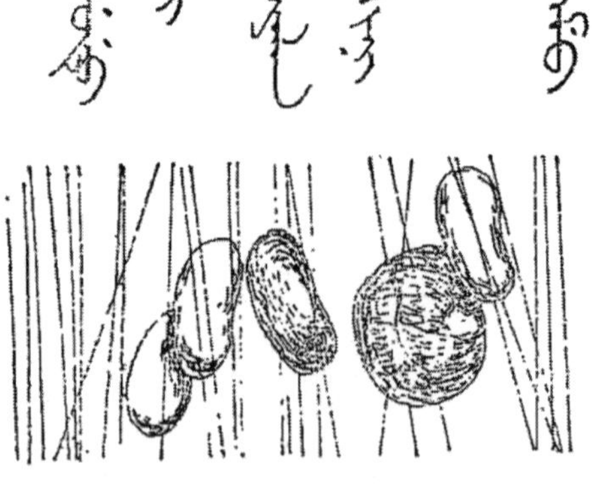

elden tucime fiyan dosika. duin geri amgaha ts'an umiyaha sarganjui, udu inenggi nimalan abdaha be jefi, uthai ts'an umiyahai alin de tafafi, šayan sirge be jurume, emu giyalan ice boo araha. araha, arahai, fuka ome jingkini saikan oho. fuka i dolo bihe ts'an umiyaha sarganjui, emu jilgan inu tucirkū. udu inenggi duleke manggi, fuka de fa neibuhe. kūbuliha, kūbulihai, kūbulime dondon sarganjui oho.

光鮮亮麗。睡了四次的蠶女孩，吃了幾天桑葉後，就爬上蠶山上，吐著白絲，造了一間新房子。造著，造著，變成蠶繭真美麗。在蠶繭裡面的蠶女孩，一聲也不出。過了幾天後，在繭上開了窗。變著，變著，變成了蝴蝶女孩。

光鲜亮丽。睡了四次的蚕女孩，吃了几天桑叶后，就爬上蚕山上，吐着白丝，造了一间新房子。造着，造着，变成蚕茧真美丽。在蚕茧里面的蚕女孩，一声也不出。过了几天后，在茧上开了窗。变着，变着，变成了蝴蝶女孩。

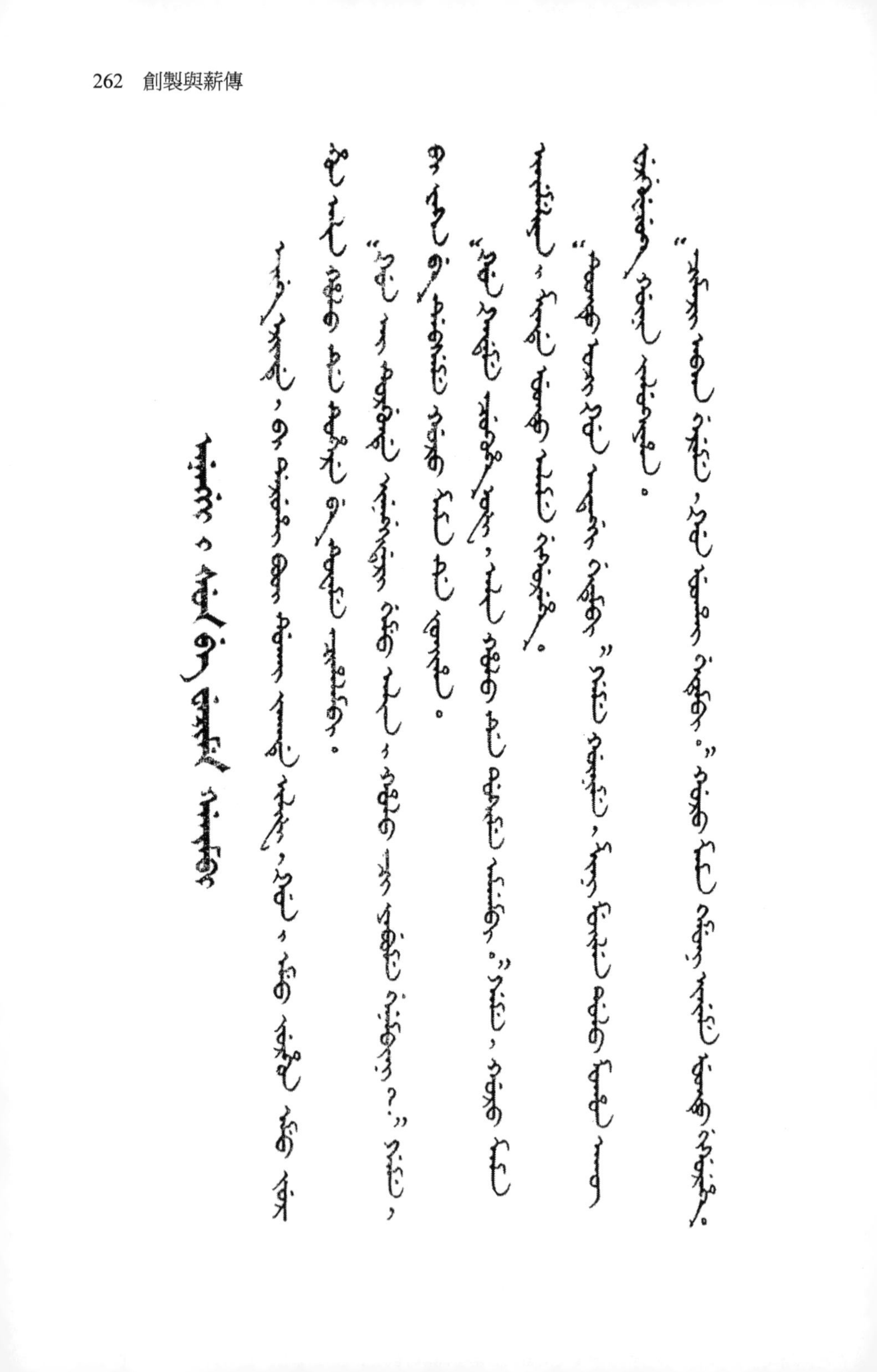

[illegible]

二十七、enenggi i šun be werime gaimbi

ajige erinde, bi daruhai booi dukai jakade ilifi, šun i emu jurhun emu jurhun alin holo de tuhere be tuwame cihalambi.“šun ai turgunde inenggidari gemu alin i holo ci yabume genembini？”seme, bi yasa be debseme goro mama de fonjiha.“šun šadame cukuhe ofi, alin holo de dosime amgambi.”seme, goro mama injemeliyan i minde uttu alame gisurehe.“tuttu oci šun atanggi getembi”seme gūnime, mini mujilen dolo mohon akū ferguwecuke gūnin jalukiyaha.“ cimari abka gereme, šun uthai getembi.”goro mama kemuni injeme uttu gisurehe.

二十七、留住今天的太陽

小時候，我經常站在家門口，喜歡看太陽一寸一寸地落到山谷。我眨眨眼睛問外婆：「太陽為什麼每天都要走到山谷裡去呢？」外婆笑著告訴我：「太陽因為疲倦了，所以進入山谷睡覺。」「那麼太陽什麼時候醒過來呢？」想到此，我的心裡充滿無限的好奇。「明天天亮，太陽就醒。」外婆還是笑著這樣說。

二十七、留住今天的太阳

小时候，我经常站在家门口，喜欢看太阳一寸一寸地落到山谷。我眨眨眼睛问外婆：「太阳为什么每天都要走到山谷里去呢？」外婆笑着告诉我：「太阳因为疲倦了，所以进入山谷睡觉。」「那么太阳什么时候醒过来呢？」想到此，我的心里充满无限的好奇。「明天天亮，太阳就醒。」外婆还是笑着这样说。

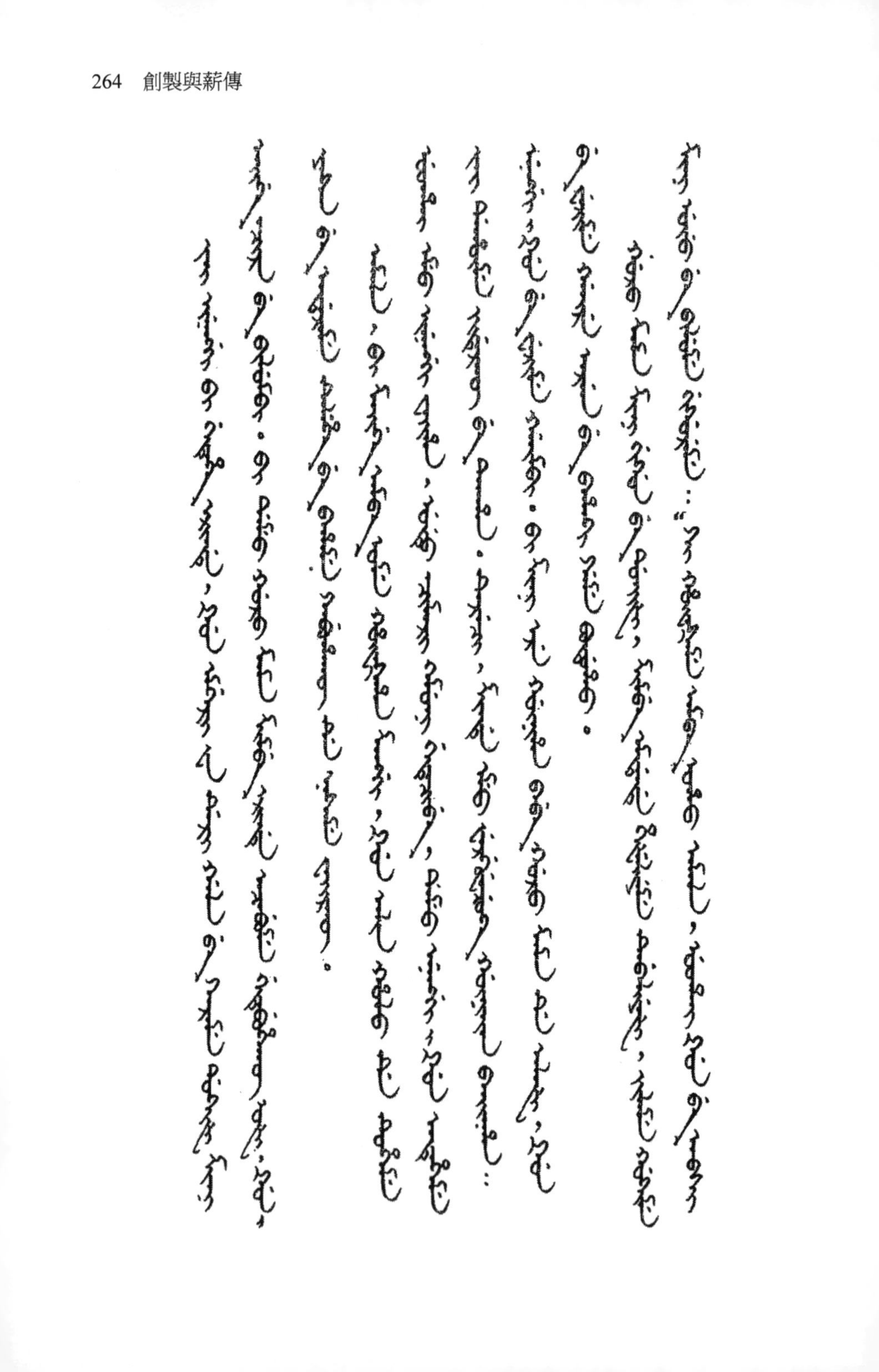

[illegible]

[illegible]

jai inenggi bi getehe erinde, šun emgeri fa deri gala be sarame dosifi mini ajige cira be bilumbi. bi damu goro mama mimbe erinde acabume getebuhekū ofi, šun i yasa be adarame telehe be bahame sabuhakū de nasame wajirkū. amala, bi majige amba ome hūwašaha manggi, šun alin holo de tuheme uthai emu inenggi wajiha, udu cimari kemuni getecibe, damu enenggi i šun enteheme jai dahūme jiderkū be takaha. tereci, minde emu ferguwecuke gūninjan banjinaha: enenggi i šun be werime gaimbi. bi mini ere gūniha babe goro mama de alafi, šun be werime gaire arga be bahaki seme bodoho. goro mama mini gisun be donjifi, mimbe emdande hefeliyeme tebeliyefi, jilame gosime mini uju be bilume gisureme:"si hūwašame amba oho amala, uthai šun be absi

---

第二天我醒來時，太陽已從窗戶伸進手撫摸我的小臉。我只因外婆未能按時叫醒我，未能看到太陽如何睜開眼睛而懊喪不已。後來，我長大些後，我知道了太陽掉落山谷就是一天的結束，雖然明天還是醒來，但是今天的太陽卻永遠不再來了。從此我產生了一個奇妙的想法：留住今天的太陽。我把我的這個想法告訴外婆，想找到留住太陽的辦法。外婆聽了我的話後，一下抱住了我，慈祥的摸著我的頭說道：「你長大以後，

第二天我醒来时，太阳已从窗户伸进手抚摸我的小脸。我只因外婆未能按时叫醒我，未能看到太阳如何睁开眼睛而懊丧不已。后来，我长大些后，我知道了太阳掉落山谷就是一天的结束，虽然明天还是醒来，但是今天的太阳却永远不再来了。从此我产生了一个奇妙的想法：留住今天的太阳。我把我的这个想法告诉外婆，想找到留住太阳的办法。外婆听了我的话后，一下抱住了我，慈祥的摸着我的头说道：「你长大以后，

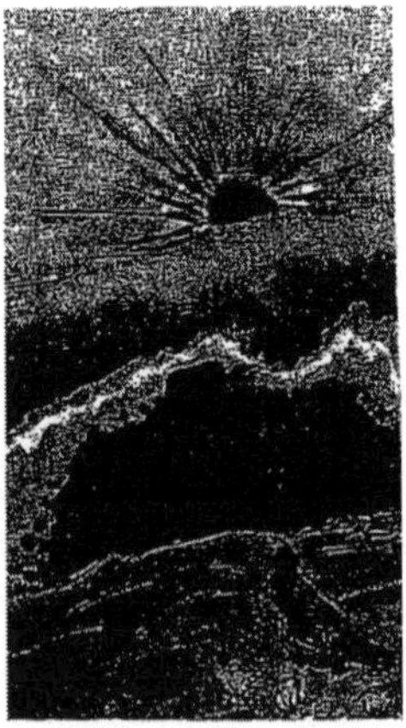

werime gaire be takambi. ”sehe.“jingkinio？ ”bi sesulame urgunjeme fonjiha. goro mama jingkin seme uju be gehešehe. erei amala, bi mini beye hūdukan i hūwašame amba ofi, šun be erdeken i werime gaiki seme absi tuttu ereme gūnimbi secina. emu inenggi, bi erei onggolo i emu adali dukai jakade tefi, emderei urebusu arame, emderei šun i emu okson emu okson alin holo ci yabume genere be tuwambi. mini ajige mujilen dolo umai facihiyašara teile waka, kemuni heni usacuka ojoro jakade, aliyame muterkū

就知道怎麼樣留住太陽。」「真的嗎？」我驚訝而高興問道。外婆點頭稱是。此後，我希望我快快長大，殷切希望早些把太陽留住。有一天，我像往常一樣坐在門口，一面寫作業，一面看著太陽一步一步往山谷走去。我幼小的心裡不僅焦急，還有一絲悲傷，

就知道怎么样留住太阳。」「真的吗？」我惊讶而高兴问道。外婆点头称是。此后，我希望我快快长大，殷切希望早些把太阳留住。有一天，我像往常一样坐在门口，一面写作业，一面看着太阳一步一步往山谷走去。我幼小的心里不仅焦急，还有一丝悲伤，

ᠪᡠᠮᠪᡳ᠉ " ᠰᡝᠮᠪᡳ᠉

[illegible] ᠪᡝ [illegible] ᠪᡝ [illegible]

[illegible] ᠪᡝ [illegible]᠈ [illegible]᠈ ᠪᡝ [illegible]

[illegible] ᠪᡝ [illegible]

[illegible]᠈ [illegible]

[illegible] ᠪᡝ [illegible]

[illegible]᠈ [illegible]᠉ " [illegible]᠉

[illegible]! " ᠰᡝᠮᠪᡳ᠉

" [illegible] ᠪᡝ [illegible] ᠪᡝ [illegible]᠈

[illegible]᠉

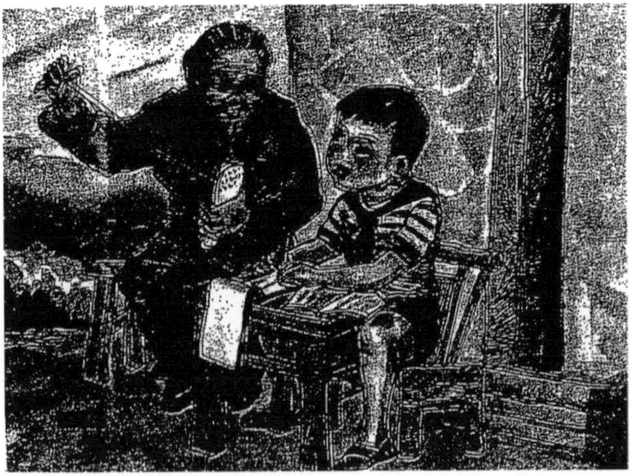

jai geri goro mama de baime gisureme："minde šun be absi werime gaire be hūdukan i alame buki！"sehe. goro mama uhuken i gisureme:"ombi. erei onggolo si urebusu be arame wajiha de šun gemu alin holo de tuhembi, enenggi šun tuhere onggolo be amcame arame wajime mutere muterkū be tuwaki, aika mutere oci, bi uthai sinde šun be werime gaire arga be alame bumbi."sehe.

忍不住再次請求外婆說：「趕快告訴我怎麼樣留住太陽吧！」外婆溫和地說道：「行。在此之前你做完作業時太陽都落到山谷，看今天能不能趕在太陽落山前做完，如果能做完，我就告訴你留住太陽的辦法。」

忍不住再次请求外婆说：「赶快告诉我怎么样留住太阳吧！」外婆温和地说道：「行。在此之前你做完作业时太阳都落到山谷，看今天能不能赶在太阳落山前做完，如果能做完，我就告诉你留住太阳的办法。」

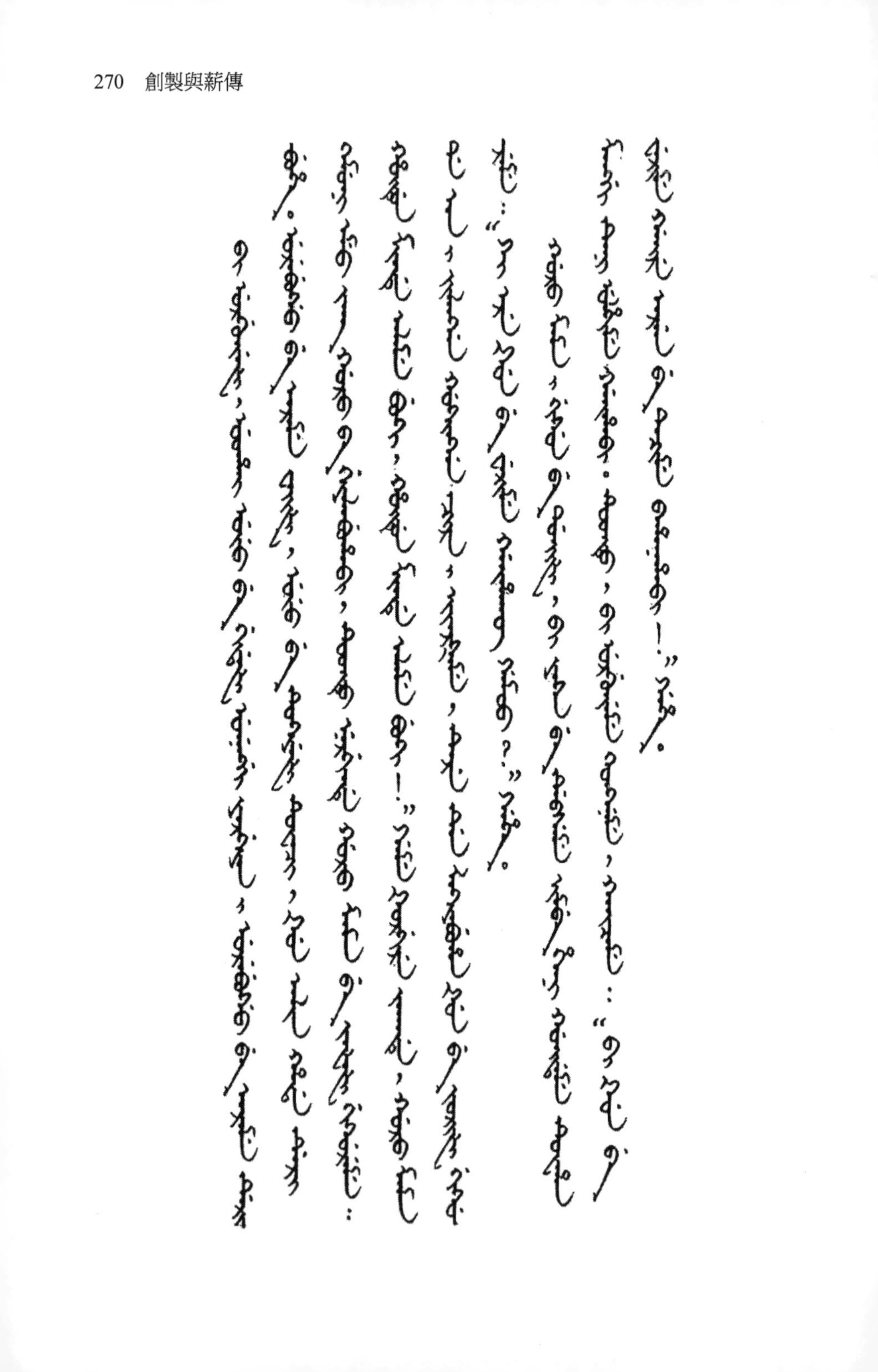

[illegible]

[illegible]

[illegible]

[illegible]

[illegible]

[illegible]

[illegible]

[illegible]

[illegible]

bi urgunjefi, uthai uju be gidafi unenggi yargiyan i urebusu be arame dcribuhe. urebusu be arame wajifi, uju be tukiyefi tuwaci, šun alin hada deri kemuni emu jang goro ba giyalabuhabi, tuttu nerginde goro mama be jafafi gisureme:“hūdun minde alame buki, hūdun minde alame buki！”seme šorgire jakade, goro mama da an i jilangga gosingga cira i ijaršame, tere den lakiyabuha šun be jorifi gisureme:“si ere šun be werime gaihakū semoo？”sehe. goro mama i gisun be donjifi, bi yasa be debseme imbe heni goidame tuwaha manggi teni ulhime gaihabi. tuttu, bi urgunjeme ketkeneme, kaicame:“bi šun be werime gaire arga be tacime bahanahabi！”sehe.

我高興了，開始低頭認真寫作業。寫完作業後，抬頭一看，太陽距離山峰還有一丈遠，因此立刻抓著外婆催促道：「趕快告訴我吧！趕快告訴我吧！」外婆仍然慈祥地笑著，指著那高掛的太陽說道：「你沒有留住這個太陽嗎？」聽了外婆的話，我眨著眼睛看了她好一會兒才領悟了。因此，我高興歡跳，叫喊道：「我學會留住太陽的辦法了！」

我高兴了，开始低头认真写作业。写完作业后，抬头一看，太阳距离山峰还有一丈远，因此立刻抓着外婆催促道：「赶快告诉我吧！赶快告诉我吧！」外婆仍然慈祥地笑着，指着那高挂的太阳说道：「你没有留住这个太阳吗？」听了外婆的话，我眨着眼睛看了她好一会儿才领悟了。因此，我高兴欢跳，叫喊道：「我学会留住太阳的办法了！」

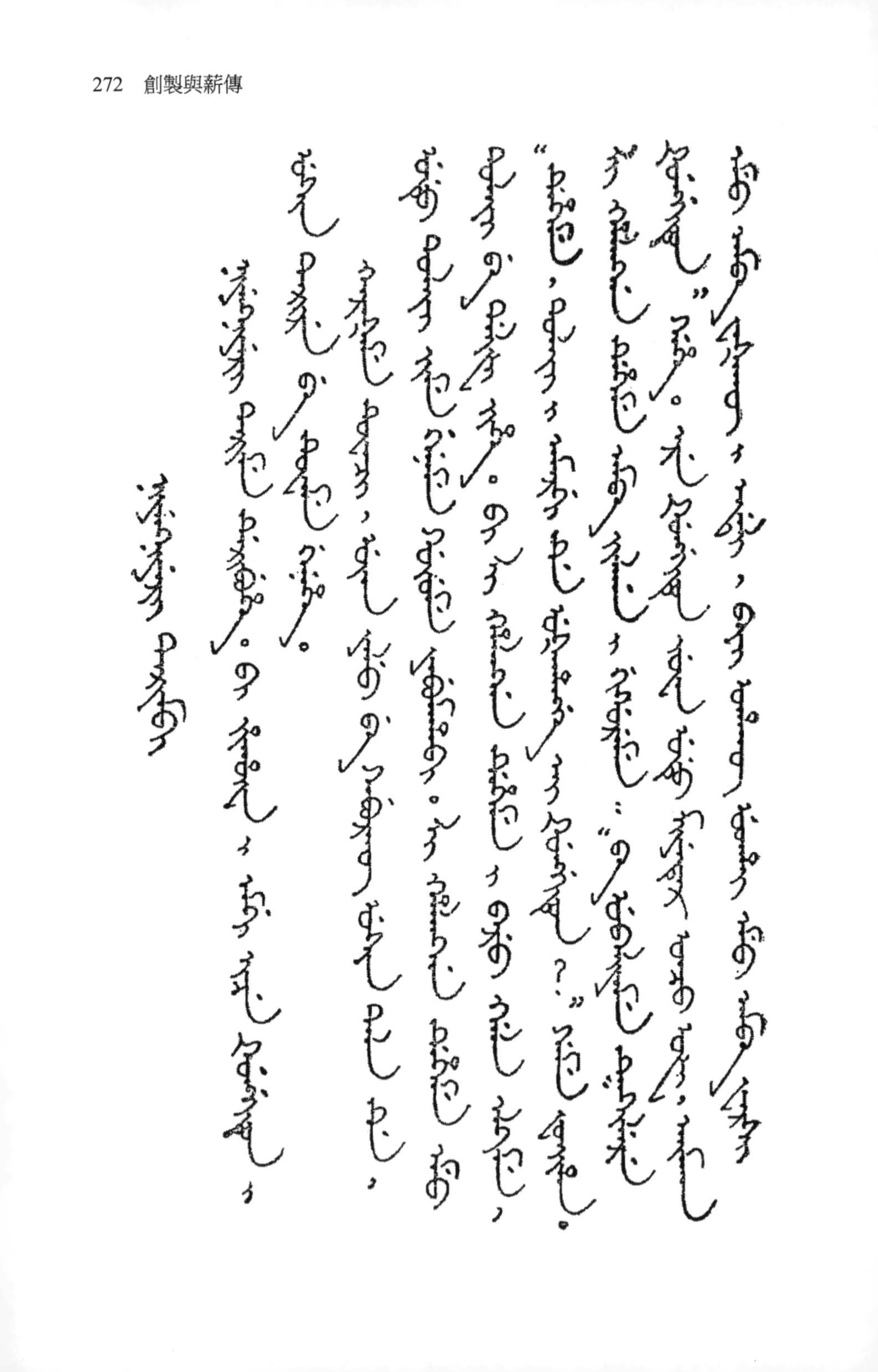

[illegible]

二十八、niyengniyeri tarimbi

niyengniyeri tarime deribuhe. bi jyhūwa i emgi ice šunggitun i usin tarire be tuwame genehe. karašame tuwaci, ujan yalu be saburkū usin tala de, udu tolaji jime geneme sujume yabumahabi. li halangga deheme emu tolaji be dalifi jihe. bi li halangga deheme i baru gala elkime,“deheme, tolaji i amargi de ušahangge ai šunggitun？”seme fonjiha. li halangga deheme amba jilgan i gisureme:“ba ubaliyame teksilere šunggitun”sehe. ere šunggitun juwan udu miyeter onco ofi, aimaka emu amba wašakū i adali, baji ohakū uthai emu amba farsi

---

二十八、春耕

春天開始播種了。我跟志華一起去看用新機器種田。遠遠望去，在一望無際的田野上，幾輛拖拉機正在來回穿梭。李阿姨開了一輛拖拉機來了。我跟李阿姨招手問道：「阿姨，拖拉機後面拖的是什麼機器？」李阿姨大聲說道：「是翻土整地的機器。」這個機器有十幾米寬，好像是一把大耙子一樣，不一會兒

二十八、春耕

春天开始播种了。我跟志华一起去看用新机器种田。远远望去，在一望无际的田野上，几辆拖拉机正在来回穿梭。李阿姨开了一辆拖拉机来了。我跟李阿姨招手问道：「阿姨，拖拉机后面拖的是什么机器？」李阿姨大声说道：「是翻土整地的机器。」这个机器有十几米宽，好像是一把大耙子一样，不一会儿

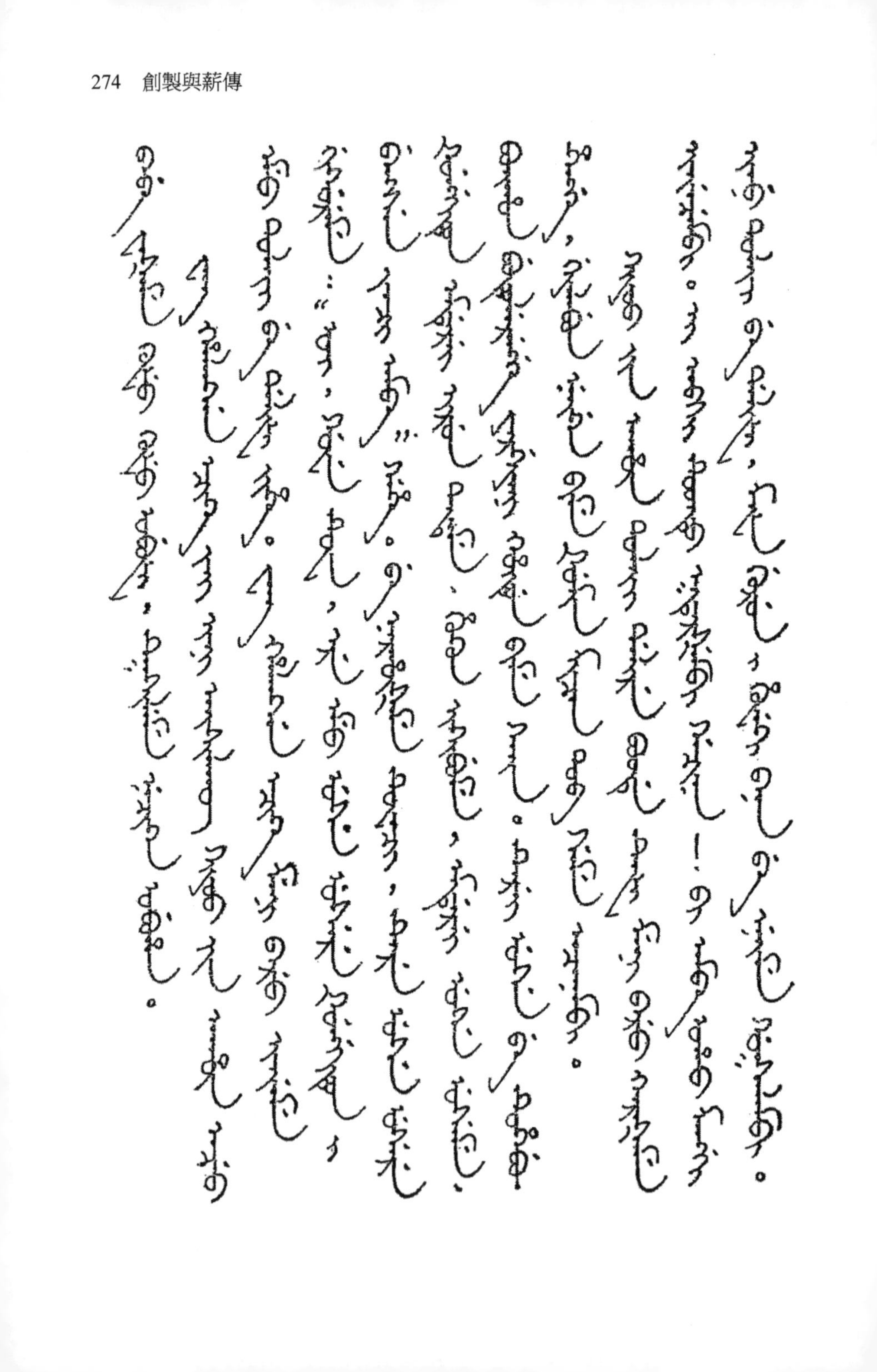

[illegible]

babe wašame kufu kufu obufi, teksileme neciken obuha. wang halangga ecike jai ini aisilakū siyoo jin ahūn encu emu tolaji be dalifi jihe. wang halangga ecike meni baru injeme gisureme :"oi, suwe tuwa, ere emu use usere šunggitun i bengsen jaci amba"sehe. be narhūšame tuwaci, tere use usere šunggitun emderei irun tatame hukun isibume, emderei use useme, boihon butulerengge yargiyani hūdun bime sain. terei use be tuhebuhengge, giyalabun neigen bime šumin mican tob seme acanambi. siyoo jin ahūn tolaji dalire boode tefi meni baru karašame injecembi. i absi tuttu ekteršembi secina ! bi amba oho manggi inu tolaji be dalifi, mafa gurun i huweki bana be neime suksalambi.

就把一大塊地耙得鬆軟整齊了。王叔叔和他的助理小金兄開了另外一輛拖拉機來了。王叔叔笑著跟我們說：「哦！你們看，這一種播種機本事很大。」我們細心觀察，那播種機，一面拉隴施肥，一面播種掩土，真快真好。其播下來的種籽距離均勻而且深淺正合適。小金兄坐在拖拉機的駕駛室裡朝著我們笑。他怎麼那樣驕傲呢！我長大後也要駕駛拖拉機，開墾祖國肥沃的土地。

就把一大块地耙得松软整齐了。王叔叔和他的助理小金兄开了另外一辆拖拉机来了。王叔叔笑着跟我们说：「哦！你们看，这一种播种机本事很大。」我们细心观察，那播种机，一面拉陇施肥，一面播种掩土，真快真好。其播下来的种籽距离均匀而且深浅正合适。小金兄坐在拖拉机的驾驶室里朝着我们笑。他怎么那样骄傲呢！我长大后也要驾驶拖拉机，开垦祖国肥沃的土地。

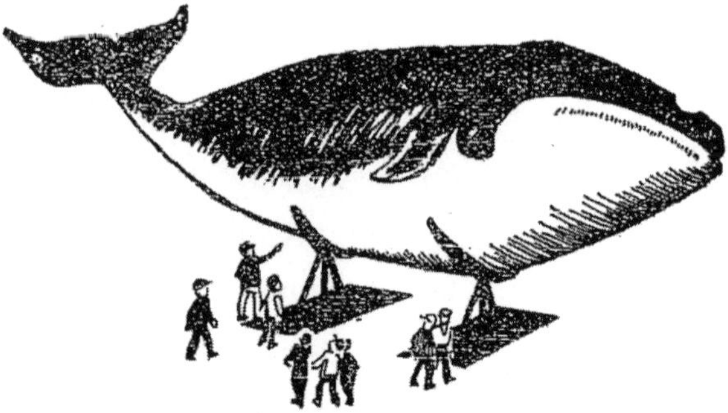

二十九、jing nimha

komso akū niyalma sufan be sabume duleke, gemu sufan be teni amba aššasu sembi. yargiyan de sufan deri ubui amba aššasu inu bi, tere uthai jing nimha inu. šuwe amba jing nimha gūsin juwe tumen gin ujen, šuwe ajige ningge inu duin sunja minggan gin ujen. musei gurun ningge jakūn tumen gin ujen jing nimha be jafame duleke, tere juwan nadan miyeter gūlmin, terei ilenggu uthai juwan udu tarhūn ulgiyan gese ujen. tere aika angga be juwahade, niyalma terei

---

二十九、鯨魚

不少人見過大象，都說大象才是大動物。其實也有比大象加倍大的動物，牠就是鯨魚。最大的鯨魚重三十二萬斤重，最小的也有四、五千斤重。我國曾捕獲的八萬斤重的鯨魚，牠長十七米，牠的舌頭就像十幾隻肥豬那麼重。牠張開嘴時，

二十九、鲸鱼

不少人见过大象，都说大象才是大动物。其实也有比大象加倍大的动物，牠就是鲸鱼。最大的鲸鱼重三十二万斤重，最小的也有四、五千斤重。我国曾捕获的八万斤重的鲸鱼，牠长十七米，牠的舌头就像十几只肥猪那么重。牠张开嘴时，

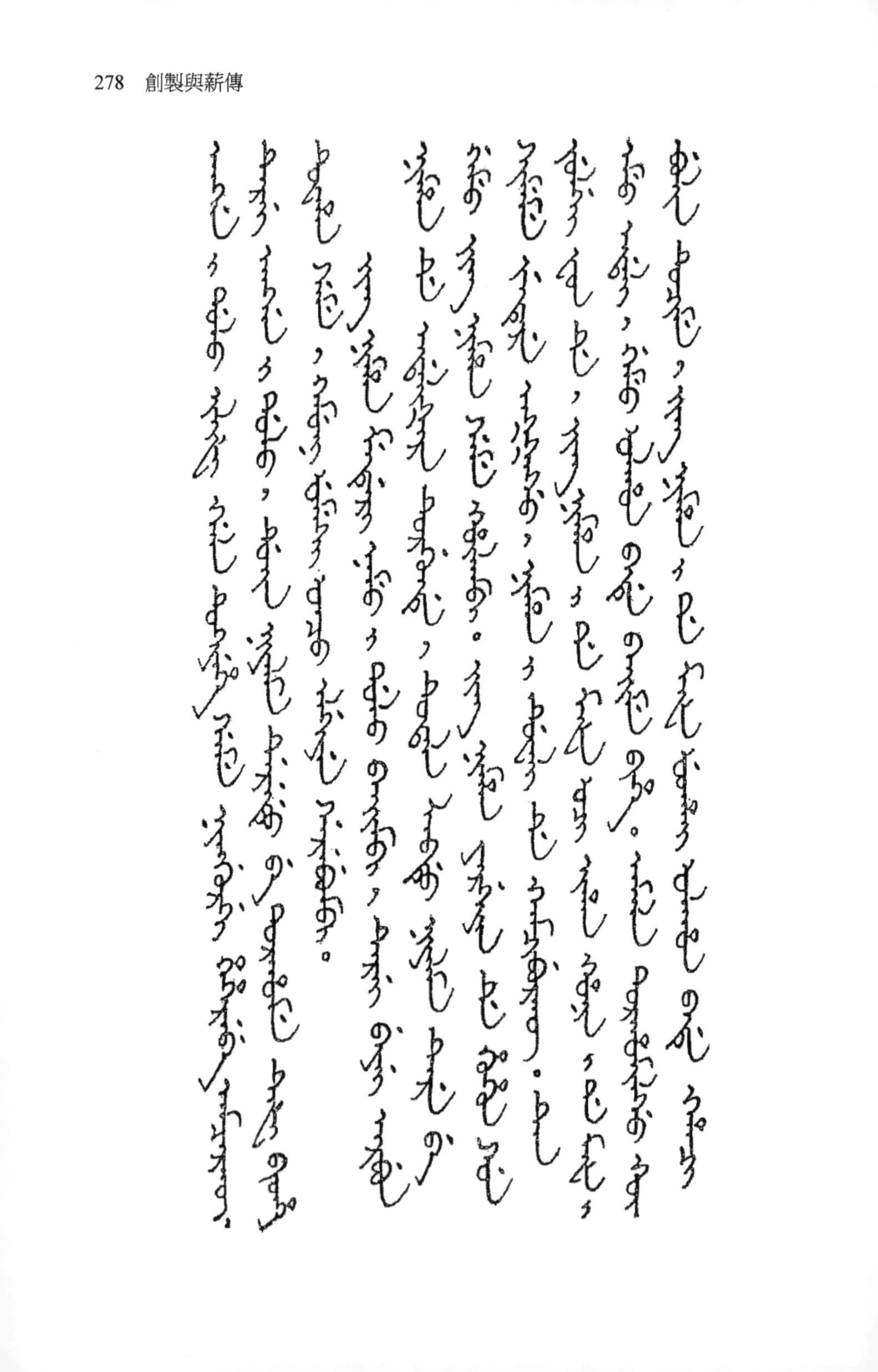

angga i dolo ilifi gala tukiyehe seme ninggurgi heherebe amcarkū, terei angga i dolo, duin niyalma deredu be torhome tefi bithe tuwaha seme, kemuni umesi onco elgiyen serebumbi. jing nimha mederi namu i dolo banjimbi, terei beyei arbun nimha de adališara turgunde, tutala labdu niyalma tere be gemu jing nimha seme hūlambi. jing nimha yargiyan de huhun sun simeme jetere aššasu, nimha i duwali de kamciburkū. ten julgei fon de, jing nimha i da mafa oci ihan honin i da mafa i emu adali, gemu olhon bade banjime bihe. amala torhomilsu kūbulin tucime, jing nimha i da mafa uthai olhon bade hanci

---

人站在牠的嘴裡就是舉起手來也還夠不著上顎，在牠的嘴裡，四個人圍著桌子坐下看書，還覺得很寬敞。鯨魚在海洋裡生長，因為牠的體形像魚，許多人都把牠叫做鯨魚。鯨魚實際上是哺乳動物，不包括在魚類裡。遠古的時候，鯨魚的祖宗跟牛羊的祖宗一樣，都在陸地上生長。後來環境改變，鯨魚的祖宗就在靠近陸地的

人站在牠的嘴里就是举起手来也还够不着上颚,在牠的嘴里,四个人围着桌子坐下看书，还觉得很宽敞。鲸鱼在海洋里生长，因为牠的体形像鱼，许多人都把牠叫做鲸鱼。鲸鱼实际上是哺乳动物，不包括在鱼类里。远古的时候，鲸鱼的祖宗跟牛羊的祖宗一样，都在陆地上生长。后来环境改变，鲸鱼的祖宗就在靠近陆地的

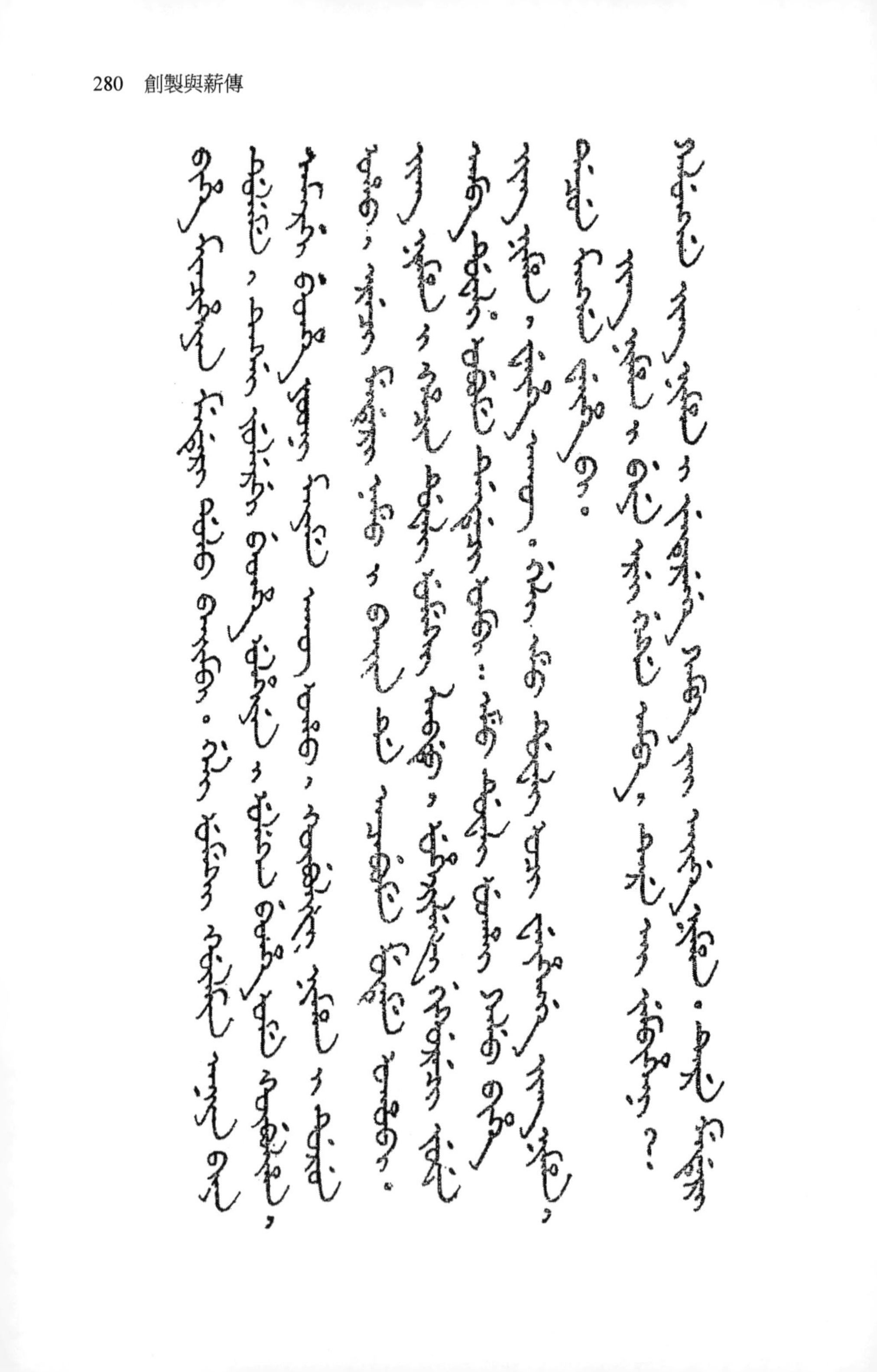

bihe mincihiyan mederi dolo banjimbi. geli umesi gūlmin aniya biya duleme, tesei julergi bethe ulhiyen i uleken bethe ome kūbuliha, amargi bethe yooni mayame akū oho, kūbulifi nimha i durun oho, ereci mederi namu i banjin de acabume muteme ohobi. jing nimha i hacin duwali umesi labdu, uherilefi gisureci juwe amba duwali obume dendeci ombi: emu duwali uthai salu bihe jing nimha, weihe akū. geli emu duwali oci weihengge jing nimha, dacun mangga weihe bi. jing nimha i beye erei gese amba, tere ai jembiheni？ salungga jing nimha i jeterengge sampa jai ajige nimha. tere mederi

---

淺海裡生長。又經過很長的歲月，牠們的前腿漸漸地變軟，後腿全部退化了，變成魚的樣子了，從此以後能適應海洋的生活了。鯨魚的種類很多，總的來說可分成兩大類：一類就是有鬍鬚的鯨魚，沒有牙齒；又有一類是有牙齒的鯨魚，有鋒利堅硬的牙齒。鯨魚的身軀如此巨大，牠吃什麼呢？有鬍鬚的鯨魚吃的是蝦和小魚。

浅海里生长。又经过很长的岁月，牠们的前腿渐渐地变软，后腿全部退化了，变成鱼的样子了，从此以后能适应海洋的生活了。鲸鱼的种类很多，总的来说可分成两大类：一类就是有胡须的鲸鱼，没有牙齿；又有一类是有牙齿的鲸鱼，有锋利坚硬的牙齿。鲸鱼的身躯如此巨大，牠吃什么呢？有胡须的鲸鱼吃的是虾和小鱼。

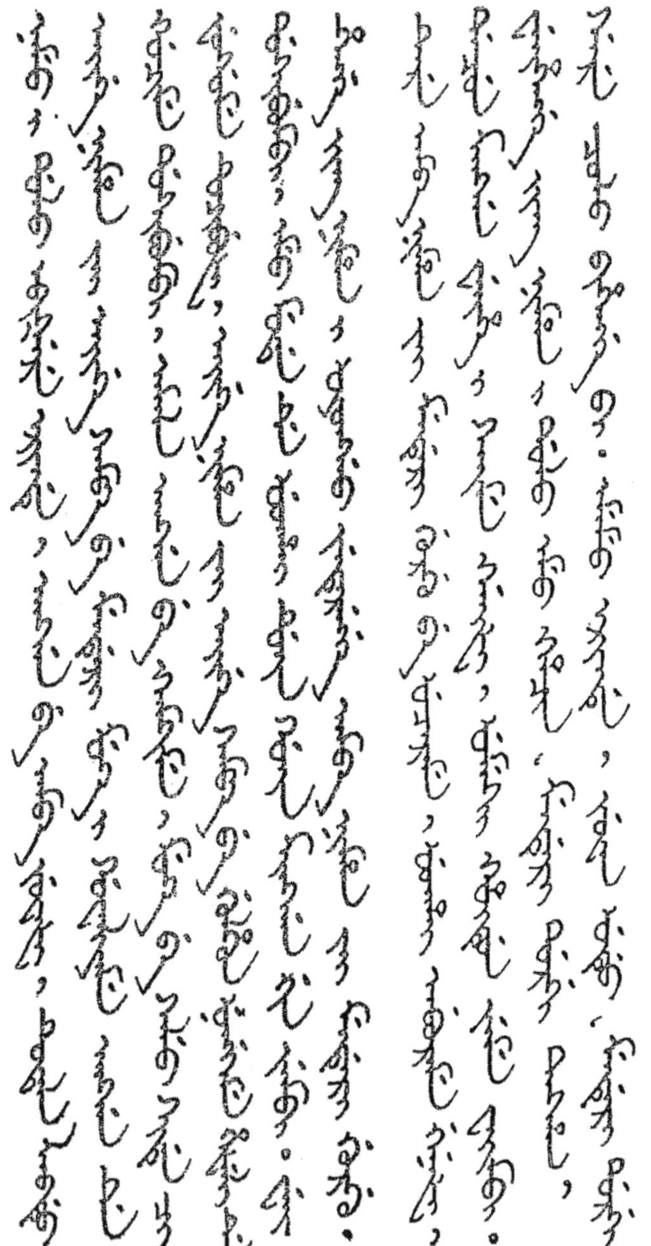

namu i dolo ebišere erinde, angga be amba juwafi, tutala labdu ajige nimha jai ajige sampa be mederi muke i suwaliyame angga de gocime dosibumbi, amala angga be kamkime, muke be salu siden ci fusume tucibufi, ajige nimha jai ajige sampa be gulhun nunggeme hefeli de dosibumbi, emu mudan de uthai duin sunja minggan gin jembi. weihengge jing nimha i oyonggo jeterengge amba nimha jai mederi gurgu. tere amba nimha jai mederi gurgu be ucarame, uthai aburame genefi, dacun mangga weihe i saime gaifi, umesi hūdun jeme wajimbi. weihengge jing nimha i dolo emu hacin"mederi dorgi tasha"sere colo bihengge bi. ememu erinde, juwan udu"mederi dorgi

---

牠在海裡游動時，張大了嘴巴，把眾多的小魚和小蝦同海水一齊吸進嘴裡，然後閉上嘴巴，將水從鬍鬚間噴出去，把小魚和小蝦整個吞進肚子裡，一次就要吃四、五千斤。有牙齒的鯨魚主要吃的是大魚和海獸。牠遇到大魚和海獸，就撲向前去，用鋒利堅硬的牙齒咬住，很快就吃完。有牙齒的鯨魚中有一種綽號叫做「海中虎」的鯨魚。有時候，

牠在海里游动时，张大了嘴巴，把众多的小鱼和小虾同海水一齐吸进嘴里，然后闭上嘴巴，将水从胡须间喷出去，把小鱼和小虾整个吞进肚子里，一次就要吃四、五千斤。有牙齿的鲸鱼主要吃的是大鱼和海兽。牠遇到大鱼和海兽，就扑向前去，用锋利坚硬的牙齿咬住，很快就吃完。有牙齿的鲸鱼中有一种绰号叫做「海中虎」的鲸鱼。有时候，

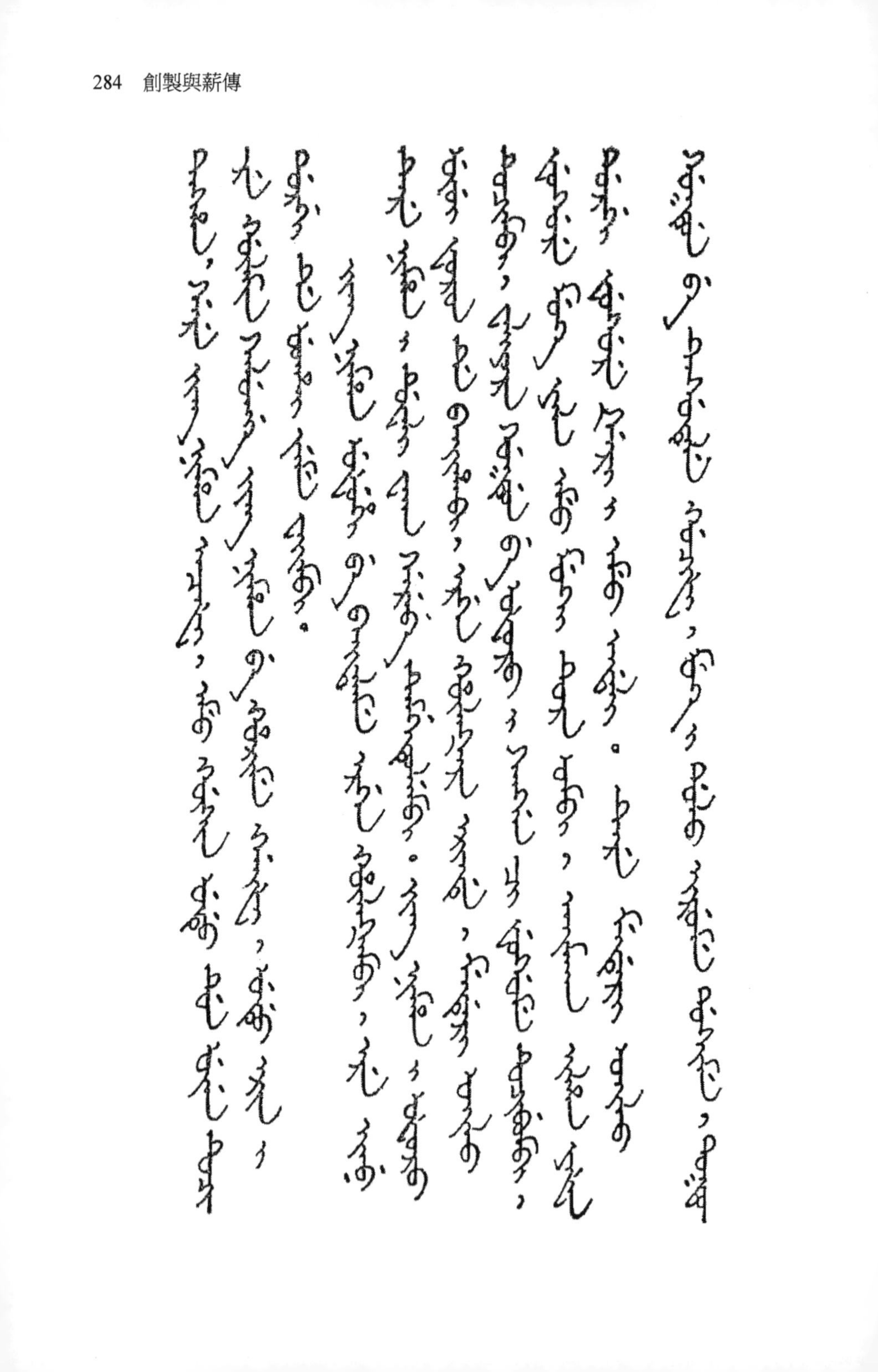

[illegible]

tasha"sere jing nimha acafi, emu gūsin udu dun ujen tucire gūlmin salungge jing nimha be horime gaifi, udu erin i dorgi de uthai jeme wajimbi. jing nimha ufuhi be baitalame ergen hūlašambi, ere inu tere nimha i duwali waka serebe temgetulembi. jing nimha i oforo ujui foron de banjihabi, ergen hūlašara erinde, mederi oilo tucimbi, waliyara sukdun be oforo i sangga ci fusume tucibumbi, fusure muke yala emu mukei tura ombi, aimaka ilha yafan dorgi fusure šeri i emu adali. tere mederi oilo sukdun be tesutele gocifi, muke i dolo irume dosime, toktoho

---

十幾隻「海中虎」鯨魚，合起來圍住一條重三十幾噸的長鬚鯨的鯨魚，幾個小時內就能吃完。鯨魚用肺換氣，這也證明牠不是魚類。鯨魚的鼻子長在頭頂上，換氣時，浮出海面，把廢氣從鼻孔噴出，噴出來的水儼然成一水柱，就像是花園裡的噴泉一樣。牠在水面吸足了氣後，沉入水中，

十几只「海中虎」鲸鱼，合起来围住一条重三十几吨的长须鲸的鲸鱼，几个小时内就能吃完。鲸鱼用肺换气，这也证明牠不是鱼类。鲸鱼的鼻子长在头顶上，换气时，浮出海面，把废气从鼻孔喷出，喷出来的水俨然成一水柱，就像是花园里的喷泉一样。牠在水面吸足了气后，沉入水中，

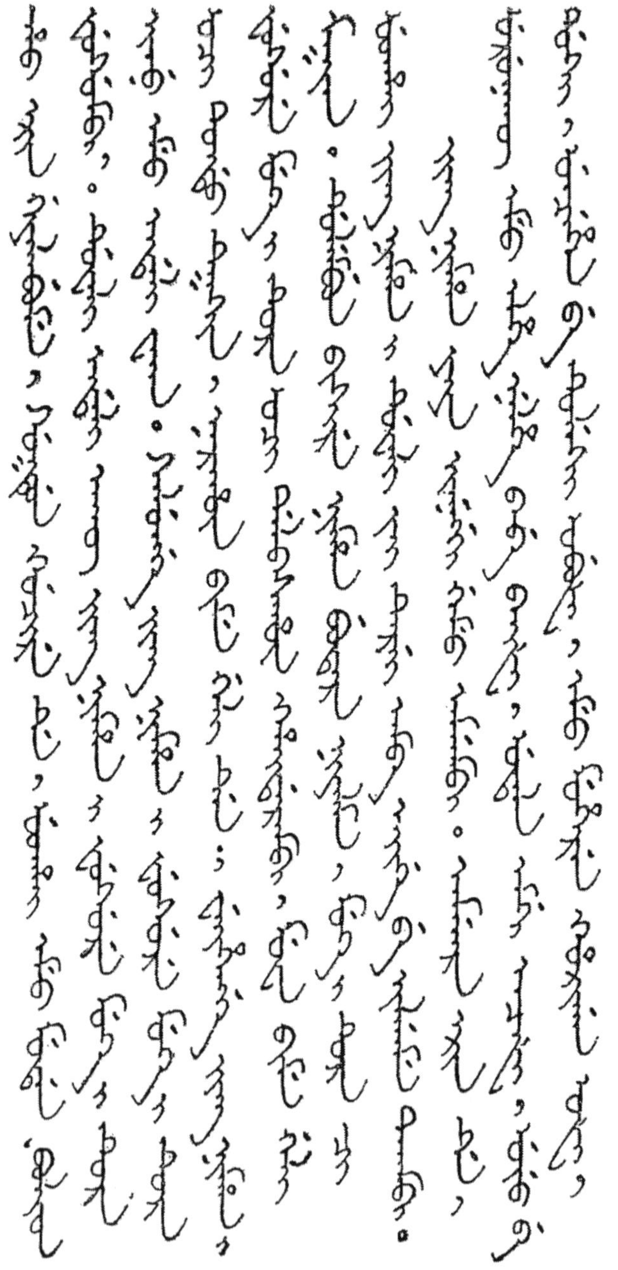

erin giyalabume, sukdun gocire de, uthai emu mudan“boljon fusumbi”. duwali adali akū jing nimha i fusure muke i tura inu emu adali waka. salungge jing nimha i fusure muke i tura oci tondo teksin, narhūn bime geli den; weihengge jing nimha i fusure muke i tura oci dalbashūn haidarambi, muwa bime geli makjan. dulembun bisire nimha butara niyalma, muke i tura ci uthai jing nimha i duwali jai terei amba ajige be ilgame takambi. jing nimha yaya inenggi gemu amgambi. amgara erin de, urunakū emu elhe nelhe babe baifi, utala emgi acafi, uju be dosi, uncehen be tulesi obufi, emu muheren horigan ofi,

---

相隔一定時間吸氣時，就是一次「噴浪」。不同的鯨魚噴出來的水柱也不一樣。有鬍鬚的鯨魚所噴的水柱是直的，又細又高；有牙齒的鯨魚所噴的水柱是歪斜的，又粗又矮。有經驗的捕魚人，從水柱就能辨認出鯨魚的種類及大小。鯨魚每天都要睡覺。睡覺時，一定找一個安全的地方，許多鯨魚聚在一起，頭向內，尾向外，形成一個圓圈，

相隔一定时间吸气时，就是一次「喷浪」。不同的鲸鱼喷出来的水柱也不一样。有胡须的鲸鱼所喷的水柱是直的，又细又高；有牙齿的鲸鱼所喷的水柱是歪斜的，又粗又矮。有经验的捕鱼人，从水柱就能辨认出鲸鱼的种类及大小。鲸鱼每天都要睡觉。睡觉时，一定找一个安全的地方，许多鲸鱼聚在一起，头向内，尾向外，形成一个圆圈，

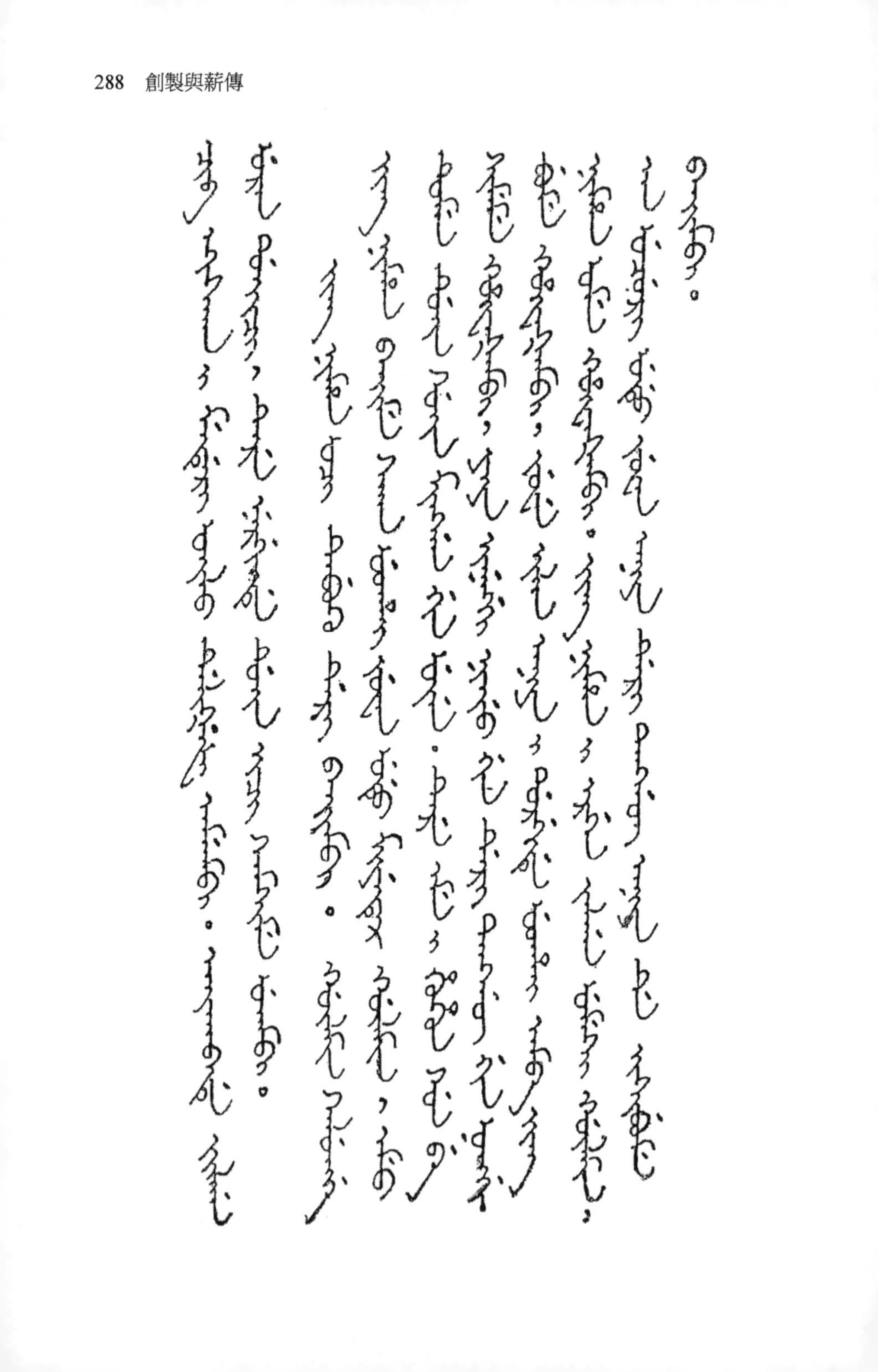

[illegible]

cib ekisaka i mederi oilo delišefi amgambi. aikabade jilgan uran donjici, tere nerginde duin ici samsime ukambi. jing nimha oci tebuku deri banjimbi. gūlmin salungge jing nimha banjime saka uthai juwan udu miyeter gūlmin, emu tumen duin sunja minggan gin ujen. tere eme i huhun sun be simeme hūwašambi, yaya inenggi ninju gin deri tanggū gin nonggibume hūwašambi, juwe ilan aniya i dorgide uthai amba jing nimha ome hūwašambi. jing nimha i ergen jalgan umesi gūlmin, an ucuri udu juwan aniya deri tanggū aniya de isibume banjimbi.

悄然無聲的漂浮在海面睡覺。倘若聽到聲響，牠立刻四面逃散。鯨魚是從胎胞出生的，長鬍鬚的鯨魚一出生就長十幾米，重一萬四五千斤。牠吸食母乳長大，每天增加六十斤至百斤長大，二三年內就長成大鯨魚。鯨魚的壽命很長，一般能活幾十年到百年。

悄然无声的漂浮在海面睡觉。倘若听到声响，牠立刻四面逃散。鲸鱼是从胎胞出生的，长胡须的鲸鱼一出生就长十几米，重一万四五千斤。牠吸食母乳长大，每天增加六十斤至百斤长大，二三年内就长成大鲸鱼。鲸鱼的寿命很长，一般能活几十年到百年。

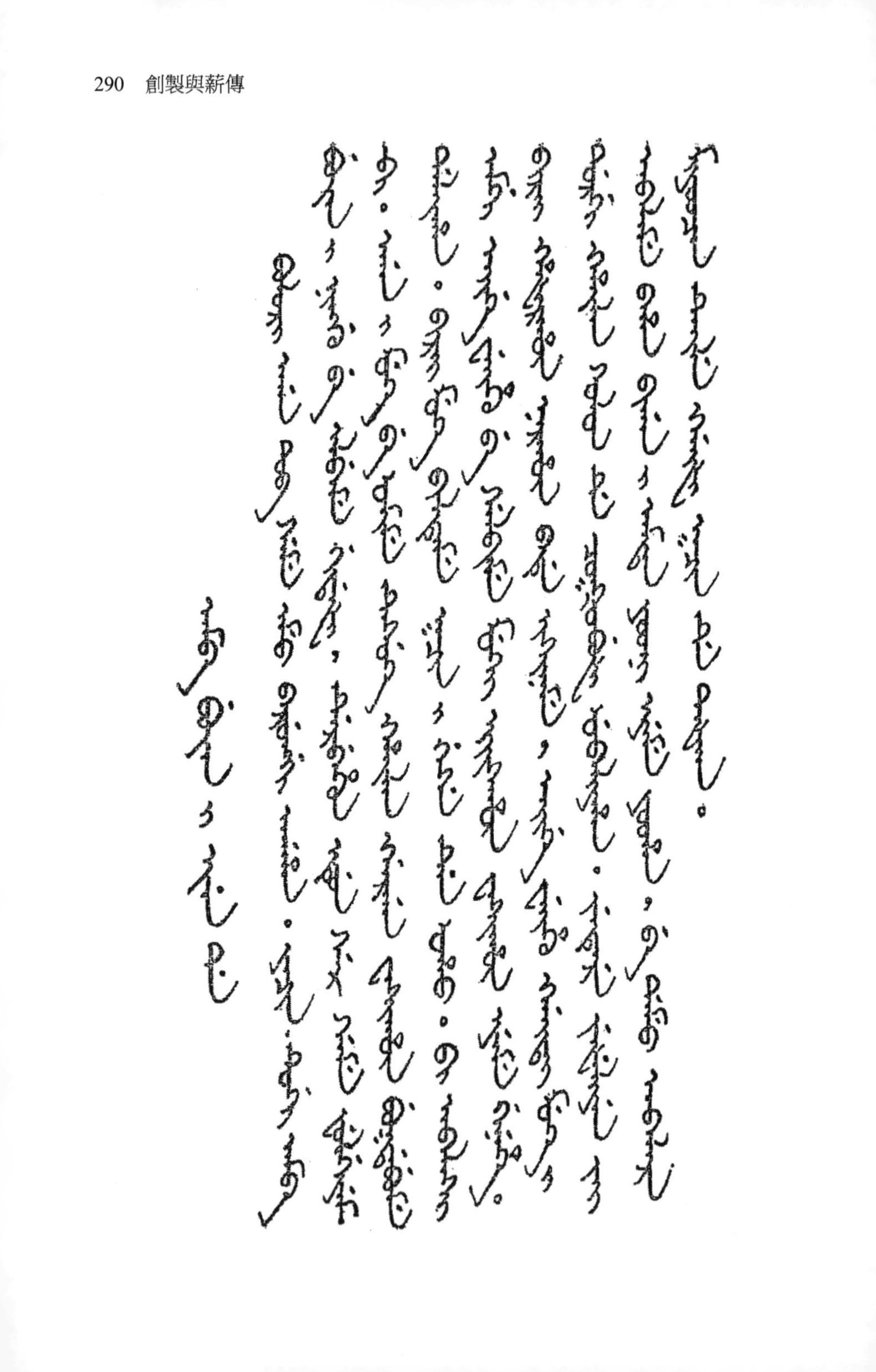

[illegible]

三十、amba bujan i ejen da

bolori aga tob seme emu barunggi agaha. yacin tugi amba bujan i ninggu be elbeme gidafi, derbehun edun ser seme fulgiyembi. aga i muke be omime tesuke hailan gargan wasihūn bukdabume dalajaha. birai muke bilteme ekcin i gese den oho. bi abalasi emgi ajige weihu be selbime mukei ijishūn wasihūn eyeme genehe. birai hafirhūn narhūn bade isiname, ajige weihu gaitai muke i dorgi hailan solon de cokšobufi ubaliyaha. jetere jefeliyen jai abalame baha bigan i amtan yooni eyeme yooha, be damu abalara miyoocan teile gaifi ekcin de tafaka.

三十、大森林的主人

秋雨正好下了一個星期。烏雲佈滿大森林的上空，潮濕的風颯颯地吹著。吸足雨水的樹枝折彎下垂。河水泛溢如同河岸一樣高。我跟獵人划著小獨木舟順流而下，到了河流狹窄的地方，小獨木舟突然撞到水裡的木樁翻了船，食物和獵獲的野味全部流走了，我們只拿了獵鎗上岸。

三十、大森林的主人

秋雨正好下了一个星期。乌云布满大森林的上空，潮湿的风飒飒地吹着。吸足雨水的树枝折弯下垂。河水泛溢如同河岸一样高。我跟猎人划着小独木舟顺流而下，到了河流狭窄的地方，小独木舟突然撞到水里的木桩翻了船，食物和猎获的野味全部流走了，我们只拿了猎鎗上岸。

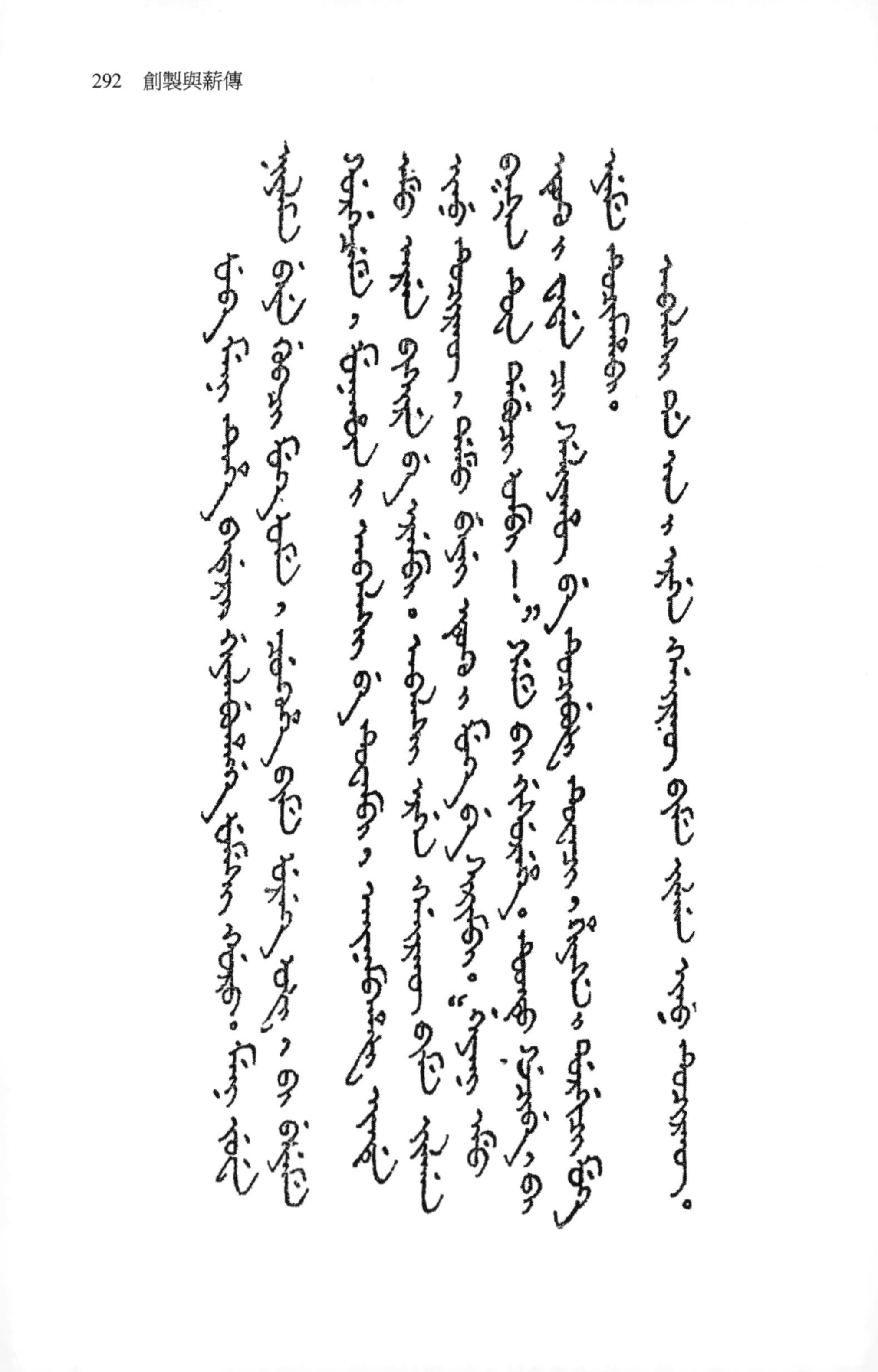

uba meni tehe baderi giyalabuhangge umesi goro. meni juwe niyalma beye gubci muke ome, cukuhe bime ureke ofi, bi beyeme surgeceme, munahūn i abalasi be tuwambi, ainambahafi inde emu arga bisire be erembi. abalasi ergen gairkū bime jilgan inu tucirkū, damu beyei etuku i muke be sirimbi.“giyani emu bakšan tuwa dabuci ombi ! ”seme bi gisurehe. tuttu secibe, bi etuku i wadan ci seliyahū be tucibufi tuwaci, hiyase i dorgici muke eyeme tucimahabi. abalasi da an i ergen gairkū bime jilgan inu tucirkū.

這裡距離我們住的地方很遠。我們兩個全身都濕透，因為又累又餓，我直冷得發抖，呆呆地看著獵人，希望他有一個辦法。獵人既不呼吸也不出聲，只管擰自己衣服上的水。我說：「應該點一把火！」但我從衣服口袋拿出火柴一看，從盒子裡正往外流水。獵人依然不呼吸，也不出聲。

这里距离我们住的地方很远。我们两个全身都湿透，因为又累又饿，我直冷得发抖，呆呆地看着猎人，希望他有一个办法。猎人既不呼吸也不出声，只管拧自己衣服上的水。我说：「应该点一把火！」但我从衣服口袋拿出火柴一看，从盒子里正往外流水。猎人依然不呼吸，也不出声。

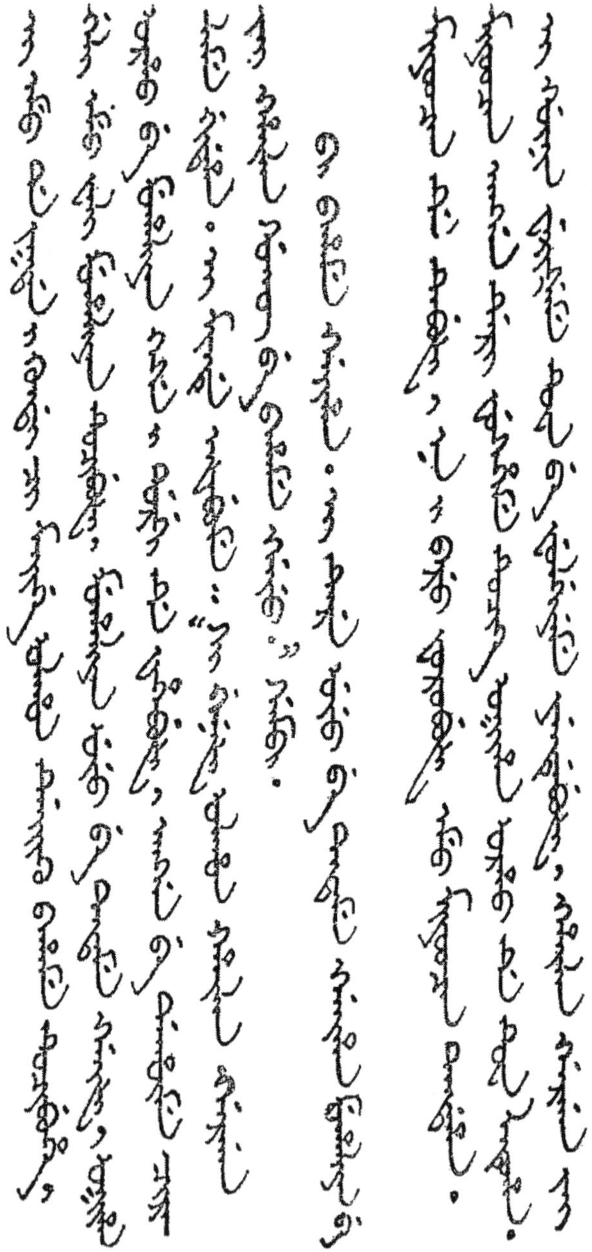

i emu da jakdan i kundi ci majige olhon deijiku bahame tucibuhe, geli emu fali muhaliyan tucibufi, muhaliyan uju be tatame gaifi, okjiha orho be muhaliyan gese i dorgi de fihebufi, angga be dahūme ciralame gidaha. i minde afabume: "si genefi olhon hailan gargan jai hailan sukū be bahame gaju."sembi. bi bahame gajiha. i tere uju be tatame gaiha muhaliyan be miyoocan de tebufi, na i baru forobufi emu miyoocan tandaha. miyoocan angga deri fusheme tucike okjiha orho de tuwa latuha. i gūnin werišeme tuwa be fulgiyeme yendebufi, hailan gargan jai

---

他從一捆松樹中揀出稍微乾燥的柴火，又拿出一顆子彈，拔取彈頭，把蒲草塞進彈丸中，重新蓋緊蓋。他吩咐我說：「你去找乾樹枝和樹皮來吧！」我找來了。他拔掉彈頭把子彈裝在鎗裡，朝地面打了一鎗，從鎗口噴出的蒲草上著火了。他小心地將火吹旺，把樹枝和

他从一捆松树中拣出稍微干燥的柴火，又拿出一颗子弹，拔取弹头，把蒲草塞进弹丸中，重新盖紧盖。他吩咐我说：「你去找干树枝和树皮来吧！」我找来了。他拔掉弹头把子弹装在鎗里，朝地面打了一鎗，从鎗口喷出的蒲草上着火了。他小心地将火吹旺，把树枝和

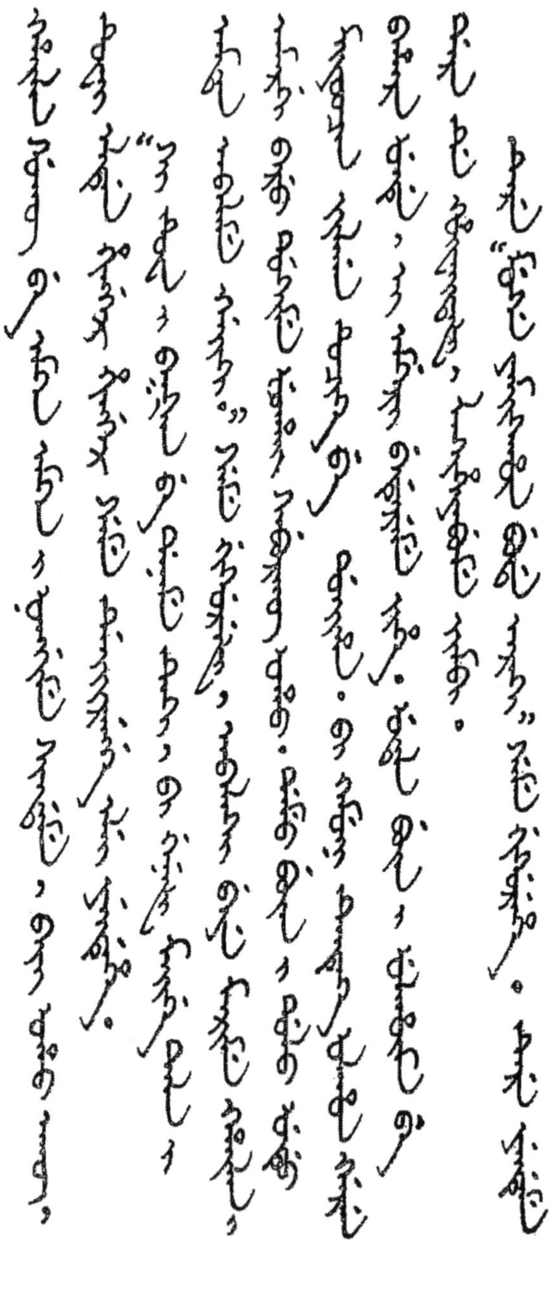

hailan sukū be emken emken i nonggime sindame, baji oho akū, tuwai elden hingger hingger seme deijirengge elei yendehe."si tuwa i bakšan be daname teki, bi genefi majige tala i amtan abalame gajiki."seme gisurefi, abalasi beye marime hailan i amargi baru dosime uthai saburkū oho. damu bujan i dolo udu miyoocan jilgan tucike be donjiha. bi kemuni tenteke olhon gargan bahara unde, i emgeri bedereme jihe. utala bujan i ulhūma be dara de hūwaitafi, lasihiyabume jimbi. tere"muse yamjishūn buda araki"seme gisurehe. tere yendeme

---

樹皮一塊一塊的添進去，不一會兒，火光嘩啦嘩啦地越燒越旺了。獵人說：「你待著管火堆吧，我去獵捕一些野味。」獵人轉身進入樹林後面隨即不見了，只聽到林中有幾聲鎗響。我還沒找到那麼多的乾枝，他已經回來了，在腰間拴著許多林間的野鷄，搖搖晃晃而來。他說：「咱們做晚飯吧！」

树皮一块一块的添进去，不一会儿，火光哗啦哗啦地越烧越旺了。猎人说：「你待着管火堆吧，我去猎捕一些野味。」猎人转身进入树林后面随即不见了，只听到林中有几声鎗响。我还没找到那么多的干枝，他已经回来了，在腰间拴着许多林间的野鸡，摇摇晃晃而来。他说：「咱们做晚饭吧！」

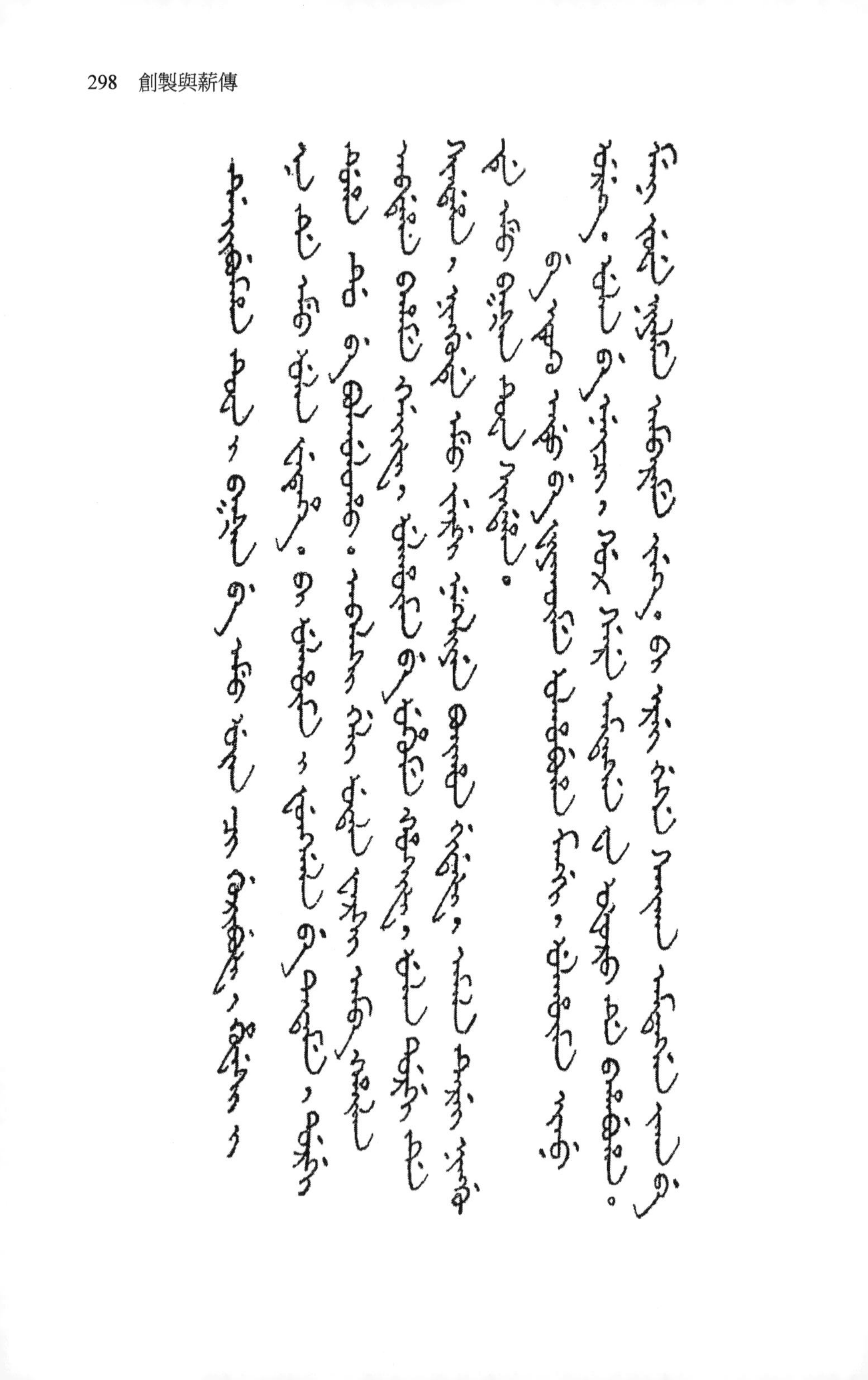

deijbuha tuwa i bakšan be emu ujan ci guribufi, huwesi i na de emu ulan fetehe. bi ulhūma i funggala be tatame, dorgi duha du be bolgoloho. abalasi geli utala farsi amba hailan abdaha bahame gajifi, ulhūma be uhume hosifi, ulan dorgi de sindaha, ninggude emu jergi nekeliyen boihon gidafi, amala terei ninggude emu bakšan tuwa sindaha. be etuku adu be fiyakūme olhobuha manggi, ulhūma inu urehe. ulan be neici, sur sere amtangga wa oforo de bahabuha. meni juwe niyalma ambarame jeke. bi erei gese saikan amtangga jaka be

---

他把正在燃燒燒旺的火堆挪到一邊，用小刀在地上挖了一坑。我拔野鷄的羽毛，清除內臟。獵人又找來許多片大樹葉，包起野鷄，放到坑面，上面蓋上一層薄土，然後在那上面放上一堆火。我們烤乾衣服後，野鷄也熟了。打開土坑，陣陣香味撲鼻而來。我們兩個開始大吃起來了。

他把正在燃烧烧旺的火堆挪到一边，用小刀在地上挖了一坑。我拔野鸡的羽毛，清除内脏。猎人又找来许多片大树叶，包起野鸡，放到坑面，上面盖上一层薄土，然后在那上面放上一堆火。我们烤干衣服后，野鸡也熟了。打开土坑，阵阵香味扑鼻而来。我们两个开始大吃起来了。

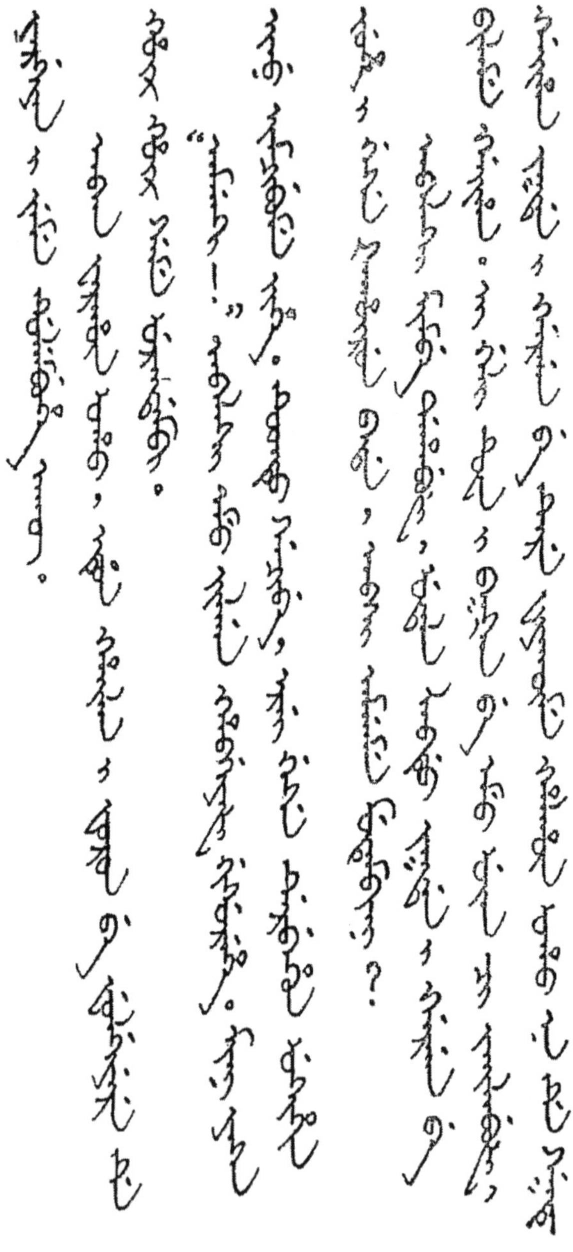

yargiyan i jeme dulembuhe akū. abka farhūn oho, edun hailan i foron be fulgiyere de hūr hūr seme urandambi. “amgaki！” abalasi emu jilgan habgiyafi gisurehe. mini yasa inu imcibume jihe. tuttu secibe, erei gese derbehun usihin juhe i gese šahūrun bada, absi amgame mutembini？ abalasi mimbe dahabufi, utala labdu jakdan i gargan be bilame gajiha. i geli tuwa i bakšan be emu ujan ci jailabufi, gajiha jakdan i gargan be tere fiyakūme halhūn oho na de sekteme

---

像這樣的美味，我實在沒有吃過。天已黑了，風吹樹梢，呼呼作響。獵人打了一聲哈欠說道：「睡覺吧！」我的眼睛也瞇瞪起來了。但是，如此潮濕冰冷的地方，怎麼能睡呢？獵人帶著我折取許多松枝來。他又把火堆挪到一邊，把拿來的松枝鋪在那烤熱了的地上，

像这样的美味，我实在没有吃过。天已黑了，风吹树梢，呼呼作响。猎人打了一声哈欠说道：「睡觉吧！」我的眼睛也瞇瞪起来了。但是，如此潮湿冰冷的地方，怎么能睡呢？猎人带着我折取许多松枝来。他又把火堆挪到一边，把拿来的松枝铺在那烤热了的地上，

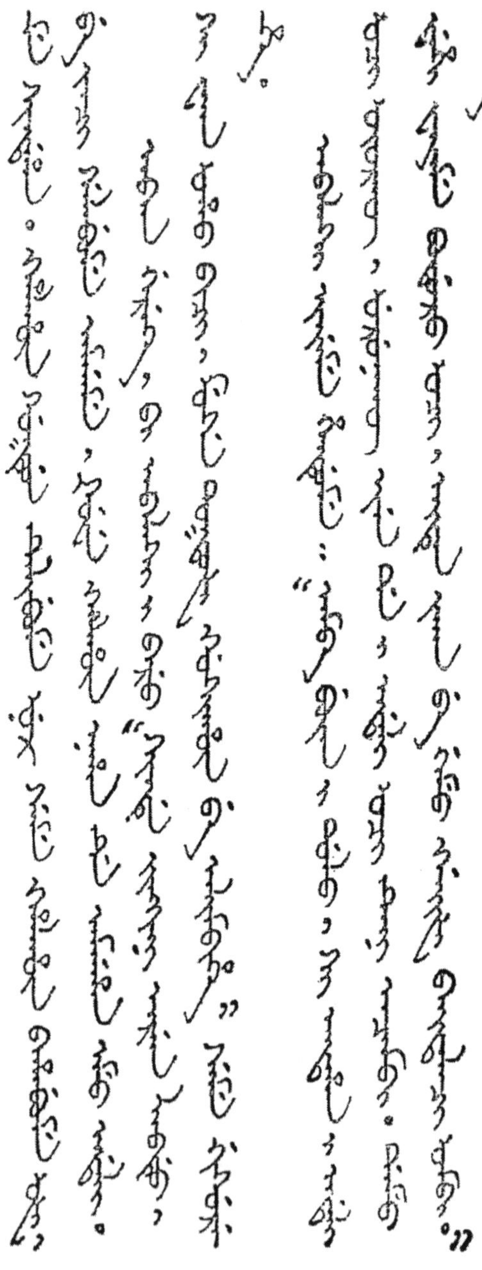

sindaha. halhūn sukdun telibume nur seme halhūn bahabume ofi, be jaci selabume amgame, šuwe halhūn nahan de amgaha emu adali. abka gereke, bi abalasi i baru“sinde jingkini arga labdu, si waka oho bici, muse toktofi gosihūn be alimbihe”seme gisurehe. abalasi injeme hendume:“amba bujan i dolo, si antaha i adali oci ojorkū, urunakū ejen da i adali oci teni acambi. damu fehi fayame bodoro oci, eiten jaka be gemu gajifi baitalaci ombi.”sehe.

熱氣蒸騰頓覺暖洋洋，我們很舒服地睡覺，竟然跟睡在暖炕上一樣。天亮了，我跟獵人說：「你真是辦法多，若不是你，我們必定要受苦。」獵人笑道：「在大叢林裡，你不能像客人一樣，一定要像主人一樣才行。只要動腦子思考，則萬物皆可為我所用。」

热气蒸腾顿觉暖洋洋，我们很舒服地睡觉，竟然跟睡在暖炕上一样。天亮了，我跟猎人说：「你真是办法多，若不是你，我们必定要受苦。」猎人笑道：「在大丛林里，你不能像客人一样，一定要像主人一样才行。只要动脑子思考，则万物皆可为我所用。」

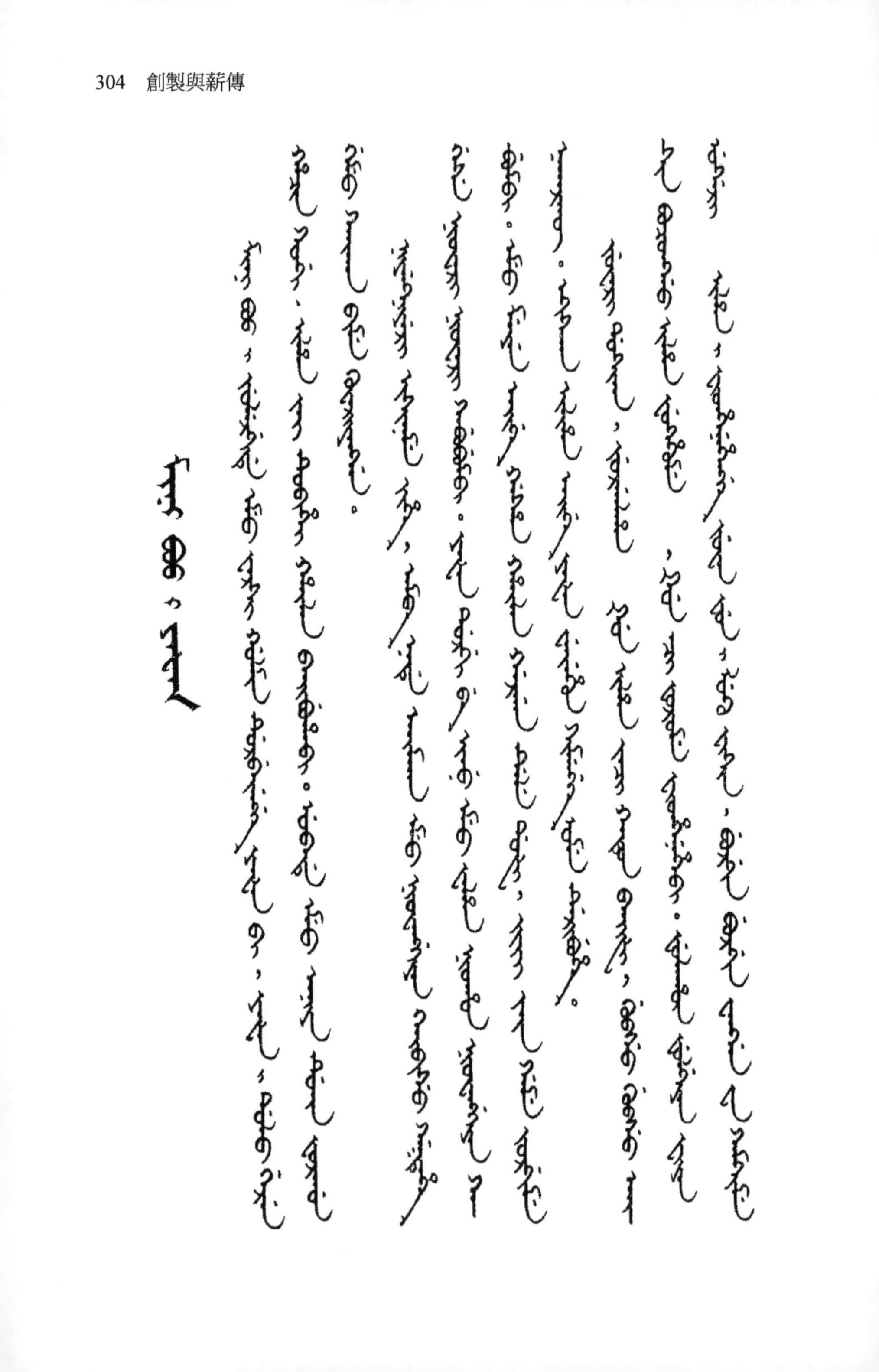

[illegible]

[illegible]

三十一、mini boo i yafan

mini boo i julergide emu farsi golmin durbejengge yafan bi, yafan i dolo geren hacin sogi、ilha jai tubihei hailan banjibuhabi. ubade emu aniya duin forgon gemu saikan bime kuwariyangga. niyengniyeri isiname jihe, amba nade aimaka emu niowanggiyan keibisu sektehe gese niowari niowari sabubumbi. yafan dorgi be inu emu falha niohon niowanggiyan sabumbi. emu meyen ajige gasha hailan gargan dele dofi, jiji jaja seme jorgime nakarkū. ekisaka iliha ajige yafan wenjehun simengge ome deribuhe. juwari dosika, jurgalaha šun ilha jaci katun banjifi, gubsu gubsu aisin boconggo ilha fushume, šun ci forome fithenehebi. fulahūn fulgiyan fiyan useri ilha i fithenehengge juwan fun i luku fisin, burgin burgin wangga wa samsime

---

三十一、我家的菜園

在我家房前有一塊長方形的菜園，園子裡長著各種蔬菜、花卉和果樹，這裡一年四季都美麗而漂亮。春天來了，大地只見如同鋪了一塊綠毯似的，看起來綠油油的。園子裡也只見一片碧綠。一群小鳥落在樹枝上，嘰嘰喳喳叫個不停。靜悄悄的小園子開始熱鬧起來。進入夏天，一排一排的向日葵長得很壯實，朵朵金色的花，向著太陽開放。鮮紅的石榴花開得十分稠密，陣陣的香味

三十一、我家的菜园

在我家房前有一块长方形的菜园，园子里长着各种蔬菜、花卉和果树，这里一年四季都美丽而漂亮。春天来了，大地只见如同铺了一块绿毯似的，看起来绿油油的。园子里也只见一片碧绿。一群小鸟落在树枝上，叽叽喳喳叫个不停。静悄悄的小园子开始热闹起来。进入夏天，一排一排的向日葵长得很壮实，朵朵金色的花，向着太阳开放。鲜红的石榴花开得十分稠密，阵阵的香味

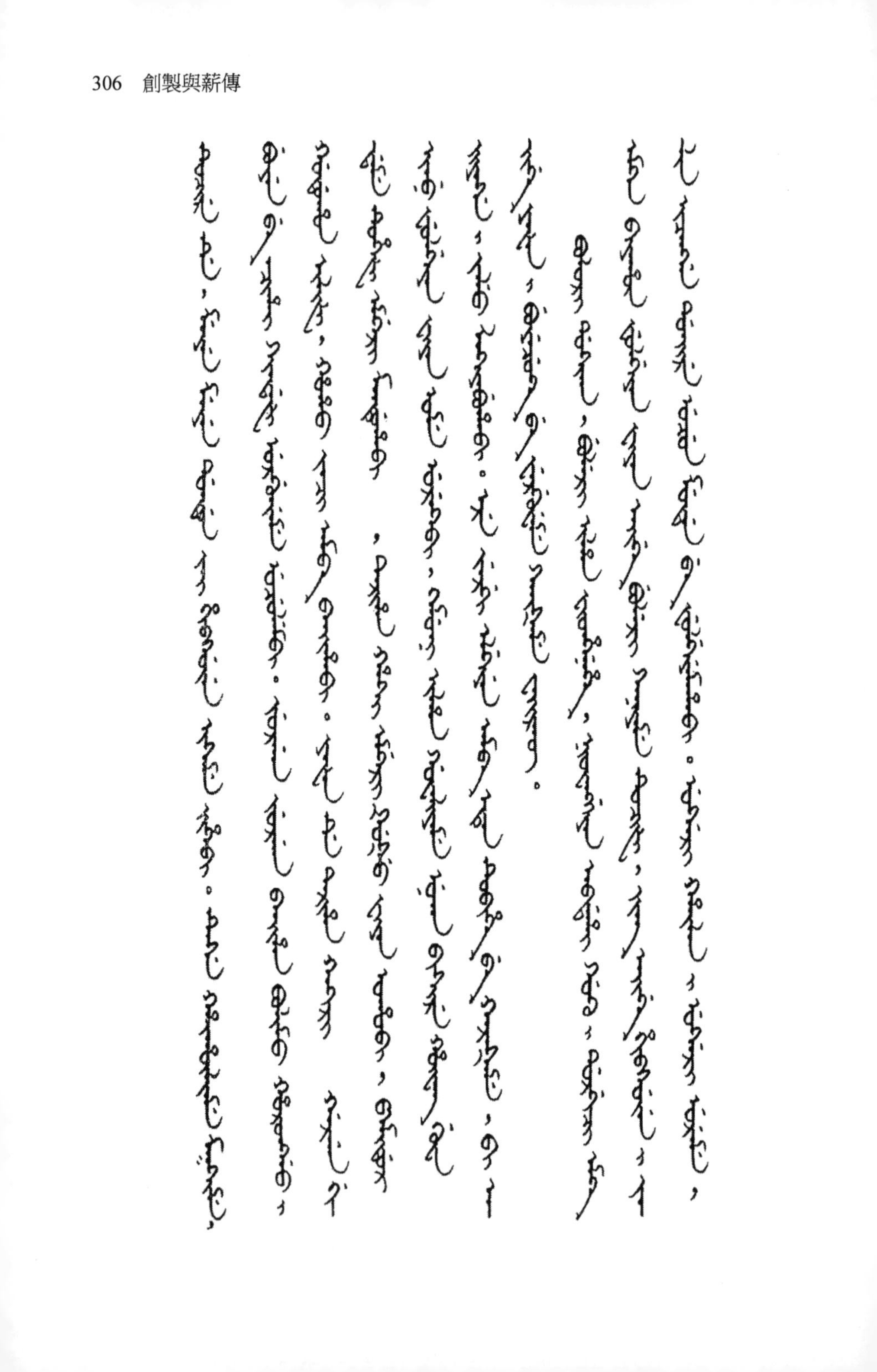

tucire de, meyen meyen dondon jai hibsujen isame jihebi. tese haihūljame maksime, buyen be cihai sindafi urgunjeme uculembi. jurgan jurgan banjiha bolimo horonggo i godohon ilifi, hoho jaci amba banjihabi. yafan de tariha kakiri gargan gidame tuhefi emgeri manduhabi, tariha hasi emgeri šušu fiyan ohobi, pamidor inu fulgiyan fiyan ome urekebi, kemuni ilha suwaliyame nuka bisire hūwang guwa jiyase i jalu lakiyabuhabi. ere jergi elgiyen amba eten tubihe be karašame, bi ajige yafan i buyecuke be ferguweme saišame wajirkū. bolori dosika, buleri ilha fithenehe, niowanggiyan abdahai suku i dorgici emke emken biyahūn fulgiyan fiyan ajige buleri saniyame tucifi, jing ajige hibsujen i jalin icangga donjire ucun mudan be fulgiyemahabi. useri hailan i useri ureme,

---

散發出來，引得成群的蝴蝶及蜜蜂集聚而來。牠們翩翩起舞，縱情歡唱。成行成排生長的玉米很威武挺立，結的莢長得很大。園子裡種的辣椒結滿枝已經成熟，所種的茄子已經變紫了，西紅柿也變紅成熟，還有開頂花帶刺的黃瓜掛滿了架子。望著這些豐收的勝利果實，我對這個小園子的可愛讚賞不已。進入秋天，喇叭花開了，從綠葉蓬裡一個一個伸出淡紅色的小喇叭，正為小蜜蜂吹奏悅耳的曲調。石榴樹的石榴成熟了，

散发出来，引得成群的蝴蝶及蜜蜂集聚而来。牠们翩翩起舞，纵情欢唱。成行成排生长的玉米很威武挺立，结的荚长得很大。园子里种的辣椒结满枝已经成熟，所种的茄子已经变紫了，西红柿也变红成熟，还有开顶花带刺的黄瓜挂满了架子。望着这些丰收的胜利果实，我对这个小园子的可爱赞赏不已。进入秋天，喇叭花开了，从绿叶蓬里一个一个伸出淡红色的小喇叭，正为小蜜蜂吹奏悦耳的曲调。石榴树的石榴成熟了，

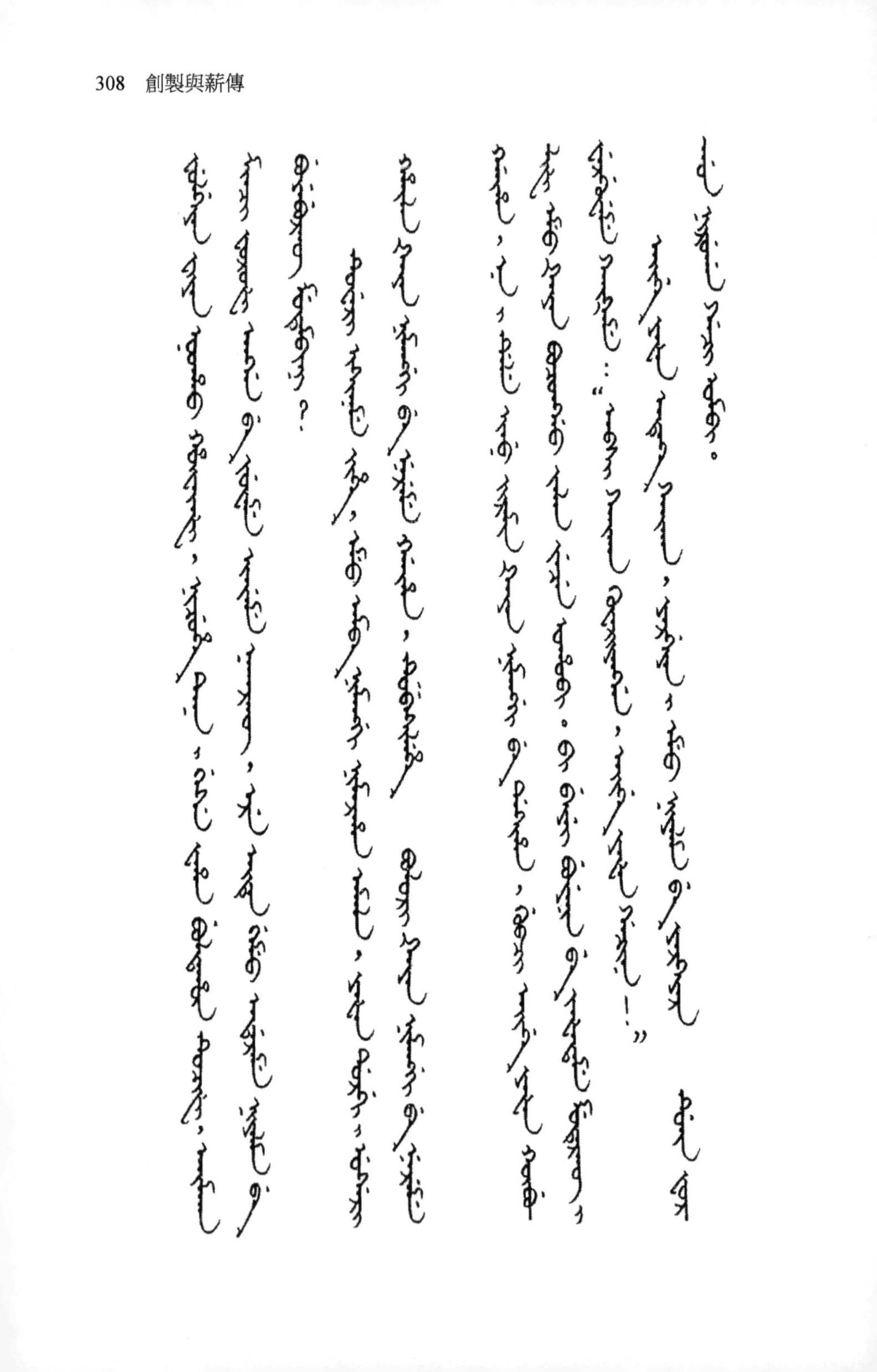

[illegible]

fulgiyan fiyan notho hūwajafi, nicuhe tana i gese faha bultahūn tucifi, aimaka minci forofi angga be juwame injeme nakarkū, ere eiten gemu adarame niyalma be buyeburkū mutembini? tuweri isiname jihe, emu amba nimanggi nimaraha amala, yafan dorgi i useri hailan šayan nimanggi be nereme gaiha, dubesilehe bolori šayan nimanggi be nereme gaiha, na i dele inu jiramin šayan nimanggi be dasiha, gubci ajige yafan kūbulifi emu šayan boconggo jalan jecen ohobi. bi beyei buyenin be jafatame muterkū i ferguweme saišame:"absi saikan kuwariyangga, ajige yafan secina! "ajige yafan eteke saikan, yargiyan i emu niyalma be yarkiyara duin forgon nirugan seci ombi.

紅色的外殼開裂，像珍珠似的果核露了出來，就像是朝著我張著嘴笑個不停，這一切都怎麼能讓人不喜歡呢？冬天來了，下了一場大雪後，園子裡的石榴樹披上了白雪，晚秋披上了白雪，地上也覆蓋了厚厚的白雪，整個小園子變成了一個白色的世界。我情不自禁地讚道：「多麼美麗的小園子啊！」小園子如此美麗，真可以說是一張幅誘人的四季畫。

红色的外壳开裂，像珍珠似的果核露了出来，就像是朝着我张着嘴笑个不停，这一切都怎么能让人不喜欢呢？冬天来了，下了一场大雪后，园子里的石榴树披上了白雪，晚秋披上了白雪，地上也覆盖了厚厚的白雪，整个小园子变成了一个白色的世界。我情不自禁地赞道：「多么美丽的小园子啊！」小园子如此美丽，真可以说是一张幅诱人的四季画。

[illegible]

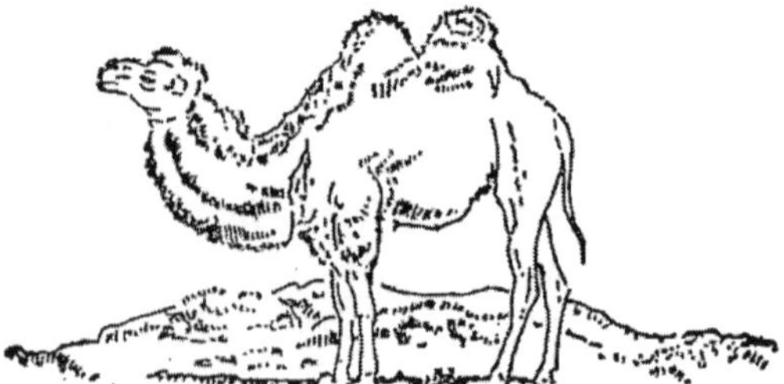

三十二、yonggan tala i jahūdai

temen yonggan tala de banjimbi. terei beye dursun umesi den, meifen jaci golmin ofi, umesi goro babe karašame sabume mutembi. yonggan tala de muke bisire ba umesi komso, temen i wadame wangkiyarangge umesi lingge ofi, ya bade mukei sekiyen bihe be, tere yooni baime bahame mutembi. yonggan tala de yaya mudan yonggan be deyebure su edun de

---

三十二、沙漠之舟

駱駝生活在沙漠裡。牠的身軀很高大，脖子很長，能望見很遠的地方。沙漠裡有水的地方很少，駱駝的嗅覺很靈敏，哪裡有水源，牠全都能找到，在沙漠裡每次遇到旋風吹起沙子，

三十二、沙漠之舟

骆驼生活在沙漠里。牠的身躯很高大，脖子很长，能望见很远的地方。沙漠里有水的地方很少，骆驼的嗅觉很灵敏，哪里有水源，牠全都能找到，在沙漠里每次遇到旋风吹起沙子，

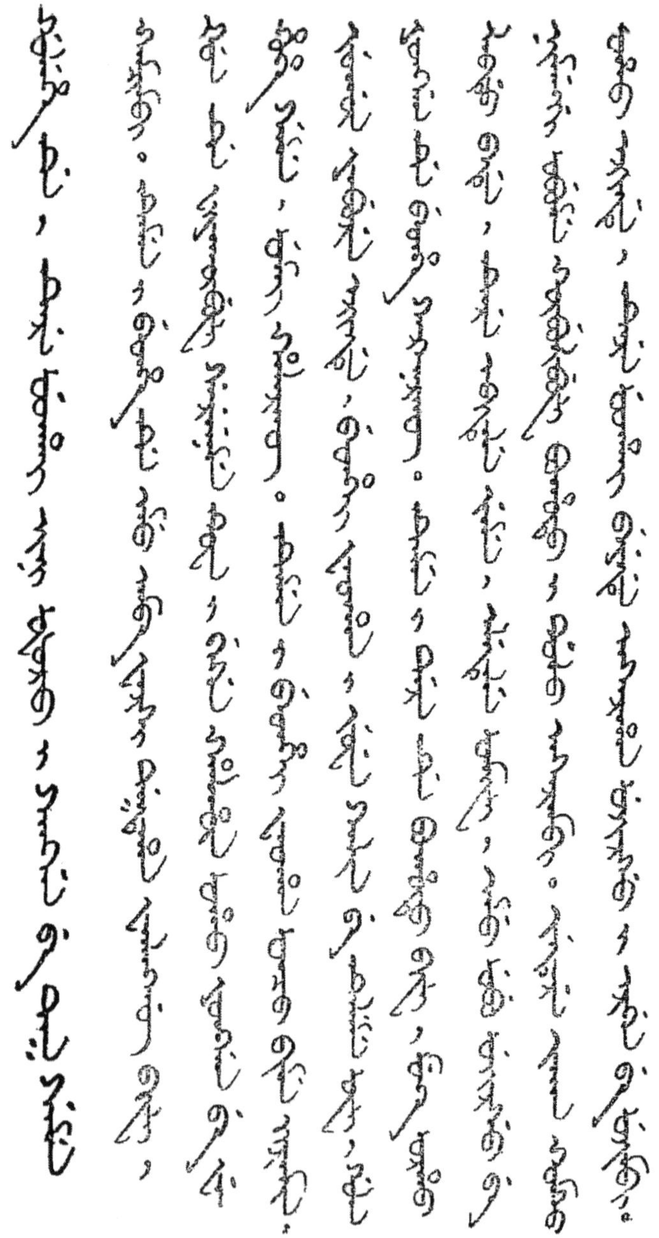

teisulehe de, tere uthai ini oforo i sangga be tak seme kamcimbi. temen i bethe de emu amba farsi daktaha falanggū bifi, šun de fiyakūbufi sereneme tuwa i gese halhūn oho yonggan be fehuhe seme, umai halarkū. temen i bethei fatha onco bime jiramin, jugūn yabure erinde, bethei fatha i juwe salin be teleme ofi, sula yonggan de bethe sak'anarkū. temen i dara de bohoto bifi, muke orho labdu bade, tere ebitele jeme, eletele omifi, emu ubu ujirsu be nimenggi obume kūbulibufi bohoto i dolo asarambi. jetere jaka komso oho erinde, tere uthai beyede asaraha ujirsu i ergen be ujimbi.

牠就緊緊地閉起牠的鼻孔。駱駝的腳上長有一大塊肥厚的腳掌，踩在被太陽烤得如同火炭發燙沙地上，全然無妨。駱駝的腳掌又寬又厚，走路時，由於腳掌的兩岔撐開，不致陷入鬆軟的沙土裡。駱駝的背上有駝峰，在水草多的地方，牠吃飽喝足，把一部分營養變成脂肪儲藏在駝峰裡。食物少的時候，牠就用身上儲藏的營養來維持生命。

牠就紧紧地闭起牠的鼻孔。骆驼的脚上长有一大块肥厚的脚掌，踩在被太阳烤得如同火炭发烫沙地上，全然无妨。骆驼的脚掌又宽又厚，走路时，由于脚掌的两岔撑开，不致陷入松软的沙土里。骆驼的背上有驼峰，在水草多的地方，牠吃饱喝足，把一部分营养变成脂肪储藏在驼峰里。食物少的时候，牠就用身上储藏的营养来维持生命。

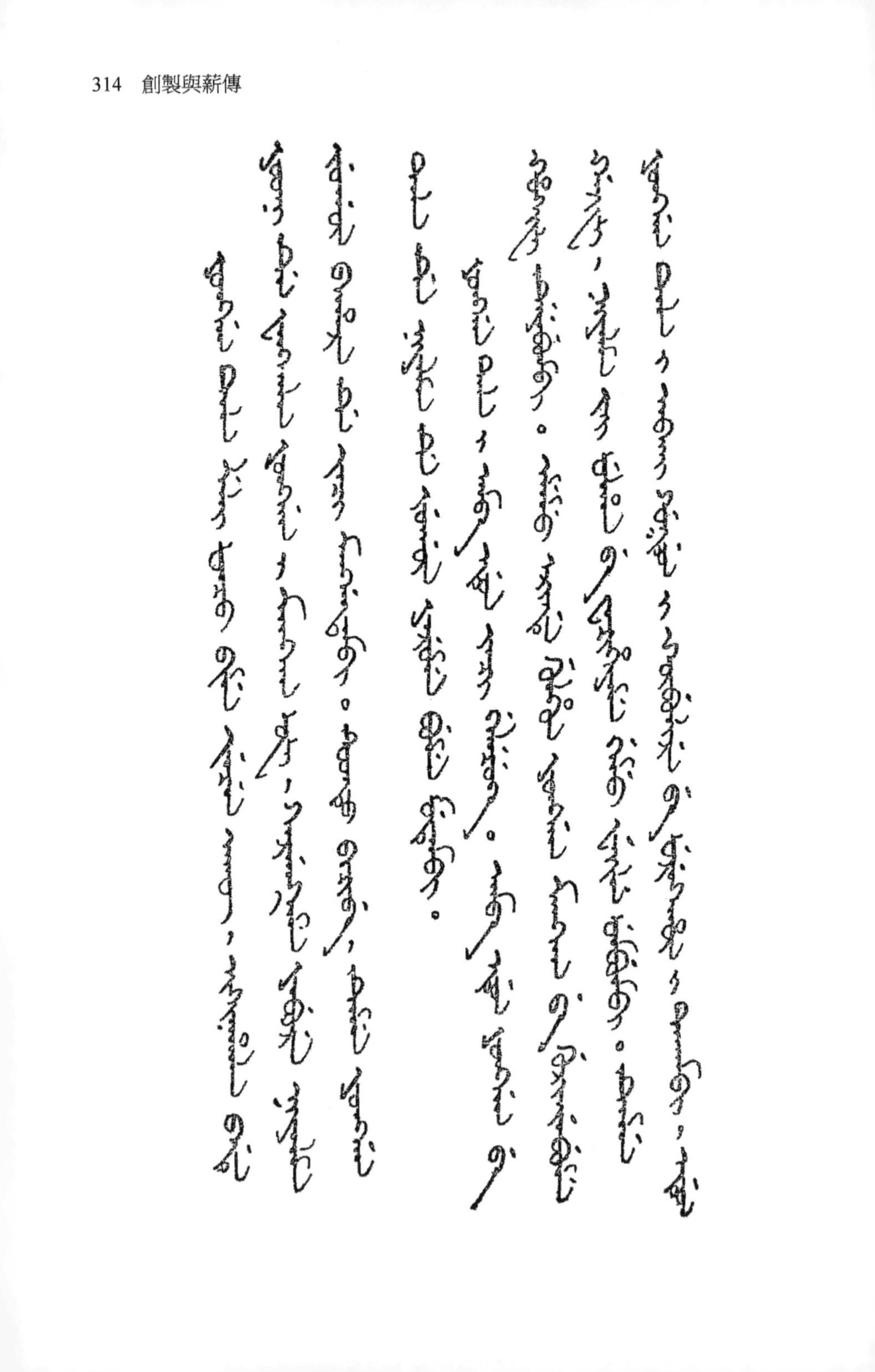

[illegible]

yonggan tala leli onco bime jecen akū, isinahala bade yooni den fangkalan yonggan i mangkan ofi, sargašame yabure niyalma jugūn bahara de jaci manggatambi. tuttu bicibe, temen yonggan tala de niyalma de jugūn yarume bume mutembi. yonggan tala i amba edun jaci gelecuke. amba edun yonggan be hosifi deyebumbi. ememu erinde gulhun yonggan mangkan be gurinjebume gajifi, niyalma jai ulha be wacihiyame gemu fejile umbumbi. temen yonggan tala i abkai sukdun i kūbulire be ureshūn i takambi, edun

---

沙漠寬廣遼闊，到處都是高高低低的沙丘，因此旅行的人很難找到路，但駱駝在沙漠裡能給人引路。沙漠裡的大風非常可怕，大風捲起沙子飛舞，有時把整個沙丘移走，把人和牲口全都埋在下面。駱駝熟悉沙漠的天氣變化，

沙漠宽广辽阔，到处都是高高低低的沙丘，因此旅行的人很难找到路，但骆驼在沙漠里能给人引路。沙漠里的大风非常可怕，大风卷起沙子飞舞，有时把整个沙丘移走，把人和牲口全都埋在下面。骆驼熟悉沙漠的天气变化，

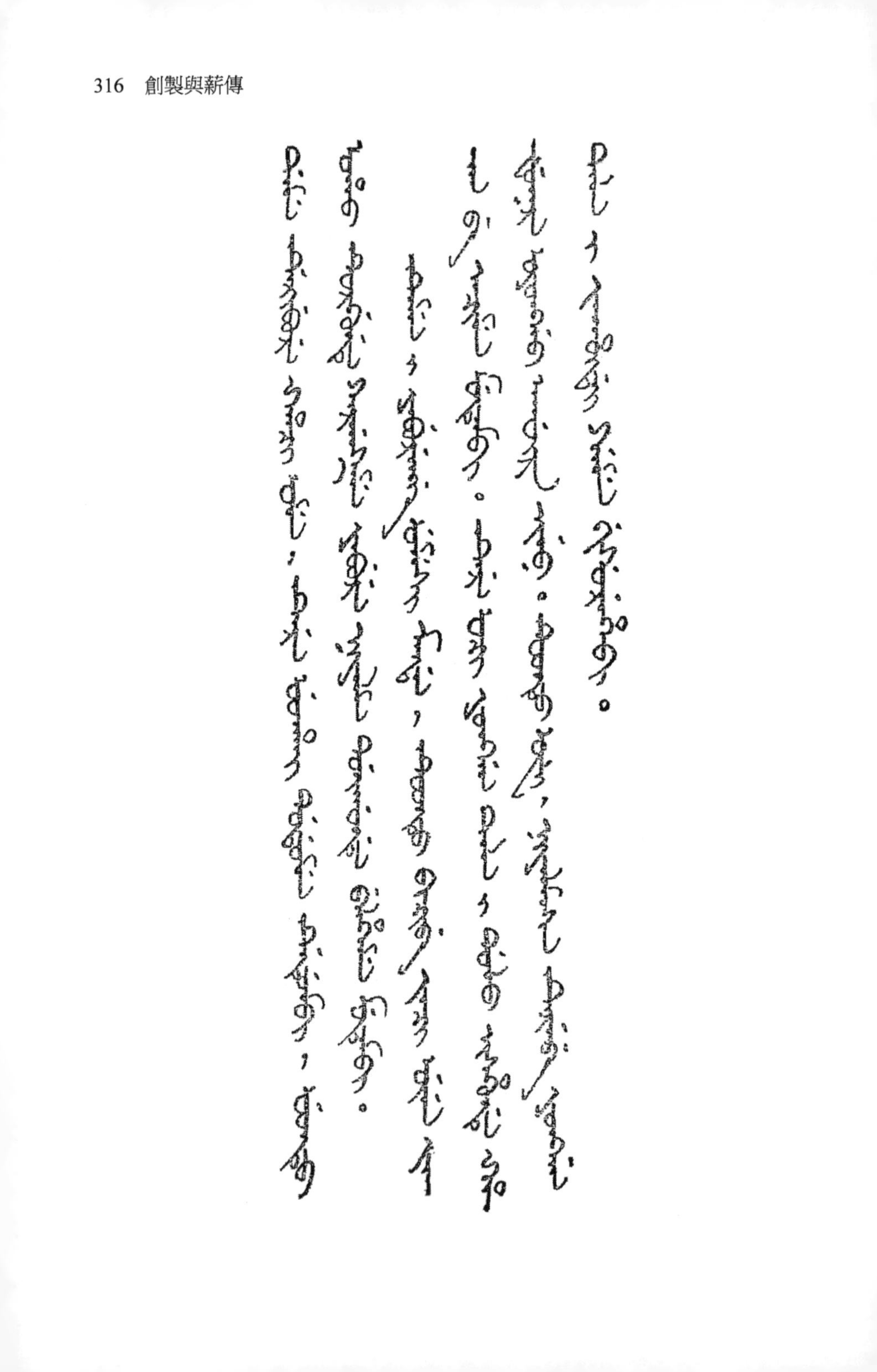

[illegible]

dame deribure hanci ome, tere uthai dodome dedumbi, uttu oho turgunde sargašame yabure niyalma doigonde belheme mutembi. temen i yaburengge umesi mandan, tuttu bicibe jaci ujen jaka be acime mutembi. tere oci yonggan tala i dolo ishunde hafunara oyonggo agūra inu. tuttu ofi, niyalmasa terebe yonggan tala i jahūdai seme gisurehebi.

接近開始刮風，牠就趴下，因此旅行的人能夠事先準備。駱駝走的很慢，但是能馱很重的東西。牠是沙漠裡彼此交通的重要工具。因此人們把牠叫做沙漠之舟。

接近开始刮风，牠就趴下，因此旅行的人能够事先准备。骆驼走的很慢，但是能驮很重的东西。牠是沙漠里彼此交通的重要工具。因此人们把牠叫做沙漠之舟。

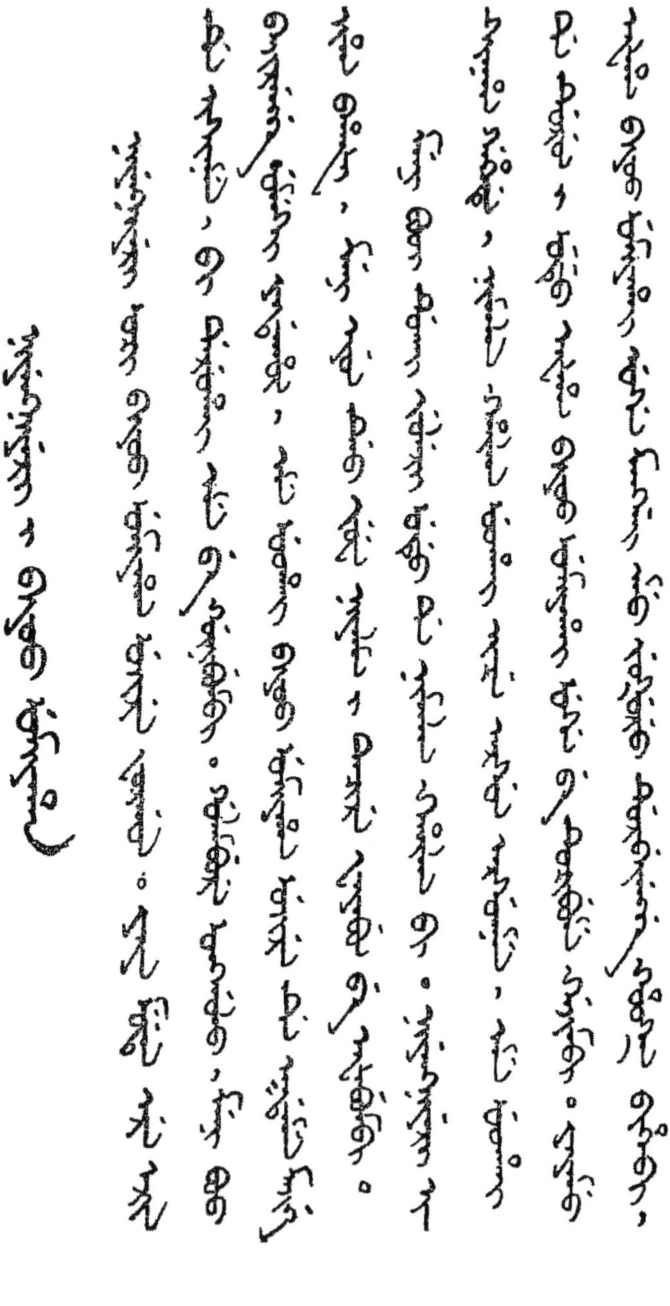

三十三、niyengniyeri i biyoo umiyaha

niyengniyeri oci biyoo umiyaha ujire forgon. yaya mudan ere erin de isiname, bi daruhai eme be gūnibumbi. sulambure onggolo, meni boo banjirengge umesi yadahūn , eme uthai biyoo umiyaha ujire de akdame majige jiha bahafi, meni eyun deo juwe niyalma i tacire fayabun be afabumbi. meni booi dukai juleri udu da nimalan hailan bi. ningniyeri isinaha sehede, nimalan hailan uthai ice arsun arsuname, eme uthai da durun i udu afaha biyoo umiyahai use be tucibume gajimbi. yayamu afaha biyoo umiyahai use manggai emu jušuru durbejengge hoošan bihebi.

三十三、春蠶

春天是養蠶的季節。每次到了這個時後，我常常想起母親。解放前，我們家的生活很貧窮，母親就靠養蠶掙些錢；繳納我們姊弟二人的學費。我們家門前有幾棵桑樹。到了春天，桑樹就長出新芽，母親就像往常一樣拿出幾張蠶種。每張蠶種不過是一尺見方的紙，

三十三、春蚕

春天是养蚕的季节。每次到了这个时后，我常常想起母亲。解放前，我们家的生活很贫穷，母亲就靠养蚕挣些钱；缴纳我们姊弟二人的学费。我们家门前有几棵桑树。到了春天，桑树就长出新芽，母亲就像往常一样拿出几张蚕种。每张蚕种不过是一尺见方的纸，

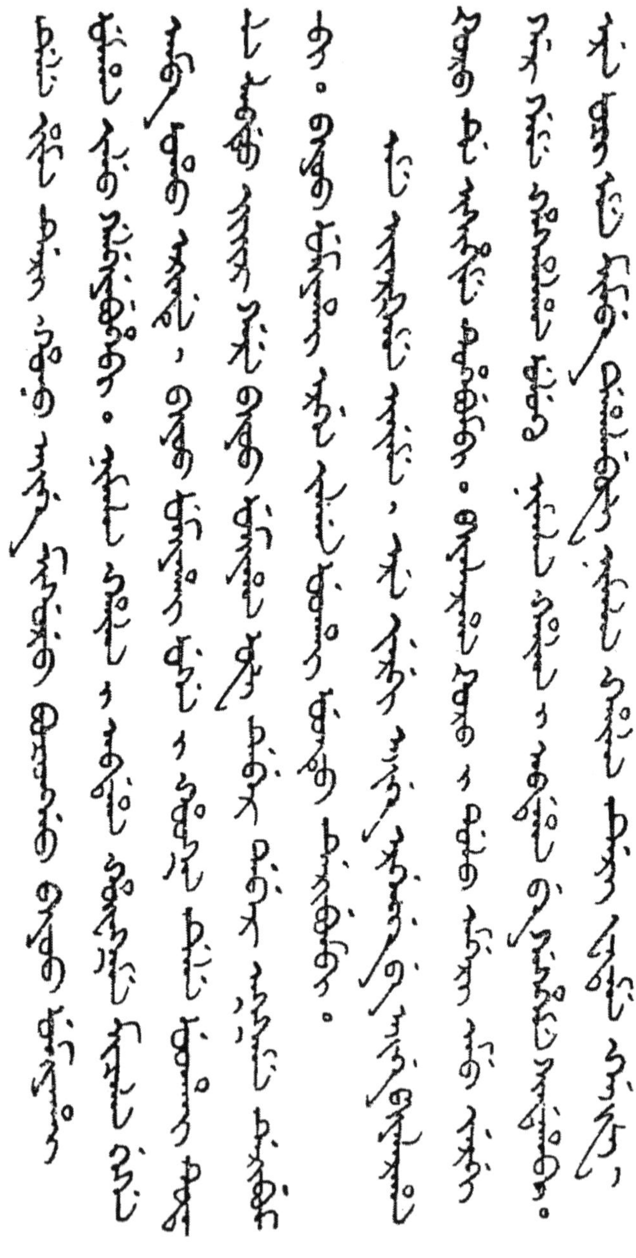

dele jyma deri hono ajige misuru boconggo biyoo umiyahai umhan jalu selgiyebuhebi. nimalan hailan i abdaha hūwašame micalan gese amba oho erinde, biyoo umiyahai use i hoošan dele uthai tutala labdu jijir sere biyoo umiyaha ofi deber daber aššame deribumbi. biyoo umiyahai ergen jalgan uthai uttu deribumbi. eme ijaršame injeme, ere jergi ajige ergengge be ajige piyalaraha šoro de isihime tuhebumbi. piyalaraha šoro i dolo emgeri emu jergi ser seme hashalaha uluku nimalan hailan i abdaha be sesheme sindahabi. ere oci eme mimbe dahalabufi nimalan hailan deri fatame gajifi,

---

上面佈滿比芝麻還小的醬色蠶卵。桑樹葉子長到像榆錢大了的時候，蠶種紙上就會有許多細小的蠶蠕動起來。蠶的生命這樣開始。母親樂呵呵，地把這些小生命抖落到篩筐裡。篩筐裡已撒了一層剪細的桑葉，這是母親帶著我從桑樹上摘取，

上面布满比芝麻还小的酱色蚕卵。桑树叶子长到像榆钱大了的时候，蚕种纸上就会有许多细小的蚕蠕动起来。蚕的生命这样开始。母亲乐呵呵，地把这些小生命抖落到筛筐里。筛筐里已撒了一层剪细的桑叶，这是母亲带着我从桑树上摘取，

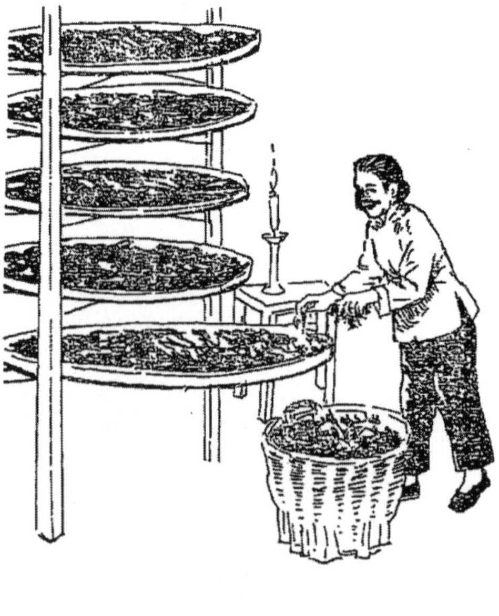

giling giling mabulafi, narhūn bime neigen i hashalaha abdaha inu. biyoo umiyaha emu inenggi ci emu inenggi amba oho, nimalan hailan i abdaha be hashalarangge inu emu inenggi ci emu inenggi onco oho. biyoo umiyaha hūwašame hontoho jurhun isime golmin oho erinde, ajige piyalaraha šoro be amba piyalaraha šoro obume hūlašaha, ereci uthai gulhun nimalan hailan abdaha be ulebume deribuhe. inenggidari erde, eyun nimalan hailan abdaha tatame gajiha

---

擦得乾乾淨淨，剪得又細又均勻的葉子。蠶一天比一天大了，剪的桑葉也一天比一天寬了。蠶長到半寸長時，把小篩筐換成了大篩筐，從此就開始餵整片桑葉了。每天清晨，姊姊摘取桑葉後，

擦得干干净净，剪得又细又均匀的叶子。蚕一天比一天大了，剪的桑叶也一天比一天宽了。蚕长到半寸长时，把小筛筐换成了大筛筐，从此就开始喂整片桑叶了。每天清晨，姊姊摘取桑叶后，

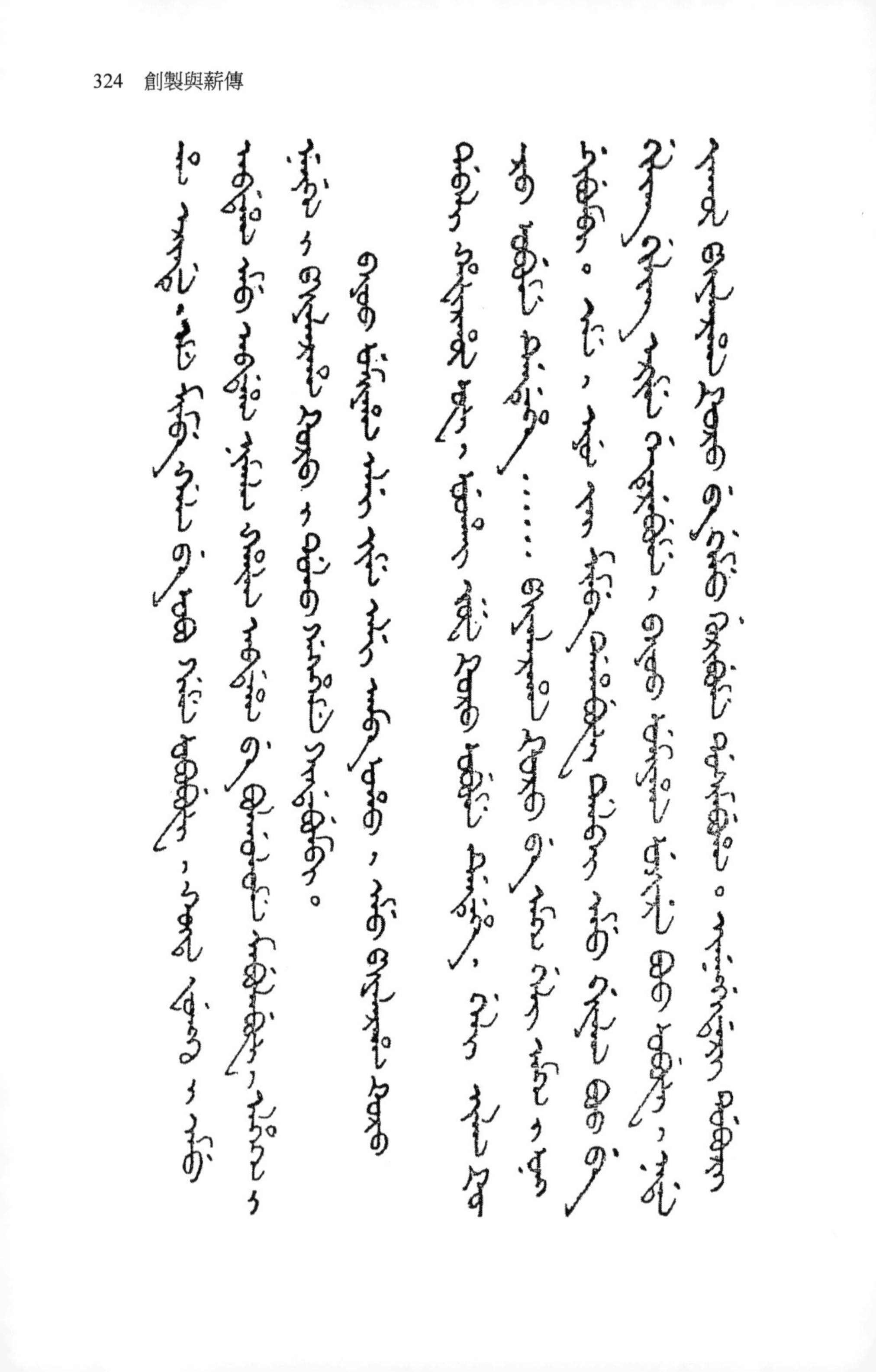

erinde, eme mimbe gala be obo seme obobufi, kūta fungku i emu abdaha emu abdaha nimalan hailan abdaha be bolgolome mabulabufi, elheken i neigen i piyalaraha šoro i dolo sesheme sindabumbi. biyoo umiyaha elei jime elei amba oho, emu piyalaraha šoro dabali hafirhūn ofi, uthai juwe šoro obume dendehe, geli ilan šoro obume dendehe……piyalaraha šoro be emken geli emken i nonggibumbi. eme, eyun jai mimbe dahabufi dalbai emu giyalan boo be giling giling erime geterebume, biyoo umiyaha ujire boo obufi, nadan jakūn piyalaraha šoro be gemu guribume dosimbuha. inenggidari dobori

---

母親讓我洗手，用毛巾把一片一片的桑葉擦乾淨，輕輕地均勻地撒在篩筐裡面。蠶愈來愈大了，一個篩筐太窄了，就分成兩個篩筐，又分成三個筐……篩筐一個又一個地增加。母親帶著姊姊和我把旁邊的一間屋子清掃乾淨，做為養蠶的房子，把七、八個篩筐都挪進去。每天深夜，

母亲让我洗手，用毛巾把一片一片的桑叶擦干净，轻轻地均匀地撒在筛筐里面。蚕愈来愈大了，一个筛筐太窄了，就分成两个筛筐，又分成三个筐……筛筐一个又一个地增加。母亲带着姊姊和我把旁边的一间屋子清扫干净，做为养蚕的房子，把七、八个筛筐都挪进去。每天深夜，

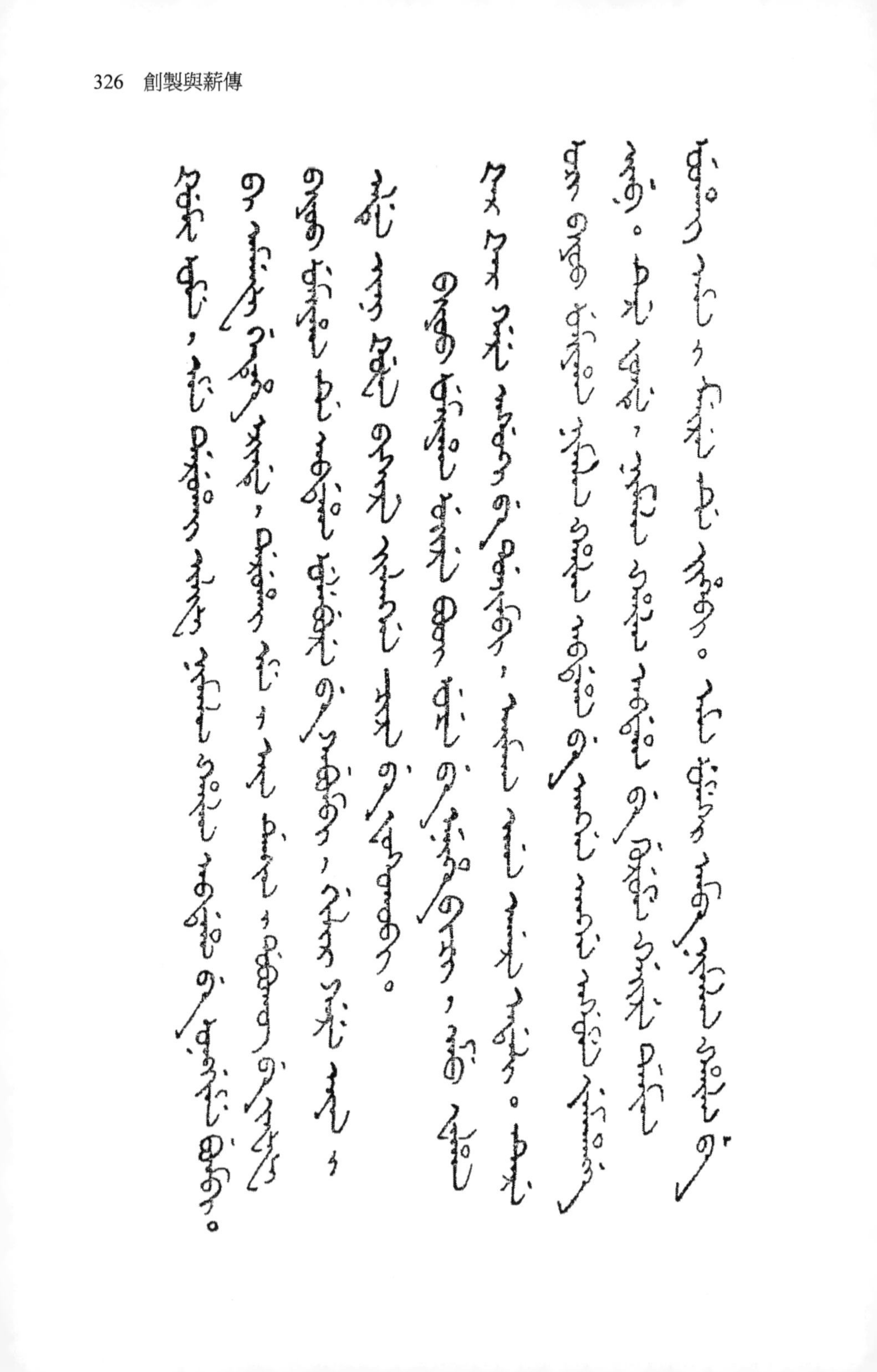

[illegible]

šumin ome, eme daruhai ilifi nimalan hailan abdaha be nonggime bumbi. bi amgafi getehe erinde, daruhai eme i ayan dengjan i dobokū be jafafi biyoo umiyaha de abdaha ulebure be sabumbi, gilir sere ayan i elden ini šufan bisire jilangga cira be fosokobi. biyoo umiyaha ujire booi uce be neihe bici, emu falha šar šar sere asuki be donjimbi, aimaka aga agara adali. tere oci biyoo umiyaha nimalan hailan abdaha be angga angga assume jemahangge inu. tere fonde, nimalan hailan abdaha be gurume gajire damjan uthai ama i meiren de jihebi. ama umesi amba nimalan hailan be

---

母親常常起來給添桑葉。我睡醒時，經常能看見母親拿了燭臺給蠶餵葉子，閃亮的燭光照射在她那帶皺紋的慈祥的面孔。打開蠶房門，會聽到一片唰唰的聲響，如同下雨一樣，那是蠶在一口一口咬食桑葉。到那時候，採取桑葉的扁擔，就挪到父親肩上來了。

母亲常常起来给添桑叶。我睡醒时，经常能看见母亲拿了烛台给蚕喂叶子，闪亮的烛光照射在她那带皱纹的慈祥的面孔。打开蚕房门，会听到一片唰唰的声响，如同下雨一样，那是蚕在一口一口咬食桑叶。到那时候，采取桑叶的扁担，就挪到父亲肩上来了。

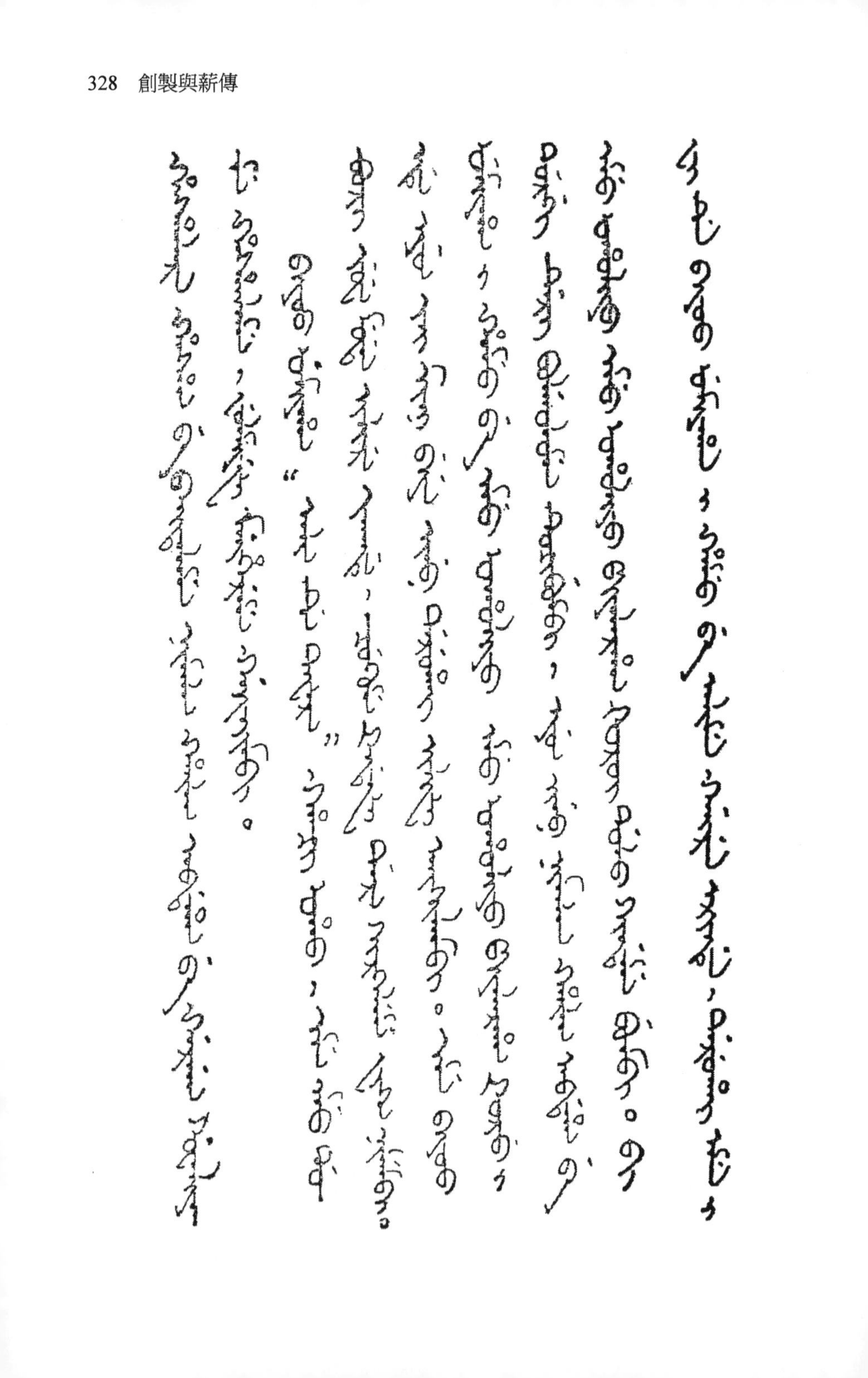

hashalara hasha be baitalame nimalan hailan abdaha be gargan suwaliyame hashalame, fulmiyefi meihereme gajinjimbi. biyoo umiyaha“alin de tafara”hanci oho, eme emu dobori juwe mudan ilire jakade, cukume šadafi dara sirkeleme fisa nimembi. ede eyun jai mini beye inu daruhai ilifi aisilambi. eme biyoo umiyaha i hamu be emu oholiyo emu oholiyo piyalaraha šoro i dorgi deri bolgolome tucibumbi, eyun inu nimalan hailan abdaha be emu oholiyo emu oholiyo piyalaraha šoroi dolo sindame bumbi. bi fi de biyoo umiyaha i hamu be alime gaire erinde, daruhai eme i

---

父親在很大的桑樹上用剪刀把桑葉連枝帶葉一併剪下來，打成捆起來扛著拿過來。蠶接近「登山」了，母親一晚上要起來兩次，累得腰痠背疼，為此姊姊和我自己也經常起來幫忙。母親把蠶屎一捧一捧地從篩筐裡清理出來，姊姊也把桑葉一捧一捧地放進篩筐裡。我用畚箕接住蠶屎時，常常

父亲在很大的桑树上用剪刀把桑叶连枝带叶一并剪下来，打成捆起来扛着拿过来。蚕接近「登山」了，母亲一晚上要起来两次，累得腰酸背疼，为此姊姊和我自己也经常起来帮忙。母亲把蚕屎一捧一捧地从筛筐里清理出来，姊姊也把桑叶一捧一捧地放进筛筐里。我用畚箕接住蚕屎时，常常

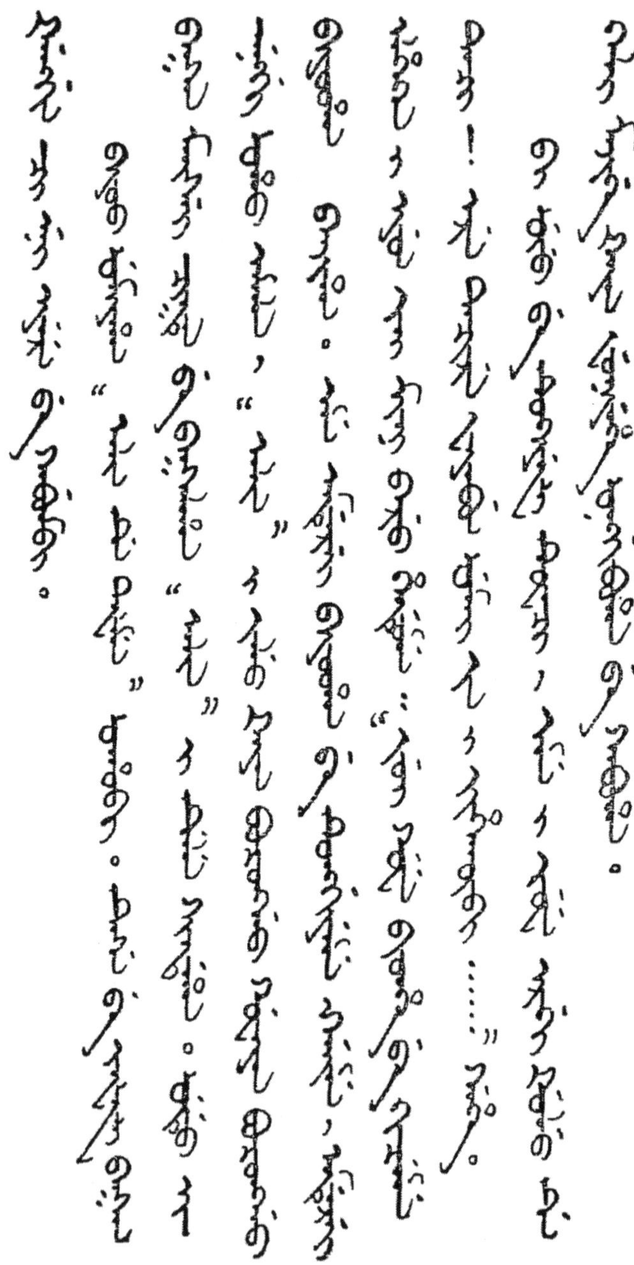

šenggin ci nei eyere be sabumbi. biyoo umiyaha“alin de tafame”ohobi. tese be jafafi baksan baksan maisei cikten be baksalaha“alin”i dele sindaha. udu inenggi oho amala,“alin”i jalu šayan boconggo suwayan boconggo biyooha banjiha. eme emderei biyooha be tunggiyeme gaime, emderei elheken i eyun jai mini baru hendume:“jui suwe bithe be kiceme taci ! ere tacire fayabun umai ja i jihekūbi……”sehe. bi uju be tukiyefi tuwaci, eme i juwe ergi šulu de geli majige šayan funiyehe nonggibuha be sabuha.

看見母親的額頭上流下汗來。蠶要「登山」了。抓起牠們放到堆堆用麥桿堆起的「山」上。幾天以後，滿「山」都長滿了白色黃色的蠶。母親一面撿蠶，一面慢慢地跟姊姊和我說：「孩子們你們用功讀書吧！這學費來得並不易……」。我抬頭一看，看見母親的兩鬢又添了一些白髮。

看见母亲的额头上流下汗来。蚕要「登山」了。抓起牠们放到堆堆用麦杆堆起的「山」上。几天以后，满「山」都长满了白色黄色的蚕。母亲一面捡蚕，一面慢慢地跟姊姊和我说：「孩子们你们用功读书吧！这学费来得并不易……」。我抬头一看，看见母亲的两鬓又添了一些白发。

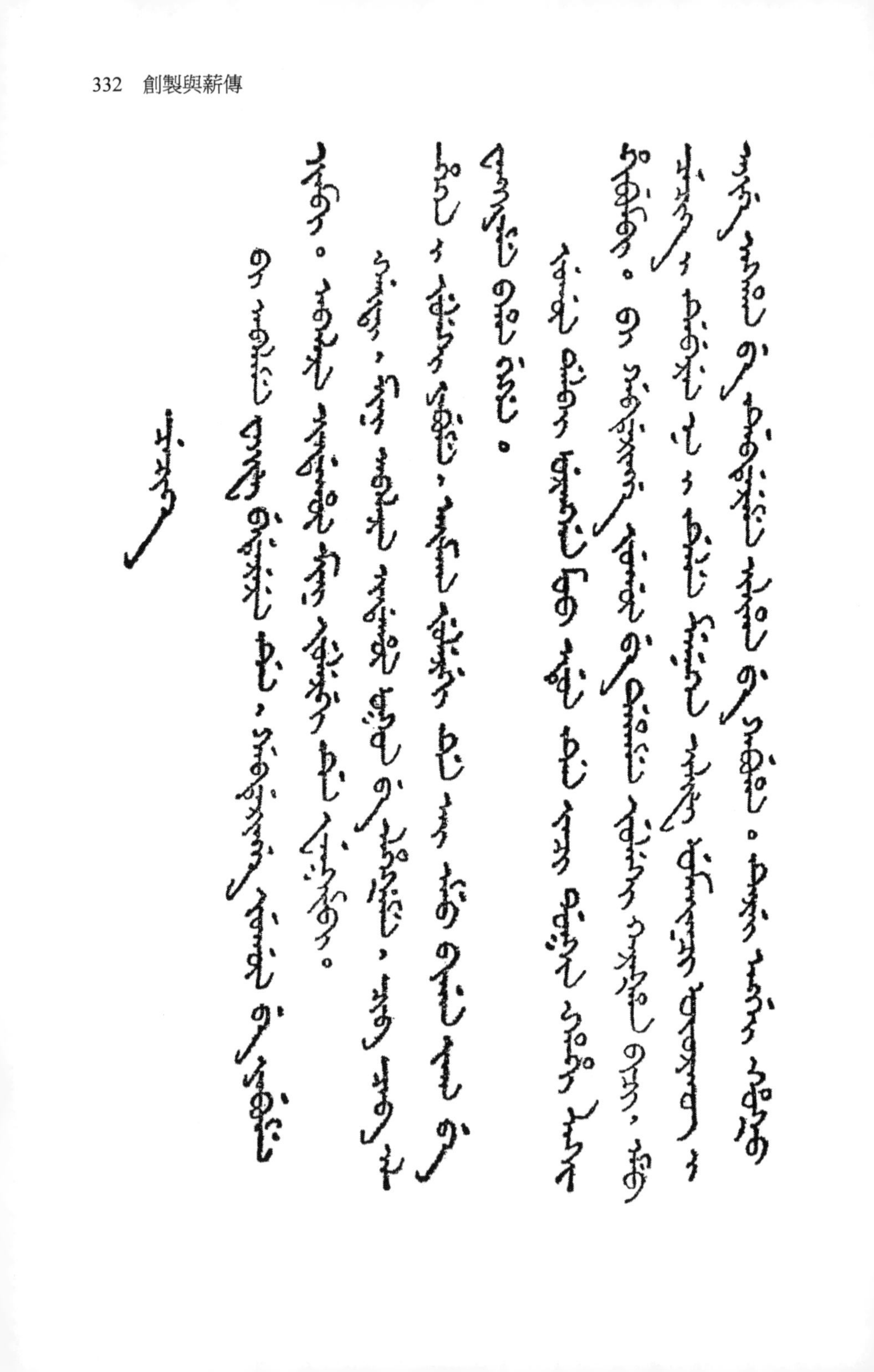

[illegible]

[illegible]

[illegible]

[illegible]

[illegible]

[illegible]

[illegible]

[illegible]

[illegible]

三十四、cecike

bi abalame wajifi bederere de, sebderingge jugūn be yabume jimbi. abalara indahūn mini julergi de feksimbi. gaitai, mini abalara indahūn okson be elhešeme, cib cab elheken i julesi yabume, aimaka julergi de ai emu bigan jaka be wangkiyame baha gese. jugūn dalbai urangga moo edun de jaci doksin hahi lasihibumbi. bi sebderingge jugūn be dahame julesi karašha bici, emu cecike i deberen na i dele meneken ilifi umainaci ojorkū i ajige ashan be debdereme iliha be sabuha. terei enggei hošo

---

三十四、麻雀

我打獵完返回時，沿著陰涼的路走，獵犬在我的前面奔跑。忽然，我的獵犬放慢腳步，悄然緩慢地向前走，就像嗅到前面有一個什麼獵物。路旁的梧桐樹被風吹得劇烈地晃動。我沿著陰涼的路向前望去時，看見一隻麻雀的幼雛呆呆地立在地上無可奈何地撲搧著小翅膀。

三十四、麻雀

我打猎完返回时，沿着阴凉的路走，猎犬在我的前面奔跑。忽然，我的猎犬放慢脚步，悄然缓慢地向前走，就像嗅到前面有一个什么猎物。路旁的梧桐树被风吹得剧烈地晃动。我沿着阴凉的路向前望去时，看见一只麻雀的幼雏呆呆地立在地上无可奈何地扑搧着小翅膀。

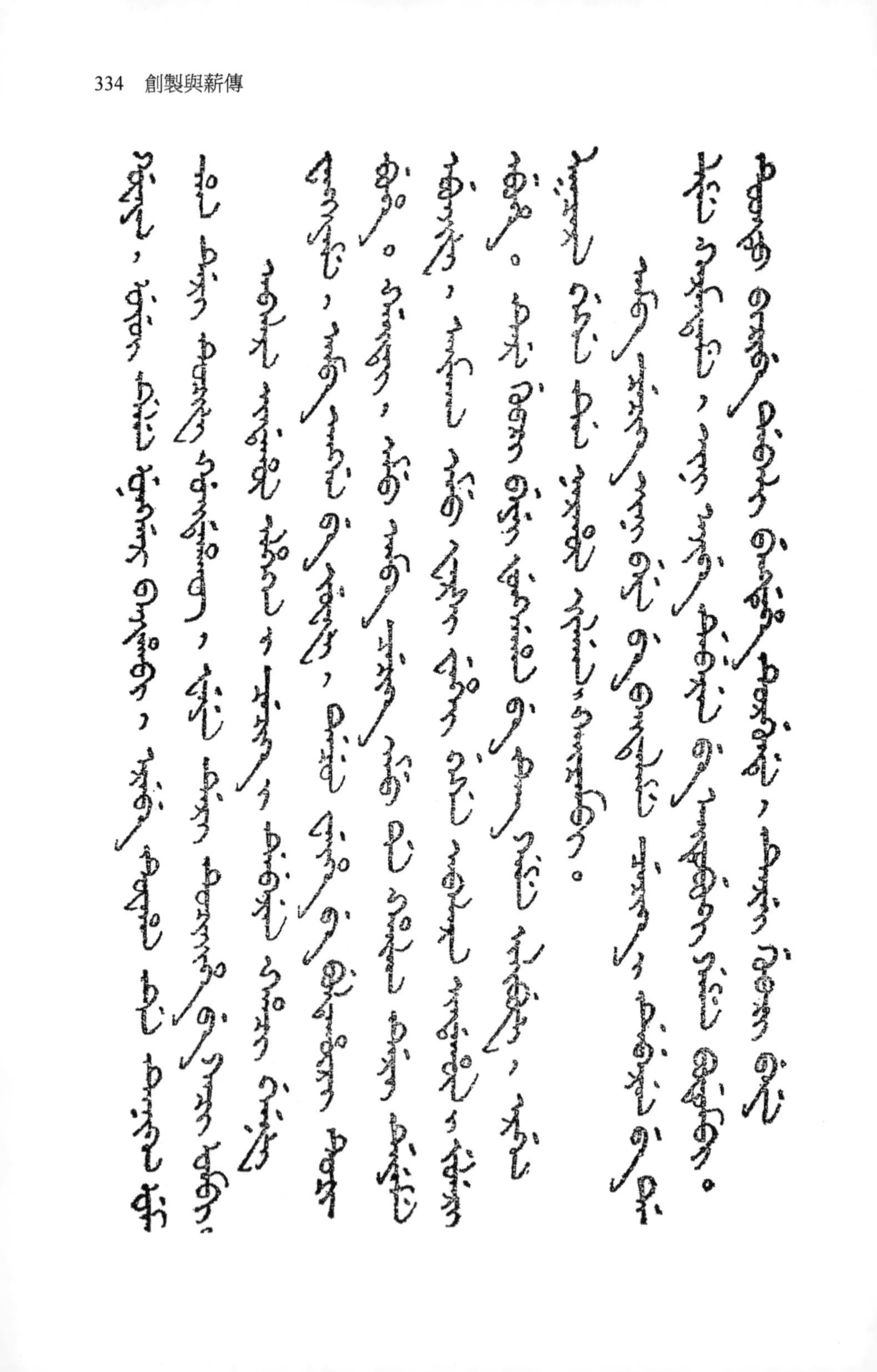

suwayan, ujui dele nunggar banjihabi, erebe tuwaha de teniken umhan deri tucifi goidahakū, feye deri tucinjihe be saci ombi. abalara indahūn elheken i cecike i deberen hanci genefi wangkiyame, amba angga be juwafi, dacun weihe be bultahūri tucibuhe. gaitai, emu amba cecike emu da hailan deri deyeme ebunjifi, aimaka emu farsi wehei gese abalara indahūn i juleri ebuhe. tere gubci beyei funggaha be teng seme ilibufi, ergen lakcara gese den narhūn jilgan i kaicambi. amba cecike ini beye be baitalame cecike i deberen be dalime karmatame, ini ajige deberen be aitubuki seme bodombi. tuttu bicibe dabali bengdehe turgunde, terei gubci beye

---

牠的嘴角發黃色，頭上長著絨毛，看到這可以知道是剛孵出不久，從窩裡出來的。獵犬慢慢地靠近麻雀的幼雛嗅著，張開大嘴，露出利牙。突然，一隻大麻雀從一棵樹上飛下來，像一塊石頭似的落在獵犬的前面。牠豎起全身的羽毛，拚命地尖叫。大麻雀用牠的身體遮住小麻雀，想救牠的小幼雛。但由於太過驚慌，

牠的嘴角发黄色，头上长着绒毛，看到这可以知道是刚孵出不久，从窝里出来的。猎犬慢慢地靠近麻雀的幼雏嗅着，张开大嘴，露出利牙。突然，一只大麻雀从一棵树上飞下来，像一块石头似的落在猎犬的前面。牠竖起全身的羽毛，拚命地尖叫。大麻雀用牠的身体遮住小麻雀，想救牠的小幼雏。但由于太过惊慌，

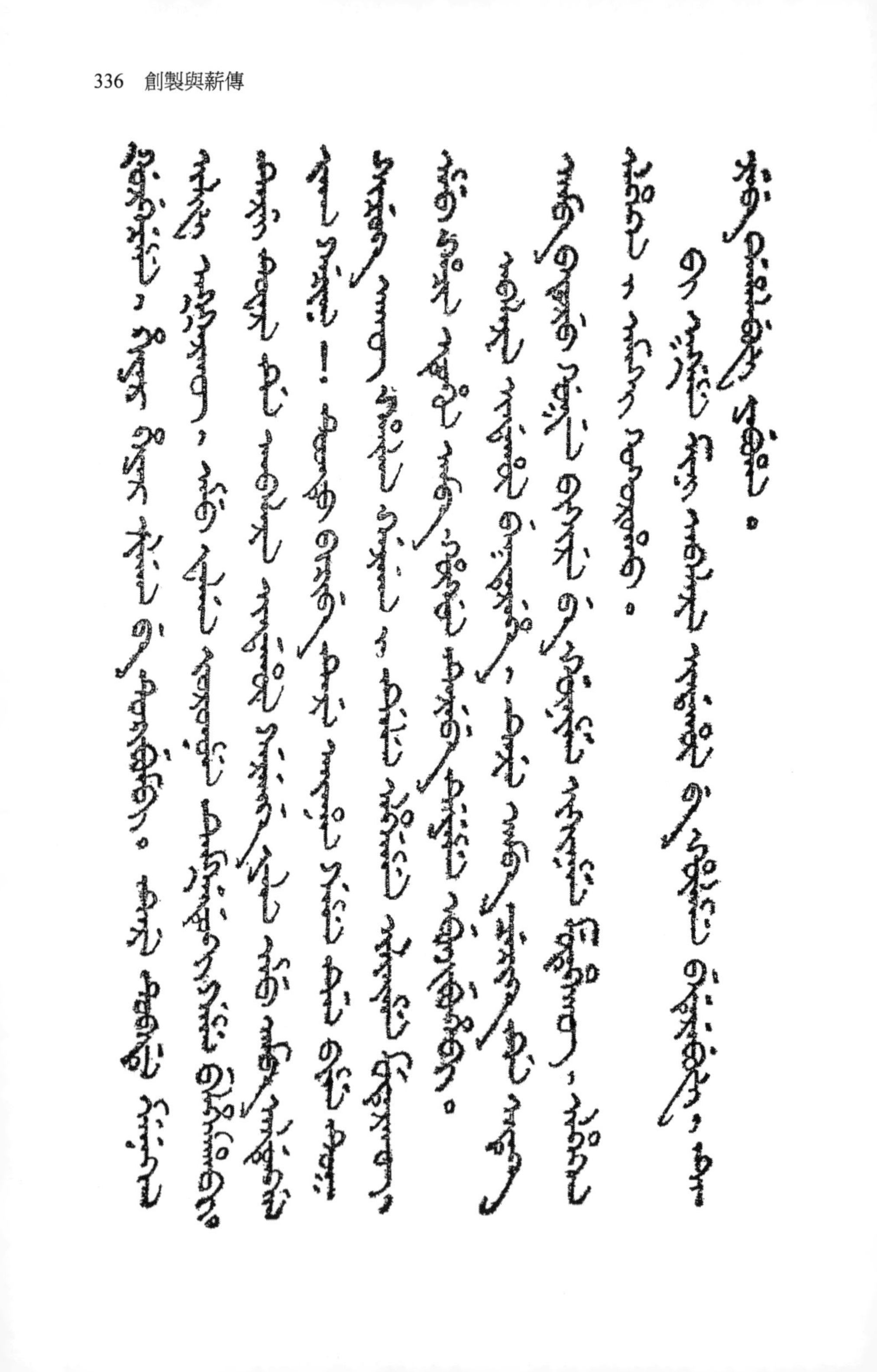

šurgeceme, hiyar hiyar jilgan be tucibumbi. tere tubade meneken ilifi aššarkū, emu falga joronome temšenduki seme belhemahabi. terei tuwara de abalara indahūn serengge yala emu amba aldungga jaka secina ! tuttu bicibe tere ainaha seme den bime tuksicuke akū hailan gargan i dele elheneme ilinjame muterkū, emu hacin etuhun amba hūsun terebe deyeme ebunjibuhebi. abalara indahūn bekterehe, tere amba cecike de enteke amba baturu sukdun bisire be gūnime isiname mutehekū, elheken elheken i amasi sosoroho. bi ekšeme mini abalara indahūn be hūlame bederebufi, terebe dahalabufi yabuha.

牠的全身發抖，發出嘶啞的聲音。牠在那裡呆立不動，正準備進行一場激烈的爭鬥。在牠看來，獵犬真是一隻大怪物！但是牠決不能在高而安全的樹枝上安靜地呆著，一種巨大的力量使牠飛下來了。獵犬愣了，牠沒想到大麻雀有這樣大的勇氣，慢慢地退回來了。我急忙叫回我的獵犬，帶著牠走了。

牠的全身发抖，发出嘶哑的声音。牠在那里呆立不动，正准备进行一场激烈的争斗。在牠看来，猎犬真是一只大怪物！但是牠决不能在高而安全的树枝上安静地呆着，一种巨大的力量使牠飞下来了。猎犬愣了，牠没想到大麻雀有这样大的勇气，慢慢地退回来了。我急忙叫回我的猎犬，带着牠走了。

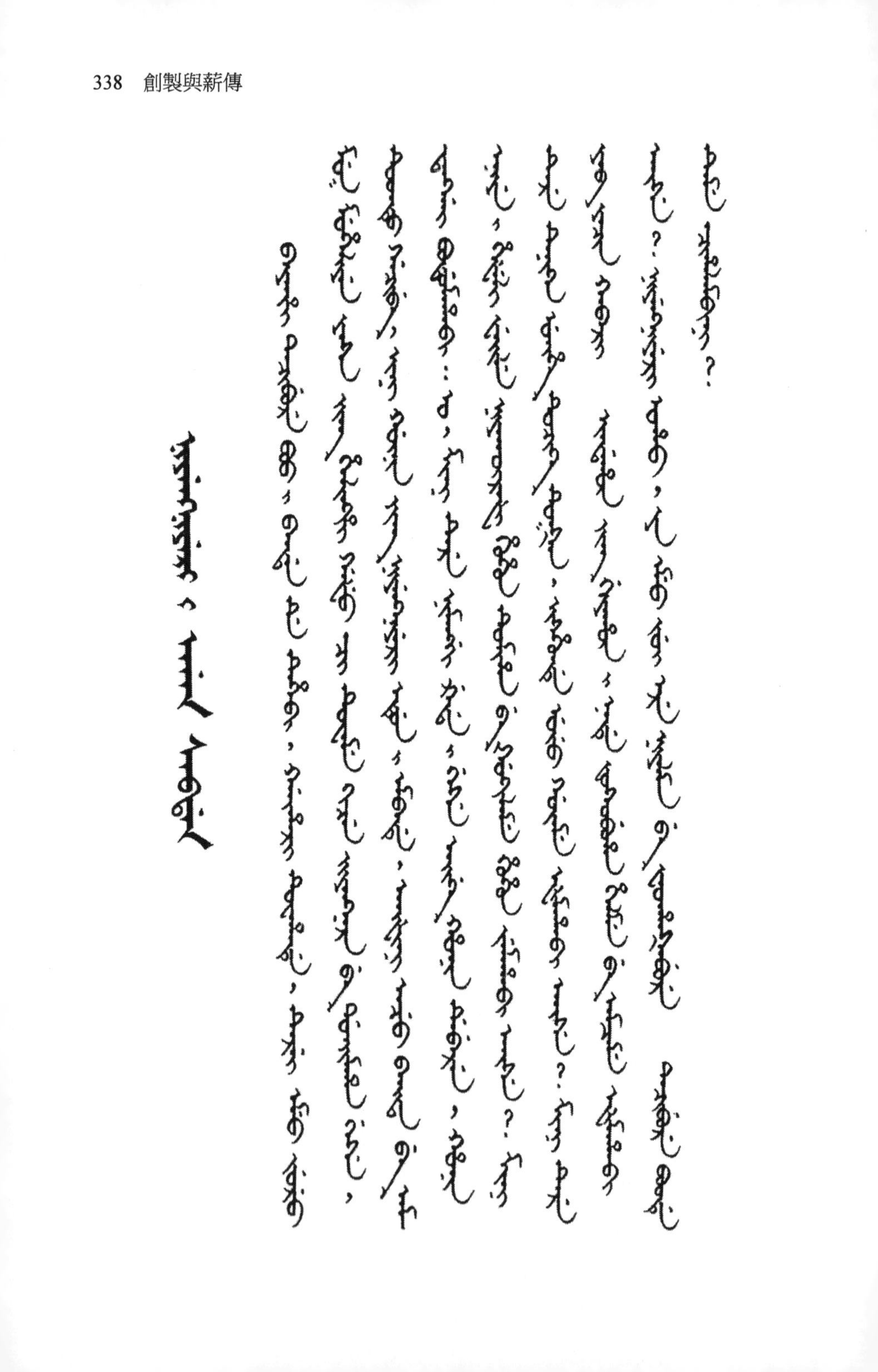

[illegible]

三十五、niyengniyeri i aga sabdan

bayanjy tacibure boo i bandan de tehebi, gaihari tuwahade, terei emu juru muk muheliyen yasa jing helingjy sefu ci tuwame kicen jiyangnara be donjimaha gese, tuttu secibe, ini gūnin jing niyengniyeri edun i embade, aifini encu baita be amtanggai bodomahabi: o, mini tere nimanggi g'ada i gese ajige honin deberen, honin eniye i hefeli fejile niyakūrafi huhun tumiha be šukilame huhun jemahabi aise？ mini tere teniken uihe tucike tukšan, ishunde uju sujame efimahabi aise？ mini tere yab yacin kabari indahūn jing giyahūn i nade fosobuha helmen be amcame efimahabi aise ？ niyengniyeri oho, ya emu jui ere niyalma be fathašabure tacibure boode teme cihalambini？

三十五、春天的雨滴

巴顏芝坐在教室的板凳上，猛然一看，她那一雙圓圓的眼睛好像正在看著賀靈芝老師聽她講課，其實她的心正和春風一起遐想別的事情：「哦，我那雪球似小羊羔，正跪在羊媽媽肚子下頂著奶頭吃奶吧？我那才長出犄角的牛犢，正在觸頭玩耍吧？我那漆黑的哈巴狗正在追逐照射在地上的鷹的影子玩耍吧？春天了，哪一個孩子喜歡坐在這個令人煩悶的教室呢？」

三十五、春天的雨滴

巴颜芝坐在教室的板凳上，猛然一看，她那一双圆圆的眼睛好像正在看着贺灵芝老师听她讲课，其实她的心正和春风一起遐想别的事情：「哦，我那雪球似小羊羔，正跪在羊妈妈肚子下顶着奶头吃奶吧？我那才长出犄角的牛犊，正在触头玩耍吧？我那漆黑的哈巴狗正在追逐照射在地上的鹰的影子玩耍吧？春天了，哪一个孩子喜欢坐在这个令人烦闷的教室呢？」

“ᠪᡳᠮᠪᡳ᠈ ᡝᡵᡝ ᠮᡠᠰᡝᡳ ᡳ ᡝᡵᡝ ᡝᠮᡠ ᡤᡳᠰᡠᠨ᠉”

ᠮᠠᠨᠵᡠ ᡤᡳᠰᡠᠨ ᠪᡝ ᠪᠠᡥᠠᠨᠠᡵᠠᡴᡡ ᡝᡵᡝᠮᠪᡳ ᠰᡝᠮᡝ᠈ ᠪᡳᠮᠪᡳ᠈ ᡝᡵᡝ ᠮᡠᠰᡝᡳ ᡤᡳᠰᡠᠨ ᠪᡝ ᡤᡝᡵᡝᠨ ᡳ ᡤᡝᠮᡠ ᠪᠠᡥᠠᠮᠪᡳ᠉

ᠪᡳᡥᡝ᠈ ᡝᡵᡝ ᡤᡳᠰᡠᠨ ᠪᡝ ᡨᠠᠴᡳᡵᡝ ᡤᡝᡵᡝᠨ ᡳ ᠮᡠᠰᡝ ᠪᡝ ᡤᡳᠰᡠᡵᡝᠮᡝ᠈ ᠪᡳ ᡝᡵᡝ ᡤᡳᠰᡠᠨ ᠪᡝ ᡨᠠᠴᡳᠮᡝ ᡝᡵᡝᠮᠪᡳ᠉ ᠪᡳ ᠮᡠᠰᡝᡳ ᡳ ᠮᠠᠨᠵᡠ ᠪᡳᠮᡝ ᠪᠠᡥᠠᠨᠠᡵᠠᡴᡡ!

“ᠮᠠᠨᠵᡠ ᡤᡳᠰᡠᠨ᠈ ᡝᡵᡝ ᠮᠠᠨᠵᡠᠰᠠ ᡤᡳᠰᡠᡵᡝᠮᡝ ᠪᡳᡥᡝ ᠮᡠᠰᡝᡳ ᡤᡳᠰᡠᠨ᠈ ᠪᡳ ᡝᡵᡝ ᡤᡳᠰᡠᠨ ᠪᡝ ᡨᠠᠴᡳᠮᡝ ᠪᠠᡥᠠᠮᡝ ᠰᡝᠮᠪᡳ᠉”

ᡝᠮᡠ ᡳᠨᡝᠩᡤᡳ᠈ ᠮᡠᠰᡝ ᠪᡝ ᡤᡳᠰᡠᠨ ᡳ ᡤᡝᡵᡝᠨ ᠪᡝ ᡨᠠᠴᡳᠮᡝ ᠮᠠᠨᠵᡠ ᡤᡳᠰᡠᠨ ᡳ ᠪᡳᡨᡥᡝ ᡨᠠᠴᡳᡵᡝ ᡝᡵᡝ ᡤᡳᠰᡠᠨ ᠪᡝ ᡨᡠᠸᠠᠮᡝ ᠪᡳᠮᠪᡳ

ᠰᡳᠨᡳ ᠮᠠᠨᠵᡠ ᡤᡳᠰᡠᠨ ᠪᡝ ᠪᡳ ᡝᡵᡝᠮᡝ ᠮᡠᠰᡝ ᠰᡝᡵᡝᠩᡤᡝ᠈ ᡨᡠᠸᠠᡵᠠ ᡤᡳᠰᡠᡵᡝᠮᠪᡳ ᠮᠠᠨᠵᡠᠰᠠ ᠪᡝ ᡨᠠᠴᡳᠮᡝ ᠪᠠᡥᠠᠮᠪᡳ!

“bayanjy,ere fonjin be si jifi jabuki.”helingjy sefu dehi juwe juru yasa deri, bayanjy i ere emu juru kicen de akū gūwa babe bodomaha yasabe sabuha. bayanjy ilime iliha, i sefu i ai fonjin fonjiha be absi bahafi donjimbi ! girume cira fulahūn ofi uju be gidame gaiha.“tacikū facaha amala, si tutafi sefusai baita icihiyara boode geneki, bi sinde ere emu kicen be niyeceme jiyangname buki.”bayanjy tekude tehe, i muterei teile kirihe ofi, teni yasai mukebe tuhebuhekūbi. i yagese ere emu gashai horin deri deyeme tuciki seme kengkešeme erere ajige gasha de adališambi, tuttu secibe kemuni geli emu majige horibume oho !

「巴顏芝，你來回答這個問題。」賀靈芝老師從四十二雙眼睛裡看見了巴顏芝這一雙不在課上面想著別處的眼睛。巴顏芝站起來了，她怎麼能聽到老師所問的問題，害羞得臉紅低下了頭。「放學後，你留下到老師辦公室去吧，我給你補講這一課吧！」巴顏芝坐在座位上，她盡量忍住，才沒讓眼淚掉下來。她多麼像渴望從這一鳥籠裡飛出去的小鳥啊，但是仍然又被關了一會兒了！

「巴颜芝，你来回答这个问题。」贺灵芝老师从四十二双眼睛里看见了巴颜芝这一双不在课上面想着别处的眼睛。巴颜芝站起来了，她怎么能听到老师所问的问题，害羞得脸红低下了头。「放学后，你留下到老师办公室去吧，我给你补讲这一课吧！」巴颜芝坐在座位上，她尽量忍住，才没让眼泪掉下来。她多么像渴望从这一鸟笼里飞出去的小鸟啊，但是仍然又被关了一会儿了！

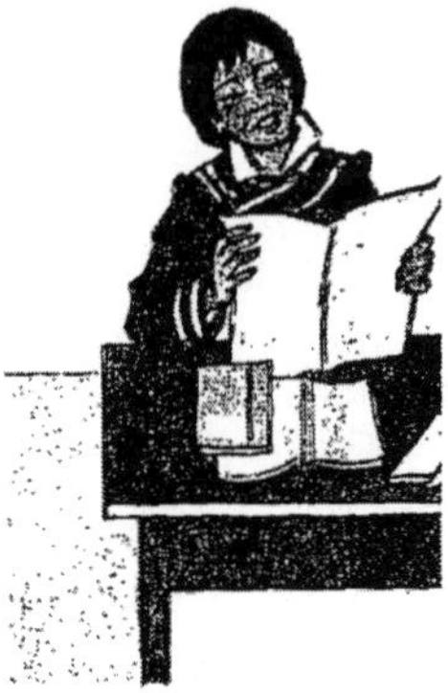

[illegible]

[illegible]

[illegible]

[illegible]

[illegible]

[illegible]

[illegible]

[illegible]

[illegible]

[illegible]

tacin gucusa ketkeneme fekuceme bithe fulhū be meiherefi tacikū facame yabuha, bayanjy uju be gidafi sefusai baita icihiyara boode dosime genehe. sefusa gemu weilen deri bederefi, damu helingjy sefu emhun emu niyalma funcehebi, i bayanjy be ini beyei dalbade tebufi, aimaka dehi juwe tacisi be jorin obuha gese, geli kicen be jiyangname deribuhe. bayanjy donjime tucibuhe, sefu i bilha sibuhabi. bayanjy sabuha, sefu i anggai femen olhohobi. i sefu i jilangga cirai arbun, unenggi yargiyan tuyembun be karašame, mujilen dolo jenduken i gashūme:kicen tafaka erinde, jai geli gūwa baita be bodorkū

同學們跳跳蹦蹦背著書包放學走了，巴顏芝低頭走進老師的辦公室。老師們都辦完公回去了，只剩下賀靈芝老師一個人，她讓巴顏芝坐在她自己的旁邊，就像是把四十二名學生作為目標了似的，又開始講課了。巴顏芝聽得出來，老師的嗓子嘶啞了。巴顏芝看見了，老師的嘴唇乾了。她望著老師慈祥的面龐，認真的態度，心中暗暗地發誓：上課時，再也不想別的事了。

同学们跳跳蹦蹦背着书包放学走了，巴颜芝低头走进老师的办公室。老师们都办完公回去了，只剩下贺灵芝老师一个人，她让巴颜芝坐在她自己的旁边，就像是把四十二名学生作为目标了似的，又开始讲课了。巴颜芝听得出来，老师的嗓子嘶哑了。巴颜芝看见了，老师的嘴唇干了。她望着老师慈祥的面庞，认真的态度，心中暗暗地发誓：上课时，再也不想别的事了。

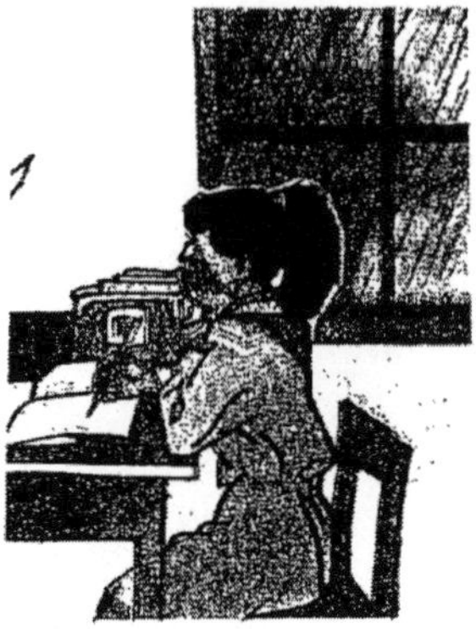

“[illegible]。”

“[illegible]？”

[illegible]。

“[illegible]？”

“[illegible]?!”

[illegible]。

[illegible]

[illegible]

[illegible]……

[illegible]

oho. i sefu i jiyangnaha yayamu cike gisun be gemu niyaman dolo ejeme gaiha……kicen be niyeceme jiyangname wajiha erinde, i teni fai tulergi i narhūn aga i agai sirge jing edun ici debsitemaha be sabuha.“ sefu, aga agamahabi？！ ”“si goro ba i akjan jilgan be donjihakūn？”bayanjy uju be lasihimbi.“si aibe gemu donjihakūn？” “sefu, bi damu sini minde kicen be jiyangname bure be teile donjihabi.

她把老師講的每一句話都牢記在心裡……功課補講完時，她才看見窗外細雨的雨絲正在隨風飄舞。「老師，正在下雨呢？！」「你沒聽到遠處的雷聲嗎？」巴顏芝搖搖頭。「你什麼都沒聽到嗎？」「老師，我只聽到你給我講課了。」

她把老师讲的每一句话都牢记在心里……功课补讲完时，她才看见窗外细雨的雨丝正在随风飘舞。「老师，正在下雨呢？！」「你没听到远处的雷声吗？」巴颜芝摇摇头。「你什么都没听到吗？」「老师，我只听到你给我讲课了。」

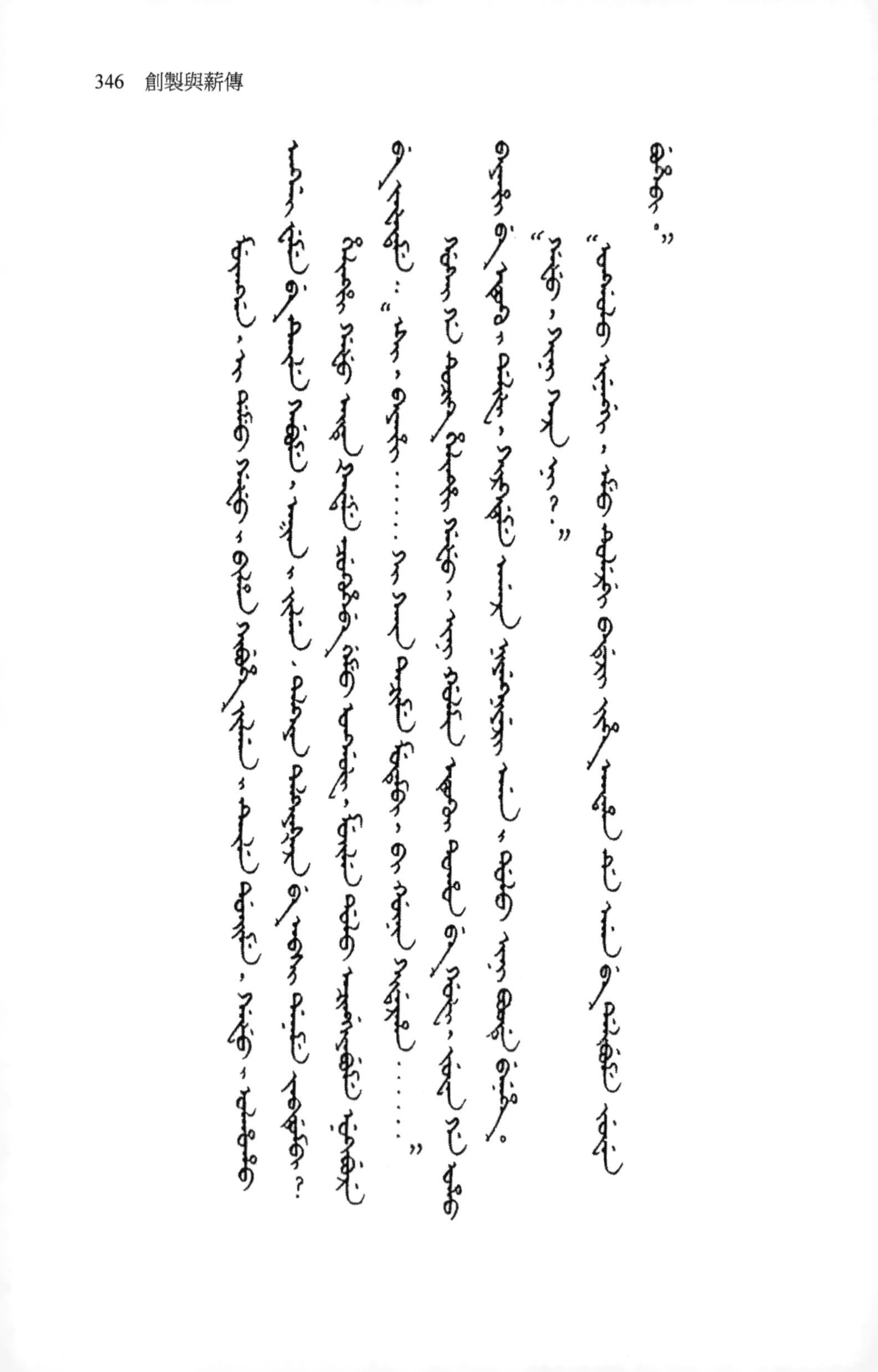

mujangga, i damu sefu i bilha sibuhe jilgan i teile donjime, sefu i olhoho anggai femen be teile sabume, akjan i jilgan、talkiyan talkiyašara be absi daname jabdumbi？ helingjy sefu eiten šadame cukuhebe gemu onggofi, mujilen dolo acinggiyabume nukibure be jafatame:“esi, bayanjy……si sain tacime mutembi, bi gūnin sidaraha……”susai se tucike helingjy sefu, ini golmin etukui tohon be sufi, juwan se oho bayanjy be etuku i dalifi, sirkedeme agara niyengniyeri aga i dolo ini boode benehe.“sefu, sini sara ni？”“onggolo inenggi, emu tulergi baderi jihe antaha de aga be dalibume juwen buhebi.”

是的，她只聽到老師嗓子啞了的聲音，只看到老師乾了的嘴唇，如何顧得上雷聲及閃電呢？賀靈芝老師把一切疲倦都忘記了，抑制住心中的激動說道：「當然，巴顏芝，……你能好好學習，我放心了……」五十歲出頭的賀靈芝老師，解下她那長衫的鈕扣，用衣服遮住已經十歲的巴顏芝，冒著連綿綿春雨送到她的家中。「老師，您的傘呢？」「前些天借給一位從外地來的客人擋雨了。」

是的，她只听到老师嗓子哑了的声音，只看到老师干了的嘴唇，如何顾得上雷声及闪电呢？贺灵芝老师把一切疲倦都忘记了，抑制住心中的激动说道：「当然，巴颜芝，……你能好好学习，我放心了……」五十岁出头的贺灵芝老师，解下她那长衫的钮扣，用衣服遮住已经十岁的巴颜芝，冒着连绵绵春雨送到她的家中。「老师，您的伞呢？」「前些天借给一位从外地来的客人挡雨了。」

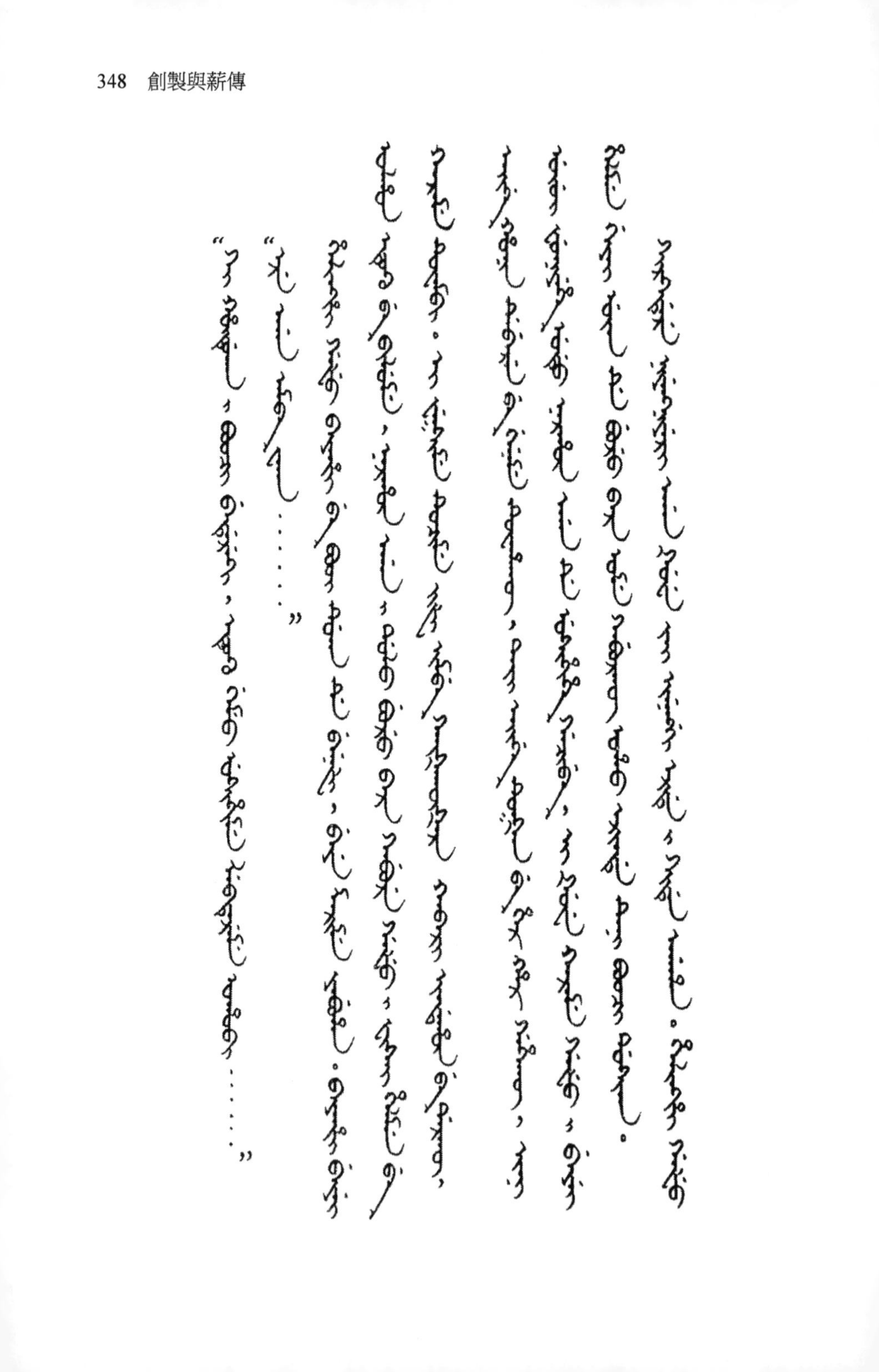

[illegible]

[illegible]

[illegible]

[illegible]

[illegible]

[illegible]

[illegible]

“[illegible]......”

“[illegible]......”

“si hūdunkan i booci bedereki, etuku gemu usihime lebtereme ohobi……”“ere aga amba waka……”helingjy sefu bayanjy be booi duka de benefi, beye marime yabuha. bayanjy beyei olhon etuke be bilume, narhūn aga i dolo baru bara sabure sefu i fisai helmen be karame tuwambi. i feksime tucime jifi imbe saišakūšara kabari indahūn be darkū, ajige honin deberen be geneme tuwahakū, taji ajige tukšan be her har sehekū, ini ujui funiyehe udu narhūn aga de usihihe secibe, i šuwe karame sefu i beyei helmen giyai ujan de buru bara ome saburkū oho erinde teni booci dosika. sirkedere niyengniyeri aga šuwe jai inenggi erde i siden agaha. helingjy sefu

---

「請您趕快回家吧！衣服都濕透了……」「這雨不大……」賀靈芝老師把巴顏芝送到家門口，轉身走了。巴顏芝摸著自己的乾衣服，望著細雨中依稀可見的老師的背影。不再管跑出來討好她的哈巴狗，沒去看小羊羔，不理睬頑皮的小牛犢，她的頭髮雖然被細雨淋溼了，但她一直望著老師的身影在街的盡頭變得模糊看不見時才進到屋裡。綿綿春雨一直下到次日清晨，

「请您赶快回家吧！衣服都湿透了……」「这雨不大……」贺灵芝老师把巴颜芝送到家门口，转身走了。巴颜芝摸着自己的干衣服，望着细雨中依稀可见的老师的背影。不再管跑出来讨好她的哈巴狗，没去看小羊羔，不理睬顽皮的小牛犊，她的头发虽然被细雨淋湿了，但她一直望着老师的身影在街的尽头变得模糊看不见时才进到屋里。绵绵春雨一直下到次日清晨，

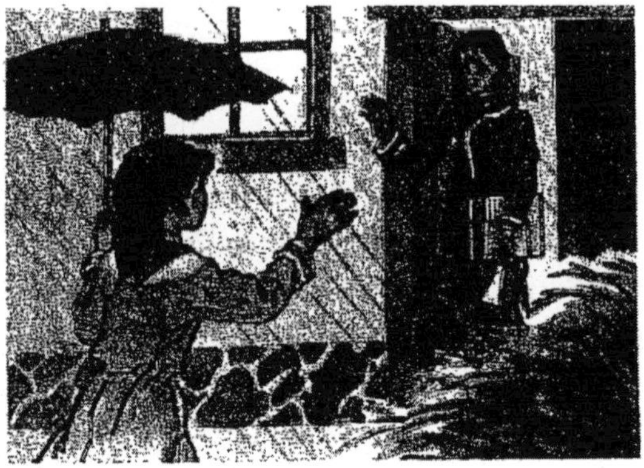

tacikū de geneme booi uce be tucifi duka be neihe bici, damu bayanjy jing emu fulgiyan sara be den tukiyefi, duka i tule imbe aliyame bihebe sabuha, i sefu i tucime jihebe sabufi, injere cira aimaka fithenehe ilhai gudul i adali ohobi. niyengniyeri i agai sabudan, boo gašan i yafan hūwa jai orho moo de tuheme, geren ba gemu niowari niowari ome, ler ler sere yendeme weijure arbun tucinjihe. niyengniyeri i agai sabdan, aimaka inu helingjy sefu jai bayanjy i niyaman dolo tuheke gese, sefu tacisi uhei tacikūi baru oksome genembi.

賀靈芝老師去學校出房門開大門時，只見巴顏芝正高舉一把紅傘在門外等著她，她看見老師出來，笑臉變得像綻開的花苞一樣。春天的雨滴，落在家鄉的庭園和草木上，所有地方都變得綠油油地，顯現出欣欣向榮的景象。春天的雨滴，好像也落在賀靈芝老師和巴顏芝心裡似的，師生一齊奔向學校而去。

贺灵芝老师去学校出房门开大门时，只见巴颜芝正高举一把红伞在门外等着她，她看见老师出来，笑脸变得像绽开的花苞一样。春天的雨滴，落在家乡的庭园和草木上，所有地方都变得绿油油地，显现出欣欣向荣的景象。春天的雨滴，好像也落在贺灵芝老师和巴颜芝心里似的，师生一齐奔向学校而去。

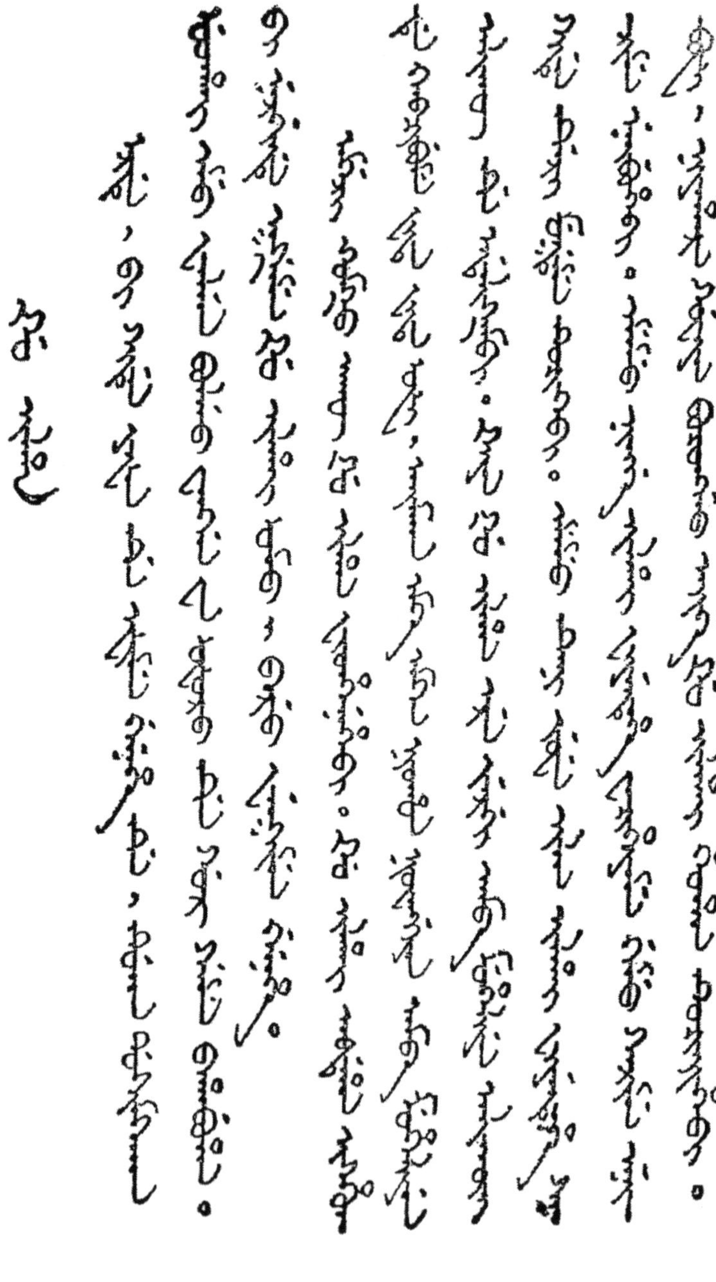

三十六、šu ilha

erde, bi siden yafan de efime genehe de, duka dosimsaka uthai emu falga bolgo wangga wa oforo de sur seme bahabuha. bi nerginde ekšeme šu ilhai omo i baru feksime genehe. emgeri komšo akū šu ilha fithenehebi. šu ilhai abdaha ishunde kabcibume fita fita ofi, aimaka emke emken niohon niowanggiyan amba muheliyen alikū de adališambi. šayan šu ilha ere jergi amba muheliyen alikūi siden deri mukdeme tucikebi. ememu teni juwe ilan ilhai fiyentehe sarime neibuhebi. ememu ningge ilhai fiyentehe wacihiyame gemu sarime neibufi, niyahara suwayan boconggo ajige šu ilhai hetha tucinjihebi.

三十六、蓮花

清晨，我去公園遊玩時，剛進門就聞到一陣撲鼻的清香。我立刻急忙跑到蓮花池，已經有不少蓮花開放了。蓮花葉子互相緊緊地夾著，就像一個一個碧綠的大圓盤。白蓮花從這些大圓盤中間浮出，有的才開了二、三片花瓣，有的花瓣全都開放了，幼嫩黃色小蓮花花蒂出來了。

三十六、莲花

清晨，我去公园游玩时，刚进门就闻到一阵扑鼻的清香。我立刻急忙跑到莲花池，已经有不少莲花开放了。莲花叶子互相紧紧地夹着，就像一个一个碧绿的大圆盘。白莲花从这些大圆盘中间浮出，有的才开了二、三片花瓣，有的花瓣全都开放了，幼嫩黄色小莲花花蒂出来了。

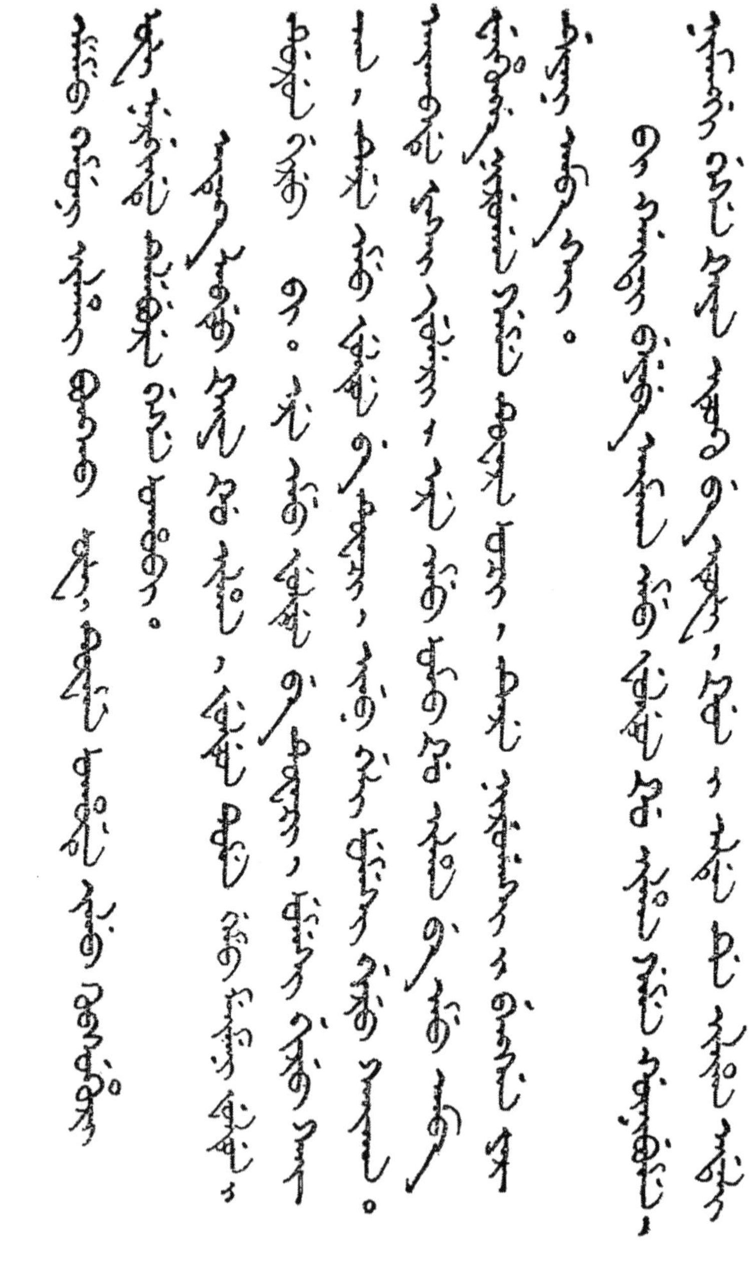

ememu kemuni ilhai bongko ofi, tuwame ohode jalu kubsuhuri ofi nerginde telebure gese ohobi. enteke labdu šayan šu ilha, fuldun tome gemu meimeni fuldun i durun giru bi. ere emu fuldun be tuwaci, umesi giru saikan, tere emu fuldun be tuwaci, inu geli umesi giru saikan. aikabade yasai juleri i ere emu omo šu ilha be emu amba weihungge nirugan seme tuwara oci, tere nirugasi i bengsen yargiyani amba kai. bi gaitai beyebe aimaka emu fuldun šu ilha seme gūnibume, nimanggi gese šayan etuku be etufi, šun i elden de iliha adali

---

有的還是花苞，看起來飽滿粗大好像立刻撐開似的。這麼多潔白的蓮花，每朵都有每朵的模樣，看這一朵，非常美麗，看那一朵，也很美麗。倘若把眼前的這一池蓮花看作是一幅有生命的大畫，那個畫師的本事可真大啊！我忽然覺得自己像一朵蓮花，穿著雪白的衣服，站在陽光下一樣，

有的还是花苞，看起来饱满粗大好像立刻撑开似的。这么多洁白的莲花，每朵都有每朵的模样，看这一朵，非常美丽，看那一朵，也很美丽。倘若把眼前的这一池莲花看作是一幅有生命的大画，那个画师的本事可真大啊！我忽然觉得自己像一朵莲花，穿着雪白的衣服，站在阳光下一样，

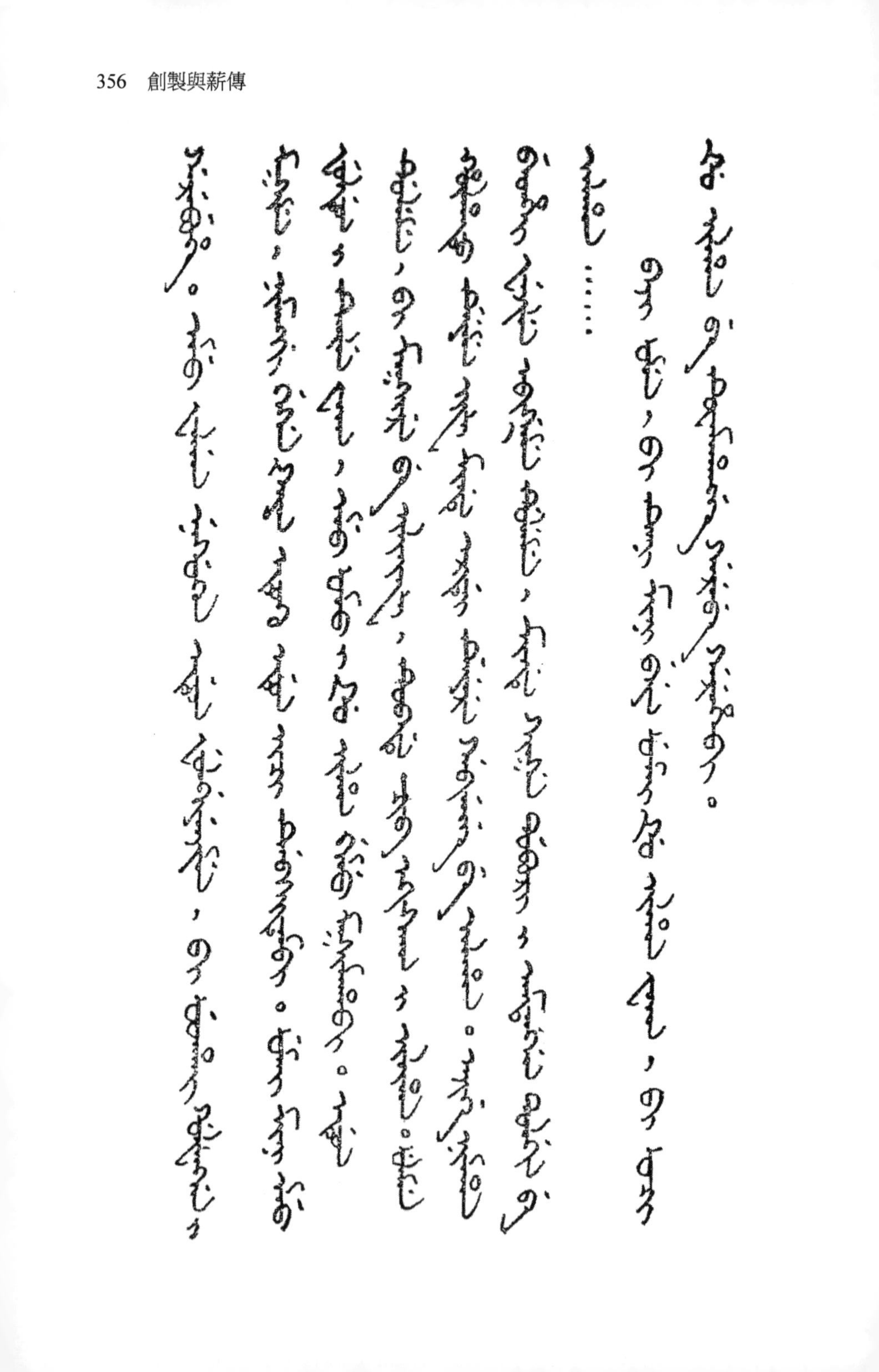

[illegible]

serebuhe. emu falga nesuken edun fulgiyenjime, bi uthai sulfangga i maksime, nimanggi gese šayan etuku edun ici debsitembi. umai mini emu fuldun i teile waka, emu omo i šu ilha gemu maksimahabi. edun duleme, bi maksire be ilinjafi, tubade cib ekisaka i iliha. ulmen hūlhatu deyeme jifi minde erdei deyere sebjengge be alaha. ajige nimha bethei fejile ebišeme duleme, minde sikse dobori i amtangga tolgin be alaha……baji ome, bi teni mini beye umai šu ilha waka, bi oci šu ilha be tuwamahangge serebe serehebi.

一陣和風吹來，我就翩翩起舞，雪白的衣服隨風飄揚。並非只我一朵，整個池子的蓮花都在跳舞。風過後，我停止跳舞，在那裡靜悄悄的站著。蜻蜓飛過來告訴我早晨飛翔的快樂，小魚在腳下游過，告訴我昨天晚上所做的美夢……許久，我才發覺我自己不是蓮花，我是正在觀賞蓮花呢！

一阵和风吹来，我就翩翩起舞，雪白的衣服随风飘扬。并非只我一朵，整个池子的莲花都在跳舞。风过后，我停止跳舞，在那里静悄悄的站着。蜻蜓飞过来告诉我早晨飞翔的快乐，小鱼在脚下游过，告诉我昨天晚上所做的美梦……许久，我才发觉我自己不是莲花，我是正在观赏莲花呢！

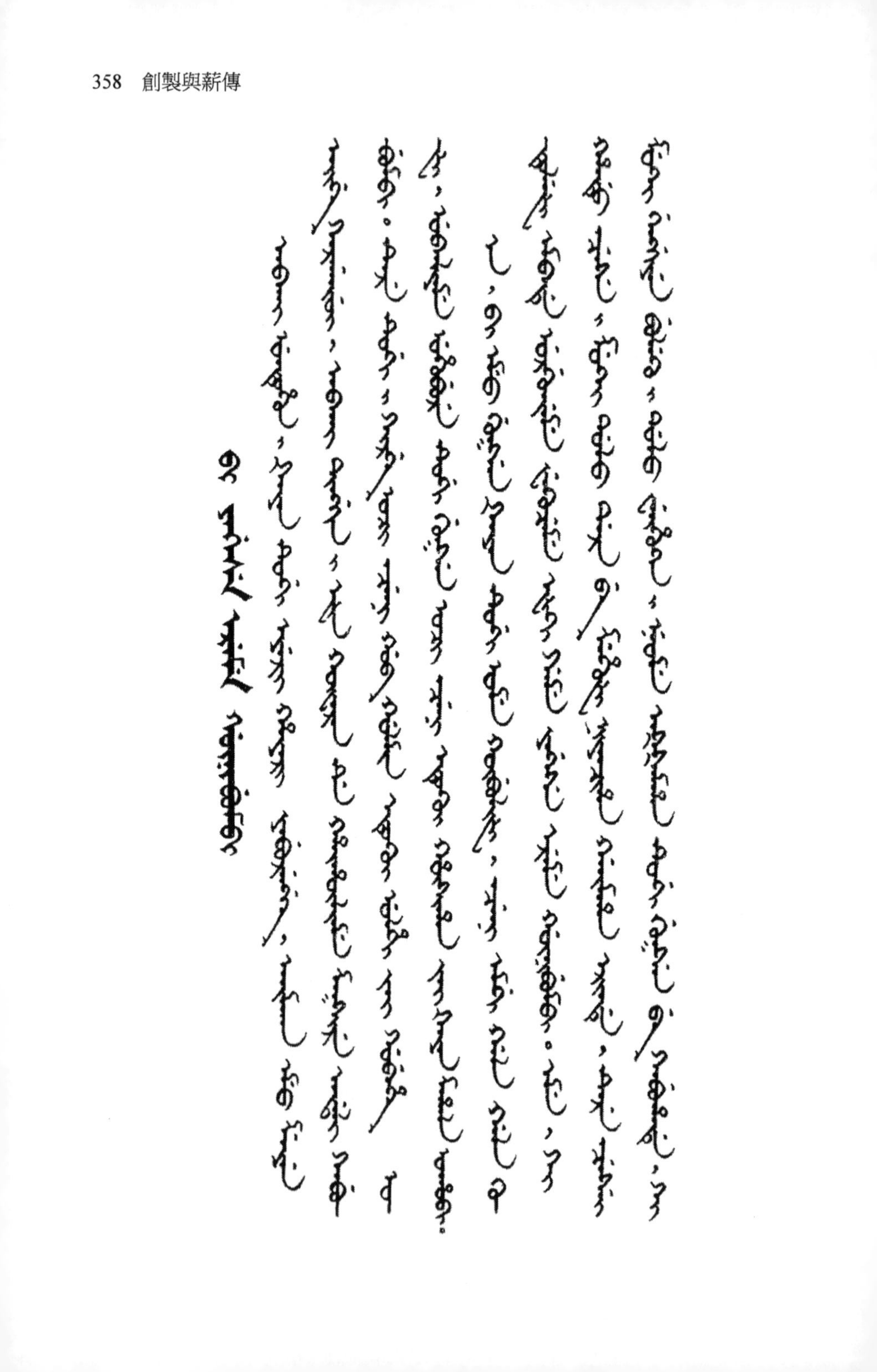

[illegible]

三十七、bi yagese ereme gūnibumbi

abkai untuhun i šayan tugi eyeri hayari yaburengge, aimaka emu meyen ajige sarganjui, abkai tinggin i efin kūwaran de haihūljame maksire adali sabubumbi. tere tugi i sirge oci ceni gob golmin etukui ulhi jai subehe ofi, ubaliyame uhubure tugi guksen oci ceni etukui hūsihan jai šayan mahala ohobi. a, bi emu guksen šayan tugi ome kūbulifi, ceni emgi gala gala kutulefi embade urgunjeme fekuceme efiki seme yagese ereme gūnibumbi. eme, si handu cese i mukei dolo dara be mehufi niyanciha gaimaha erinde, tere cesei mukei genggiyen buleku i dolo weihuken i neome aššamaha tugi guksen be sabuhade, si

---

三十七、我多麼嚮往

天空上的白雲飄逸搖曳，看著就像是一群小女孩在天堂的劇場裡翩翩起舞一樣。那雲絲是她們長衫的袖子和飄帶，翻捲的雲朵是她們衣服上的裙子和白帽。啊！我多麼嚮往變成一朵白雲，跟她們手牽手一起歡跳戲耍。母親，您在稻畦水裡彎腰拔草時，看到那池水明鏡裡輕輕流動的雲朵時，

三十七、我多么向往

天空上的白云飘逸摇曳，看着就像是一群小女孩在天堂的剧场里翩翩起舞一样。那云丝是她们长衫的袖子和飘带，翻卷的云朵是她们衣服上的裙子和白帽。啊！我多么向往变成一朵白云，跟她们手牵手一起欢跳戏耍。母亲，您在稻畦水里弯腰拔草时，看到那池水明镜里轻轻流动的云朵时，

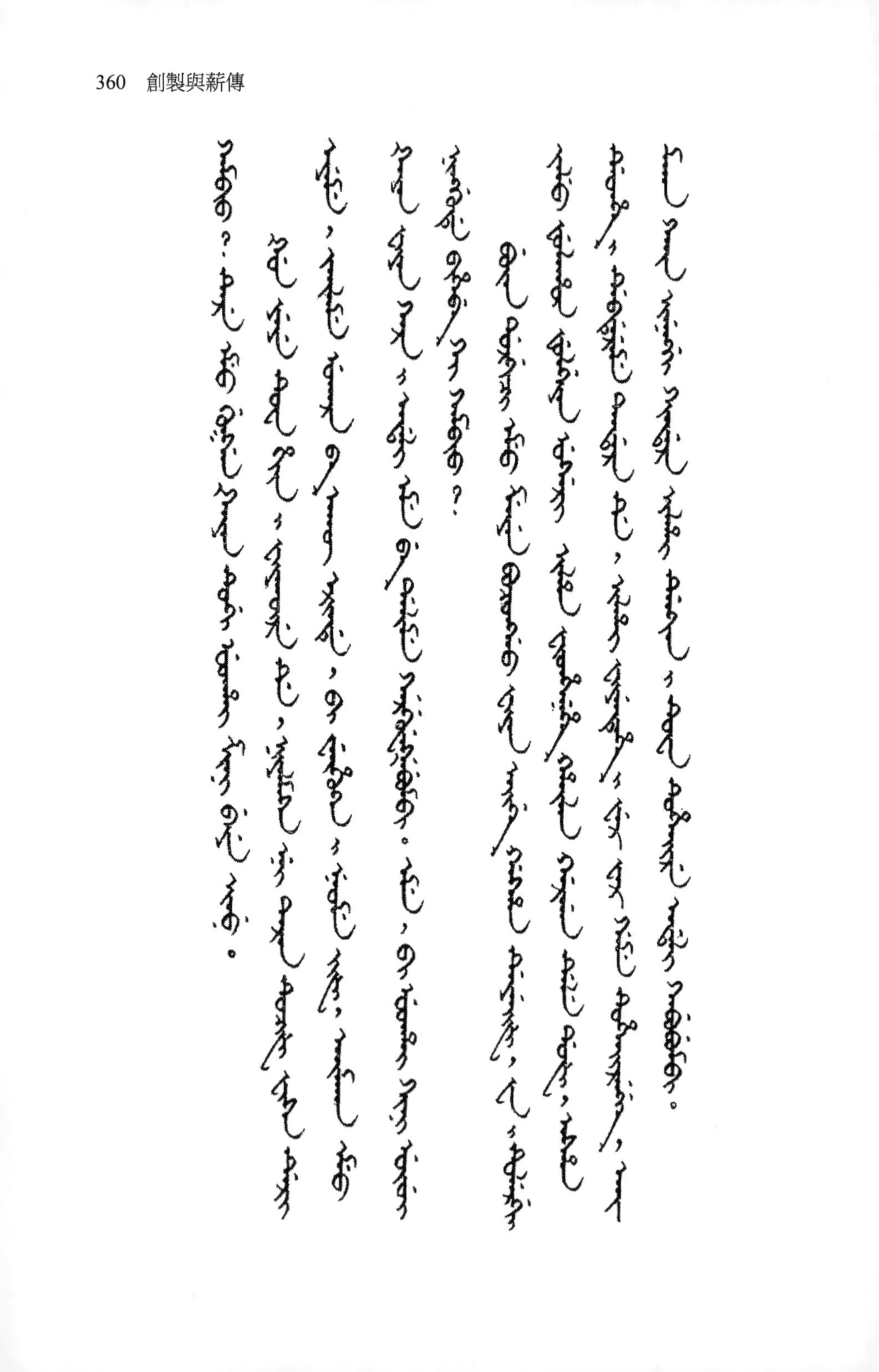

[illegible]

sambio？ tere emu guksen šayan tugi uthai mini beye inu. šun yeye tuwa hija i fiyakūre de, niyalmasa nei taran tucifi fisa deri eyeme, jailame ukara ba akū erinde, bi weihuken i neome jifi, aimaka emu šayan fiyan sara i adali eme be dalime serguwešebumbi. eme, bi uthai sini ujui ninggude bihebe si sambio？ bujan dorgici emu meyen boconggo fiyan ajige gasha deyenjifi, fa i tulergi jalu fulahūn fulgiyan useri ilha fithenehe hailan gargan dele dofi, asha dethe i debdereme tandara de, ilhai fiyentehe i fer far seme tuhenjirengge, aimaka sain inenggi sindara ilhai dengjan i tuwa tuhenjire adali sabubumbi.

您知道嗎？那一朵白雲就是我自己。太陽爺爺用火爐來烤時，人們汗流浹背，無處躲藏時，我輕輕的飄過來，像是一把白色的傘一樣遮住母親乘涼。母親，您知道我就在您頭上嗎？從樹林裡飛來一群彩色小鳥，落在窗外開滿鮮紅石榴花的樹枝上，撲搧翅膀時，花瓣紛紛掉落，看起來就像是節日燃放的花燈掉落的火花一樣。

您知道吗？那一朵白云就是我自己。太阳爷爷用火炉来烤时，人们汗流浃背，无处躲藏时，我轻轻的飘过来，像是一把白色的伞一样遮住母亲乘凉。母亲，您知道我就在您头上吗？从树林里飞来一群彩色小鸟，落在窗外开满鲜红石榴花的树枝上，扑搧翅膀时，花瓣纷纷掉落，看起来就像是节日燃放的花灯掉落的火花一样。

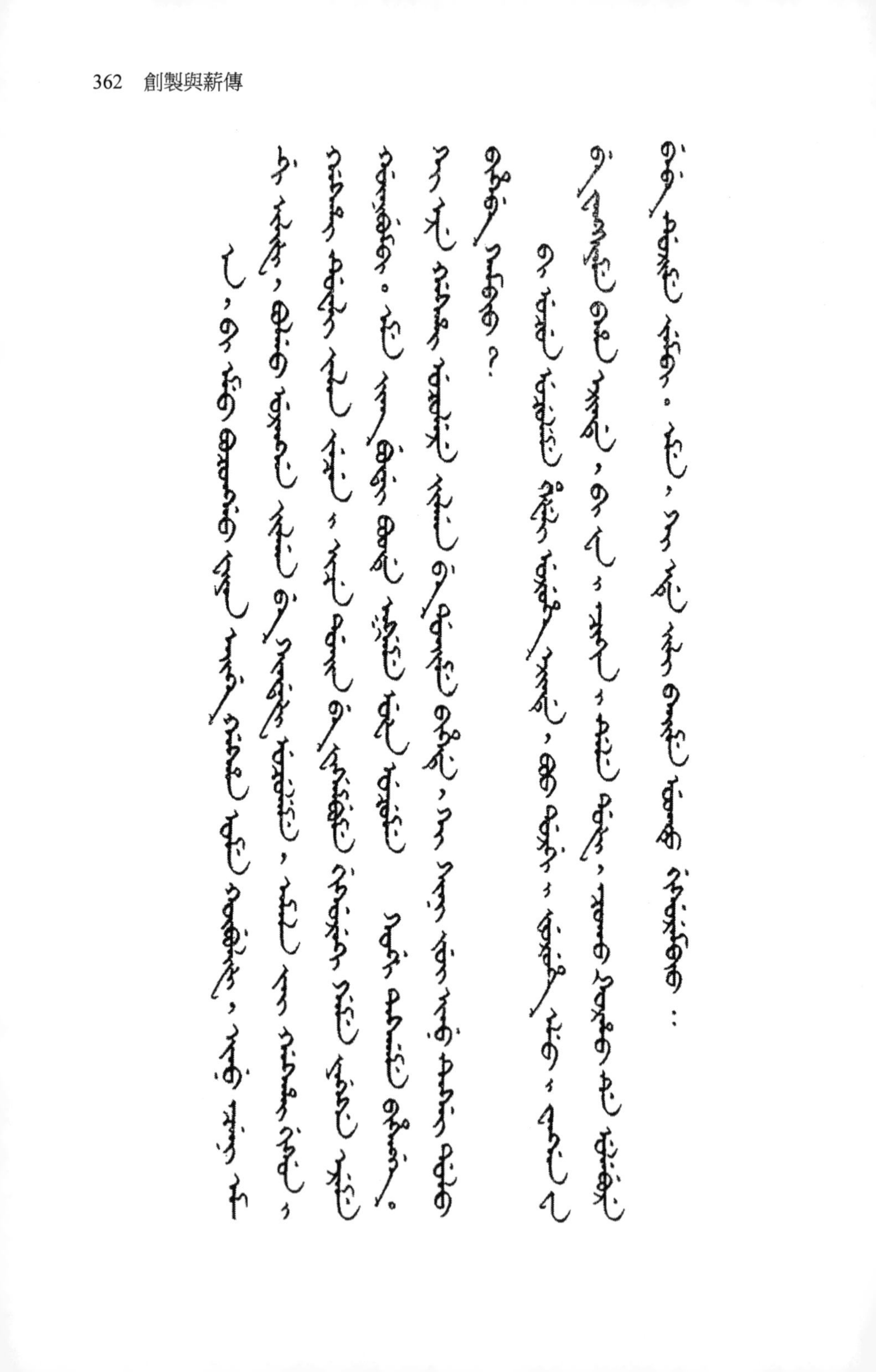

[illegible]

a, bi emu boconggo fiyan ajige gasha ome kūbulifi, inu ceni emgi ilifi, bolgo urangga jilgan be sindafi uculeme, amala jai gashai gisun i gashai duwali jalan jecen i ice donjin be fisembume gisureki seme yagese ereme gūnibumbi. eme jing budai boode ekšeme ufa ucume sogi tasgame bihengge. si ere gashai uculere jilgan be donjime bihede, si sini jui inu tesei dolo bihebe sambio？ bi ucun uculeme hefeli uruhe erinde, boo dorgi i furuhe elu i wangga wa be wangkiyame baha erinde, bi fa i cikin i dele dofi, coko šorho de ulebure bebe durime jembi. eme, si ede jili banjime uttu gisurembio:

啊！我多麼嚮往變成一隻彩色的小鳥，也跟牠們站在一起，放開清亮的聲音歌唱，然後再用鳥語講述鳥類世界的新聞。母親正在廚房忙著和麵炒菜。您聽到這些鳥的歌聲時，您知道您的孩子也在牠們裡面嗎？我唱著歌肚子餓時，聞到屋裡切蔥的香味，我落在窗台上，搶食餵小雞的飼料。母親，您會為此生氣這樣說嗎：

啊！我多么向往变成一只彩色的小鸟，也跟牠们站在一起，放开清亮的声音歌唱，然后再用鸟语讲述鸟类世界的新闻。母亲正在厨房忙着和面炒菜。您听到这些鸟的歌声时，您知道您的孩子也在牠们里面吗？我唱着歌肚子饿时，闻到屋里切葱的香味，我落在窗台上，抢食喂小鸡的饲料。母亲，您会为此生气这样说吗：

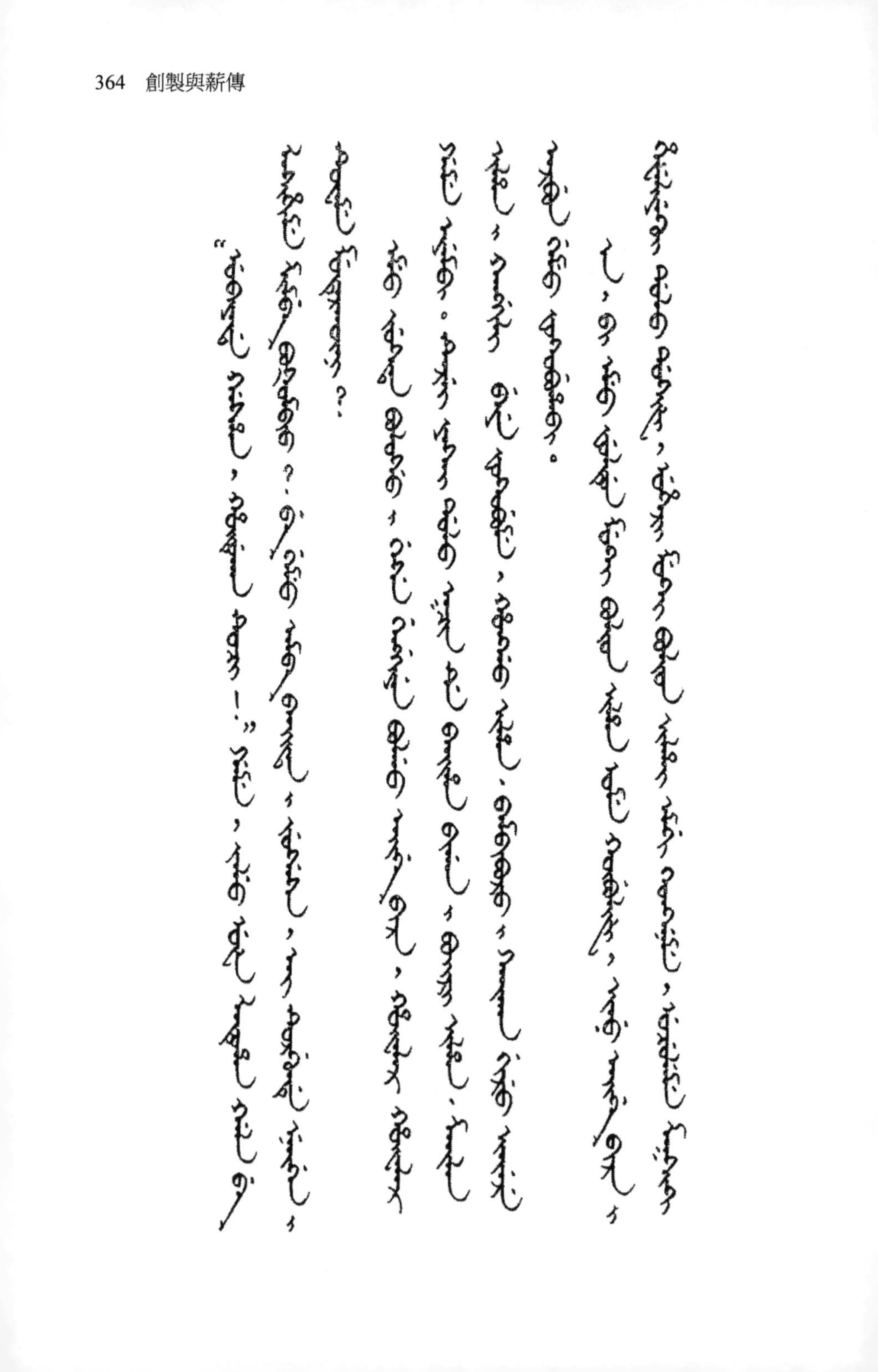

[illegible]

“ubiyada gasha, hūdukan tuci！”seme, jalu ufa latuha gala be lasihime mimbe bošombio？ be gemu amba banjitan i jusesa, ai turgunde neigen i tuwame muterkūni？ emu justan bolosu i gese genggiyen bolgo ajige bira, hūwalar hūwalar seme eyembi. terei yasai dolo ekcin de banjiha bigan i bojiri ilha、mailan ilha i kanggili beye fosobume, honggo ilha、bambiboro i saikan giru injere arbun gemu fosobuhabi. a, bi emu fuldun mukei boljon ilha ome kūbulifi, inu ajige bira i hefeliyekui dolo dosifi, uheri mukei boljon ilhai emgi ketkeneme, uculeme maksiki

---

「討厭的鳥，趕快出去吧！」會揮動粘滿麵粉的手驅趕我嗎？我們都是大自然的孩子，為什麼不能平等看待呢？一條玻璃似的清淨小河，嘩啦啦地淌著。在她眼裡映照著長在岸邊的野菊花及馬蘭花的曼苗的身段，洪郭花、蒲公英的美麗笑容也都映照著。啊！我多麼嚮往變成一朵水裡的浪花，也進入小河的懷抱裡，跟水裡的浪花一起跳躍，唱歌跳舞，

「讨厌的鸟，赶快出去吧！」会挥动粘满面粉的手驱赶我吗？我们都是大自然的孩子，为什么不能平等看待呢？一条玻璃似的清净小河，哗啦啦地淌着。在她眼里映照着长在岸边的野菊花及马兰花的曼苗的身段，洪郭花、蒲公英的美丽笑容也都映照着。啊！我多么向往变成一朵水里的浪花，也进入小河的怀抱里，跟水里的浪花一起跳跃，唱歌跳舞，

ᡝᠯᡳᠮᡝ ᡩᠣᡵᡤᡳᠯᡝ ᡝᠰᡝᡳ ᠪᠣᡩᠣᡵᠣᠮᠪᡳ᠉ ᡨᡝᡵᡝ ᠪᠣᠣᡳᡤᠣᠨ ᠪᠣᡳᡤᠣᠨ ᡳᠰᡳᠨᠵᡳᡶᡳ ᡤᡝᡵᡤᡠᠨ ᠰᡳᠮᡝᠨ ᡩᡝ ᠪᠣᡳᡤᠣᠨ᠈
ᠮᡠᠰᡝᡳ ᠪᡳᠶᠠᡳ ᠵᡝᡴᡠ ᠪᡳᡨᡥᡝ ᠪᡝ ᠪᡳᠶᠠᠨᡳ ᡩᡝᡵᡤᡳ᠈ ᠪᠣᡳᡤᠣᠨ ᡳ ᡝᡵᡳᠨ ᠪᡝ ᠪᠣᡩᠣᠮᡝ᠈ ᡝᠮᡠ ᠮᡠᠰᡝᡳ
ᠮᡠᠰᡝᡳ᠈ ᡤᡝᡵᡤᡠᠨ ᠮᡠᠰᡝᡳ ᠪᡳᡨᡥᡝ ᡳ ᠮᡠᡨᡝᠮᠪᡳ᠈ ᠪᡳᡨᡥᡝ ᠪᡳᡥᡝ ᠪᡳᡨᡥᡝ ᠪᡝ ᠮᡠᡨᡝᠮᠪᡳ᠈ ᠮᡠᠰᡝᡳ ᠪᡝ ᡤᡝᡵᡝ
ᡨᡝᡵᡝ ᠮᡠᠰᡝᡳ ᡳ ᠮᡠᠰᡝᡳ ᠮᡠᡨᡝᠮᠪᡳ᠈ ᡝᡵᡝ ᠪᡳᡨᡥᡝ ᡨᡝᡵᡝ ᡤᡝᡵᡝ᠈ ᡳᠨᡳ ᠮᡠᠰᡝᡳ ᠮᡠᡨᡝᠮᠪᡳ ᠪᡳᡥᡝ᠉

ᡨᡝᡵᡝ᠈ ᡝᠮᡠ ᠪᠣᡳᡤᠣᠨ ᠪᡳᡥᡝ ᠮᡠᡨᡝᡥᡝ ᡝᡵᡝ ᠪᠣᠣᡳᡤᠣᠨ ᠪᠣᡳᡤᠣᠨ ᠪᡳᡥᡝᠣ? ᡝᠮᡠ ᡝᠮᡠ ᠪᡳᡥᡝ
ᠪᡳᡨᡥᡝ᠈ ᡤᡝᡵᡝ ᠪᡳᡨᡥᡝ ᠮᡠᡨᡝᠮᠪᡳ ᠪᡳᡨᡥᡝ ᡤᡝᡵᡝ ᡨᡝᡵᡝ ᠮᡠᠰᡝᡳ ᠮᡠᠰᡝᡳ ᠮᡠᡨᡝᡥᡝᠣ᠈
ᠮᡠᠰᡝᡳ᠈ ᠮᡠᠰᡝᡳ ᠮᡠᠰᡝᡳ ᡤᡝᡵᡝ ᡨᡝᡵᡝ ᡩᡝ᠈ ᠮᡠᠰᡝᡳ ᠪᡳᡥᡝᠣ᠉ ᡝᠮᡠ ᡝᡵᡝ ᠮᡠᠰᡝᡳ
ᠪᡳᡥᡝ ᠮᡠᠰᡝᡳ ᠮᡠᡨᡝᠮᠪᡳ ᡳ ᠮᡠᠰᡝᡳ ᡨᡝᡵᡝ᠈ ᡝᠮᡠ ᠮᡠᠰᡝᡳ ᠪᡳᡥᡝ ᠮᡠᠰᡝᡳ ᠮᡠᡨᡝᠮᠪᡳ! " ᡤᡝᡵᡝ
ᡤᡝᡵᡝ ᡳᠨᡳ ᠮᡠᠰᡝᡳ ᡳ ᠮᡠᡨᡝᠮᠪᡳ ᠪᡳᡨᡥᡝ ᠪᡝ ᠮᡠᠰᡝᡳ ᠮᡠᡨᡝᠮᠪᡳᠣ?

seme yagese ereme gūnibumbi. eme toksoi dalba i ajige wehei jugūn be dahame, yabume birai ekcin de jifi bele surame, etuku adu oboro erinde, bi birai dorgi i ajige jusesa i mukei dolo ebišeme bethe i mukebe putung seme forire nashūn be nekuleme, gūnin bime mini gala i sini beyebe weihuken i bilumbi. eme, si etuku adu usihihe seme jili banjimbio banjirkūn？ bi geli emu šurdeku i adali irahi dekdebufi sini tere šayan fiyan ujui fungkui fejergi i šenggin dele, ulcin ulcin gilmarinmaha nei sabdan be karambi. bi niyaman nimeme emu jilgan kaicaha：“senggime haji eme, si dabali jobome suilahabi！”si mini ere niyaman jaka i gisun be donjihabio？

母親順著村旁的小石子路走到河岸來淘米、洗衣服時，我趁河裡的小孩子們在水裡嬉戲用腳撲打水時，故意用我的手輕輕撫摸您的身軀。母親會不會因為衣服濕了而生氣呢？我又像一個漩渦似的掀起波紋，望著您那白頭巾下面的額頭上串串發光的汗珠。我心疼地喊了一聲：「親愛的母親，您太辛苦了！」您聽到我這心窩裡的話了嗎？

母亲顺着村旁的小石子路走到河岸来淘米、洗衣服时，我趁河里的小孩子们在水里嬉戏用脚扑打水时，故意用我的手轻轻抚摸您的身躯。母亲会不会因为衣服湿了而生气呢？我又像一个漩涡似的掀起波纹，望着您那白头巾下面的额头上串串发光的汗珠。我心疼地喊了一声：「亲爱的母亲，您太辛苦了！」您听到我这心窝里的话了吗？

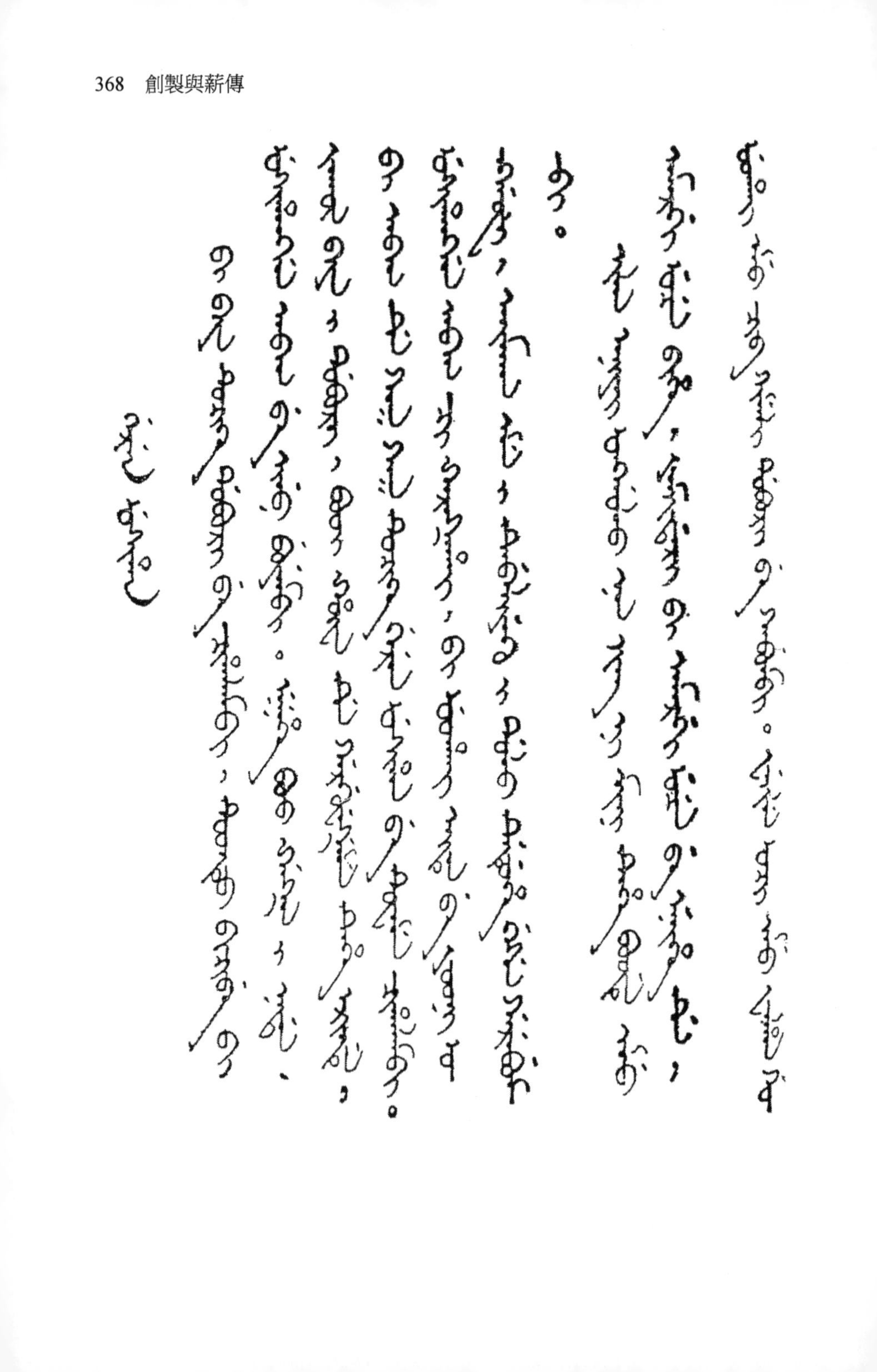

[illegible]

三十八、geren usiha

bi biya tucike dobori be cihalambi, tuttu bicibe bi usihangga abka be inu buyembi. nenehe boo gašan i nadan、jakūn biya i dobori, booi hūwa de serguwešeme tehe erinde, bi abka de sak sak tucike geren usiha be tuwame cihalambi. usihangga abka ci karašahai, bi uthai eiten be yooni onggofi, aimaka eme i tebeliyeku i dolo deduhe gese serebumbi. ilan aniyai onggolo nan jing ni mini tehe boode emu amargi uce bihe, yamjidari bi amargi uce be neihe de, uthai emu cib simeli dobori be sabumbi. fejile oci emu falha

---

三十八、眾星

我喜歡月亮出來的夜晚，但是我也愛有星星的天空。從前家鄉七、八月的夜晚，坐在家裡的院子乘涼時，我喜歡看滿天出來的眾星。凝望著星空，我就忘記了一切，感覺好像躺在了母親的懷抱裡。三年前在南京我的家裡有一個後門，每天晚上我打開後門，就會看到一個寂靜的夜晚，下面是一片

三十八、众星

我喜欢月亮出来的夜晚，但是我也爱有星星的天空。从前家乡七、八月的夜晚，坐在家里的院子乘凉时，我喜欢看满天出来的众星。凝望着星空，我就忘记了一切，感觉好像躺在了母亲的怀抱里。三年前在南京我的家里有一个后门，每天晚上我打开后门，就会看到一个寂静的夜晚，下面是一片

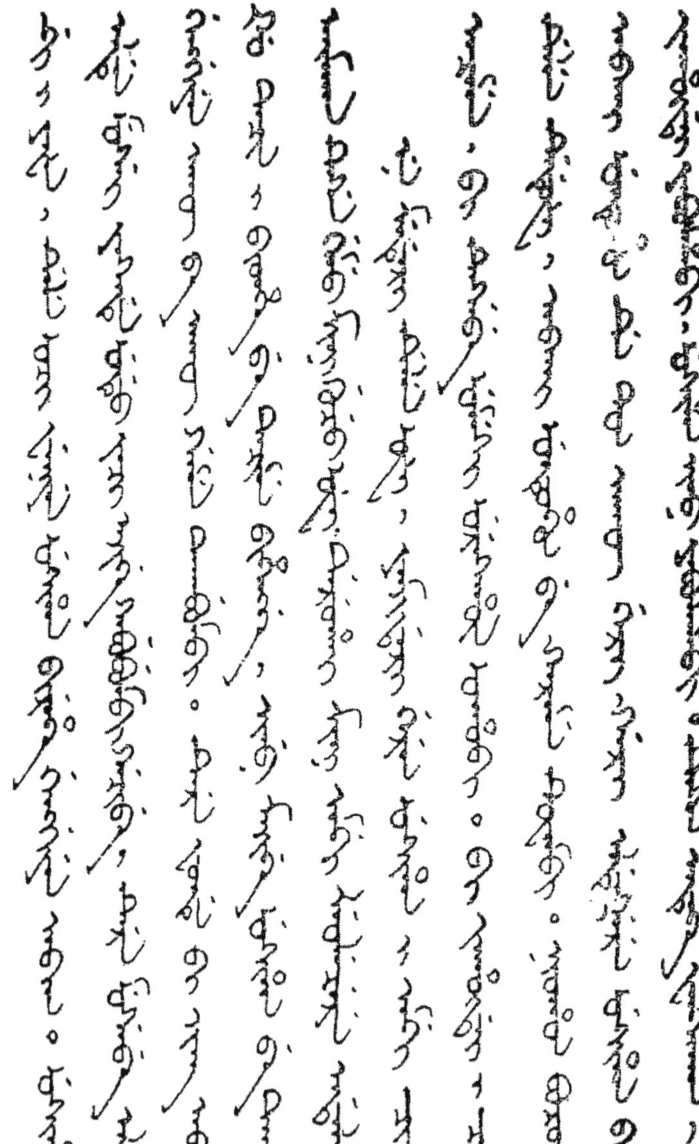

sogi i yafan, dele oci feniyen usiha birehe genggiyen abka. usihai elden musei yasade udu jaci ajige sabubumbi secibe, tere musebe elden genggiyen akū ba akū seme takabumbi. tere fonde bi jing abkai šu tacin i bithe be tacime bihengge, inu majige usiha be takambi, aimaka tese gemu mini gucu ofi, daruhai mini emgi leolecere adali. ne mederi dele ofi, yamjidari geren usiha i emgi cira acame, bi tesebe umesi ureshūn ohobi. bi jahūdai i cahin i dele dedufi, abkai untuhun be karame tuwambi. niohon boconggo abkai untuhun de ton akū geri gari eldešere usiha bi. jahūdai yabumahabi, usiha inu yabumahabi.tese enteke fangkalan,

---

菜園，上面是佈滿群星的清天。星光在我們的眼裡看起來雖然很小，但它讓我們知道無處不光明。那時我正在讀天文學的書，也認得一些星星，好像它們都是我的朋友，常常跟我談論一樣。現在因為是在海上，所以每天晚上跟眾星會面，我已經很熟悉它們了。我躺在船沿上，眺望天空。青空上有無數閃閃亮亮的星星。小船在走，星星也在走。它們這樣低，

菜园，上面是布满群星的清天。星光在我们的眼里看起来虽然很小，但它让我们知道无处不光明。那时我正在读天文学的书，也认得一些星星，好像它们都是我的朋友，常常跟我谈论一样。现在因为是在海上，所以每天晚上跟众星会面，我已经很熟悉它们了。我躺在船沿上，眺望天空。青空上有无数闪闪亮亮的星星。小船在走，星星也在走。它们这样低，

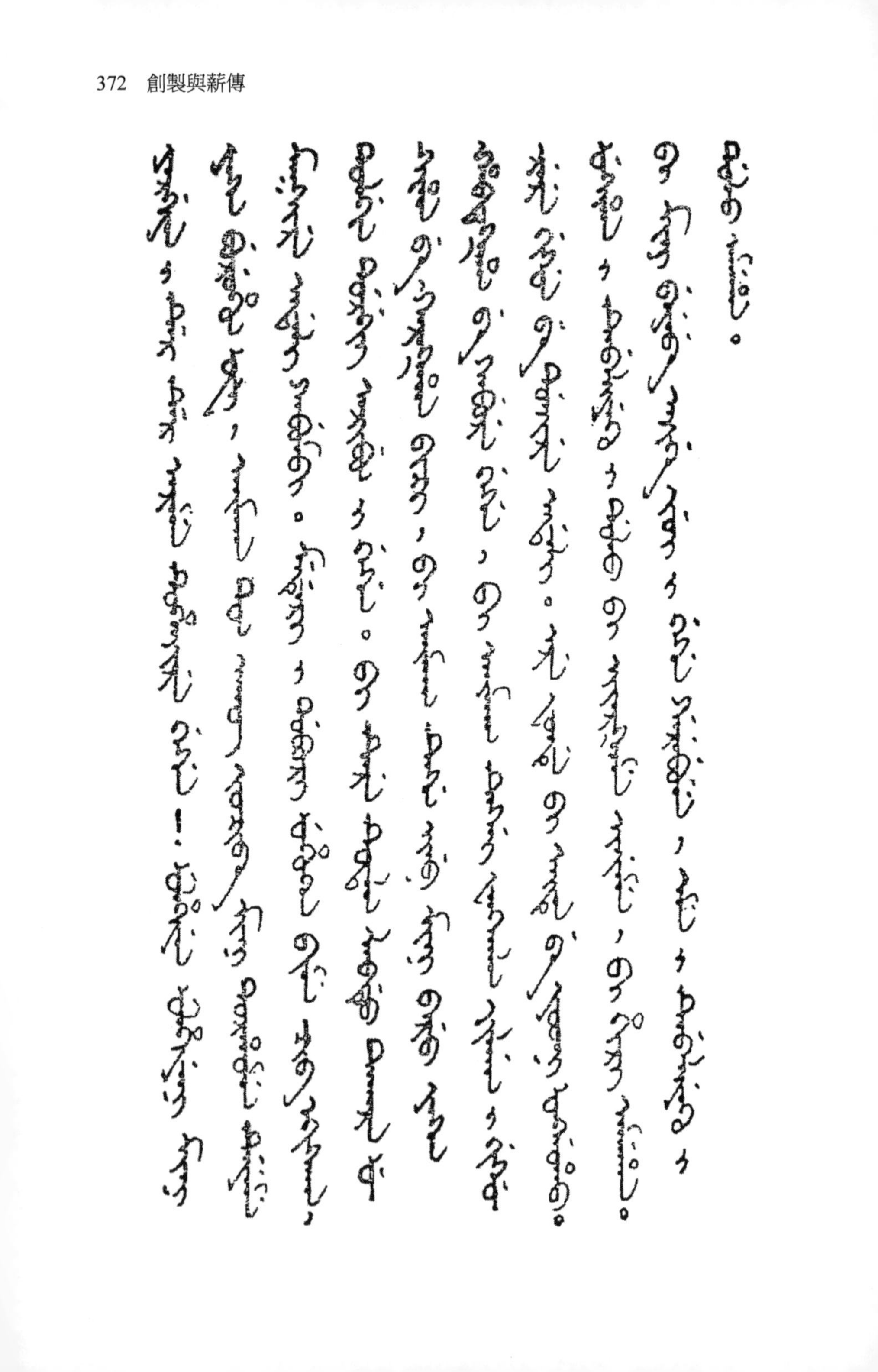

[illegible]

yargiyan i der der arame tuhenjire gese ! ulhiyen ulhiyeni mini yasa buruhun ofi, aimaka ton akū jociba mini torhome deyeme maksire adali sabumbi. mederi i dobori uhuken bime cib ekisaka, tolgin dorgii aribun i gese. bi tere tutala labdu takara usiha be karašaha bici, bi aimaka tese inu mini baru yasa habtašaha be sabure gese, bi aimaka tesei fangkalan jilgan i gisurere gisun be donjire adali. ere fonde bi eiten be yooni onggoho. usiha i tebeliyeku i dolo bi ijaršame injeme, bi hiri amgaha. bi mini beyebe ajige jui i gese serebume, eme i tebeliyeku i dolo amgaha.

真像紛紛結伴掉落下來似的！漸漸我的眼睛模糊了，看起來就像是無數的螢火蟲圍著我飛舞一樣。海上的夜晚又溫柔又寂靜，像是夢中幻覺似的。我遙望那麼多的認得的星星，我好像看見它們也跟我眨眼睛似的，我好像聽見它們低聲說的話了。這時候我把所有的一切全都忘了，在星星的懷抱裡我微笑著，我睡熟了。我覺得自己像是小孩似地，睡在母親的懷抱裡。

真像纷纷结伴掉落下来似的！渐渐我的眼睛模糊了，看起来就像是无数的萤火虫围着我飞舞一样。海上的夜晚又温柔又寂静，像是梦中幻觉似的。我遥望那么多的认得的星星，我好像看见它们也跟我眨眼睛似的，我好像听见它们低声说的话了。这时候我把所有的一切全都忘了，在星星的怀抱里我微笑着，我睡熟了。我觉得自己像是小孩似地，睡在母亲的怀抱里。

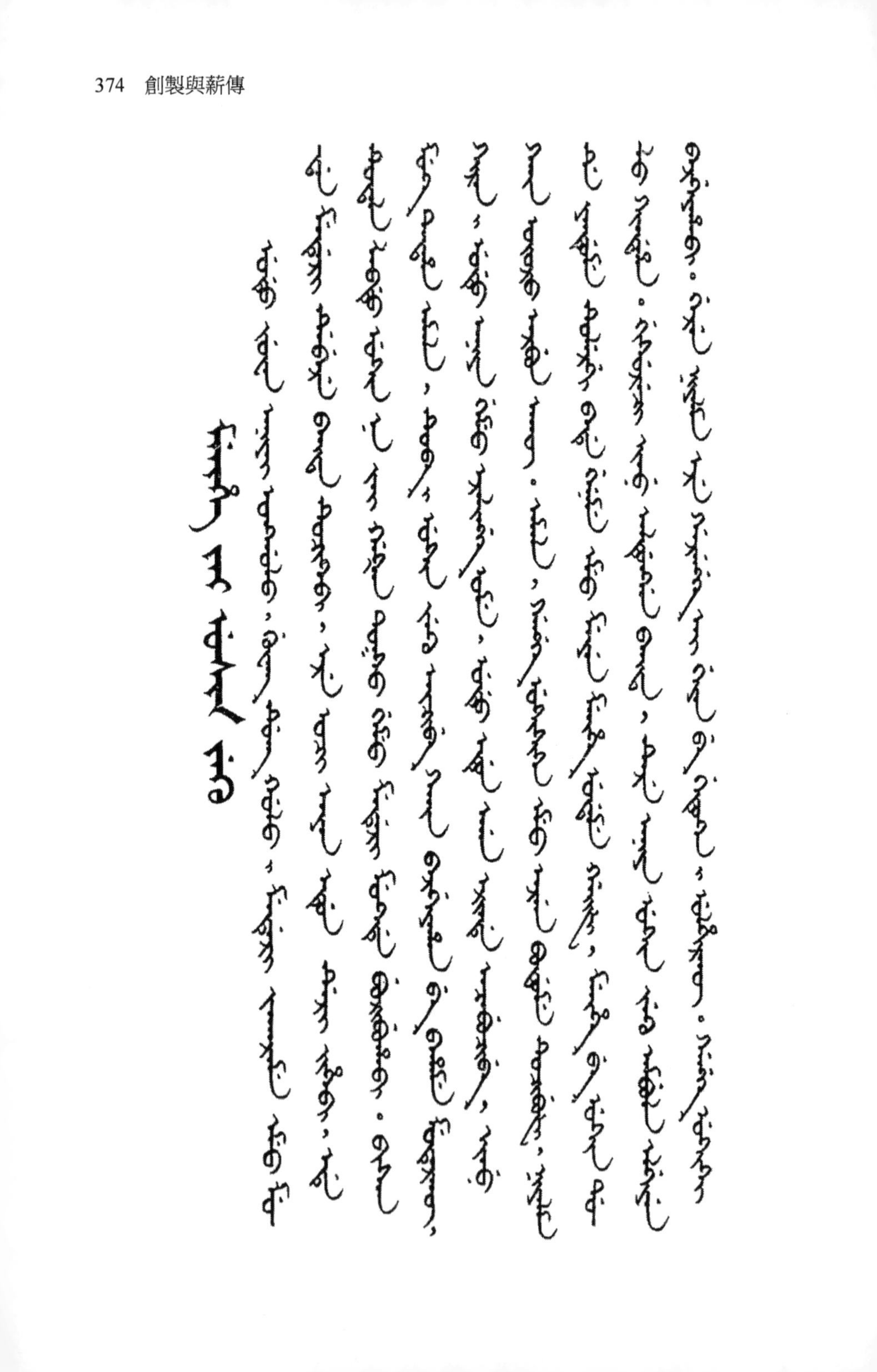

三十九、meihe jai usin jeku

udu juwan aniyai onggolo, guwang dung golo i mederi jakarame emu mudan mederi debere baita tucikebi, ere oci ayan edun deri jihebi, ede tutala labdu usin na jai gašan tokso gemu mederi mukede buribuhabi. bisan muke tataha amala, tuba i usin jeku eicibe sain bargiyaha be bahame muterkū, siran i udu aniya gemu eralingge ome, udu edun aga erinde acabucibe, inu sain ojoro arbun akū. amala, sengge usisisa emu arga bodome tucibufi, niyalma de yandume tulergi bade geneme emu meyen meihe udame gajifi, meihe be usin dolo sindaha. gisureci inu aldungga baita, tere aniya usin jeku ambula elgiyen bargiyahabi. geren niyalma ere serengge ai giyan be getuken i ulhirkū. sengge usisi

---

三十九、蛇與莊稼

幾十年前，廣東省沿海發生一次海嘯事件，這是因颱風而發生的，為此有許多田地和村莊都被海水淹沒了。潮水消退後，那裡的莊稼總不得好收成，連續幾年都是這樣，雖然風調雨順，也不見好轉。後來，年長的農夫們想出了一個辦法，央人到外邊買來一群蛇，把蛇放到田裡。說起來也怪，那年莊稼大豐收。大家不明白這是什麼道理。年長的農夫

三十九、蛇与庄稼

几十年前，广东省沿海发生一次海啸事件，这是因台风而发生的，为此有许多田地和村庄都被海水淹没了。潮水消退后，那里的庄稼总不得好收成，连续几年都是这样，虽然风调雨顺，也不见好转。后来，年长的农夫们想出了一个办法，央人到外边买来一群蛇，把蛇放到田里。说起来也怪，那年庄稼大丰收。大家不明白这是什么道理。年长的农夫

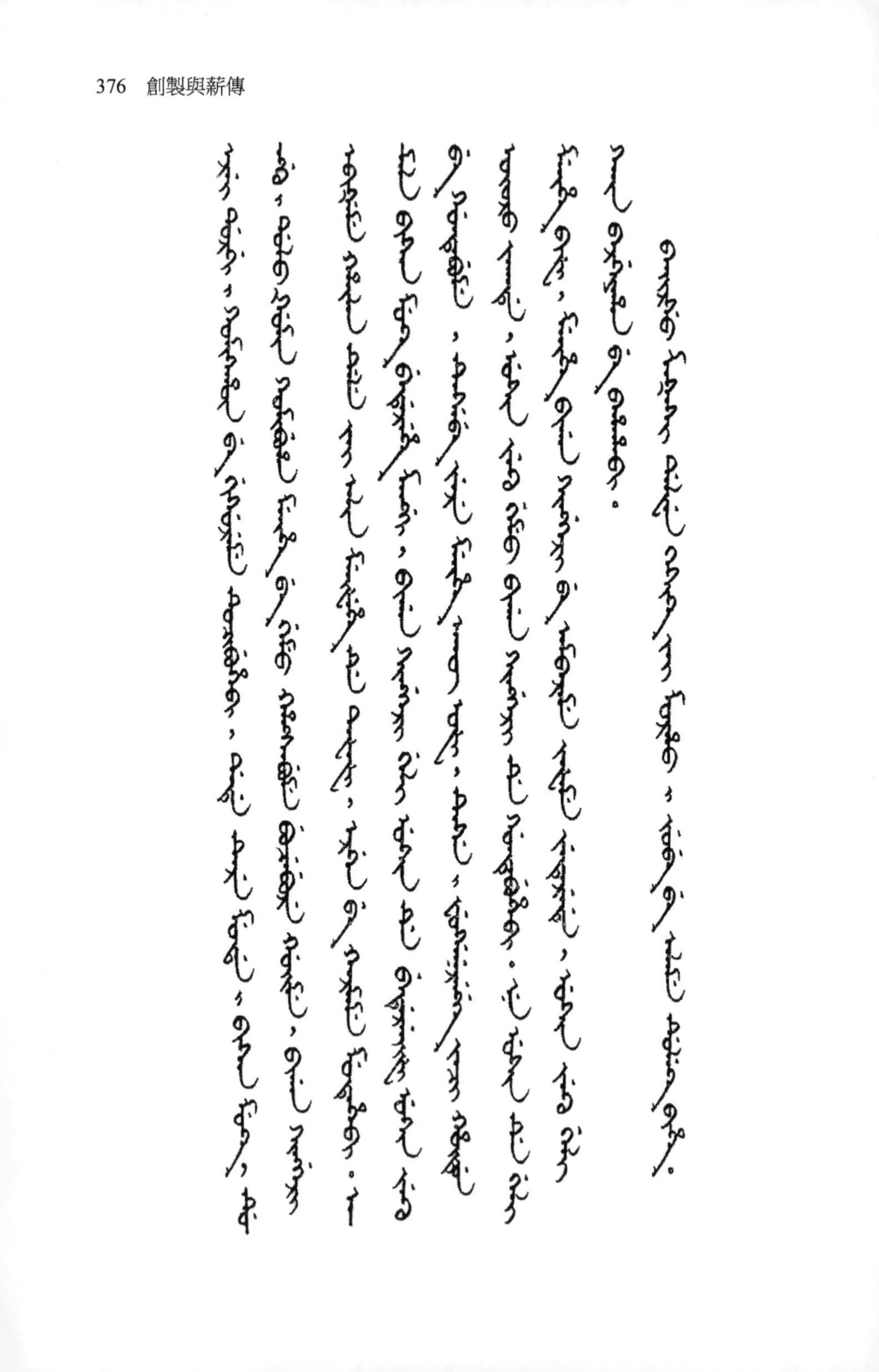

erei dorgi i somishūn be gisureme tucibuhebi, dade tere mudan i bisan muke, dunggu i dolo šumin somibuha meihe be gemu hangsabume bucebure gojime, bigan singgeri ebišeme hailan dele jai alin meifehe de tafafi, ergen be karmame mutehebi. amala bisan muke bederehe manggi, bigan singgeri geli usin de bederenjifi usin jeku be suntebume, tesebe jere meihe akū ofi, tese i fusenerengge jaci hūdun ojoro jakade, usin jeku gemu bigan singgeri de suntebuhebi. ne usin de geli meihe bifi, meihe bigan singgeri be ambarame jafame jeterede, usin jeku geli sain bargiyaha be bahahabi. banjirsu mašasi dalwen kesike jai morho i jube be alame duleke bihe.

說出了其中的秘密，原來那次的潮水，把深藏在洞穴裡的蛇幾乎都淹死了，野鼠游到樹上或爬到山坡上，保住了生命。後來潮水退去，野鼠又回到田裡糟蹋莊稼，因為沒有吃牠們的蛇，牠們繁殖得很快，所以莊稼都被野鼠糟蹋了。現在田裡又有了蛇，蛇大量地捕食野鼠，莊稼又得到了好收成。生物學家達爾文曾經講過貓和苜蓿的故事。

说出了其中的秘密，原来那次的潮水，把深藏在洞穴里的蛇几乎都淹死了，野鼠游到树上或爬到山坡上，保住了生命。后来潮水退去，野鼠又回到田里糟蹋庄稼，因为没有吃牠们的蛇，牠们繁殖得很快，所以庄稼都被野鼠糟蹋了。现在田里又有了蛇，蛇大量地捕食野鼠，庄稼又得到了好收成。生物学家达尔文曾经讲过猫和苜蓿的故事。

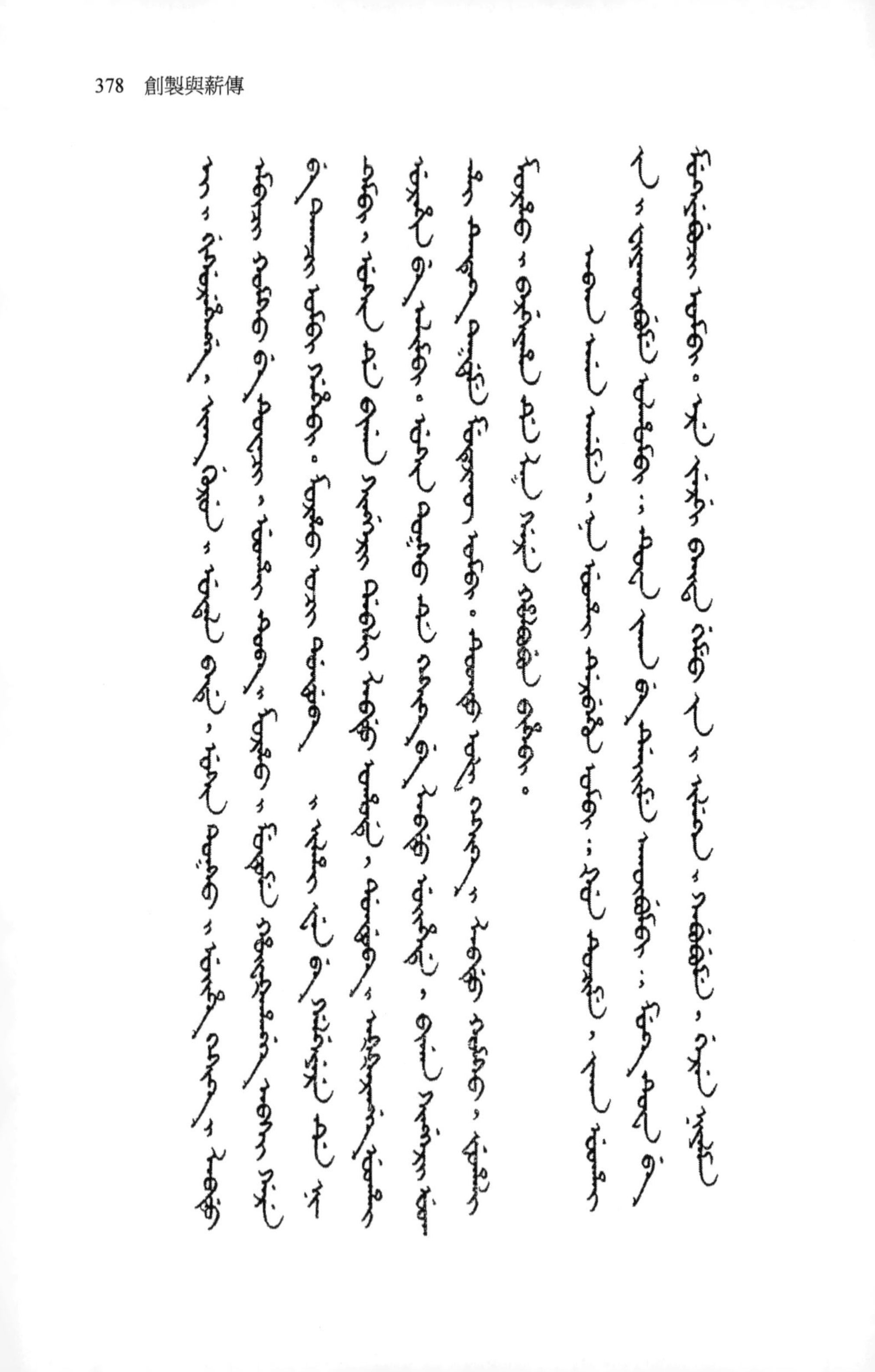

[illegible]

i i gisurehengge, ing gurun i utala bade, usin tokso i ujihe kesike i labdu embici komso be tuwaci, uthai tuba i morho i mutume hūwašahangge absi sere be takaci ombi sehebi. morho oci dondoba i ilhai fen be selgiyere de nikembi, usin de bigan singgeri dabali labdu ohode, dondoba i aššarangge uthai urahin be alimbi. usin tokso de kesike be labdu ujihede, bigan singgeri uthai tenteke takdame muterkū ombi. tuttu ofi kesike i labdu komso, fuhali morho i bargiyaha de lak sere holbobun bihebi. abka aga agame, na uthai derbehun ombi; šun tucime, jaka uthai ja i fiyakūbume olhombi; tuwa jaka be deijime akūbumbi, muke tuwa be mukiyebuci ombi. ere jergi baita gemu ja i ileken i sabubume, geren niyalma

---

他講到，英國許多地方，看農莊所養貓的多少，就能知道那裡的苜蓿生長的怎麼樣。苜蓿是靠土蜂傳播花粉，田裡野鼠太多時，土蜂的活動就受影響。田莊養的貓多時，野鼠就不能那樣猖獗。因此，貓的多少，完全與苜蓿的收成有直接關係。天下雨，地就潮濕；太陽出來，東西就容易被曬乾；火能燒盡東西；水可滅火。這些事都顯而易見。大家

他讲到，英国许多地方，看农庄所养猫的多少，就能知道那里的苜蓿生长的怎么样。苜蓿是靠土蜂传播花粉，田里野鼠太多时，土蜂的活动就受影响。田庄养的猫多时，野鼠就不能那样猖獗。因此，猫的多少，完全与苜蓿的收成有直接关系。天下雨，地就潮湿；太阳出来，东西就容易被晒干；火能烧尽东西；水可灭火。这些事都显而易见。大家

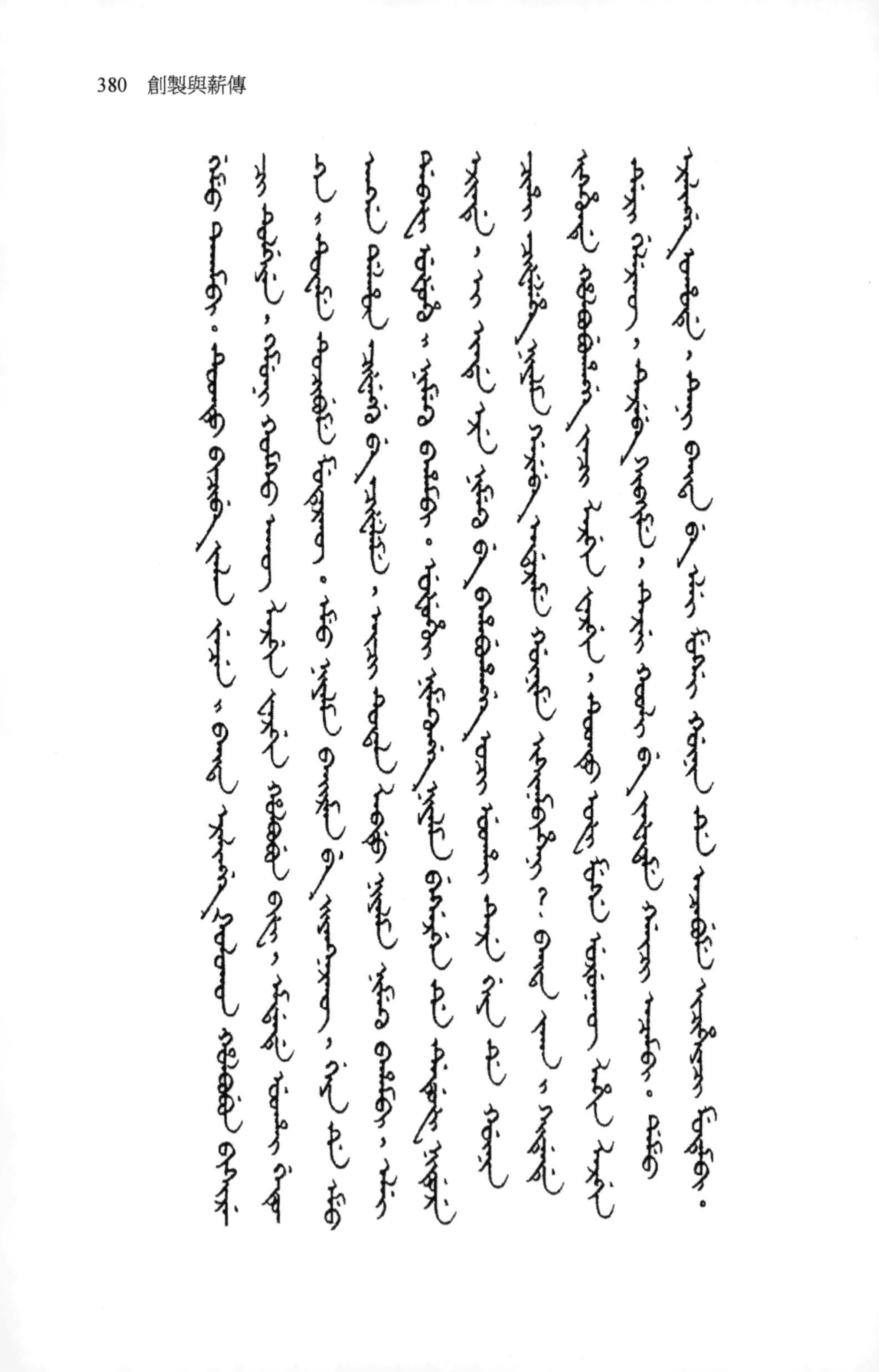

[illegible]

gemu takambi. tuttu bicibe jalan jecen i baita eralingge šolokon holbobun bisireci tulgiyen, kemuni komso akū largin fargin holbobun bifi, emdande uthai getuken i tuwame tucibume muterkū. emu niyalma banjirman be jiyangnarkū, giya de emu angga dalhūn cifenggu be cifeleme, eici tutala labdu niyalma nimeku bahambi, elei dabafi ufuhu i nimeku bahambi. ufuhui nimekungge niyalma besergen de dedufi nidure erinde, i inde ere nimeku be bahabuhangge oci uthai tere giya de gūnin cihai cifelehe niyalma serebe adarame gūnime isinambiheni？ baita jaka i sidende ishunde holbobuhangge jaci largin fargin, tuttu ofi muse urunakū lahin largin deri gelerkū, terebe sibkime, terei kooli be jafatame gaici acambi. damu eralingge ohode, teni baita be elei musei gūnin de acabume icihiyaci mutembi.

都知道。但是世界上的事情除了這些簡單的關係外，還有不少錯綜複雜的關係，不能一下子就清楚地看出來。一個人不講衛生，在街上吐一口痰，或許很多人得病，甚至得肺病。肺病患者躺在床上呻吟時，他怎麼能想到讓他得這個病的就是那個在街上隨意吐痰的人呢？事物之間彼此間的關係很複雜，因此，我們一定不要怕煩雜，應該研究它，掌握它的規律，只有這樣，才能把事情更按我們的意願辦理。

都知道。但是世界上的事情除了这些简单的关系外，还有不少错综复杂的关系，不能一下子就清楚地看出来。一个人不讲卫生，在街上吐一口痰，或许很多人得病，甚至得肺病。肺病患者躺在床上呻吟时，他怎么能想到让他得这个病的就是那个在街上随意吐痰的人呢？事物之间彼此间的关系很复杂，因此，我们一定不要怕烦杂，应该研究它，掌握它的规律，只有这样，才能把事情更按我们的意愿办理。

[illegible]

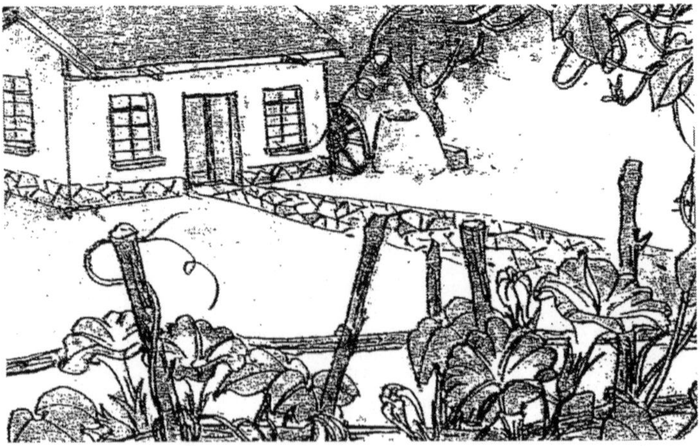

四十、mini boo i buleri ilha

bolori i ujude, hashan de halgime banjiha buleri ilha mini boo i ajige hūwa be miyamihangge encu hacin i saikan yebcungge ohobi. bolori edun ser ser seme fulgiyenjihede, hashan dele bihe luku fisin buleri ilha i abdaha aimaka meyen meyen gefehe asha be debsime, emu burgin boljon weren delišere adali, tuwara de jaci saikan kuwariyangga sabubumbi.

四十、我家的喇叭花

初秋，盤繞籬笆生長的喇叭花，把我家的小院子裝飾得非常美觀。秋風徐徐吹來，籬笆上茂密的喇叭花葉子就像成群的蝴蝶展翅一陣波浪閃過一樣，看起來很漂亮。

四十、我家的喇叭花

初秋，盘绕篱笆生长的喇叭花，把我家的小院子装饰得非常美观。秋风徐徐吹来，篱笆上茂密的喇叭花叶子就像成群的蝴蝶展翅一阵波浪闪过一样，看起来很漂亮。

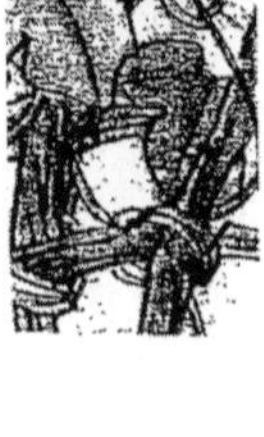

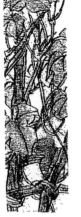

buleri ilha i teniken mutume banjiha abdaha oci niowanggiyan fiyan, tere i niowanggiyan boco aimaka niohon niowanggiyan gu i adali, tuwahade niyalmai mujilen be soktobumbi. abdaha elei hūwašame elei amba ome, tere uthai jushe i hashan be halgime wesihun tafara be dahafi hūwašambi. jushe aika hashan be halgime hūsirkū embici gūwa nikere jaka akū oci, udu inenggi ojorkū uthai naihūmbi. jakūn biyade isiname, buleri ilha inenggidari erdei šun be dahame fithenembi, fulgiyan fiyan、genggiyen fiyan、šušu fiyan ilha aimaka gemu

---

喇叭花剛長出來的葉子是綠色的，它的綠就像是碧玉一樣，看著能陶醉人心。葉子越長越大，它就隨著藤子繞著籬笆往上爬而成長。藤子若未繞住籬笆，或者沒有別的倚靠的東西，不到幾天就倒下。到了八月，喇叭花每天隨著朝陽開花，有紅色、青色、紫色的花好像都是

喇叭花刚长出来的叶子是绿色的，它的绿就像是碧玉一样，看着能陶醉人心。叶子越长越大，它就随着藤子绕着篱笆往上爬而成长。藤子若未绕住篱笆，或者没有别的倚靠的东西，不到几天就倒下。到了八月，喇叭花每天随着朝阳开花，有红色、青色、紫色的花好像都是

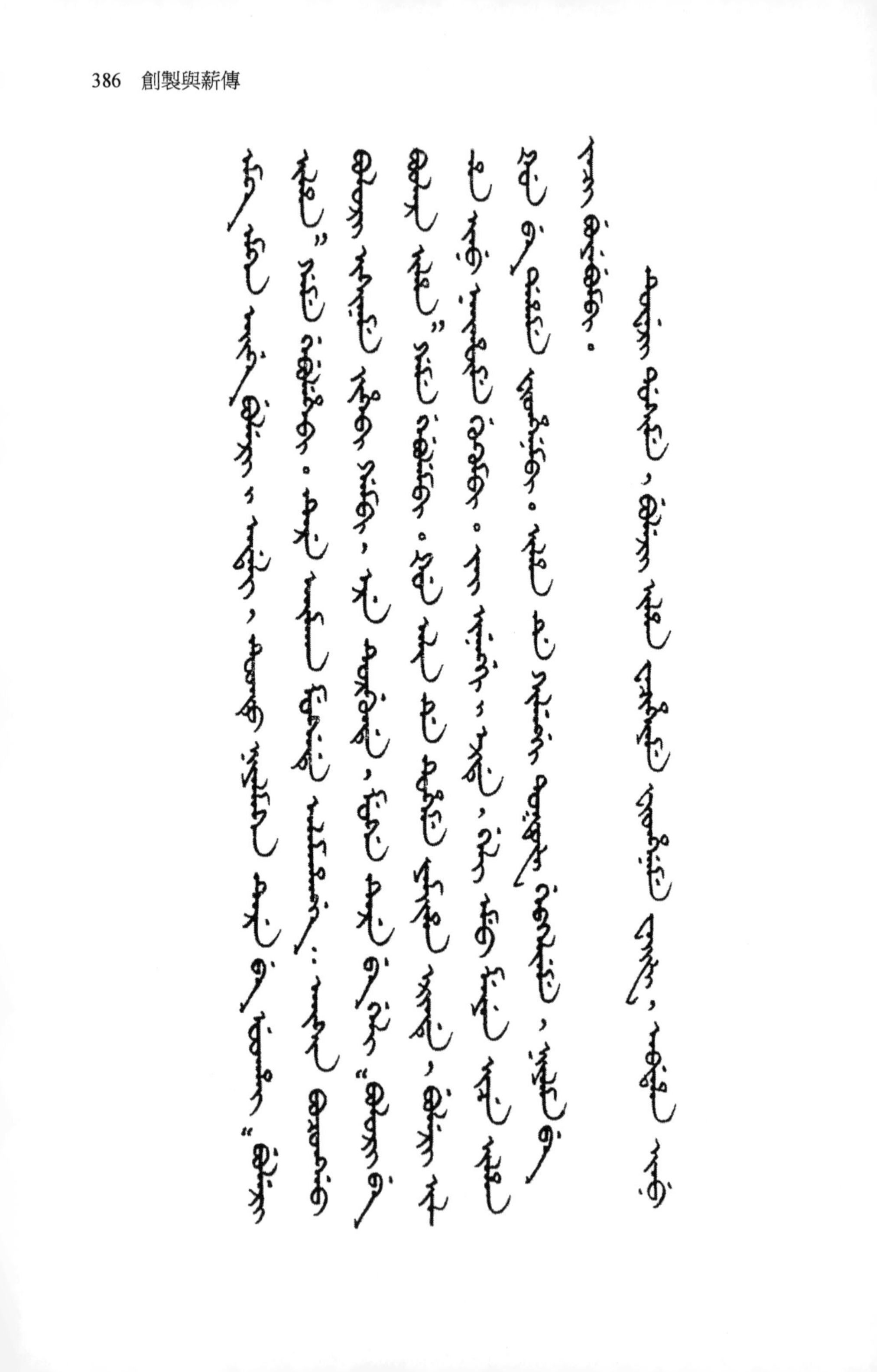

emke emken ajige buleri i adali, tuttu niyalmasa tere be uthai“buleri ilha”seme gebulehebi. tere aimaka musede alamahangge:aisin boconggo bolori isiname jihebi sembi, ere turgunde, muse tere be geli“bolori be boolara ilha“seme gebulembi. šun alin de tuheme yamjiha erinde, buleri ilha inu naihūme, gukumbi. jai inenggi i erde, geli emu meyen ice ilha šun be dahame fithenembi. ilha de silenggi toktofi gebkeljeme, niyalma be jaci buyebumbi. tuweri dosime, buleri ilha wacihiyame fitheneme wajifi, abdaha inu

---

一個一個的小喇叭一樣，因此，人們就把它叫做「喇叭花」。它好像告訴我們說：金色的秋天到來了，因此，我們又把它叫做「報秋花」。太陽落山到了黃昏，喇叭花也倒下枯萎。第二天清晨，又有一群的新花隨著太陽開花。花上積的露水鮮豔燦爛，很讓人羨慕。進入冬天，喇叭花全部開完花，葉子也

一个一个的小喇叭一样，因此，人们就把它叫做「喇叭花」。它好像告诉我们说：金色的秋天到来了，因此，我们又把它叫做「报秋花」。太阳落山到了黄昏，喇叭花也倒下枯萎。第二天清晨，又有一群的新花随着太阳开花。花上积的露水鲜艳灿烂，很让人羡慕。进入冬天，喇叭花全部开完花，叶子也

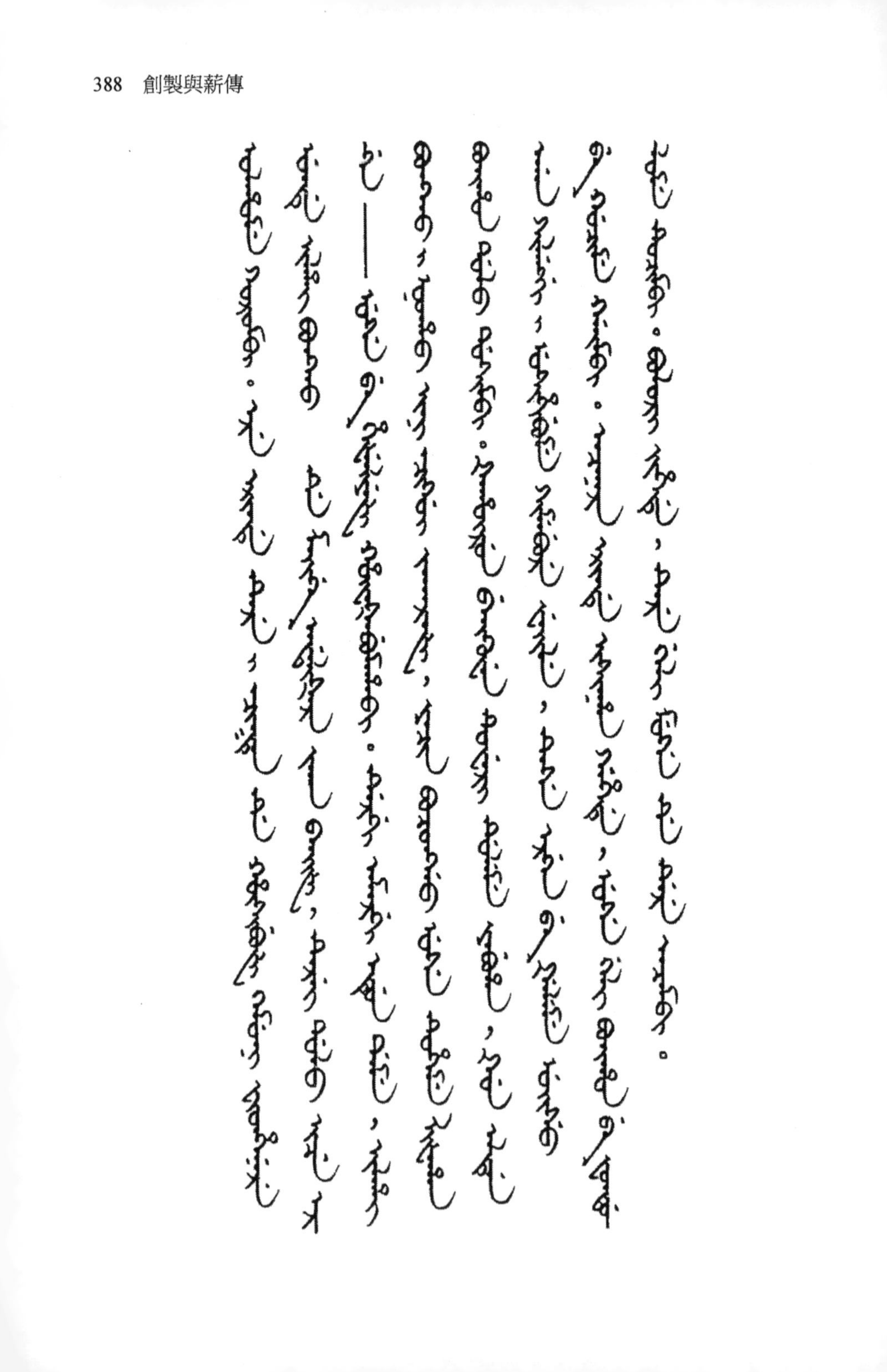

[illegible]

olhome sorombi. ere erinde tere i cikten de hūsibufi kemuni fithenere unde ilhai bongko de majige adališara jaka banjifi, terei dolo ice ergen—use be hefeliyefi hūwašabumahabi. dergi amargi edun dame, ilhai bongko i notho ini cisui jakarafi, yacin boconggo use tuheme lifaha boihon dolo dosimbi. šahūrun beikuwen tuweri duleme yabuha, šun elden aga silenggi i usihibume simebure fejile, tese ergen be šeleme ujisu be gocime gaimbi. acanara erinde isinaha sehede, use geli boihon be fondolome tucimbi. bolori jihede, tere geli muse de dere acambi.

枯黃了。此時它的莖上長出有點像被包住尚未開放的花苞的東西，它的裡面正在孕育著新的生命——種子。西北風刮著，花苞的外殼自然裂開，黑色的種子掉進泥土裡。寒冷的冬天過去了，在陽光雨露的滋潤下，它們拚命地汲取營養。一旦到了適當的時機，種子又破土而出。到秋天的時候，它又和我們見面。

枯黄了。此时它的茎上长出有点像被包住尚未开放的花苞的东西,它的里面正在孕育着新的生命— —种子。西北风刮着,花苞的外壳自然裂开，黑色的种子掉进泥土里。寒冷的冬天过去了，在阳光雨露的滋润下，它们拚命地汲取营养。一旦到了适当的时机，种子又破土而出。到秋天的时候，它又和我们见面。

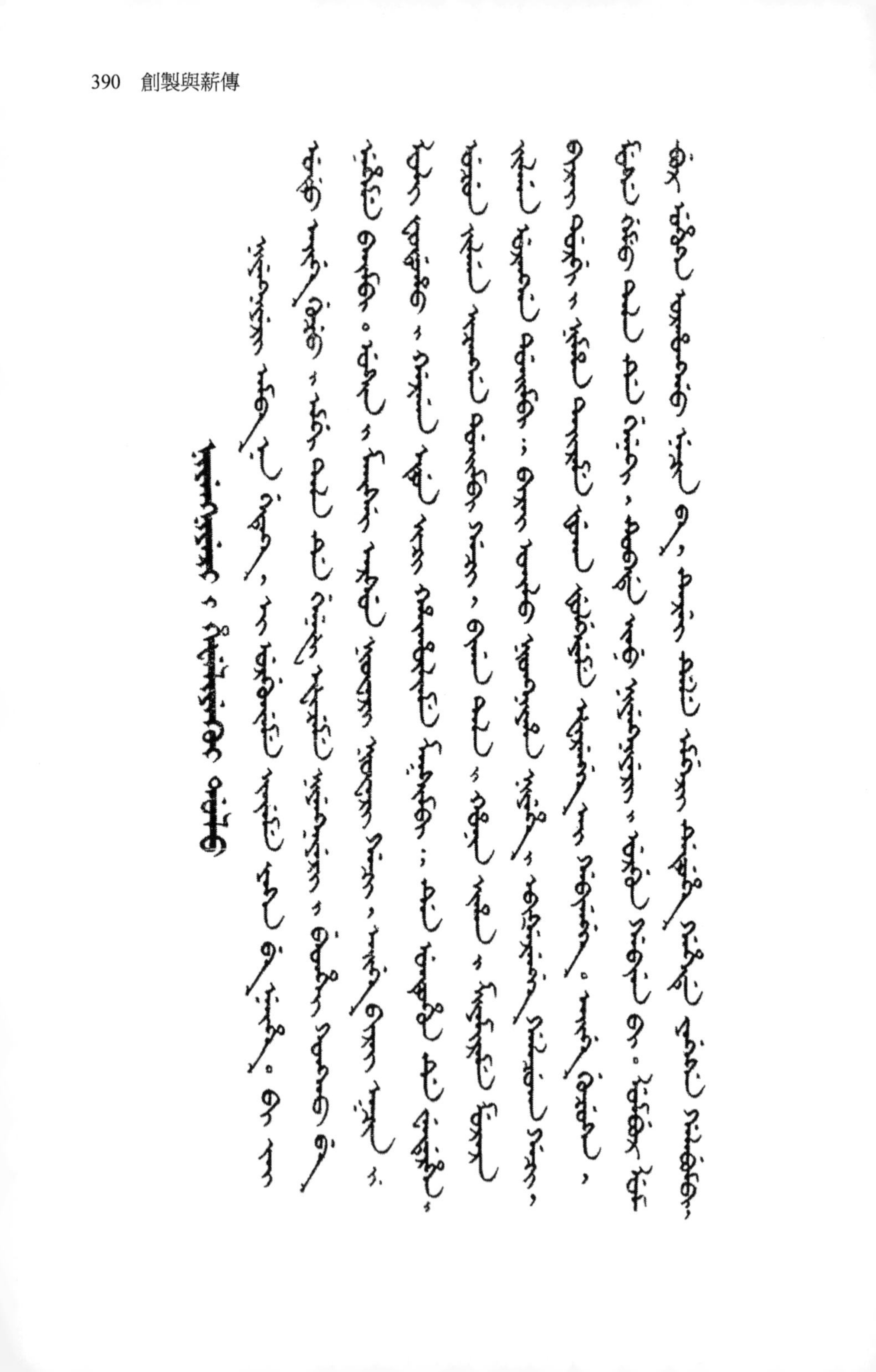

[illegible]

四十一、niyengniyeri i hefeliyekui dolo

niyengniyeri amba na geteke, i urgunjeme injeme yasa be neihe. bi jai udu ajige gucu i emgi tala de genefi eficeme niyengniyeri i bethei songko be neheme baimbi. usin i maisei arsun niowari niowari seci, ajige birai ekcin i loli fodoho i gargan edun ici haihūljame maksimbi; den untuhun de wenderhen i ucun jilgan icangga donjimbi seci, bigan tala i honin ihan i miyamirame murara jilgan urangga donjimbi, birai oilo niongniyaha niyehe i ebišerengge selacuka seci, birai dorgi i nimha tajirame fuka fulgiyeme efirengge ai sebjengge. ajige gucusa, muse gemu tala de geneki, tubade inu niyengniyeri i urgun sebjen bi. lumbur lumbur uhuken orhonggo necin ba, terei dele emgeri deduhe sehede yagese selabumbi,

---

四十一、在春天的懷抱

春天大地醒了，她高興得笑著睜開了眼睛。我和幾個小朋友一齊到野外去尋找春天的腳印。田野上的麥苗鬱鬱葱葱，小河岸邊的柳枝隨風起舞；高空上阿蘭鳥的歌聲悅耳好聽，原野裡牛羊的叫聲聽起來很洪亮；河面鵝鴨暢游戲水，河裡的魚兒淘氣地吹著泡泡玩多麼歡樂。小朋友們，我們都到野外去吧！那裡也有春天的快樂。軟軟綿綿的草坪，往那上面一躺該多麼舒服，

四十一、在春天的怀抱

春天大地醒了，她高兴得笑着睁开了眼睛。我和几个小朋友一齐到野外去寻找春天的脚印。田野上的麦苗郁郁葱葱，小河岸边的柳枝随风起舞；高空上阿兰鸟的歌声悦耳好听，原野里牛羊的叫声听起来很洪亮；河面鹅鸭畅游戏水，河里的鱼儿淘气地吹着泡泡玩多么欢乐。小朋友们，我们都到野外去吧！那里也有春天的快乐。软软绵绵的草坪，往那上面一躺该多么舒服，

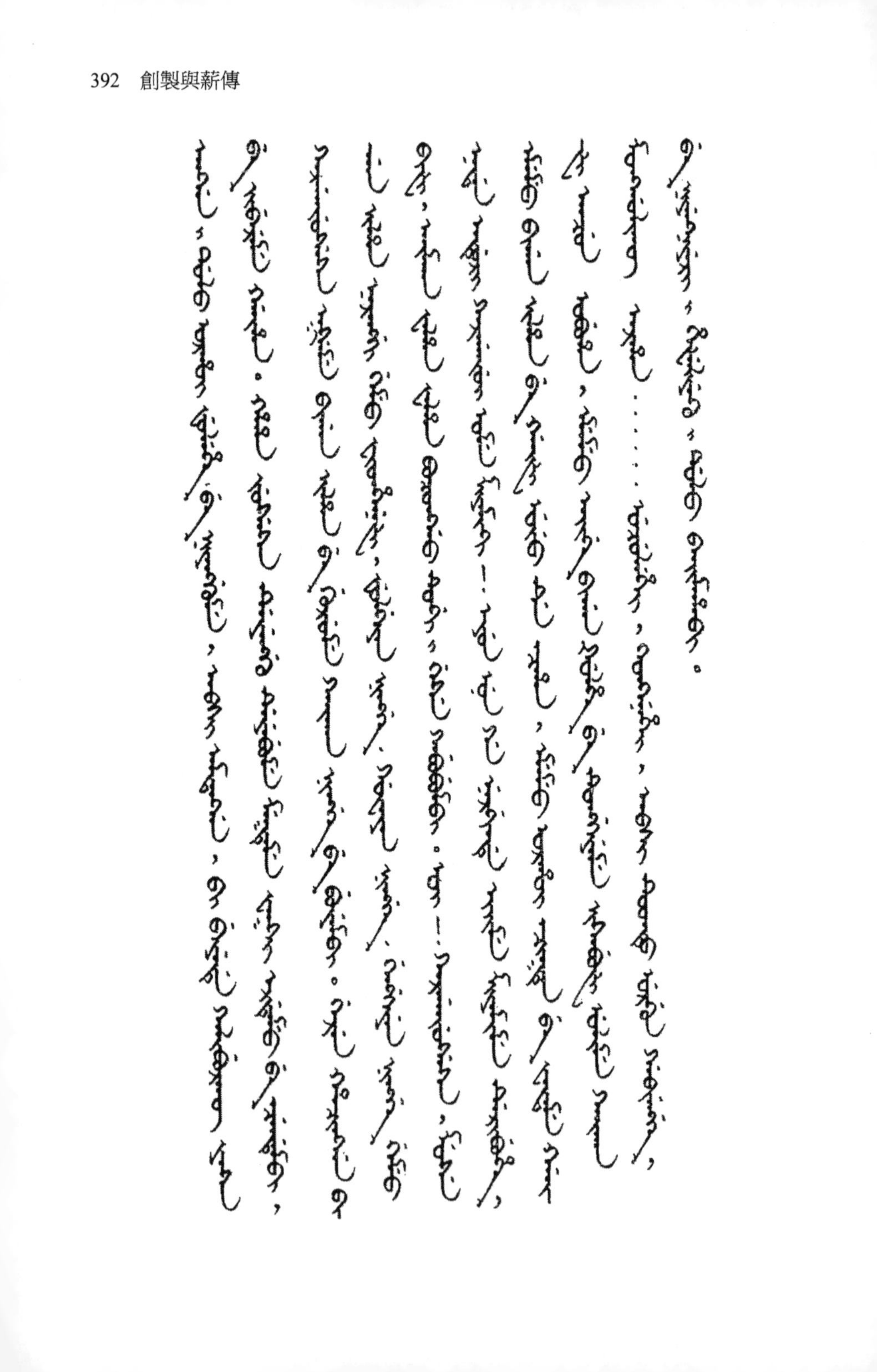

[illegible]

angga i dolo orhoi fulehe be niyanggume, absi amtangga, bi beyede saliburkū yasa be jibereme gaiha. haha jusesa deyenggu deyebume mekteme faksi erdemu be cendembi, sarganjusesa ekšeme bigan ilha be gurume saikan ningge be buyembi. geren hacingga bigan ilha naranggi gemu fithenefi, fulgiyan ningge, suwayan ningge, genggiyen ningge gemu bifi, aimaka falha falha boconggo tugi i gese sabubumbi. oi ! sarganjusesa, muse nadan enduri sarganjui ome miyamiki ! eyun nun se nerginde ijime miyamime deribuhe, ememu bigan ilha be gaifi uju de caha, ememu orhoi cikten be fatame gaifi ancun obuha, ememu ajige bigan šulhe be tunggiyeme isabufi ulime saikan monggolikū araha……uculehei, ketkenehei, absi tuttu urgun sebjengge, be niyengniyeri i hefeliyeku i dolo banjimahabi.

嘴裡嚼著草根，多麼甘甜，我不由自主的瞇起眼睛。男孩子們放風箏比賽技術，女孩子們忙著採野花欣賞美麗。各種野花全部都開了，紅的、黃的、藍的都有，看起來就像是朵朵彩雲似的。喂！女孩子們，我們來裝扮成七仙女吧！姊妹們立即開始梳裝打扮起來了。有的拿野花插在頭上，有的掐下草根做耳墜，有的採集野生小蘋果串成美麗的項鏈……唱著，跳著，多麼快樂，我們生活在春天的懷抱裡。

嘴里嚼着草根，多么甘甜，我不由自主的眯起眼睛。男孩子们放风筝比赛技术，女孩子们忙着采野花欣赏美丽。各种野花全部都开了，红的、黄的、蓝的都有，看起来就像是朵朵彩云似的。喂！女孩子们，我们来装扮成七仙女吧！姊妹们立即开始梳装打扮起来了。有的拿野花插在头上，有的掐下草根做耳坠，有的采集野生小苹果串成美丽的项链……唱着，跳着，多么快乐，我们生活在春天的怀抱里。

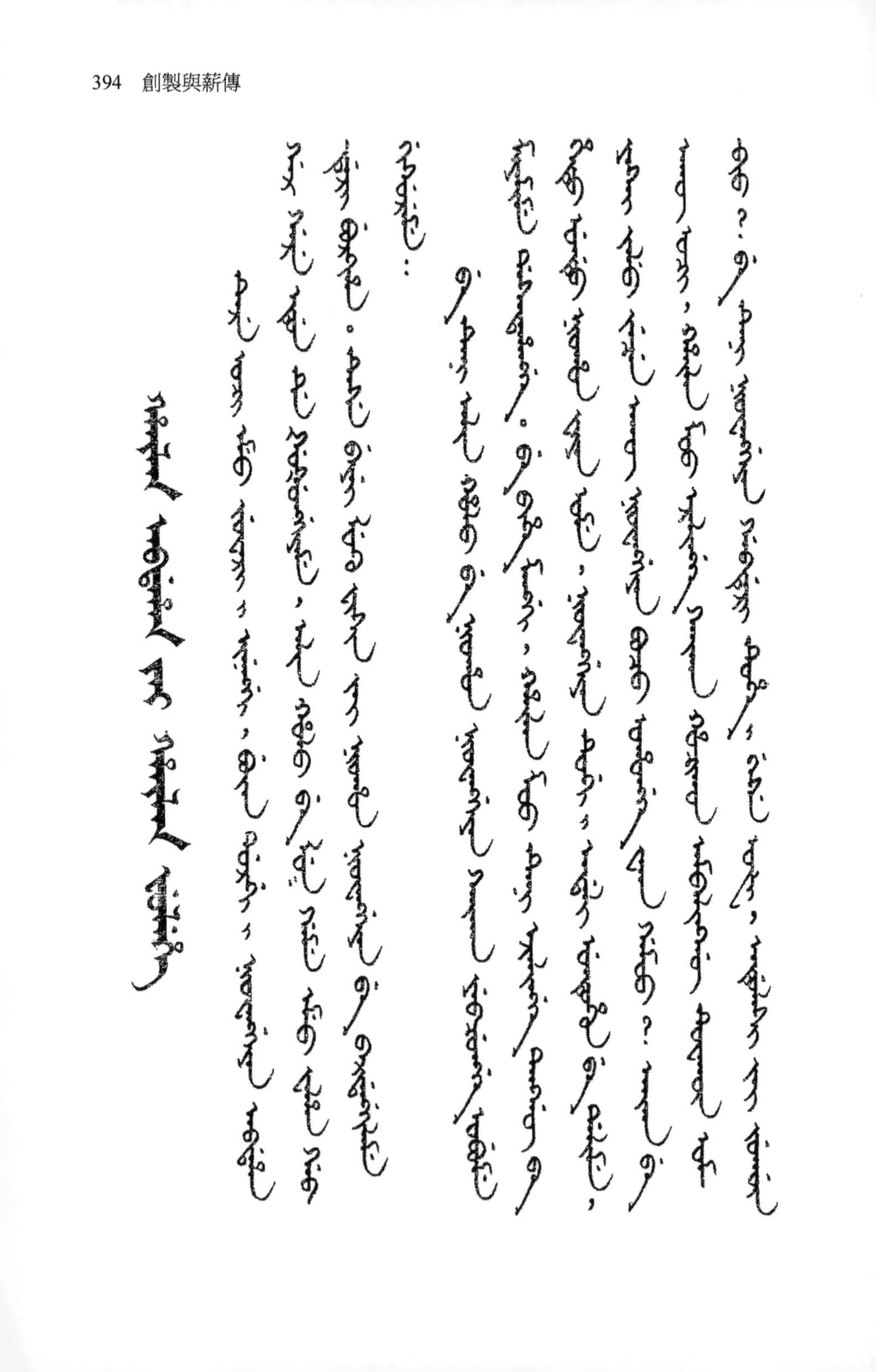

四十二、hailan abdaha jai hailan fulehe

tere oci emu juwari i inenggi, bujan dorgi i niowanggiyan abdaha ser sere edun de šušunggiyame, alin holo be luk seme emu falha sebderi burkiha. tese beyei luku fisin jai niohon niowanggiyan be bardanggilame gisureme: be teni alin holo be niohon niowanggiyan saikan yebcungge obume miyamime dasatahangge. be bihe manggi, hailan moo teni eralingge tanggū ba hetu undu niohon fiyan ome, niowanggiyan tugi i adali untuhun be dalime, yasai jalu jecen akū niowanggiyan boco ohongge waka semoo？ aika be akū oci, hailan moo eralingge saikan hocikon ambalinggū tuwakūn ombio？ be teni niowanggiyan sebderi tuhe i gese ofi, adulasi jai jugūn

---

四十二、樹葉和樹根

那是一個夏日，樹林裡的綠葉在微風中竊竊私語，用厚厚的一片陰涼罩住了山谷。它們誇耀自己的茂密和碧綠：是我們才把山谷打扮得碧綠美麗。有了我們，樹木才這樣縱橫百里成為綠色，如綠雲般遮住天空，滿眼無邊無際的綠色不是嗎？若是沒有我們的話，樹木能有這樣的美麗壯觀嗎？我們才能像綠蔭鍋蓋似的，

四十二、树叶和树根

那是一个夏日，树林里的绿叶在微风中窃窃私语，用厚厚的一片阴凉罩住了山谷。它们夸耀自己的茂密和碧绿：是我们才把山谷打扮得碧绿美丽。有了我们，树木才这样纵横百里成为绿色，如绿云般遮住天空，满眼无边无际的绿色不是吗？若是没有我们的话，树木能有这样的美丽壮观吗？我们才能像绿荫锅盖似的，

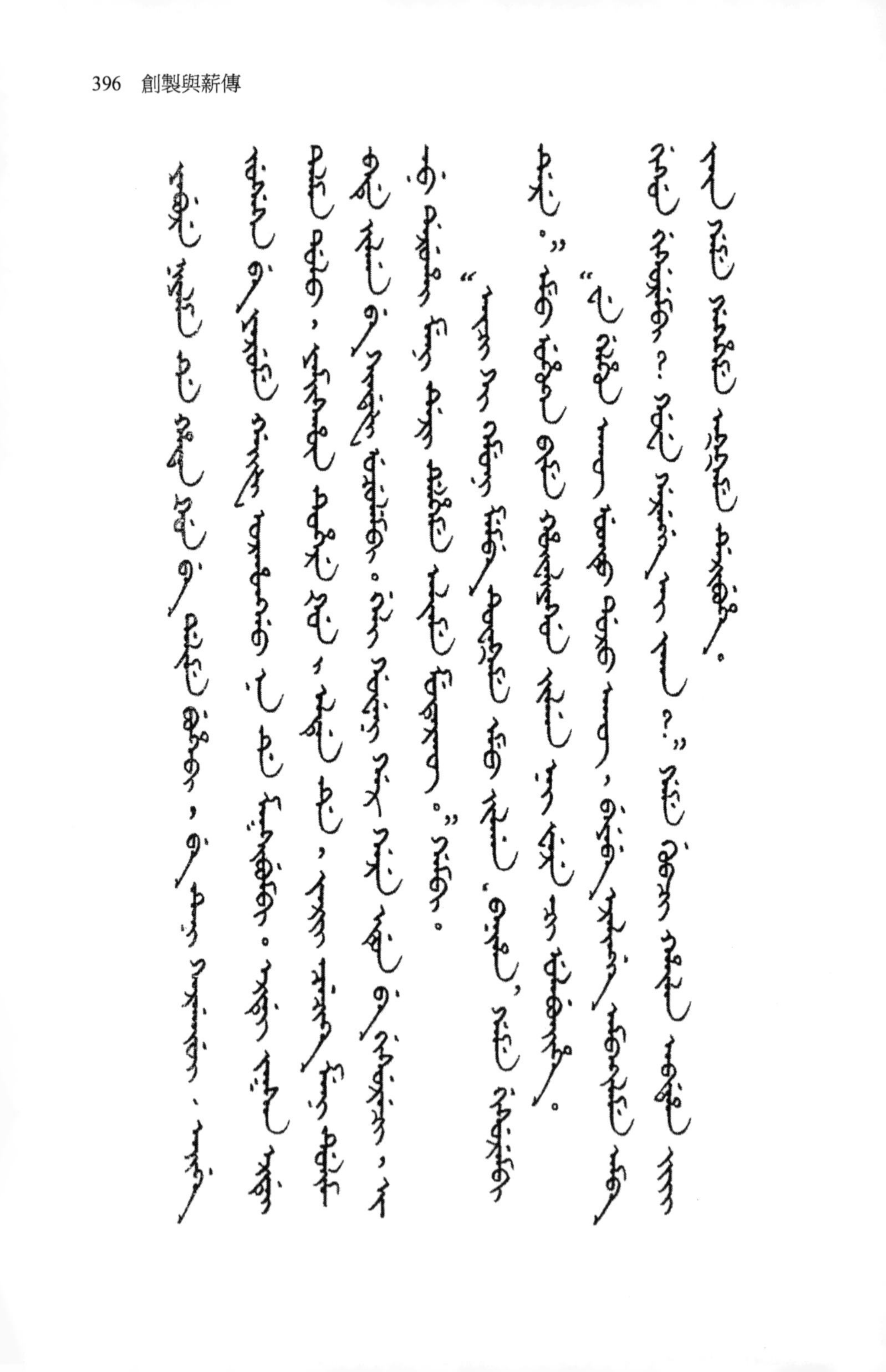

[illegible]

yabure niyalma de hatan šun be dalime buhebi, be teni sarganjui、ajige jusesa be yarume gajifi orhonggo na de maksibumbi. erdei jaksan erdei talman dolo, yamjishūn tuhere šun i elden de, jarji cecike meni dulimbade jilgan be sindafi uculembi. geli suweni ser sere edun be gisureci, inu daruhai meni deri delheme aljame muterkū. ” sembi.“ eici si kemuni membe tuwašame emu jilgan ‘baniha’ seme gisurembi dere.”emu uhuken bime hūwaliyasun jilgan nai fere ci ulabunjihe.“we gelhun akū uttu doro akū, beyebe eralingge ambakilame amba gisun gisurembi？ suwe serengge ai jaka？ ”seme gubci hailan abdaha jiji jaja seme sesheme aššame deribuhe.

為牧人和行人遮住烈日，我們才能帶領女孩子、小男孩們在草地上跳舞。在朝霞朝霧裡，在落日餘暉裡，黃鶯在我們中間放聲歌唱。再說你們的微風，也常常和我們分不開。」「或許你還盼望我們說一聲『謝謝』吧！」一個輕柔且友好的聲音從地底下傳過來說：「誰敢這樣無禮，如此誇耀自己？你們是什麼東西？」所有的樹葉吱吱喳喳一齊開始抖起來了。

为牧人和行人遮住烈日，我们才能带领女孩子、小男孩们在草地上跳舞。在朝霞朝雾里，在落日余晖里，黄莺在我们中间放声歌唱。再说你们的微风，也常常和我们分不开。」「或许你还盼望我们说一声『谢谢』吧！」一个轻柔且友好的声音从地底下传过来说：「谁敢这样无礼，如此夸耀自己？你们是什么东西？」所有的树叶吱吱喳喳一齐开始抖起来了。

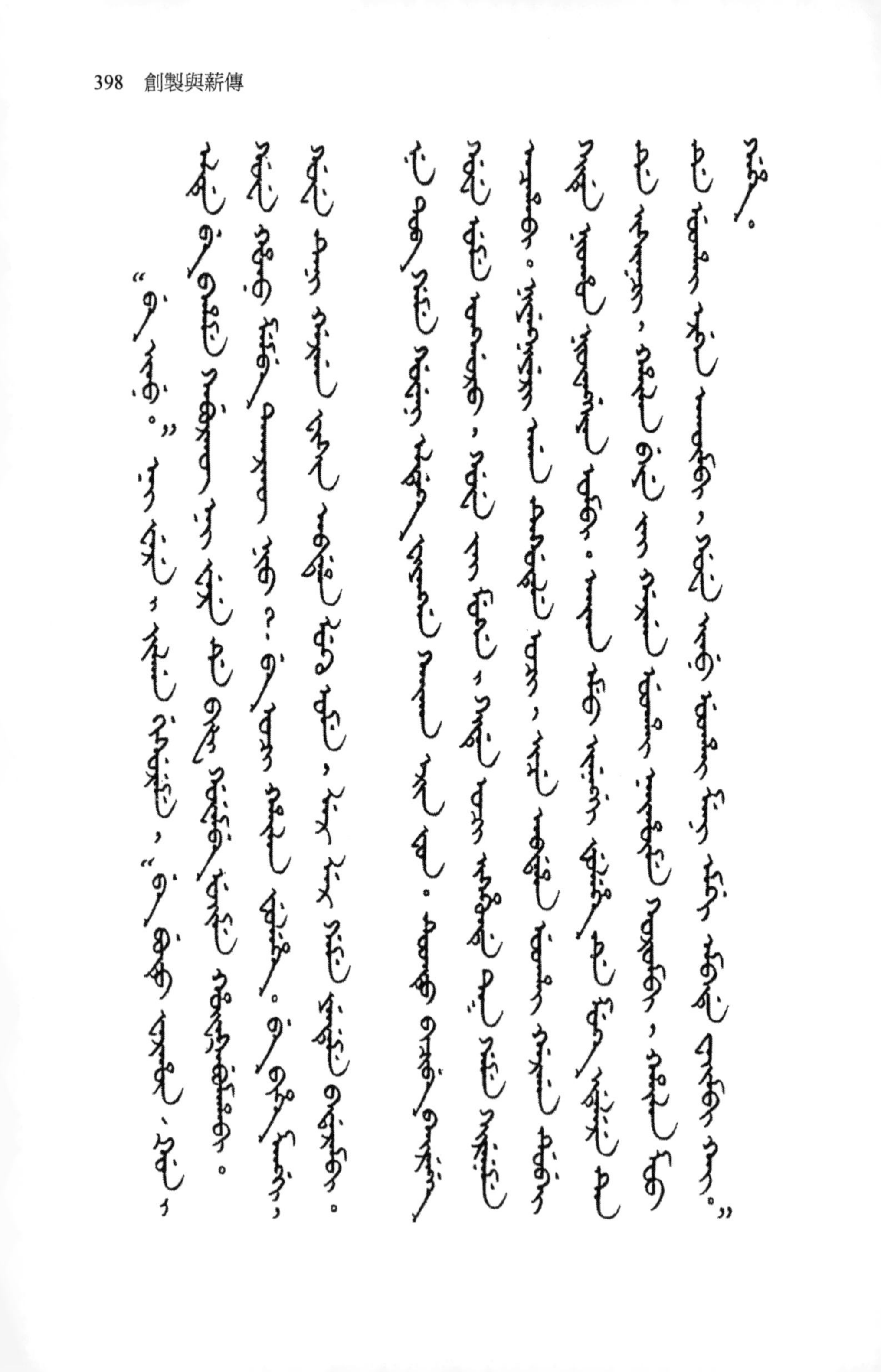

[illegible]

[illegible]

[illegible]

[illegible]

[illegible]

[illegible]

[illegible]

[illegible]

[illegible]

[illegible]

[illegible]

“be inu .”nai fere i jilgan gisureme,“be butu farhun、šun i elden be bahame saburkū nai fere de bifi suwembe ujime hūwašabumahabi. suwe hono membe takarkū nio？ be oci hailan fulehe. be bihe manggi, suwe teni gargan fisin abdaha luku ome, ler ler seme yendeme badarambi. ne tob seme suweni eldeke fiyangga saikan erin fon. tuttu bicibe bairengge suwe ume onggoro, suwe jai muse i siden oci ishunde tak seme sireneme acahabi. niyengniyeri aga tesutele oci, ice abdaha uthai gargan dubei siden niohon niowanggiyan ombi. aika emu inenggi fulehe de muke edelere ten de isinaci, hailan beye jai gargan uthai naihūme sorombi, hailan moo de uthai ergen akūmbi, suwe inu uthai meni emgi embade wajimbi kai.”sehe.

「是我們。」地底下的聲音說道：「我們在黑暗見不到陽光的地底下正在養育著你們。你們還不認識我們嗎？我們是樹根。有了我們，你們才能枝繁葉茂。現在正是你們光彩美麗的時候。但是請你們別忘記，你們和我們之間是彼此緊緊相連的。若是春雨充足，新葉就在枝梢間碧綠起來。如果哪一天根部缺水到極點，樹幹和樹枝就枯黃歪斜，樹木就沒有了生命，你們也就跟我們一起完了！」

「是我们。」地底下的声音说道：「我们在黑暗见不到阳光的地底下正在养育着你们。你们还不认识我们吗？我们是树根。有了我们，你们才能枝繁叶茂。现在正是你们光彩美丽的时候。但是请你们别忘记，你们和我们之间是彼此紧紧相连的。若是春雨充足，新叶就在枝梢间碧绿起来。如果哪一天根部缺水到极点，树干和树枝就枯黄歪斜，树木就没有了生命，你们也就跟我们一起完了！」

[illegible]

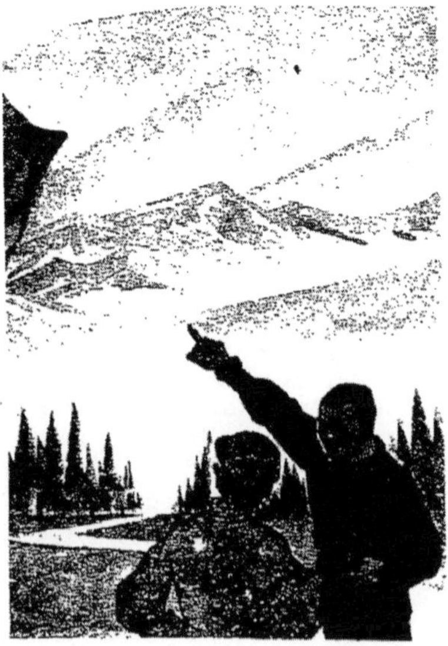

[illegible]

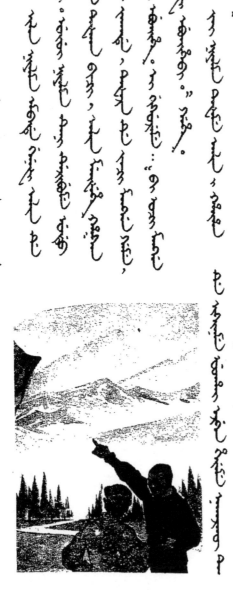

四十三、alin de tafara niyalma

ilan niyalma embade genefi alin de tafambi. ujui aiyalma teni deribume udu alkūn tafaka bici, alin meifehe haksan ojoro jakade, tafara de jaci mangga seme, uthai ebunjihe. i gisureme:“bi oci mangga be safi ebunjihebi.”sehe. jai niyalma tafame alin i haiha de isiname uthai ergen hejeme nakarkū tafara be ilinjaha. i alin ninggurgi i haksan tuksicuke bime cokcihiyan arbun be sabufi, uthai uju be lasihime gisureme:“hasita tob sere kemuhen de ilinjaki！”sefi inu ebunjihebi. damu ilaci niyalma, tafara jugūn de, mangga be sambime julesi nushume,

---

四十三、登山的人

三個人一起去登山。第一個人剛開始登上幾步，就因為山坡險峻，很難攀登，而下來了。他說：「我是知難而退。」第二個人登上山腰時就氣喘不息，而停止了攀登。他看到山上險峻又陡峭的樣子，就搖頭說道：「還是適可而止吧！」說完也下來了。只有第三個人，在攀登的路上，知難而進，

四十三、登山的人

三个人一起去登山。第一个人刚开始登上几步，就因为山坡险峻，很难攀登，而下来了。他说：「我是知难而退。」第二个人登上山腰时就气喘不息，而停止了攀登。他看到山上险峻又陡峭的样子，就摇头说道：「还是适可而止吧！」说完也下来了。只有第三个人，在攀登的路上，知难而进，

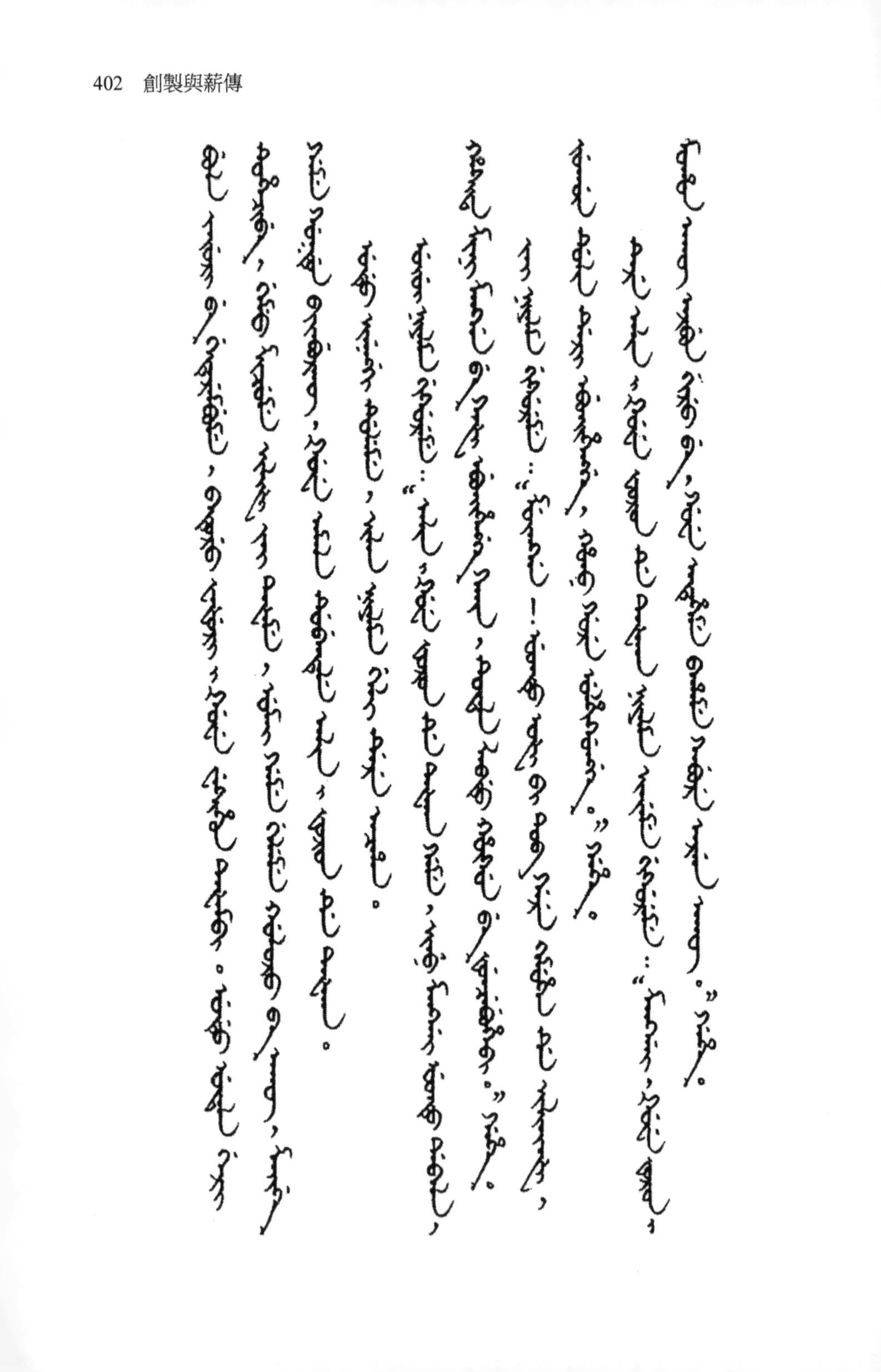

bula jajuri be geterembume, baturu fafuri i šuwe wesihun tafambi. udu utala geri tuhecibe, gemu micume ilifi jai tafame, umai seme geleme goloro ba akū, majige seme sukdun bijaburkū, šuwe amala dubentele alin i foron de tafaka. udu inenggi duleme, ilan niyalma geli dere acaha. ujui niyalma gisureme:"alin i šuwe foron de tafaka seme, inu manggai uttu dabala, hasita mini mangga be safi ebunjihengge sain, tutala labdu hūsun be funcebuhebi."sehe. jai niyalma gisureme:"mujangga！uttu ofi bi tob sere kemuhen de ilinjafi, jugūn dulin deri ebunjihengge, hono sure ulhisungge."sehe. tere alin i šuwe foron de tafaka niyalma injeme gisureme:"manggai, šuwe foron i mohon akū arbun giru be, suwe enteheme bahame sabure arga akū."sehe.

披荊斬棘，勇往直前。雖然跌倒多次，仍都爬起來再攀登，無所畏懼，毫不氣餒，最終登上了山頂。過了幾天，三個人又見面了。第一個人說道：「登上了山的頂峰，也不過如此，還是我的知難而退的好，保存了許多力氣。」第二個人說道：「是的！我適可而止，半途下來，還算聰明。」那個登上山頂的人笑著說道：「不過，頂峰的無限風光，你們永遠也無法看到。」

披荆斩棘，勇往直前。虽然跌倒多次，仍都爬起来再攀登，无所畏惧，毫不气馁，最终登上了山顶。过了几天，三个人又见面了。第一个人说道：「登上了山的顶峰，也不过如此，还是我的知难而退的好，保存了许多力气。」第二个人说道：「是的！我适可而止，半途下来，还算聪明。」那个登上山顶的人笑着说道：「不过，顶峰的无限风光，你们永远也无法看到。」

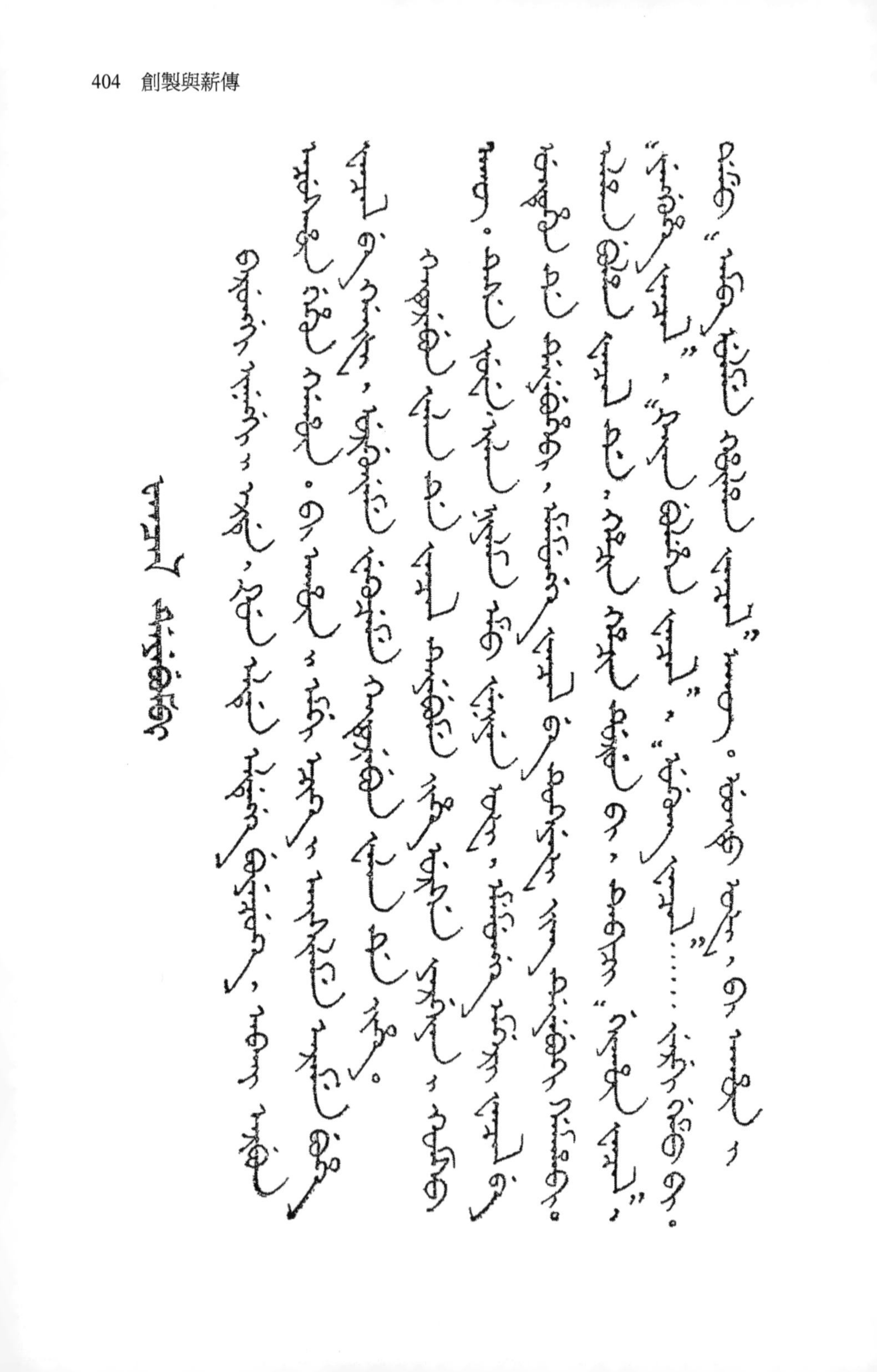

[illegible]

四十四、fancal deyebumbi

barunggi inenggi i erde, šun elden eldengge buyecuke, abkai arbun encushūn gehun gahūn. bi ahūn i emgi ecike i aisilame arame buhe fancal be gaifi, urgunjeme fekuceme katurebun falan de jihe. katurebun falan de fancal deyebume jihe urse yargiyan i komso akū. tese juwe、ilan niyalma emu feniyen ofi, ememungge emgeri fancal be untuhun de deyebuhebi, ememungge fancal be tukiyefi jing deyebuki semahabi. alha bulha fancal de, hacin hacin durun bi, tebici“ giyahūn fancal”,“yengguhe fancal”,“šayan bulehen fancal”,“ugung fancal”……jergi gemu bi. damu “ amba ulmen hūlha fancal”akū. uttu ofi, bi ahūn i

---

四十四、放風箏

星期天的早晨，陽光明媚，天色格外晴朗。我跟哥哥帶著叔叔幫忙做的風箏，歡跳著來到了體育場。到體育場放風箏的人們真不少。他們二三成群，有的已經把風箏放飛到天空上，有的舉起風箏要放飛。花花綠綠的風箏，有各種樣子，譬如「老鷹風箏」、「鸚鵡風箏」、「白鶴風箏」、「蜈蚣風箏」……等等都有。只是沒有「大蜻蜓風箏」。因此，

四十四、放风筝

星期天的早晨，阳光明媚，天色格外晴朗。我跟哥哥带着叔叔帮忙做的风筝，欢跳着来到了体育场。到体育场放风筝的人们真不少。他们二三成群，有的已经把风筝放飞到天空上，有的举起风筝要放飞。花花绿绿的风筝，有各种样子，譬如「老鹰风筝」、「鹦鹉风筝」、「白鹤风筝」、「蜈蚣风筝」……等等都有。只是没有「大蜻蜓风筝」。因此，

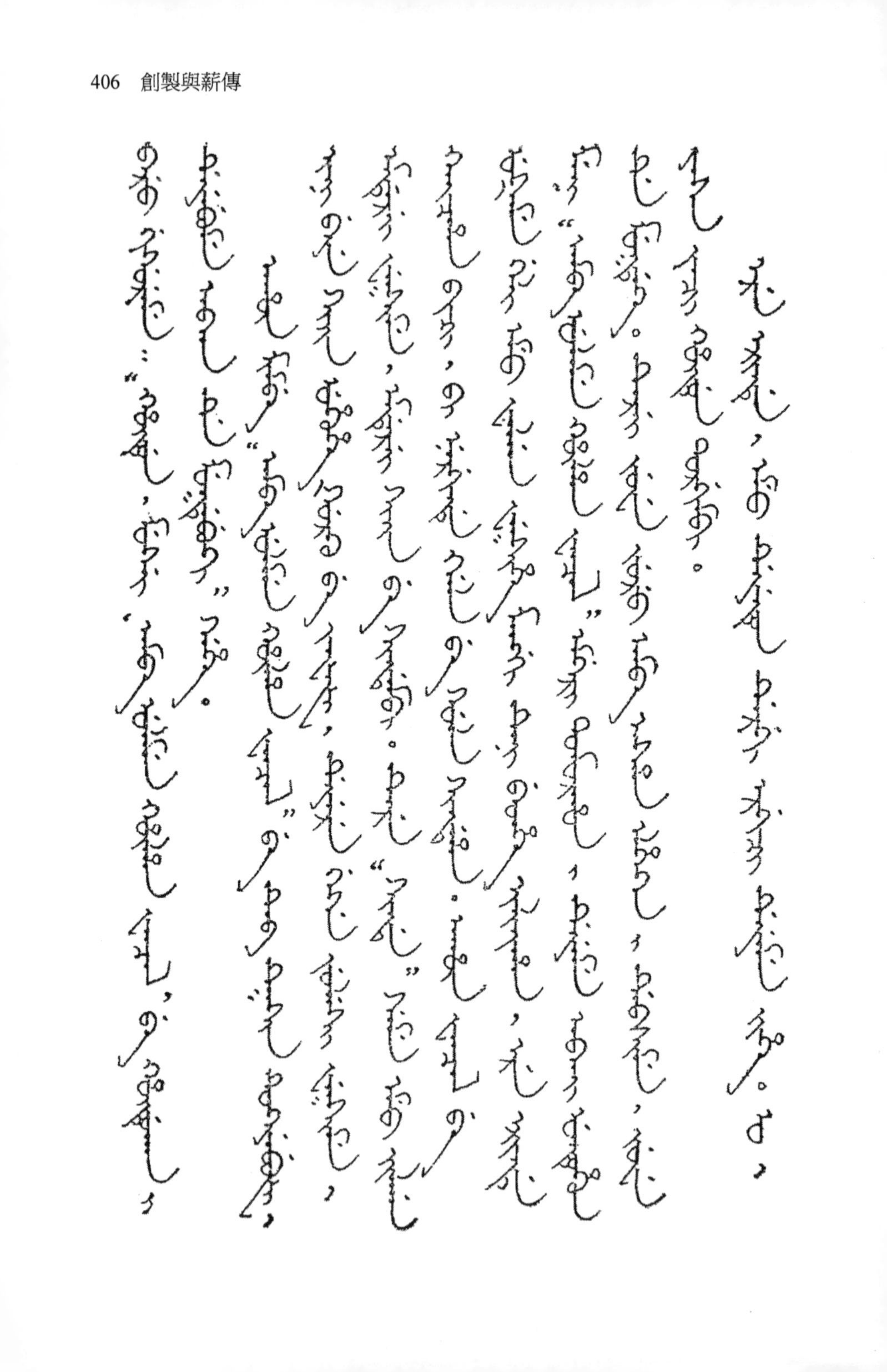

baru gisureme:“hūdun, musei‘amba ulmen hūlha fancal’be hūdukan i deyebume abka de mukdebuki”sehe. ahūn mimbe“ amba ulmen hūlha fancal”be teb teksin tukiyebufi, ini beye sijin uhuhe šurku be jafafi, deyere gese julesi feksime, emderei feksime, emderei sijin be sindambi. tere“sinda”seme emu jilgan kaicaha bici, bi nerginde gala be sula sindaha. ahūn fancal be ušame geli emu falga feksihe manggi teni bethe ilinjaha, ere erinde meni“amba ulmen hūlha fancal”emgeri tomorhon i deyeme abkai untuhun de mukdeke. terei juwe juru amba asha elheken i debsime, juwe yasa jaci hūdun torgimbi. ere erinde, emu deyetun dergi ergici deyeme jihe. o,

---

我跟哥哥說道：「快，我們快些放『大蜻蜓風箏』升空吧！」哥哥讓我把「大蜻蜓風箏」整整齊齊地舉起來，他自己抓住線軸飛也似的向前跑，一面跑，一面放線。他喊一聲「放」，我立刻鬆開了手。哥哥拽著風箏又跑了一陣才停住腳，這時我們的「大蜻蜓風箏」已經平穩地飛上了天空。它舒緩地振動二對大翅膀，兩眼轉得飛快。此時，有一架飛機從上邊飛過來。哦！

我跟哥哥说道：「快，我们快些放『大蜻蜓风筝』升空吧！」哥哥让我把「大蜻蜓风筝」整整齐齐地举起来，他自己抓住线轴飞也似的向前跑，一面跑，一面放线。他喊一声「放」，我立刻松开了手。哥哥拽着风筝又跑了一阵才停住脚，这时我们的「大蜻蜓风筝」已经平稳地飞上了天空。它舒缓地振动二对大翅膀，两眼转得飞快。此时，有一架飞机从上边飞过来。哦！

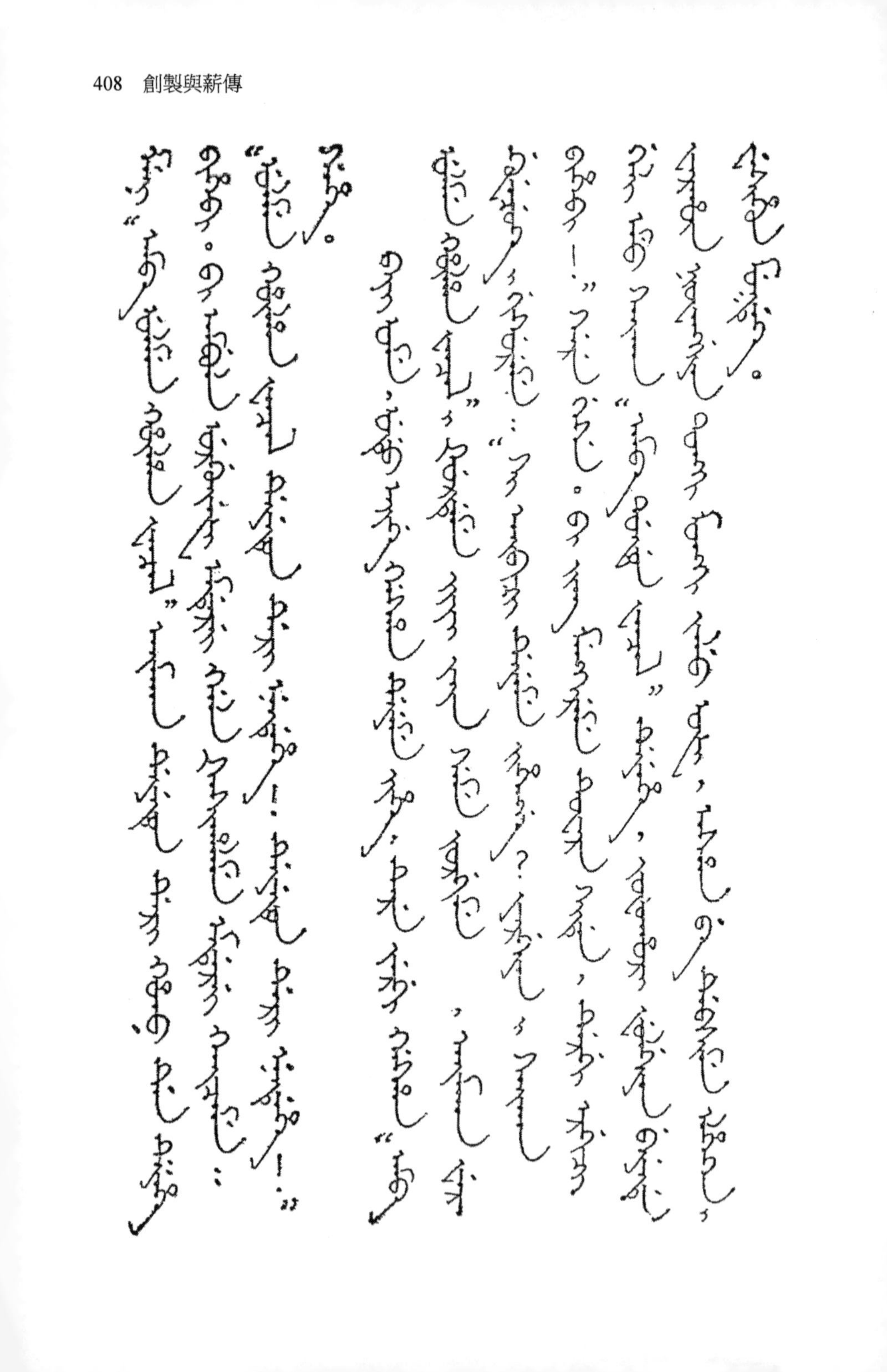

[illegible]

meni“amba ulmen hūlha fancal”aimaka deyetun deri hono den deyehe bihebi. bi ambula urgunjefi emderi gala šasihalame emderei kaicame:“ulmen hūlha fancal deyetun deri nendehe！ deyetun deri nendehe！”sehe. baji ome, udu ajige gasha deyeme jihe, tere jergi gasha“amba ulmen hūlha fancal”i šurdeme jiji jaja seme jorgime, aimaka ferguwecuke i gisureme:“si aibici deyeme jihengge？ yargiyan i saikan bihebi！”sere gese. bi jing mengkereme tuwara siden, dergi ergici geli emu saikan“amba dondon fancal”deyehe, jofohori fulgiyan beyede farhūn niowanggiyan tongki mongki jalu ofi, asha be debsime elheken i wesihun mukdeke.

我們的「大蜻蜓風箏」好像是比飛機飛得還高。我很是高興，一面拍掌一面喊道：「蜻蜓風箏超過飛機了！超過飛機了！」過了一會兒，幾隻小鳥飛過來了，那些鳥兒圍繞「大蜻蜓風箏」嘰嘰喳喳地鳴叫，好像是在詫異地說：「你是從什麼地方飛過來的？真美麗！」似的。我正看得出神，從上邊又飛過來一隻美麗的「大蝴蝶風箏」，橘紅的身上滿是暗綠的點點，振動翅膀慢慢地上升。

我们的「大蜻蜓风筝」好像是比飞机飞得还高。我很是高兴，一面拍掌一面喊道：「蜻蜓风筝超过飞机了！超过飞机了！」过了一会儿，几只小鸟飞过来了，那些鸟儿围绕「大蜻蜓风筝」叽叽喳喳地鸣叫，好像是在诧异地说：「你是从什么地方飞过来的？真美丽！」似的。我正看得出神，从上边又飞过来一只美丽的「大蝴蝶风筝」，橘红的身上满是暗绿的点点，振动翅膀慢慢地上升。

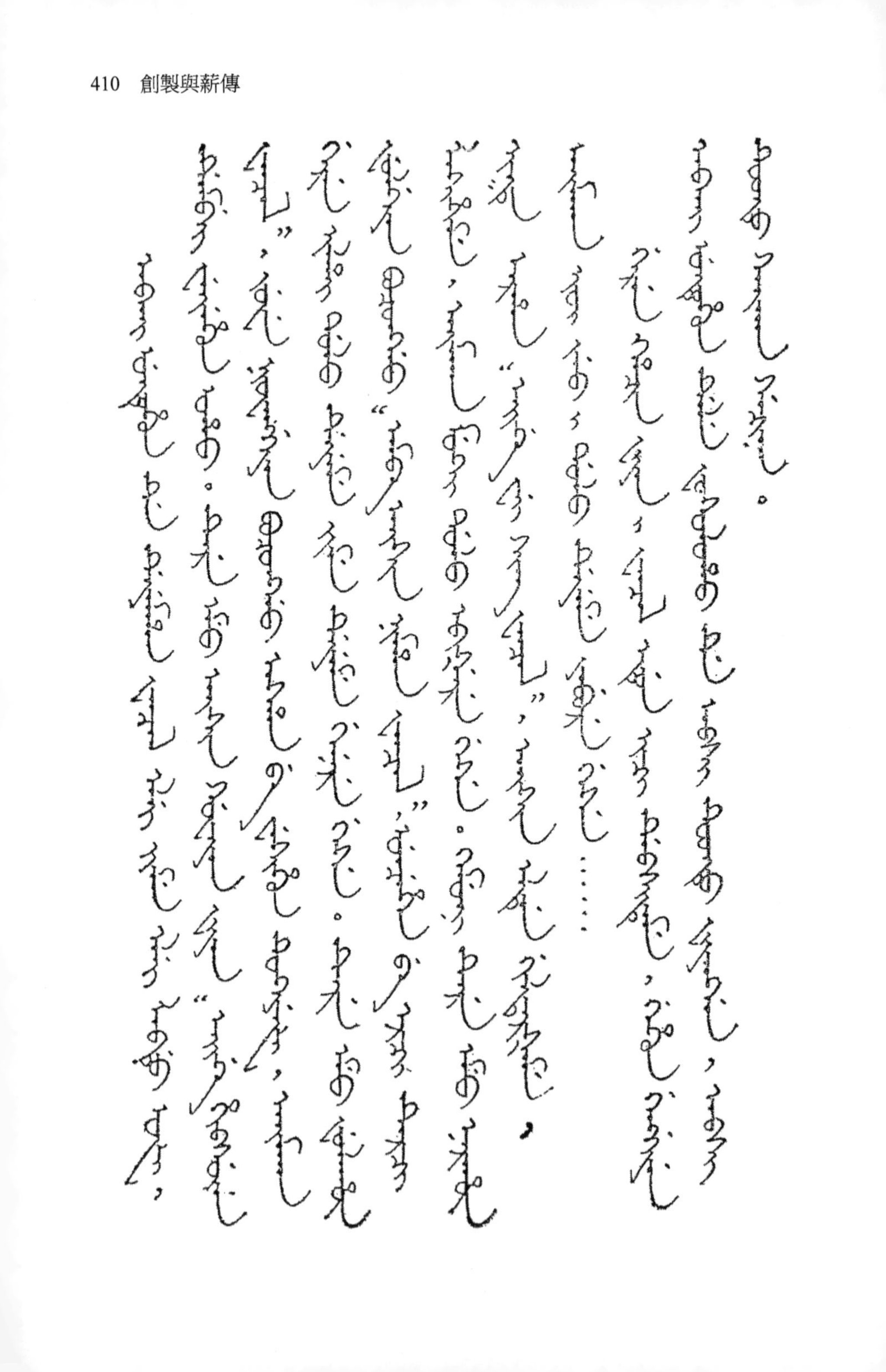

[illegible]

abkai untuhun de deyemaha fancal elei jime elei labdu ofi, dembei wenjehun oho, tere emu aisin suwayan fiyan“ajige hibsujen fancal”, juwe niowanggiyan boconggo asha be wesihun tukiyefi, aimaka geren ilhai dolo deyeme jime deyeme genere gese. tere emu fulahūn fulgiyan boconggo“amba aisin nimha fancal”, uncehen be erci terci lasihime, aimaka mukei dolo ebišere gese. kemuni tere emu narhūn ikte araha“ajige wei sing fancal”, aisin elden giltaršame, aimaka ioi jeo i dolo deyeme yabure gese.......geren hacin fiyan i fancal edun ici debsiteme, gehun genggiyen abkai untuhun dele fosoloho de absi tuttu fiyangga, absi tuttu saikan secina.

天空上飛舞的風箏越來越多，很是熱鬧。那一隻金黃色的「小蜜蜂風箏」，舉起二片綠色翅膀，如同在花叢中飛來飛去。那一隻赤紅色的「大金魚風箏」，左右搖動尾巴，好像是在水裡嬉戲似的。還有那一隻做得精緻的「小衛星風箏」，閃著金光，好像在宇宙飛行似的……各種顏色的風箏隨風展翅飛翔，在明朗的天空上閃耀，多麼漂亮，多麼美麗呢！

天空上飞舞的风筝越来越多，很是热闹。那一只金黄色的「小蜜蜂风筝」，举起二片绿色翅膀，如同在花丛中飞来飞去。那一只赤红色的「大金鱼风筝」，左右摇动尾巴，好像是在水里嬉戏似的。还有那一只做得精致的「小卫星风筝」，闪着金光，好像在宇宙飞行似的……各种颜色的风筝随风展翅飞翔，在明朗的天空上闪耀，多么漂亮，多么美丽呢！

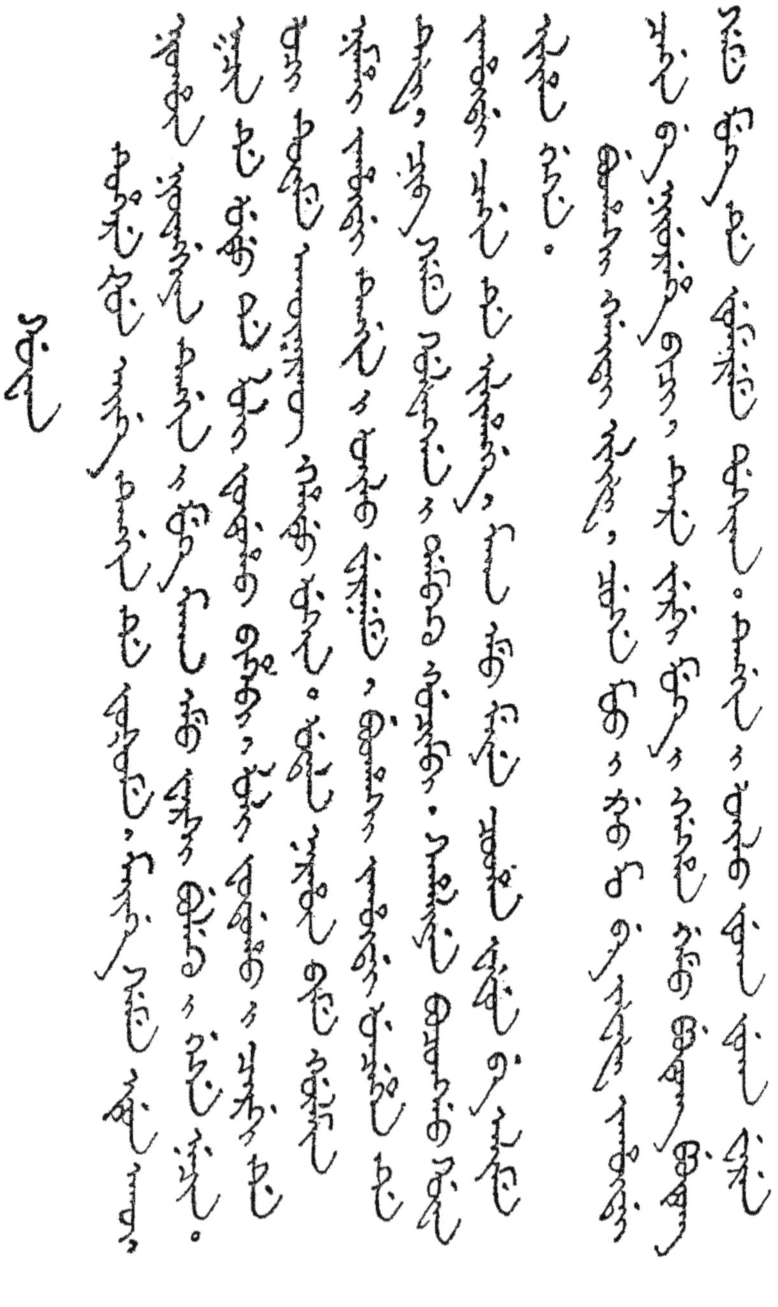

四十五、suwan

tuhere šun ajige tenggin de fošome, majige seme edun akū, niohūn niowanggiyan tenggin i muke maka emu farsi buleku i gese necin. ekcin de udu da loli fodoho bihebi, loli fodoho i cargi de oci tuwame akūnarkū handu usin. utala narhūn bime gūlmin nimhai jahūdai tenggin i oilo wereneme, buthasi jahūdai uncehen de tefi, cib seme sulfangga i dambaku gocimbi. sahaliyen boconggo suwan jahūdai cagin de ilihangge, maka emu meyen cooha fafun be alime iliha gese. buthasi gaitai ilifi, cuse moo i g'ao mo be jafafi jahūdai cagin be nijurehe bici, tere jergi muke i gasha gemu putung putung seme muke de fumereme dosika. tenggin i oilo fuka fuka weren

---

四十五、鸕鷀

落日照在小湖上，一絲風也沒有，碧綠的湖水像一面鏡子似的平靜。岸邊有幾棵垂柳，垂柳的對面是一望無際的稻田。有許多又細又長的漁舟浮在湖面上，漁夫坐在船尾，自由自在靜靜地抽著煙。黑色的鸕鷀站在船艙，好像是一群軍隊遵守紀律的站著似的。漁夫突然站起來，拿起竹蒿在船艙擦一下，那些水鳥都噗通地潛入水裡。湖面晃動著圓圈圈的泡泡

四十五、鸬鹚

落日照在小湖上，一丝风也没有，碧绿的湖水像一面镜子似的平静。岸边有几棵垂柳，垂柳的对面是一望无际的稻田。有许多又细又长的渔舟浮在湖面上，渔夫坐在船尾，自由自在静静地抽着烟。黑色的鸬鹚站在船舱，好像是一群军队遵守纪律的站着似的。渔夫突然站起来，拿起竹蒿在船舱擦一下，那些水鸟都噗通地潜入水里。湖面晃动着圆圈圈的泡泡

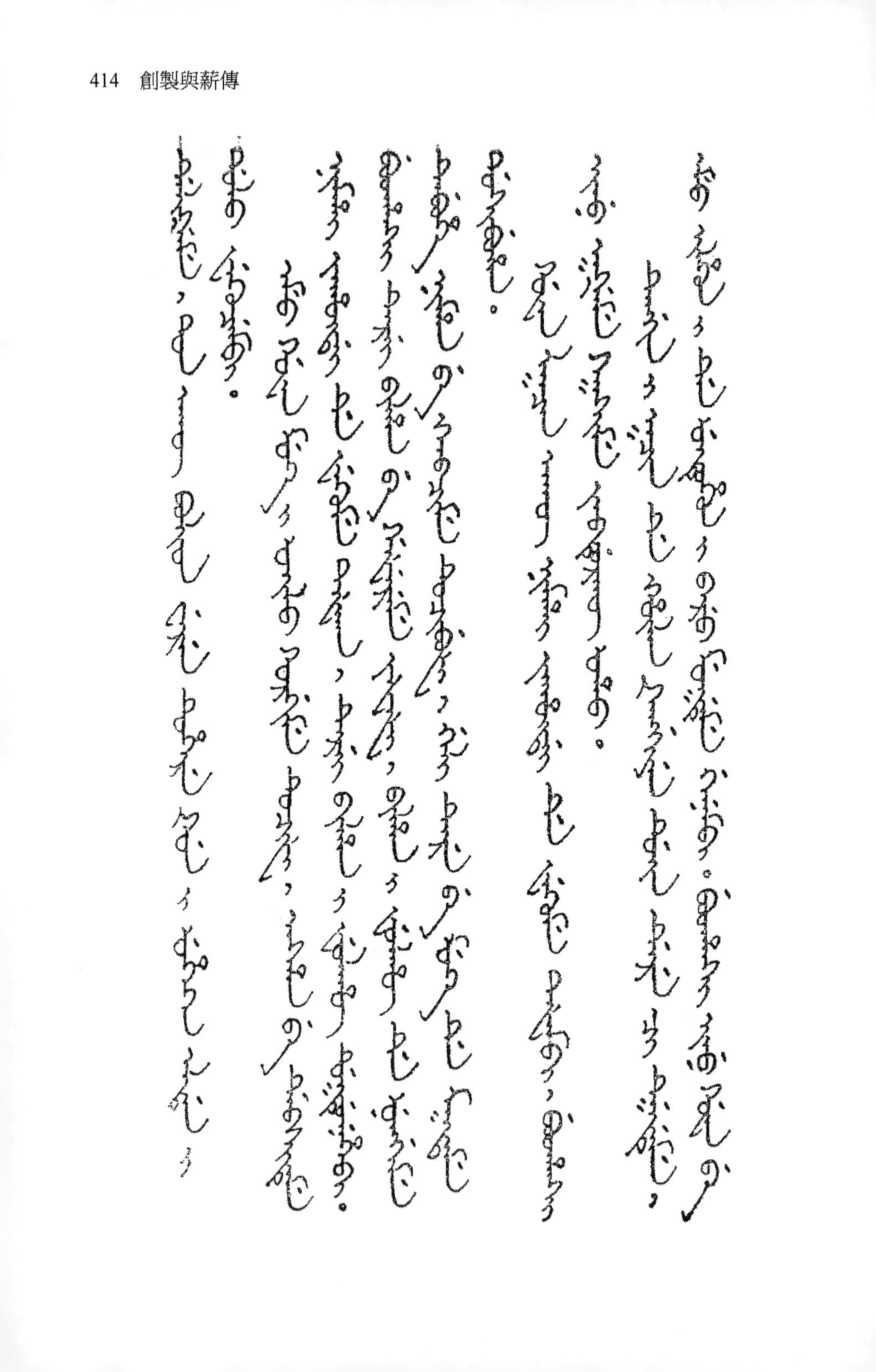

delišeme, ton akū boljon weren tuhere šun i uheken elden i dolo fekucembi. emu suwan muke i oilo sorgime tucifi, asha be debsiteme nimhai jahūdai de fekume tafaka, terei bilha i fulhū dukdunehebi. buthasi terei bilha be sefereme jafafi, bilha i fulhū de nunggeme tebuhe nimha be kabcime tucibufi, geli tere be muke de maktame dosibuha. suwan lakcan akū nimhai jahūdai de fekume tafambi, buthasi inu ekšeme saksime jabdurkū oho. tenggin i ekcin de hūlan šanggiyen duin dere ci dekdeme, emu ilhun i den untuhun i baru mukdeme genembi. buthasi inu suwan be

---

無數的浪花一起跳進落日溫和的陽光裡。一隻鸕鷀浮出水面，展翅跳上漁船；牠的喉囊鼓起來。漁夫抓住牠的喉嚨，擠出喉囊的魚後，又把牠拋進水裡。鸕鷀連續不斷地跳上漁船，漁夫也忙得來不及了。湖邊四面升起炊煙，慢慢的升到高空去。

无数的浪花一起跳进落日温和的阳光里。一只鸬鹚浮出水面，展翅跳上渔船；牠的喉囊鼓起来。渔夫抓住牠的喉咙，挤出喉囊的鱼后，又把牠抛进水里。鸬鹚连续不断地跳上渔船，渔夫也忙得来不及了。湖边四面升起炊烟，慢慢的升到高空去。

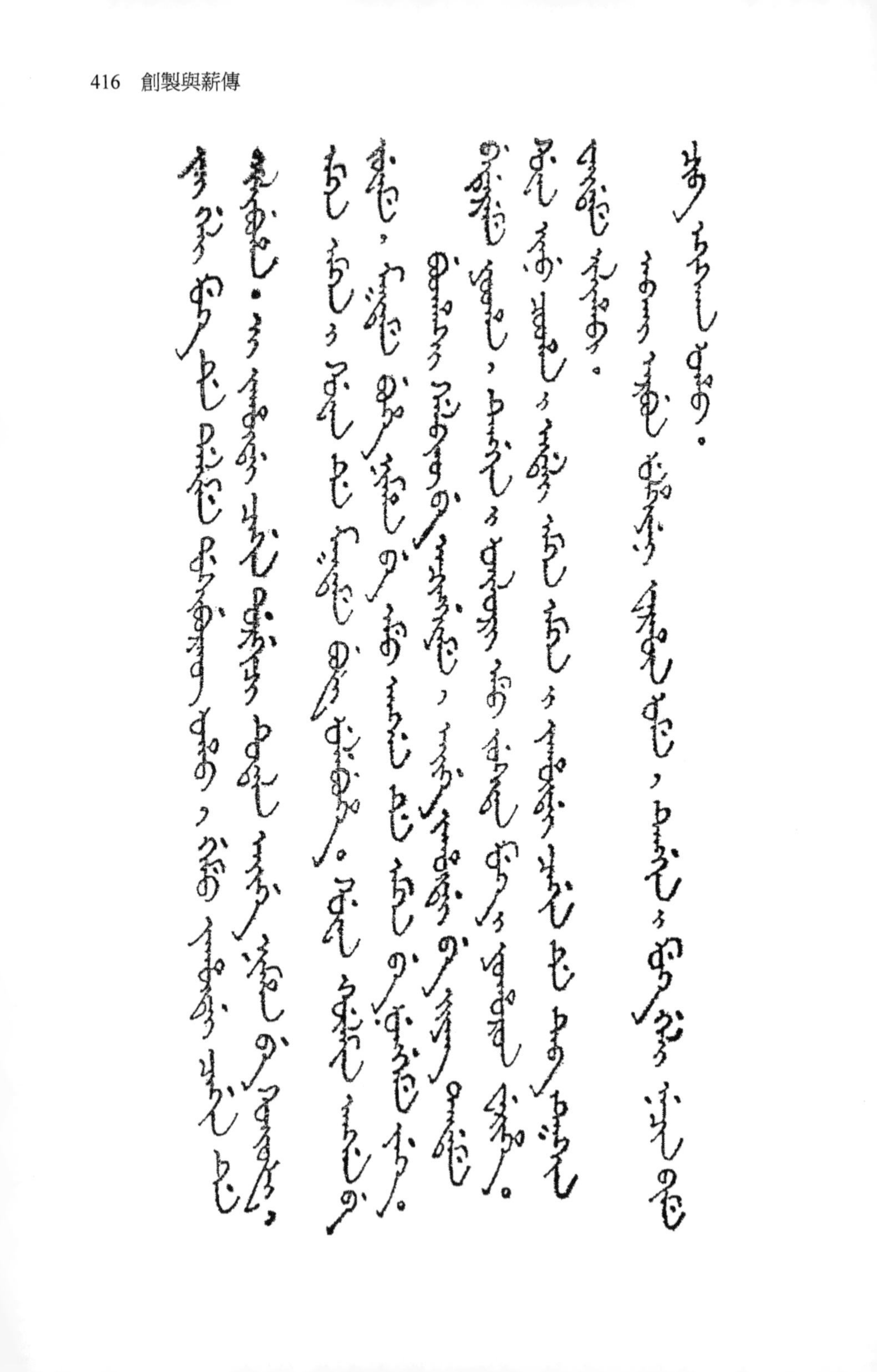

jai geli muke de dalime dosiburkū oho, gemu jahūdai cagin de ilibuha. i jahūdai cagin dorgici tutala ajige nimha be sonjofi, emken emken i suwan de maktame bufi ulebuhe. suwan gūlmin angga be juwame, maktame buhe nimha be emu angga de emken be nunggeme jeke. buthasi selbikū be acinggiyame, ajige jahūdai be jiyang tandame bedereme yooha, tenggin i oilori emu justan muke i yohoron werihe. suwan inu cooha i adali emken emken i jahūdai cagin de teb teksin faidame ilihabi. abkai arbun ulhiyeni farhūn ome, tenggin i muke geli necin bime cib ekisaka oho.

漁夫也不再把鸕鷀趕進水裡了，讓牠們都站在船艙上。他從船艙裡挑選了許多小魚，一條一條的扔給鸕鷀吃。鸕鷀張開長嘴，一口一條的吞食拋給牠們的魚。漁夫搖動船舵，把小船打槳回去了，湖面留下了一道水印。鸕鷀也像士兵一樣一個一個整齊排列站在船艙上。天色漸漸地暗了，湖面又恢復了平靜，悄然無聲。

渔夫也不再把鸬鹚赶进水里了，让牠们都站在船舱上。他从船舱里挑选了许多小鱼，一条一条的扔给鸬鹚吃。鸬鹚张开长嘴，一口一条的吞食抛给牠们的鱼。渔夫摇动船舵，把小船打桨回去了，湖面留下了一道水印。鸬鹚也像士兵一样一个一个整齐排列站在船舱上。天色渐渐地暗了，湖面又恢复了平静，悄然无声。

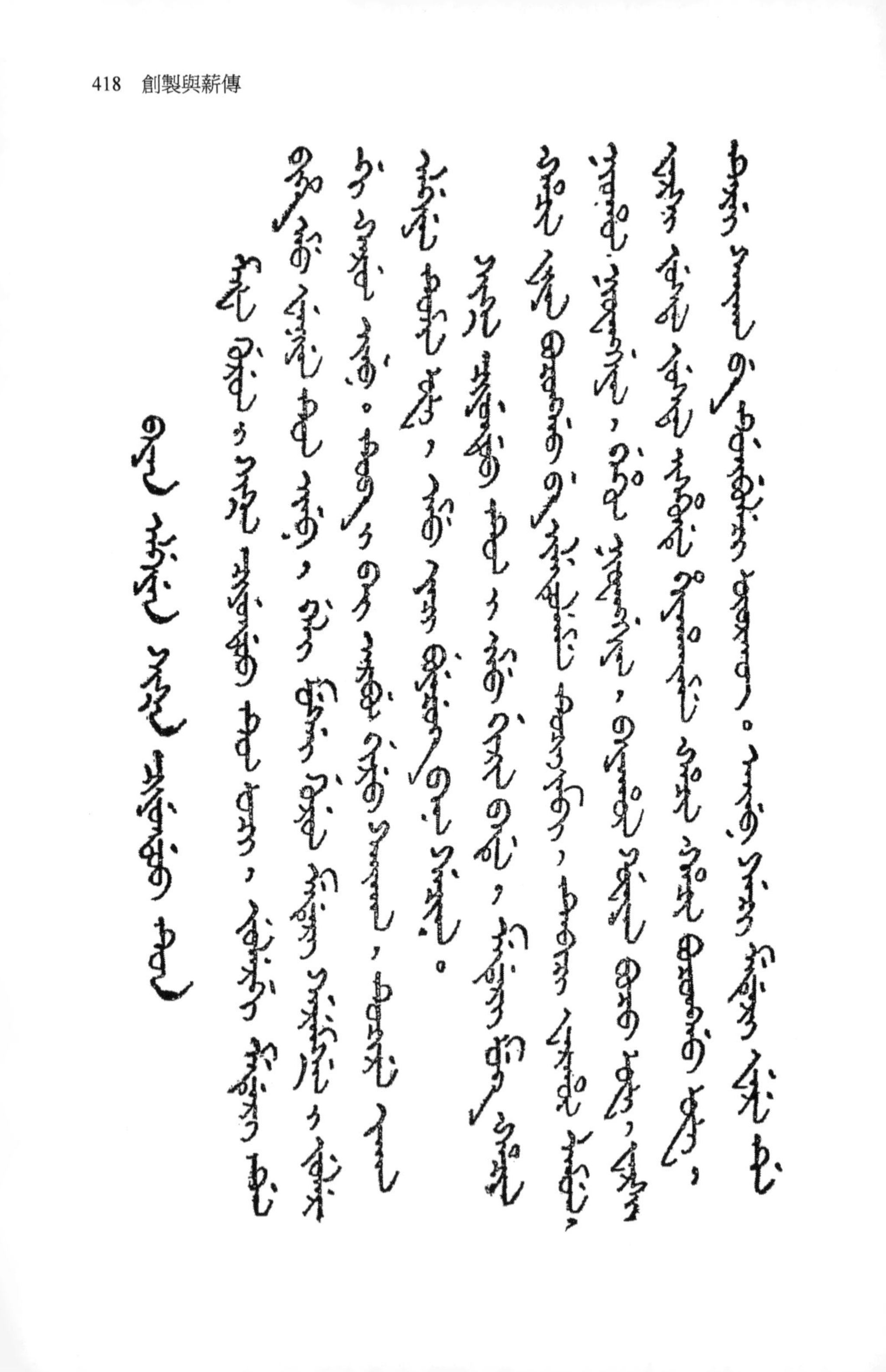

[illegible]

四十六、bayan elgiyen siša ciyundoo tun

mafa gurun i siša ciyundoo tun oci, julergi mederi de bihe emu feniyen tun inu, geli musei gurun mederi seremšen i julergi karun inu. tuba i bai arbun giru saikan, tucire jaka elgiyen tumin ofi, emu jaci buyecuke bana secina. siša ciyundoo tun i emu girin bade, mederi muke hacin hacin fiyan boconggo be iletuleme tucinjimbi, tebici farhūn lamun, niohon niowanggiyan, gehun niowanggiyan, bayahūn suwayan boco ofi, farsi farsi justan justan ishunde hiyahanjame hacin hacin boconggo ofi, terei saikan be duibuleci ojorkū. ainu seci mederi fere de

---

四十六、富饒的西沙群島

我國的西沙群島是位於南海的一個群島，也是我國海防的南沿哨所。那裡風景優美，物產豐富，是一個很可愛的地方。西沙群島一帶地方，海水顯現各種顏色，譬如深藍、碧綠、蒼綠、淡黃色，一片片一條條交錯形成各種顏色，其美無與倫比。

四十六、富饶的西沙群岛

我国的西沙群岛是位于南海的一个群岛，也是我国海防的南沿哨所。那里风景优美，物产丰富，是一个很可爱的地方。西沙群岛一带地方，海水显现各种颜色，譬如深蓝、碧绿、苍绿、淡黄色，一片片一条条交错形成各种颜色，其美无与伦比。

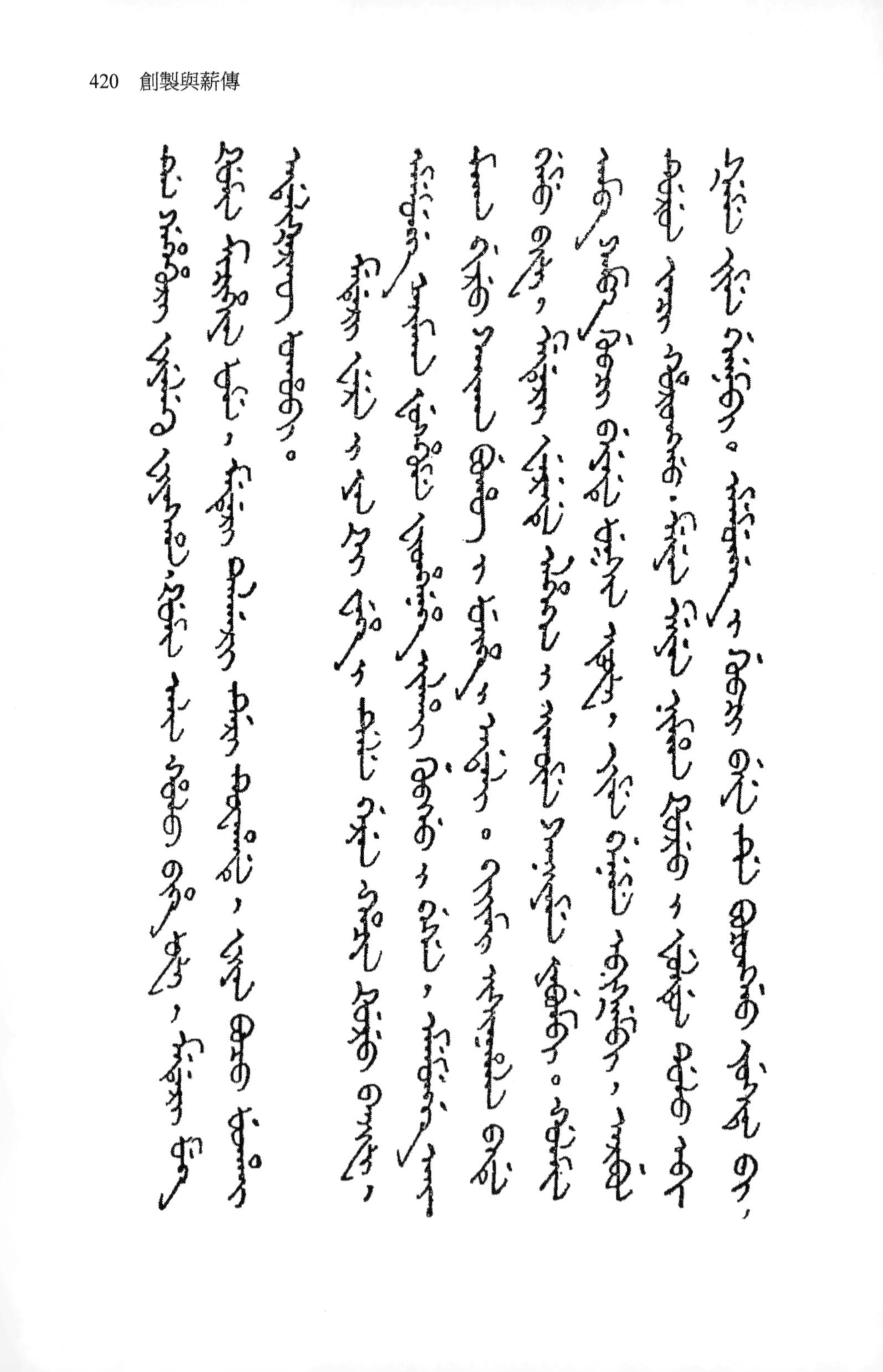

[illegible]

den sehehuri fiyeleku fiyasha, šumin alin holo bihe ofi, mederi muke šumin micihiyan ome, mederi talgari deri tuwahade, fiyan boco uthai adališarkū ohobi. mederi fere i yan ši wehe i dele geren hacin šuru banjifi, ememungge aimaka fushume fithenehe ilhai gubsu i gese, ememungge aimaka giru saikan buhū i uihe i adali. kijimi isinahala bade gemu bifi, mederi ferede elheken i ikūme saniyame yabumbi. golmin amba sampa gubci beyede uksin etufi, jime geneme ebišembi, arbun durun jaci horonggo, meyen meyen nimha šuru i fuldun dolo ebišeme jime genembi. ememungge i gubci beye de boconggo justan bi,

---

要說為什麼，因為海底有高聳的陡壁，深墜山谷，海水因而深淺不一，從海面上看，顏色就不一樣了。海底的岩石上生長各種珊瑚，有的就像是綻開的花朵似的，有的則好像是美麗的鹿角一樣。海參到處都是，在海底慢慢地蜿蜒前行。又長又大的蝦全身披甲，來來去去地游著，樣子很威武，成群的魚在珊瑚叢中游來游去。有的全身有彩色條紋，

要说为什么，因为海底有高耸的陡壁，深坠山谷，海水因而深浅不一，从海面上看，颜色就不一样了。海底的岩石上生长各种珊瑚，有的就像是绽开的花朵似的，有的则好像是美丽的鹿角一样。海参到处都是，在海底慢慢地蜿蜒前行。又长又大的虾全身披甲，来来去去地游着，样子很威武，成群的鱼在珊瑚丛中游来游去。有的全身有彩色条纹，

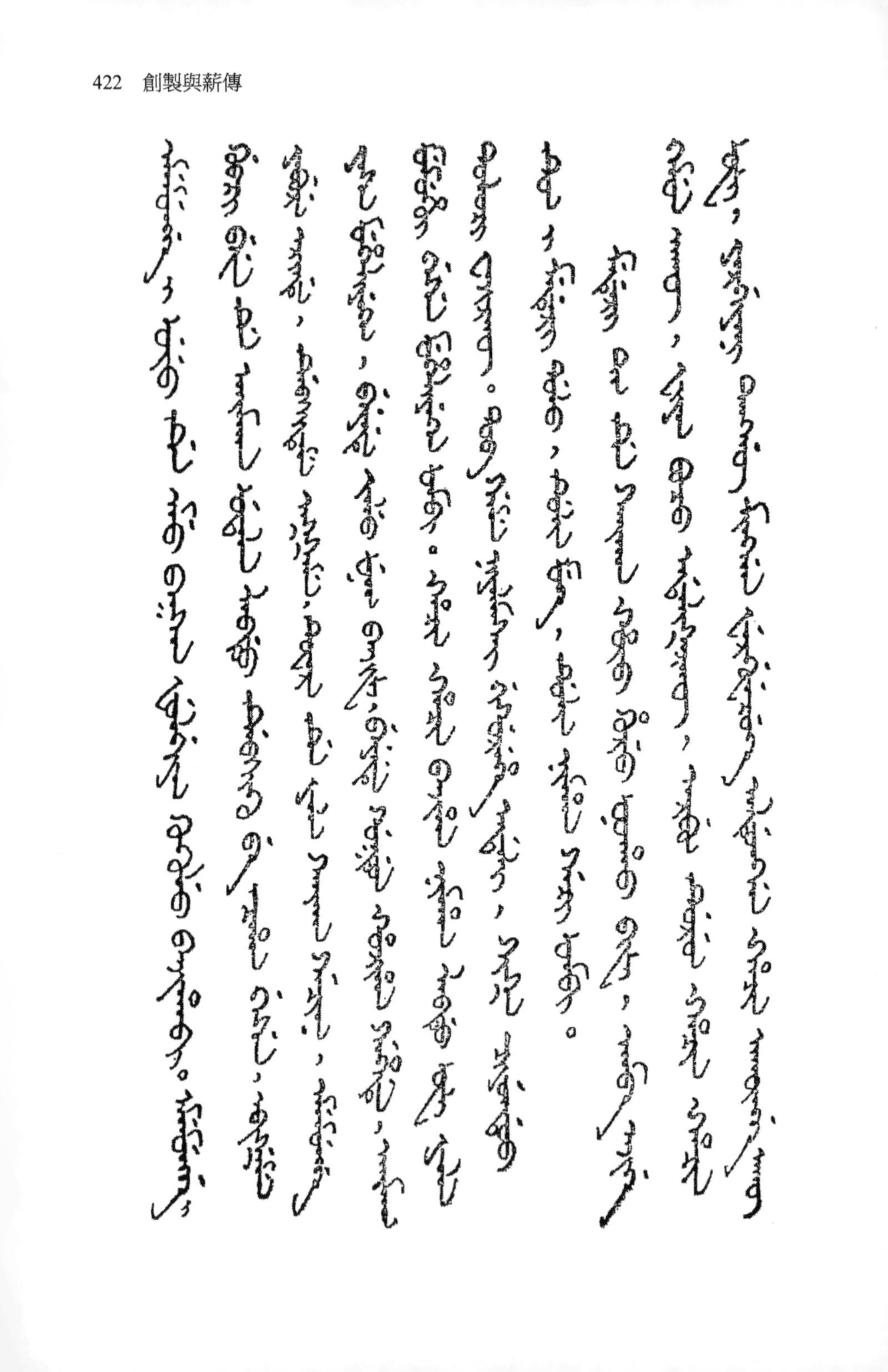

[illegible]

ememungge i uju de emu baksan fulgiyan kukulu banjihabi. ememungge i gubci beye de aimaka utala labdu debsiku be caha gese, ebišeme yabure erinde, debsiteme aššame, tuwara de yala saikan secina, ememungge yasa muheliyeken, beyede jalu nuka banjifi, beyede sukdun horiha sehede, aimaka mumuhui gese muheliyeken ombi. hacin hacin banjiha nimha labdu ofi yala toloci wajirkū. tob seme niyalmasai gisurehe adali, siša ciyundoo tun i mederi dolo, dulin muke, dulin nimha seci ombi. mederi tan de saikan hojo huru notho bifi, amba ajige kemun akū, fiyan boco adališarkū, arbun durun hacin hacin ofi, yargiyani tanggū minggan ferguwecuke aldungga hacin akūngge akū

有的頭上長了一束紅頂毛。有的全身好像插了許多扇子似的，游動時，搧動搖曳，看起來真是美麗，有的眼睛圓圓的，渾身長滿了刺，憋足氣時，圓得像球似的。各式各樣的魚多得數不完，正像人們說的那樣，西沙群島的海裡，可以說是一半的水，一半的魚。海灘上有美麗的貝殼，大小不一，顏色不同，形狀各異，真可說千奇百怪，無所不有。

有的头上长了一束红顶毛。有的全身好像插了许多扇子似的，游动时，搧动摇曳，看起来真是美丽，有的眼睛圆圆的，浑身长满了刺，憋足气时，圆得像球似的。各式各样的鱼多得数不完，正像人们说的那样，西沙群岛的海里，可以说是一半的水，一半的鱼。海滩上有美丽的贝壳，大小不一，颜色不同，形状各异，真可说千奇百怪，无所不有。

[illegible]

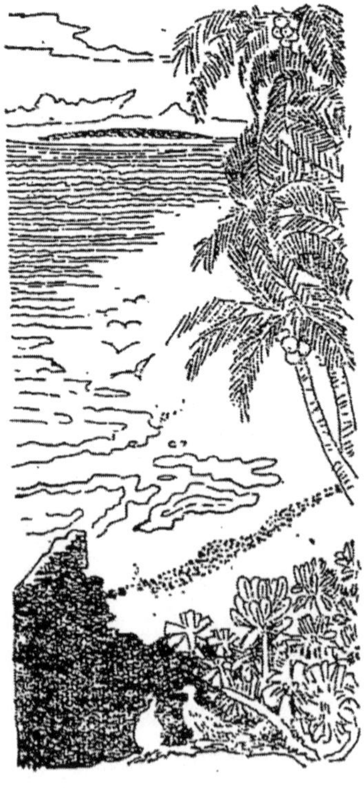

[illegible]

seci ombi. ten i gaikūcuka ningge oci mederi aihūma, yaya aniya duin sunja biya de, mujakū amba mederi aihūma yonggan tan de feniyeleme micume tafafi, umhan banjimbi. buthašara weilesisa mederi aihūma be emgeri ubaliyabuha sehede, terei duin bethe abka ci forofi, majige seme yabume muterkū ombi. siša ciyundoo tun be geli gashai jalan jecen seci ombi. tun de falha falha fisin luku bujan moo bifi, bujan moo i dolo geren hacin mederi gasha tomome banjime, isinahala bade gemu

---

最奇特的是海龜，每年的四五月，巨大的海龜成群地爬到沙灘上產卵。漁民們把海龜一旦翻倒，牠就四腳朝天，一點也不能走。西沙群島又可以說是鳥的世界。島上有成片茂密的森林，森林裡棲息著各種海鳥，到處都

最奇特的是海龟，每年的四五月，巨大的海龟成群地爬到沙滩上产卵。渔民们把海龟一旦翻倒，牠就四脚朝天，一点也不能走。西沙群岛又可以说是鸟的世界。岛上有成片茂密的森林，森林里栖息着各种海鸟，到处都

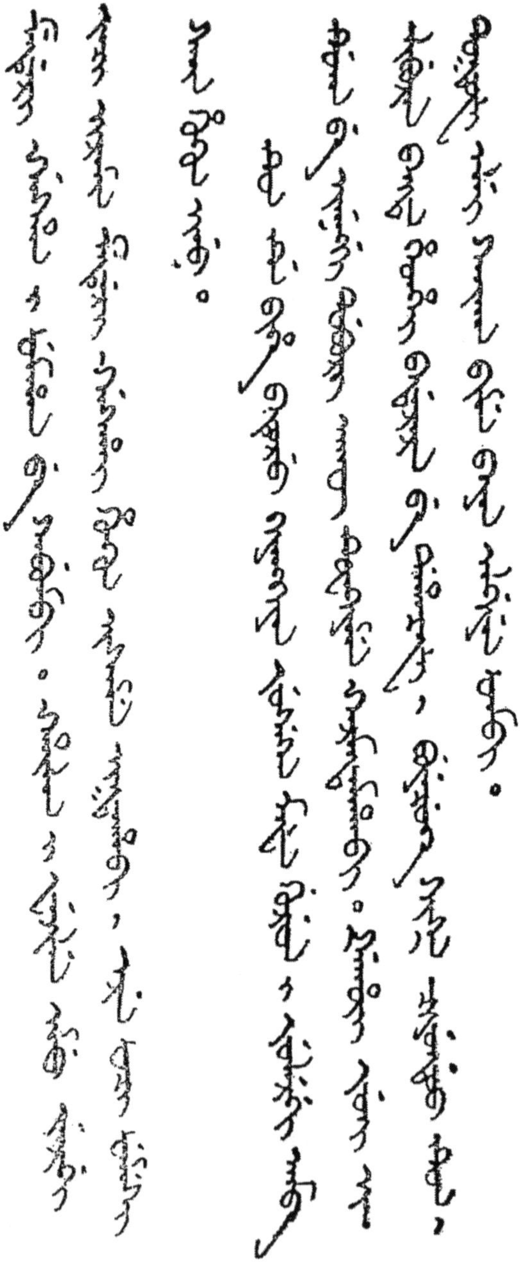

mederi gasha i umhan be sabumbi. hailan i fejile emu jergi jaci jiramin mederi gashai hukun isame iktahabi, ere oci umesi sain hukun inu. tun de bihe baturu kiyangkiyan jusesa mafa gurun i julergi amba duka be inenggi dobori akū tuwakiyame karmatamahabi. šehūi jui iliburan baita hethei badarara be dahacafi, buyecuke siša ciyundoo tun, toktofi elei saikan bime bayan elgiyen ombi.

可看到海鳥的蛋。樹下堆積有一層很厚海鳥糞，這是很好的肥料。在島上的勇健的男兒們不分晝夜地守衛著祖國的南大門。隨著社會主義建設事業的發展，可愛的西沙群島一定越來越美麗且富饒。

可看到海鸟的蛋。树下堆积有一层很厚海鸟粪，这是很好的肥料。在岛上的勇健的男儿们不分昼夜地守卫着祖国的南大门。随着社会主义建设事业的发展，可爱的西沙群岛一定越来越美丽且富饶。

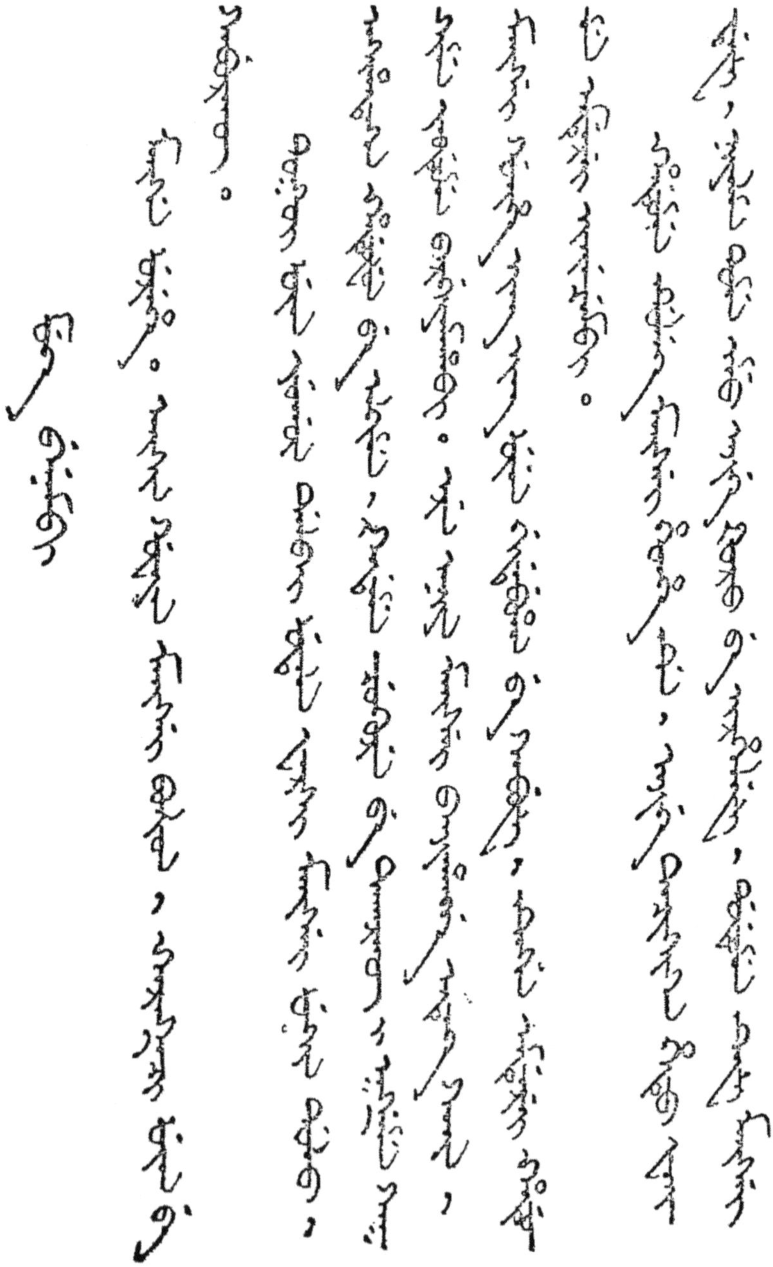

四十七、muke benembi

maise urehe. aisin suwayan maisei boljon, karašaci ujan be saburkū. toksoi ujan jugūn dalbai utala farsi maisei usin dolo, asihatasa hadufun be elkime, šadame cukure be takarkū i ekšeme saksime jabdume bargiyamahabi. ere aniya maisei banjihangge enteke sain, maisei suihe ing ing ujen gidabuha be sabufi, tese emderei hadume emderei injecembi. hadume duleke maisei hethe de, ajige tacisisa hetu faidafi, niyalma tome emu ajige šoro be irhelefi, dodome tefi maisei

---

四十七、送水

麥子熟了。金黃的麥浪一望無際。在村邊路旁許許多多的麥田裡，年輕人揮動鐮刀，不知疲倦地急急忙忙趕著收割。今年的麥子長的這樣好，看著麥穗沉甸甸地下垂，他們一面收割一面歡笑。收割過後的麥地上，小學生們橫向排列，每人提著一個小筐，蹲著

四十七、送水

麦子熟了。金黄的麦浪一望无际。在村边路旁许许多多的麦田里，年轻人挥动镰刀，不知疲倦地急急忙忙赶着收割。今年的麦子长的这样好，看着麦穗沉甸甸地下垂，他们一面收割一面欢笑。收割过后的麦地上，小学生们横向排列，每人提着一个小筐，蹲着

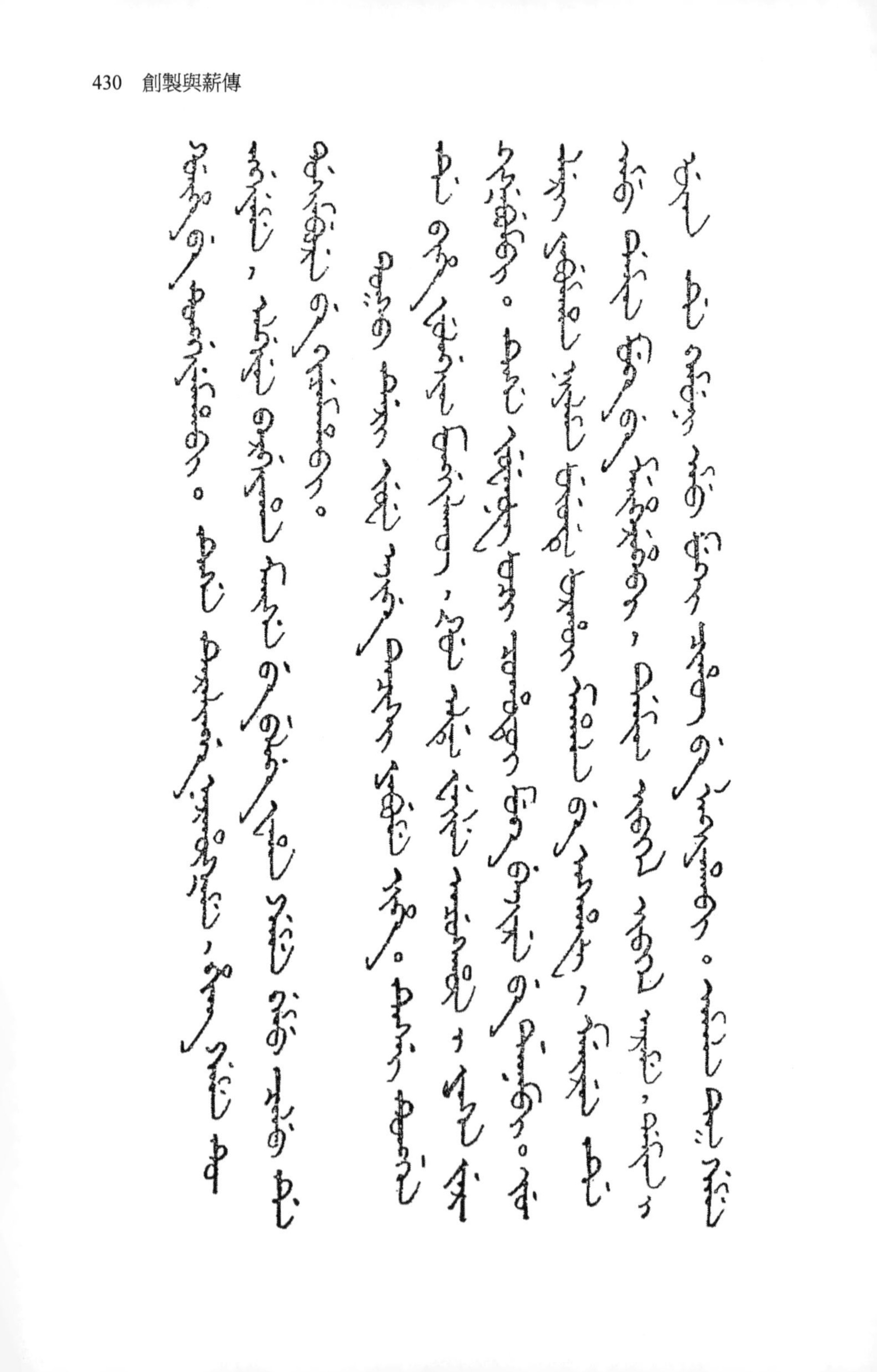

[illegible]

suihe be tunggiyemahabi. tese teralingge narhūšame, hing seme tunggiyeme, elgiyen bargiyaha maise be belge faha seme gemu calu de dosimbure be kicemahabi. tokso deri juwe ajige tacisi yabume jihe. tesei tunggen de bihe fulgiyan monggilakū, šun elden fejile encushūn i yasa jerkišebumbi. tese juwenofi oci cohotoi muke benjire be danambi. juleri yabumaha niyalma ujude orhoi mahala be ashafi, meiren de emu damjan muke be meiherehebi, damjan ibkel ibkel arame, damjan i ujan de kemuni emu mukei cihū be lakiyahabi. amala tak seme

---

撿拾麥穗。他們那樣仔細，認真地撿拾，努力把豐收的麥子每一粒都收進糧倉裡。從村裡走來兩個小學生。他們胸前的紅領帶，在陽光下格外地耀眼。他們兩人專門負責送水。走在前面的人頭上帶著草帽，肩上挑了一擔水，扁擔顫悠悠，扁擔的兩頭還掛著水壺。

捡拾麦穗。他们那样仔细，认真地捡拾，努力把丰收的麦子每一粒都收进粮仓里。从村里走来两个小学生。他们胸前的红领带，在阳光下格外地耀眼。他们两人专门负责送水。走在前面的人头上带着草帽，肩上挑了一担水，扁担颤悠悠，扁担的两头还挂着水壶。

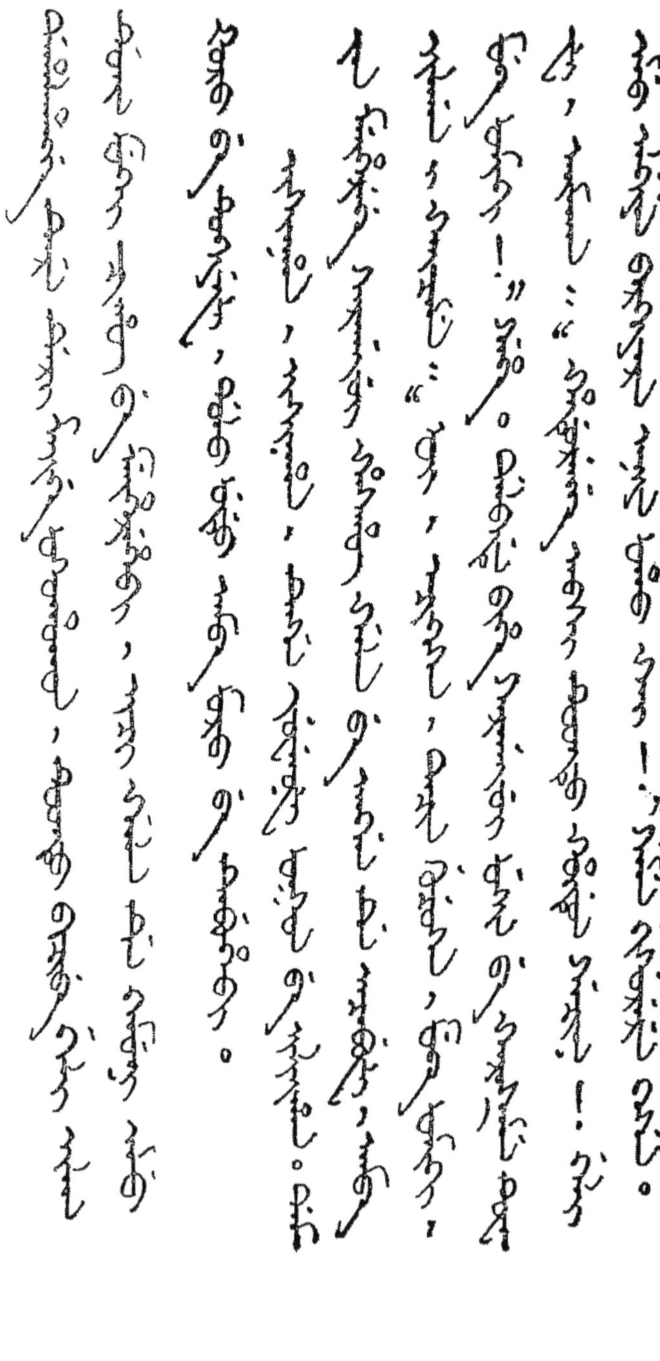

dahalahangge tere deri majige osohokon, tuttu bicibe geli ilan duin mukei cihū be meiherehebi, ici gala de kemuni emu šoro be tukiyefi, dolo udu amba moro be tebuhebi. isinaha, isinaha, tese juwenofi okson be ilinjaha. damjan meiherege sarganjui hashū gala be angga de acabufi, amba jilgan i kaicame:“oi, ecikesa, tacin gucusa, muke omiki, muke omiki！”sehe. dalbade bihe sarganjui usin be karašame tuwafi, aimaka:“hadurengge absi tuttu hūdun secina！geli emu elgiyen bargiyara aniya oho kai！”seme gisurere gese.

後面緊緊地跟著比他小一點，但是卻挑著三四個水壺，右手還提了一個籃子，裡面裝著幾個大碗。到了，到了，他們兩人停下了腳步。挑擔子的女孩子把左手放到嘴邊，大聲喊道：「喂，叔叔們，同學們，喝水了，喝水吧！」旁邊的女孩子遙望著田地，好像在說：「收割的多麼快啊！又是一個豐收年啊！」

后面紧紧地跟着比他小一点，但是却挑着三四个水壶，右手还提了一个篮子，里面装着几个大碗。到了，到了，他们两人停下了脚步。挑担子的女孩子把左手放到嘴边，大声喊道：「喂，叔叔们，同学们，喝水了，喝水吧！」旁边的女孩子遥望着田地，好像在说：「收割的多么快啊！又是一个丰收年啊！」

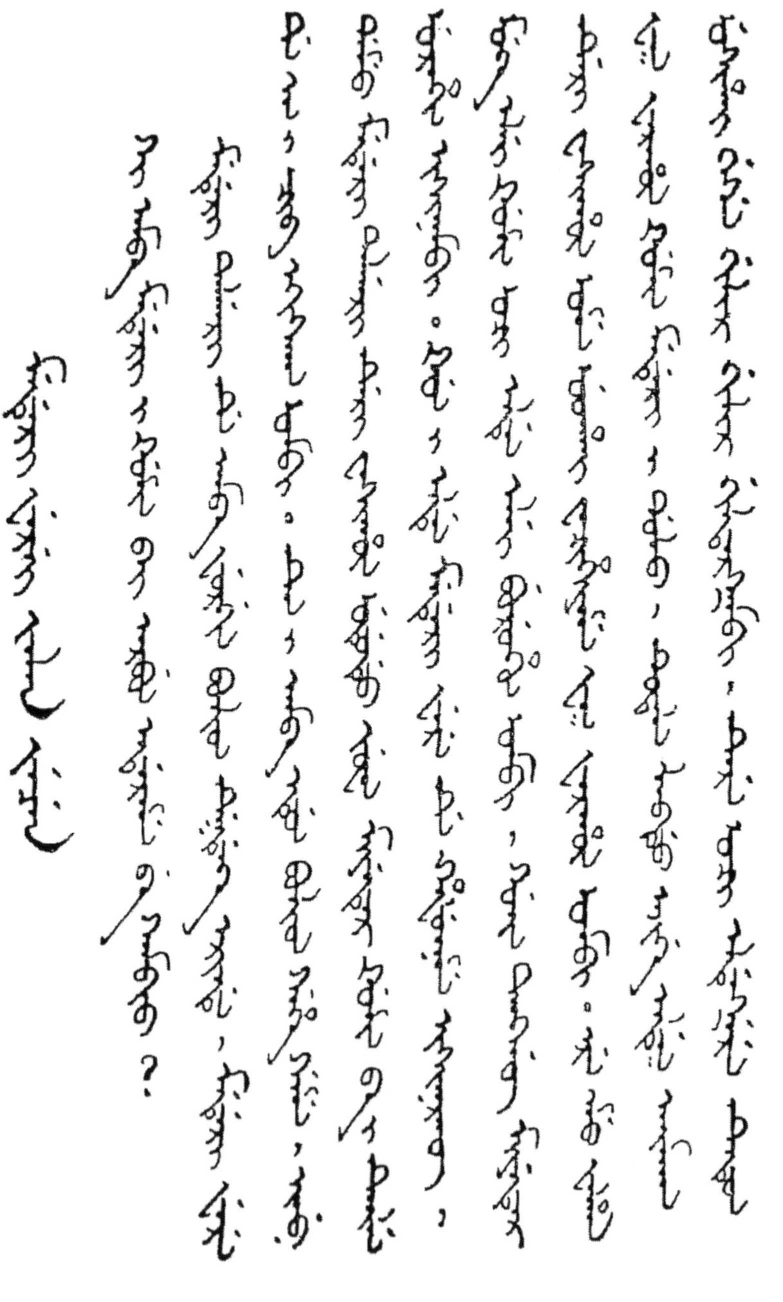

四十八、mederi ferei jalan jecen

si amba mederi i šumin bai arbun adarame be sambio？mederi talgari de amba furgin boljon dekdeke erinde, mederi fere da an i cib ekisaka ombi. ten i amba edun boljon sehe seme, inu damu mederi talgari deri wasihūn ududu juwan miyeter šumin ba i teile urahin isinambi. šun i elden mederi fere de hafuname isinarkū, muke elei šumin oci elden elei buruhun ombi, sunja tanggū miyeter deri wasihūn ome uthai wacihiyame fak farhūn ombi. ere emu falha fak farhūn šumin mederi i dolo, tutala labdu ajige elden aimaka usihai gese gilir gilir giltaršambi, tere oci eldešere tetun

---

四十八、海底世界

你知道大海深處的情景如何嗎？海面上浮起大波浪時，海底仍然是靜悄悄的。縱然是最大的風浪，也只影響到海面下幾十米而已。陽光照不透海底，水越深光線越暗，五百米以下就完全都昏黑了。在這一片漆黑的深海裡，有許多小亮光像星星似的閃閃發光，那是有發光器的

四十八、海底世界

你知道大海深处的情景如何吗？海面上浮起大波浪时，海底仍然是静悄悄的。纵然是最大的风浪，也只影响到海面下几十米而已。阳光照不透海底，水越深光线越暗，五百米以下就完全都昏黑了。在这一片漆黑的深海里，有许多小亮光像星星似的闪闪发光，那是有发光器的

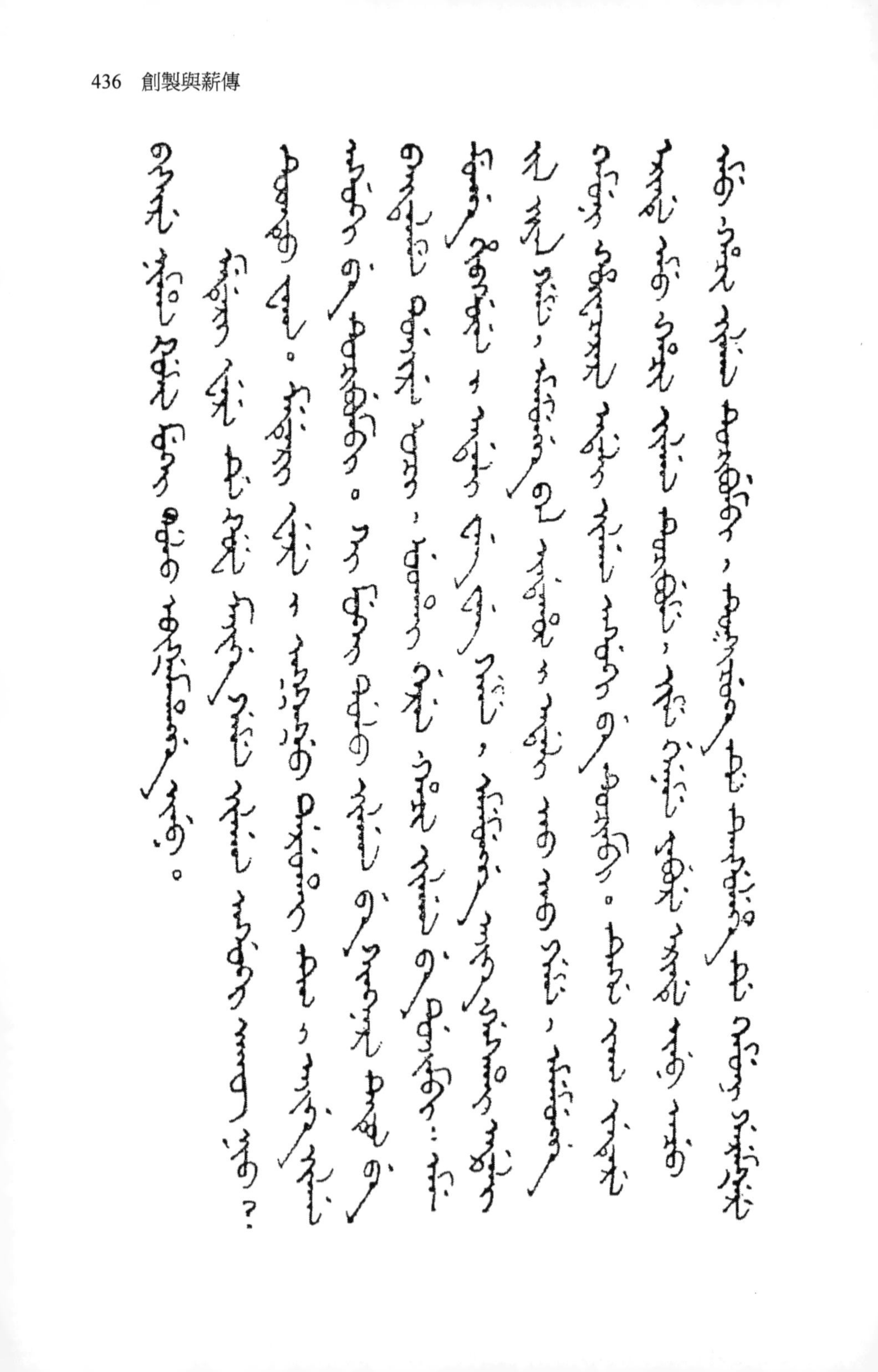

[illegible]

bisire nimha šumin mukei dolo ebišemahangge inu. mederi fere de šuwe majige seme jilgan asuki akū nio？ tuttu waka. mederi fere i aššašu daruhai ten i ajige jilgan asuki be tucibumbi. si mukei dolo jilgan be singnara tetun be baitalame donjire oci, uthai geren hacin jilgan be donjimbi:ememungge hibsujen i adali weng weng seme, ememungge ajige gashai adali jil jiyal seme, ememungge bal indahūn i adali ao ao seme, ememungge kemuni hūwacarara adali jilgan asuki be tucimbi. tese jaka jetere erinde emu hacin jilgan tucibume, jime geneme yabure erinde inu encu emu hacin jilgan tucibumbi, tuksicuke de teisulehe de kemuni seremšere

---

魚在深水裡游泳。海底沒有一點聲響嗎？不是那樣。海底的動物常常發出極小的聲響。你若使用探測水裡聲音的儀器來聽，就可聽到各種聲音，有的像蜜蜂一樣嗡嗡，有的像小鳥一樣吱吱喳喳，有的像小狗一樣噢噢地，有的還像打鼾一樣發出聲響。牠們吃東西時發出一種聲音，來回行走時發出另一種聲音，遇到危險時

鱼在深水里游泳。海底没有一点声响吗？不是那样。海底的动物常常发出极小的声响。你若使用探测水里声音的仪器来听，就可听到各种声音，有的像蜜蜂一样嗡嗡，有的像小鸟一样吱吱喳喳，有的像小狗一样噢噢地，有的还像打鼾一样发出声响。牠们吃东西时发出一种声音，来回行走时发出另一种声音，遇到危险时

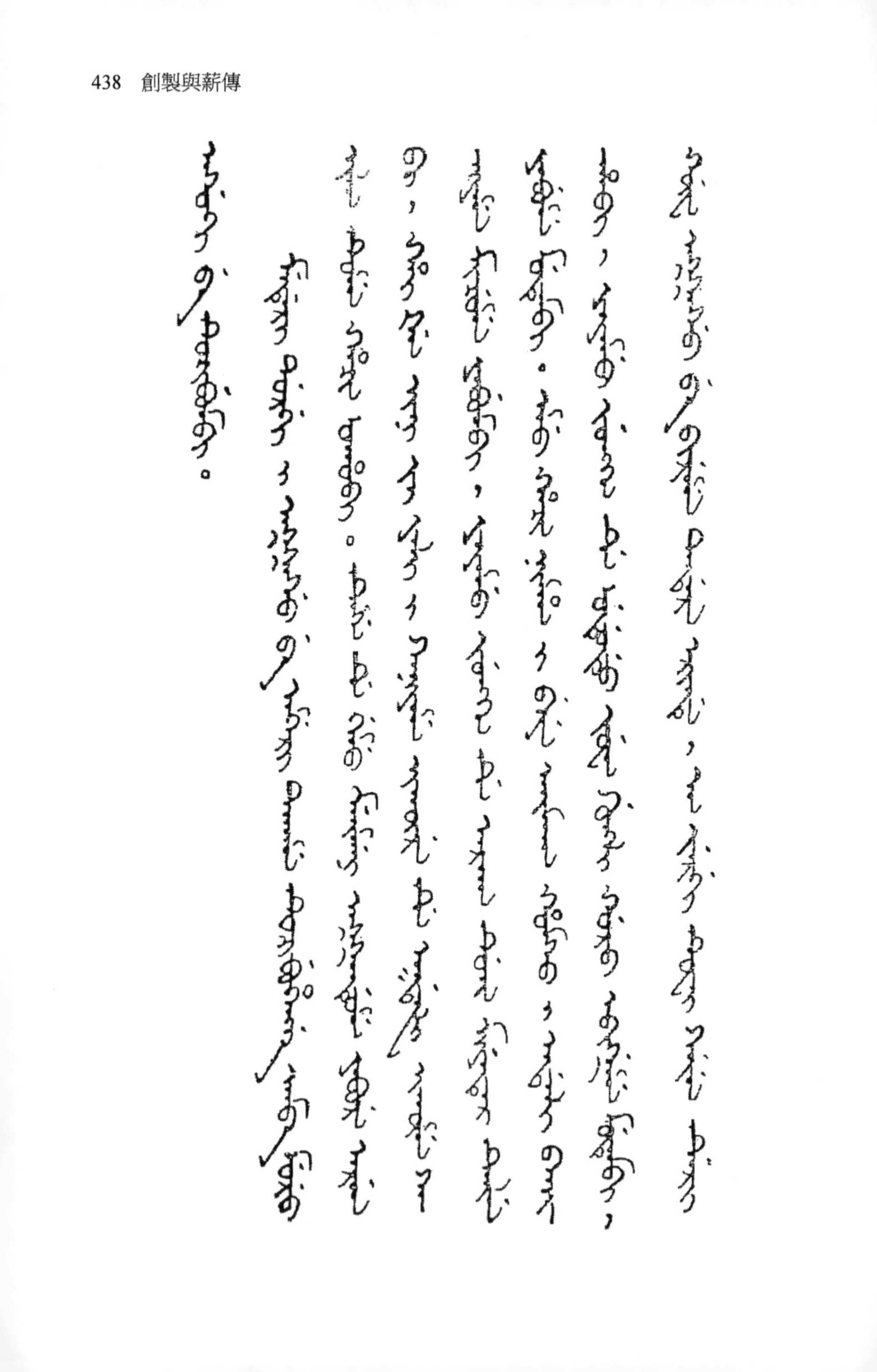

asuki be tucibumbi. mederi dorgi i aššasu be emgeri takame tucibuhengge amba muru ilan tumen hacin ohobi. tese de gemu meimeni aššandume yabure arga bi, hai šen ini ji yali i saniyame ikūre de akdafi ikūme saniyame micume yabumbi, yayamu jungken de arkan duin miyeter teile yabume mutembi. emu hacin nimha i beye aimaka homso i adali banjihabi, yayamu jungken de ududu juwan gungli goro ebišeme mutembi, gūwa aššasu be bireme tandara erinde, an jergi tuwai sejen deri

---

發出防衛的聲響。海裡的動物已經辨識出來的大概有三萬種了。牠們都有各自行走的方法，海參靠牠的肌肉伸縮而蜿蜒爬行，每小時只能行走四米。有一種魚的身體長得像梭子一樣，每小時能游幾十公里遠，攻擊別的動物時，游的速度比一般火車

发出防卫的声响。海里的动物已经辨识出来的大概有三万种了。牠们都有各自行走的方法，海参靠牠的肌肉伸缩而蜿蜒爬行，每小时只能行走四米。有一种鱼的身体长得像梭子一样，每小时能游几十公里远，攻击别的动物时，游的速度比一般火车

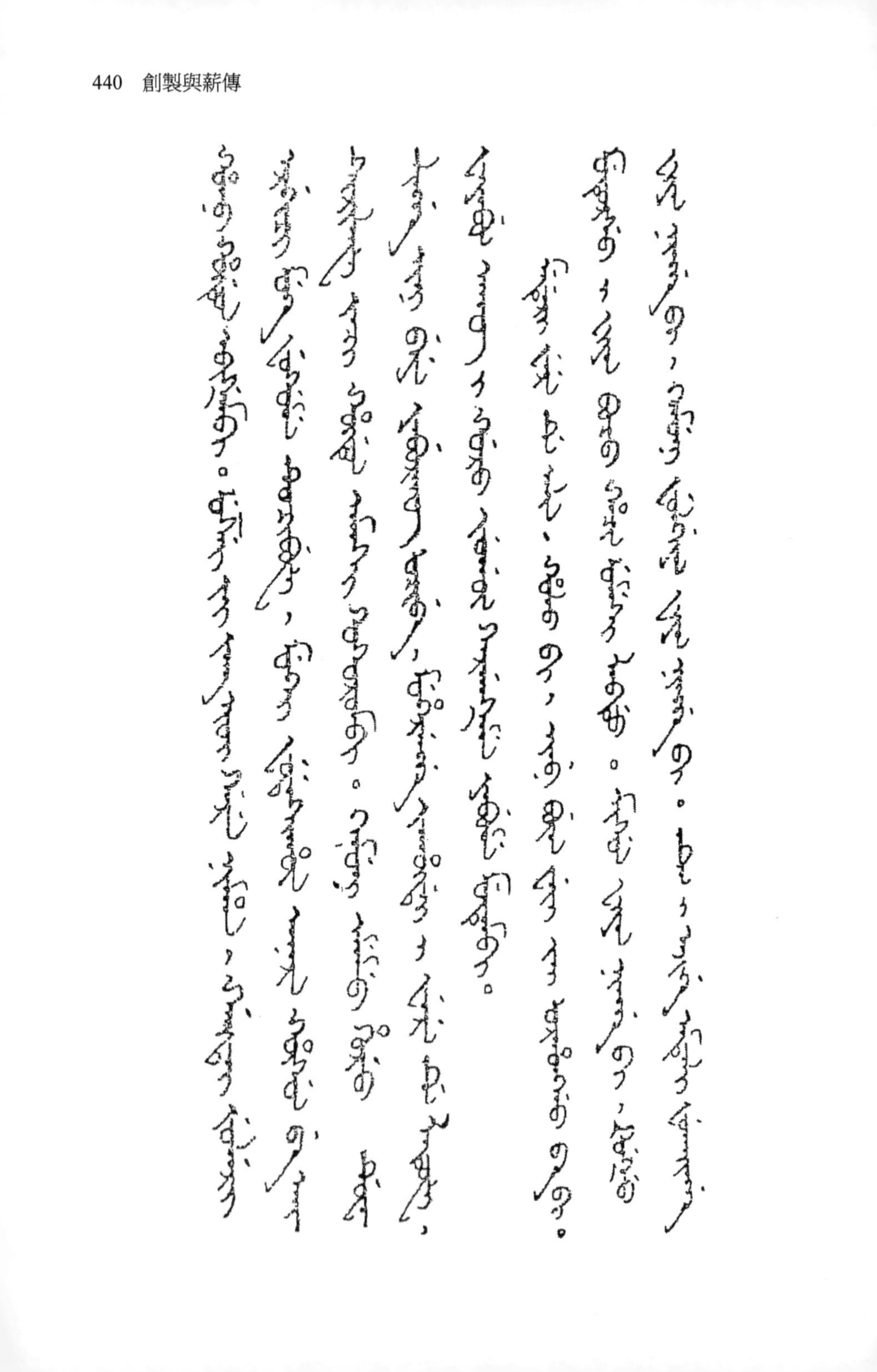

[illegible]

hono hūdun ebišembi. udzei jai jang ioi sere nimha, gaitai juleri ergici muke fusume tucibufi, mukei fudasihūn anara hūsun be aisirilafi jaci hūdun amasi sosorombi. kemuni ememu huru duwalingge ini beye yaburkū ocibe, muherengge jahūdai i fere de latufi, fayabun akū i goro jugūn sargašame yabume mutembi. mederi fere de alin、holo bi, inu bujan weji jai orhonggo ba bi. mutursu i fiyan boco hacin umesi labdu. misun fiyan ningge bi, šušu fiyan ningge bi, kemuni fulgiyan fiyan ningge bi. ten i ajige emteli fukajingge

---

還快。烏賊和章魚，忽然向前方噴出水，利用水後推的力量很快向後倒退。還有貝殼類的，雖然牠自己不走，但附著在船底，能不費力地遠行旅游。海底有山丘溝谷，也有森林草地。植物的顏色種類很多，有醬色的，有紫色的，還有紅色的。最小的單圈

还快。乌贼和章鱼，忽然向前方喷出水，利用水后推的力量很快向后倒退。还有贝壳类的，虽然牠自己不走，但附着在船底，能不费力地远行旅游。海底有山丘沟谷，也有森林草地。植物的颜色种类很多，有酱色的，有紫色的，还有红色的。最小的单圈

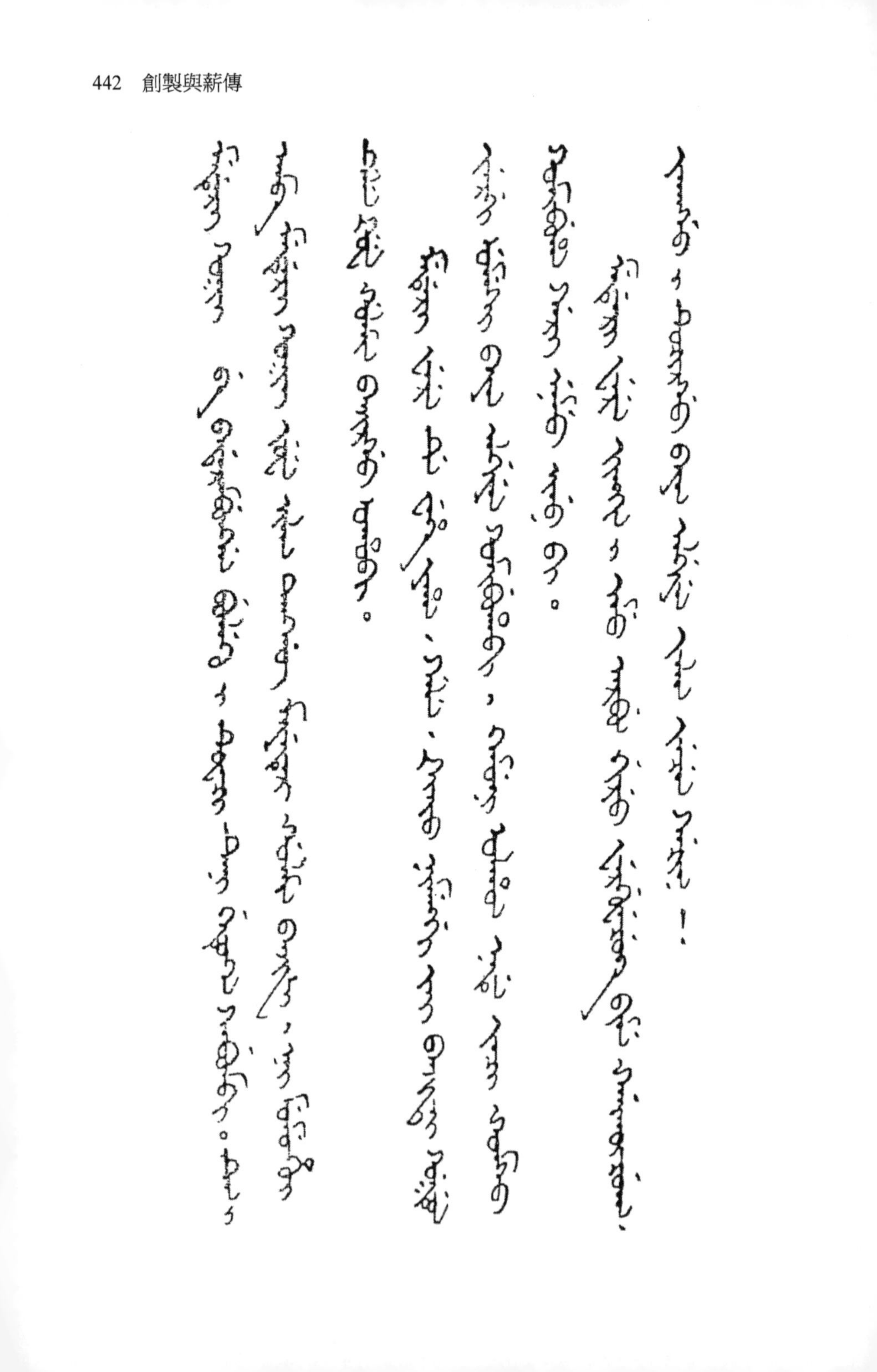

[illegible]

mederi sokji be badarambungga buleku i tuwaci teni getuken sabumbi. ten i amba mederi sokji juwe ilan tanggū miyeter golmin banjifi, nai mumuhui dele šuwe golmin banjirsu ohobi. mederi fere de wehe yaha、sele、šiio nimenggi jai banjitai sukdun jergi umesi bayan elgiyen somibuhabi, kemuni olhon nade jaci komso somibuha seri nemu inu bi. mederi fere jingkin i emu arbun giru ferguwecuke bime gaikūcuka, jakasu i tucirsu bayan elgiyen jalan jecen secina！

海藻要用放大鏡看才看得清楚。最大的海藻長二三百米，是地球上最長的生物。海底儲有碳、鐵、石油及天然氣等等，極為豐富，還儲有陸地上儲量很少的稀有礦產。海底真是一個神奇美妙物產豐富的世界啊！

海藻要用放大镜看才看得清楚。最大的海藻长二三百米，是地球上最长的生物。海底储有碳、铁、石油及天然气等等，极为丰富，还储有陆地上储量很少的稀有矿产。海底真是一个神奇美妙物产丰富的世界啊！

[illegible]

[illegible]

[illegible]

[illegible]

[illegible]

[illegible]

[illegible]

[illegible]

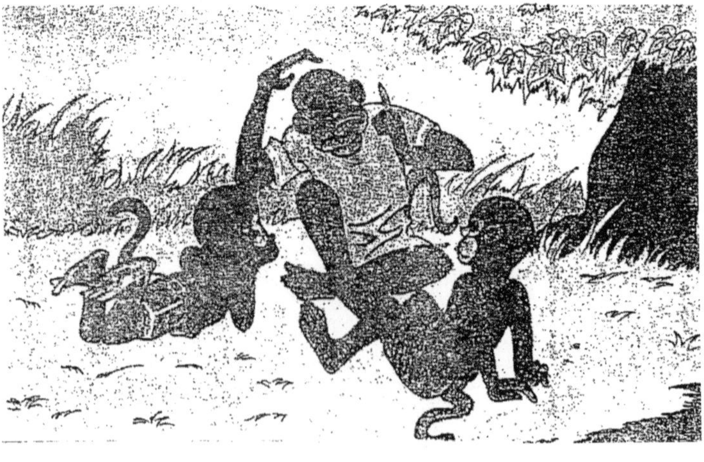

四十九、jušuhun jai jancuhūn

emu inenggi, julergi alin jai amargi alin i monio jugūn de ucaraha, juwe monio gemu beye beyei sabuhangge labdu sarangge fulu serebe iletu1eki seme gūnimbi. julergi alin i monio gisureme:"si takambio？ puto jancuhūn amtangga, jetere de umesi sain."sehe. amargi alin i monio donjifi, nerginde angga be bukulefi injeme gisurerengge: "ere

---

四十九、酸和甜

有一天，南山和北山的猴子在路上相遇，兩隻猴子都想顯示自己見多識廣。南山的猴子說道：「你知道嗎？葡萄甘甜，很好吃。」南山的猴子聽到後，立刻掩嘴笑著說：「這

四十九、酸和甜

有一天，南山和北山的猴子在路上相遇，两只猴子都想显示自己见多识广。南山的猴子说道:「你知道吗？葡萄甘甜，很好吃。」南山的猴子听到后，立刻掩嘴笑着说:「这

[illegible]

[illegible]

[illegible]

[illegible]

[illegible]

[illegible]

[illegible]

[illegible]

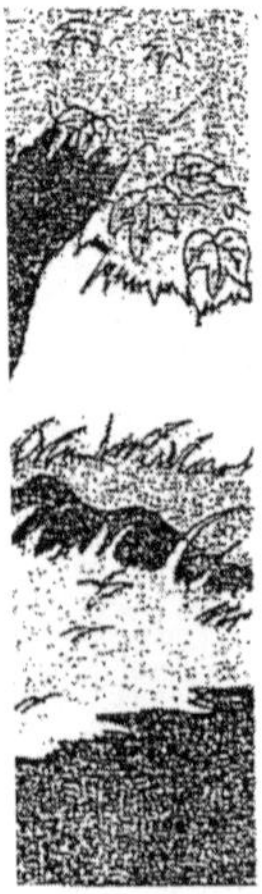

gisun be we gisurehengge？ puto jušuhun bime moojun, jetere de umesi juken.“ sembi. tere juwe monio si emu gisun, bi emu gisun, beye beyede anaburkū temšembi. julergi alin i monio gisureme: “ere gisun be emu sakda yeye gisurehebi, akdarkū oci genefi fonji.”sehe. amargi alin i monio gisureme: “bi inu emu sakda yeye ci donjihangge, akdarkū oci ne uthai genefi fonjiki.” sehe. juwe monio embade wargi alin de genefi, tesei baire sakda

---

話是誰說的？葡萄又酸又澀，很不好吃。」那兩隻猴子你一言，我一語，互不相讓爭論不休。南山的猴子說道：「這話是一位老爺爺說的，不信的話去問吧！」北山的猴子說道：「我也是聽一位老爺爺說的，不信的話現在就去問吧！」兩隻猴子一齊去東山找到了牠們要

话是谁说的？葡萄又酸又涩，很不好吃。」那两只猴子你一言，我一语，互不相让争论不休。南山的猴子说道：「这话是一位老爷爷说的，不信的话去问吧！」北山的猴子说道：「我也是听一位老爷爷说的，不信的话现在就去问吧！」两只猴子一齐去东山找到了牠们要

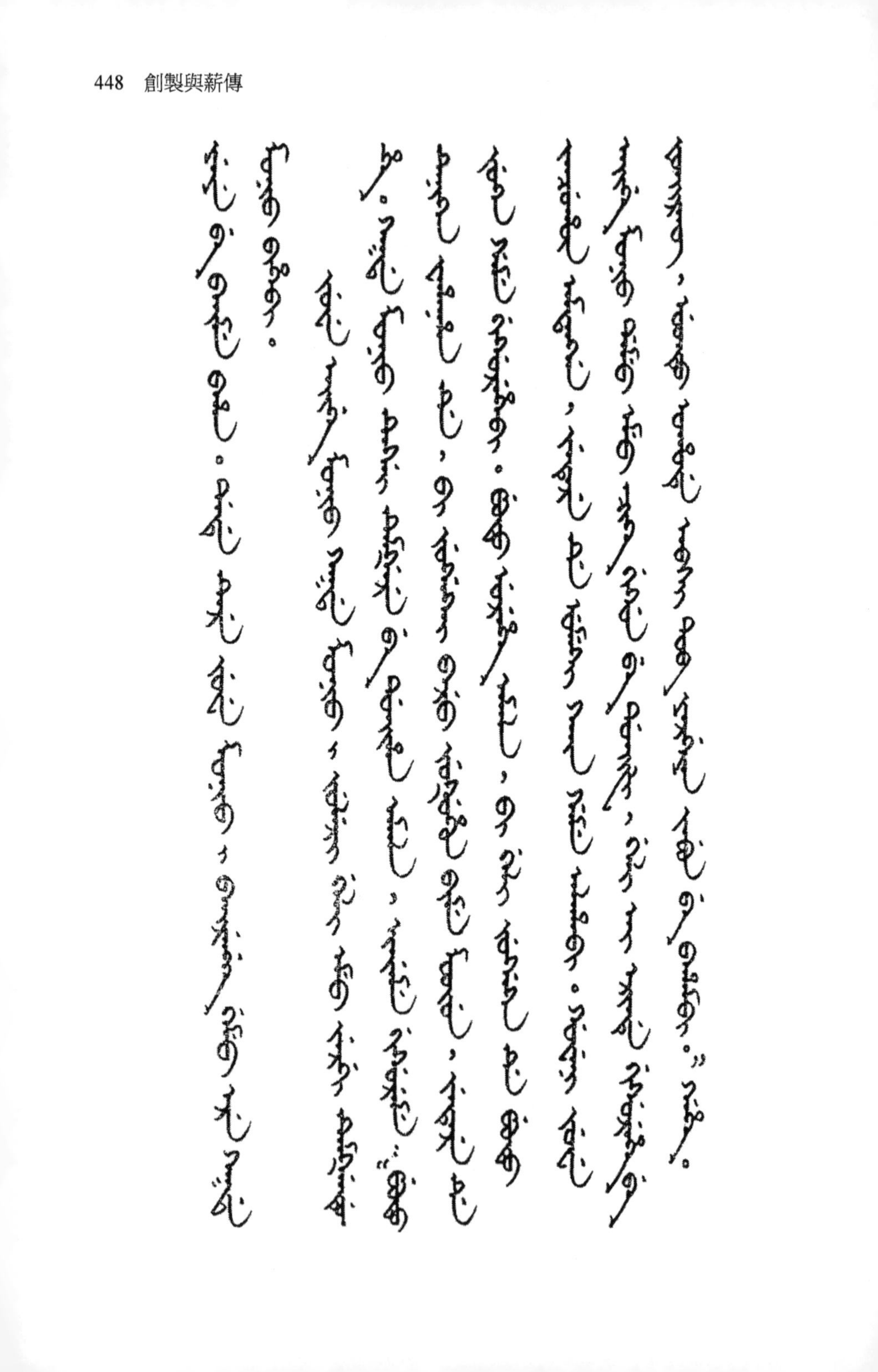

[illegible]

[illegible]

[illegible]

[illegible]

[illegible]

[illegible]

[illegible]

[illegible]

[illegible]

yeye be baime baha. dade tere juwe monio i bairengge gemu ere sakda monio bihebi. juwe ajige monio sakda monio i juleri geli emu jergi temšenduhe. sakda monio tesei temšere be donjiha amala, injeme gisureme:"puto teniken fahanaha de, bi jusesai baru jušuhun bime moojun, jetere de juken seme gisurehebi. puto urehe amala, bi geli jusesa de puto jancuhūn amtangga, jetere de umesi sain seme alahabi. suweni juwe ajige monio damu emu cike gisun be donjifi, geli ai erinde gisurehe be fonjirkū, uttu ohode absi tob yargiyan jabun be bahambi." sehe.

找的老爺爺。原來那兩隻猴子要找的都是這隻老猴子。兩隻小猴子在老猴子的前面又是一番爭論，老猴子聽了牠們的爭論後笑著說：「葡萄剛結籽時，我對孩子們說又酸又澀，很不好吃。葡萄成熟後，我又告訴孩子們葡萄甜美，很好吃。你們兩隻小猴子只聽了一段話，又不問是在什麼時候說的，這樣的話，怎麼能得出正確的答案呢？」

找的老爷爷。原来那两只猴子要找的都是这只老猴子。两只小猴子在老猴子的前面又是一番争论，老猴子听了牠们的争论后笑着说：「葡萄刚结籽时，我对孩子们说又酸又涩，很不好吃。葡萄成熟后，我又告诉孩子们葡萄甜美，很好吃。你们两只小猴子只听了一段话，又不问是在什么时候说的，这样的话，怎么能得出正确的答案呢？」

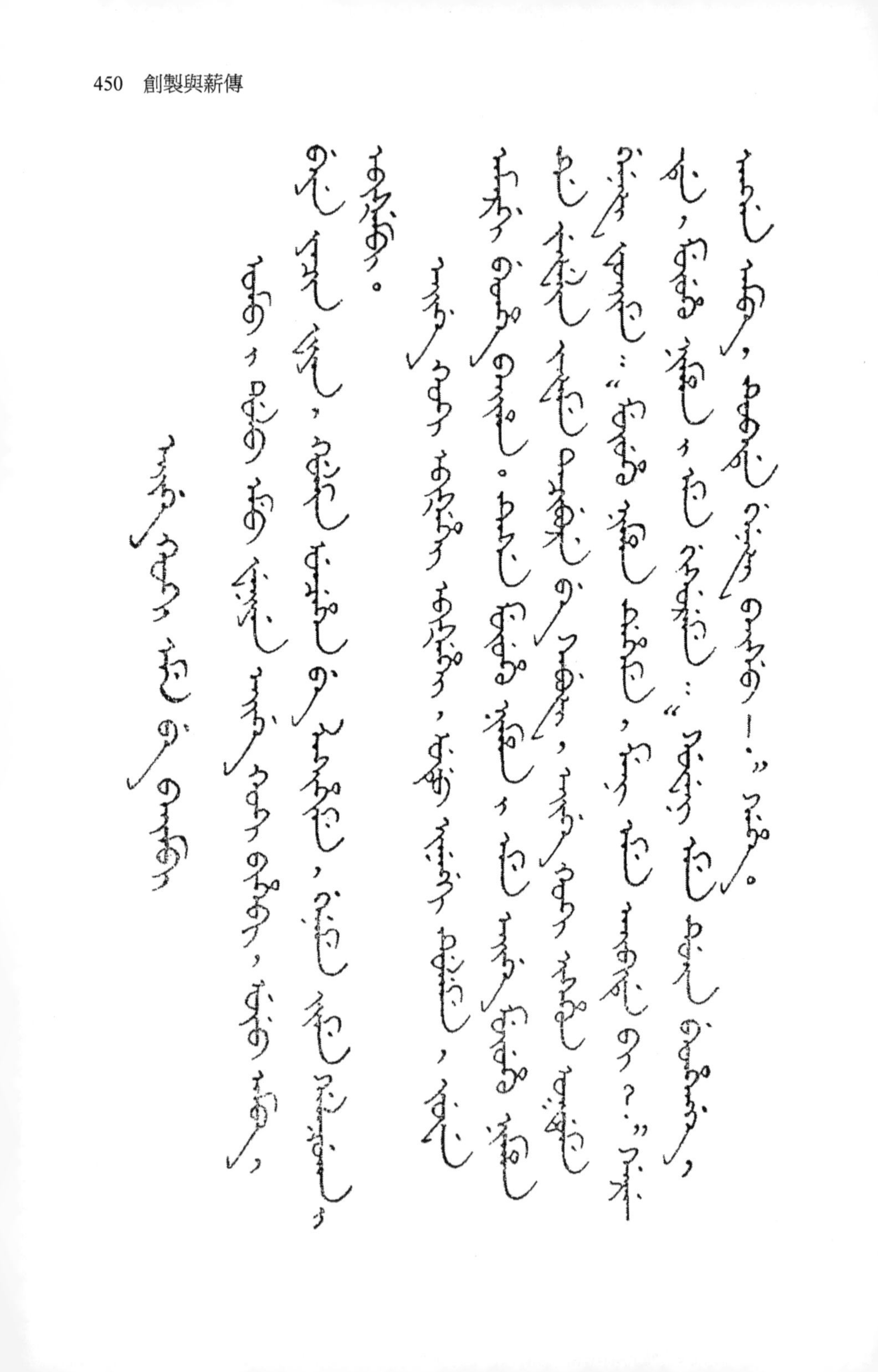

[illegible]

五十、ajige koki eme be baimbi

omo i dolo emu feniyen ajige koki bihebi, uju amba, beye yacin fiyan, golmin uncehen be lasihime, geneme jime selacuka i ebišembi. ajige koki ebišehei ebišehei, udu inenggi duleme, juwe amargi bethe banjiha. tese mujuhu nimha i eme ajige mujuhu nimha de jefelin jafame tacibure be sabufi, ajige koki ishun okdome genefi fonjime:“ mujuhu nimha deheme, meni eme aibide bi？”serede, mujuhu nimha i eme gisureme:“suweni eme duin bethengge, angga amba, tubade genefi baisu！”sehe.

五十、小蝌蚪找媽媽

池子裡有一群小蝌蚪，頭大，身子黑，甩著長尾巴，來來回回痛痛快快地游著。小蝌蚪游啊游，過了幾天，長了兩隻後腳，牠們看見鯉魚的媽媽教小鯉魚捕捉食物，小蝌蚪迎上去問道:「鯉魚阿姨，我們的媽媽在什麼地方？」鯉魚的媽媽說道:「你們的媽媽是四條腿的，嘴巴大，去那裡找吧！」

五十、小蝌蚪找妈妈

池子里有一群小蝌蚪，头大，身子黑，甩着长尾巴，来来回回痛痛快快地游着。小蝌蚪游啊游，过了几天，长了两只后脚，牠们看见鲤鱼的妈妈教小鲤鱼捕捉食物，小蝌蚪迎上去问道:「鲤鱼阿姨，我们的妈妈在什么地方？」鲤鱼的妈妈说道:「你们的妈妈是四条腿的，嘴巴大，去那里找吧!」

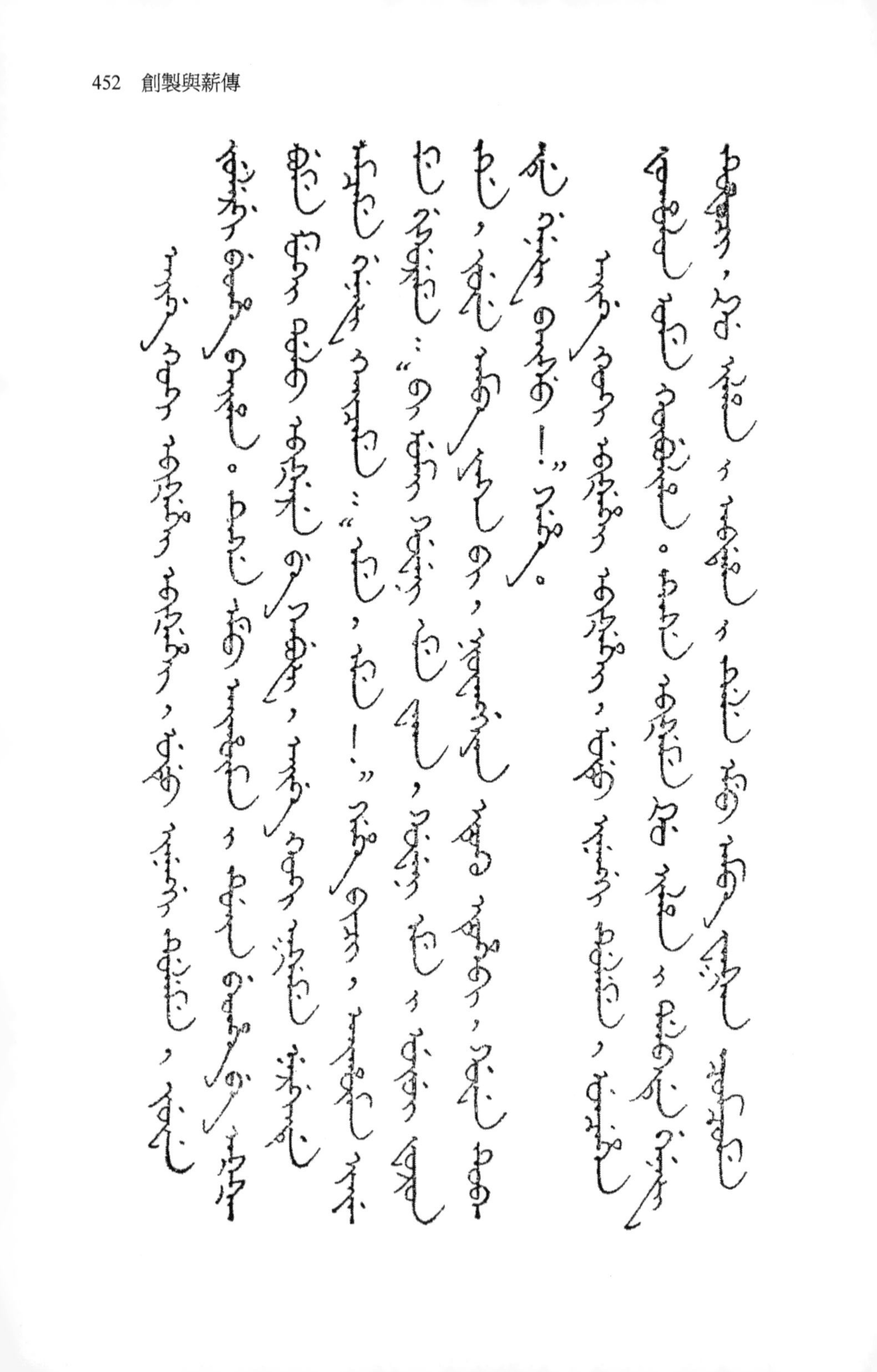

ajige koki ebišehei ebišehei, udu inenggi deleme, juwe julergi bethe banjiha. tese emu aihūma i duin bethe be aššabume mukei dolo ebišere be sabufi, ajige koki ekšeme nerginde amcame genefi kaicame:“eme, eme ! ”sehe bici, aihūma injeme gisureme:“bi umai suweni eme waka, suweni eme i ujui foron de, juwe amba yasa bi, niowanggiyan etuku etuhebi, suwe tubade genefi baisu ! ”sehe. ajige koki ebišehei ebišehei, udu inenggi duleme, uncehen foholon ome kūbuliha. tese ebišeme šu ilha i dalbade genefi tuwaci, šu ilha i abdaha i dele emu amba wakšan comcome

---

小蝌蚪游啊游，過了幾天，長了兩條前腿。牠們看見一隻王八動著四條腿在水裡游，小蝌蚪急忙追上去叫道：「媽媽，媽媽！」但王八笑著說：「我並不是你們的媽媽，你們的媽媽頭頂上有兩隻大眼睛，穿綠衣服，你們去那裡找吧！」小蝌蚪游啊游，過了幾天，尾巴變短了，牠們游到荷花旁邊一看，見一隻大青蛙靜靜地蹲在荷葉上面。

小蝌蚪游啊游，过了几天，长了两条前腿。牠们看见一只王八动着四条腿在水里游，小蝌蚪急忙追上去叫道：「妈妈，妈妈！」但王八笑着说：「我并不是你们的妈妈，你们的妈妈头顶上有两只大眼睛，穿绿衣服，你们去那里找吧！」小蝌蚪游啊游，过了几天，尾巴变短了，牠们游到荷花旁边一看，见一只大青蛙静静地蹲在荷叶上面。

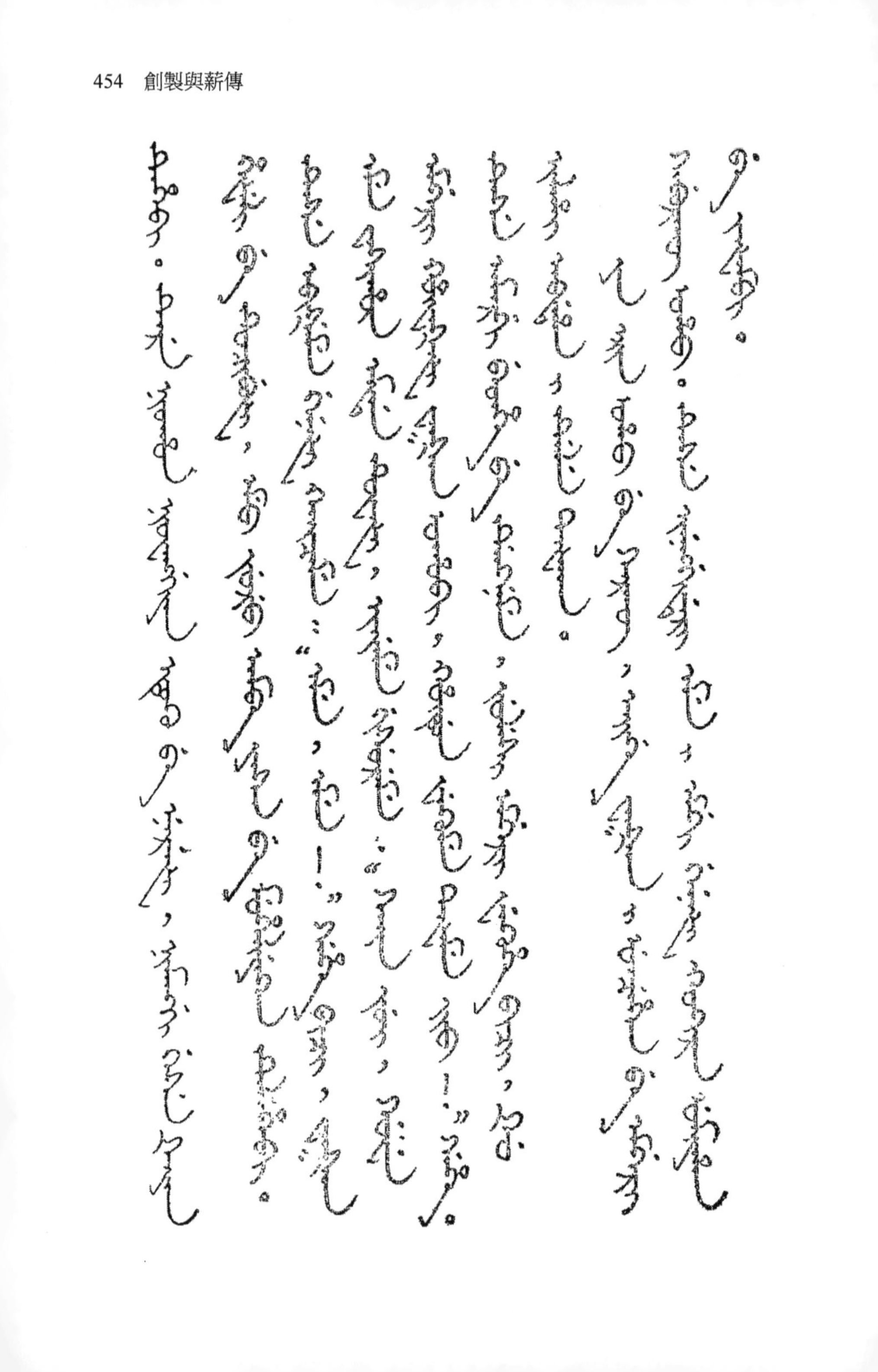

[illegible]

tehebi. tere niohon niowanggiyan etuku be nerefi, nimanggi gese šayan hefeli be tucibufi, emu juru amba yasa be muheliyeken telehebi. tese ebišeme genefi kaicame:"eme, eme！"sehe bici, wakšan eme wasihūn emdan tuwafi, injeme gisureme:"sain jui, suwe emgeri hūwašafi wakšan ohobi, hūdun fekume tafame jio！"sehe. tese amargi bethe be dengneme, julesi emgeri fekuhe bici, šu ilhai abdaha i dele tafaka. ya erin oho be sarkū, ajige wakšan i uncehen be emgeri saburkū oho. tese inenggidari eme i emgi genefi kokiran umiyaha be jafambi.

牠披著深綠色的衣服，露出像雪一樣白的肚子，睜著圓圓的一雙大眼睛。牠們游過去「媽媽，媽媽！」地叫著，青蛙媽媽向下看了一眼，笑著說：「好孩子，你們已經長大成為青蛙了，趕快跳上來吧！」牠們踮著後腿向前一跳，跳上了荷葉的上面。不知道到了什麼時候，小青蛙的尾巴已經不見了，牠們每天同媽媽一齊去捕捉害蟲。

牠披着深绿色的衣服，露出像雪一样白的肚子，睁着圆圆的一双大眼睛。牠们游过去「妈妈，妈妈！」地叫着，青蛙妈妈向下看了一眼，笑着说：「好孩子，你们已经长大成为青蛙了，赶快跳上来吧！」牠们踮着后腿向前一跳，跳上了荷叶的上面。不知道到了什么时候，小青蛙的尾巴已经不见了，牠们每天同妈妈一齐去捕捉害虫。

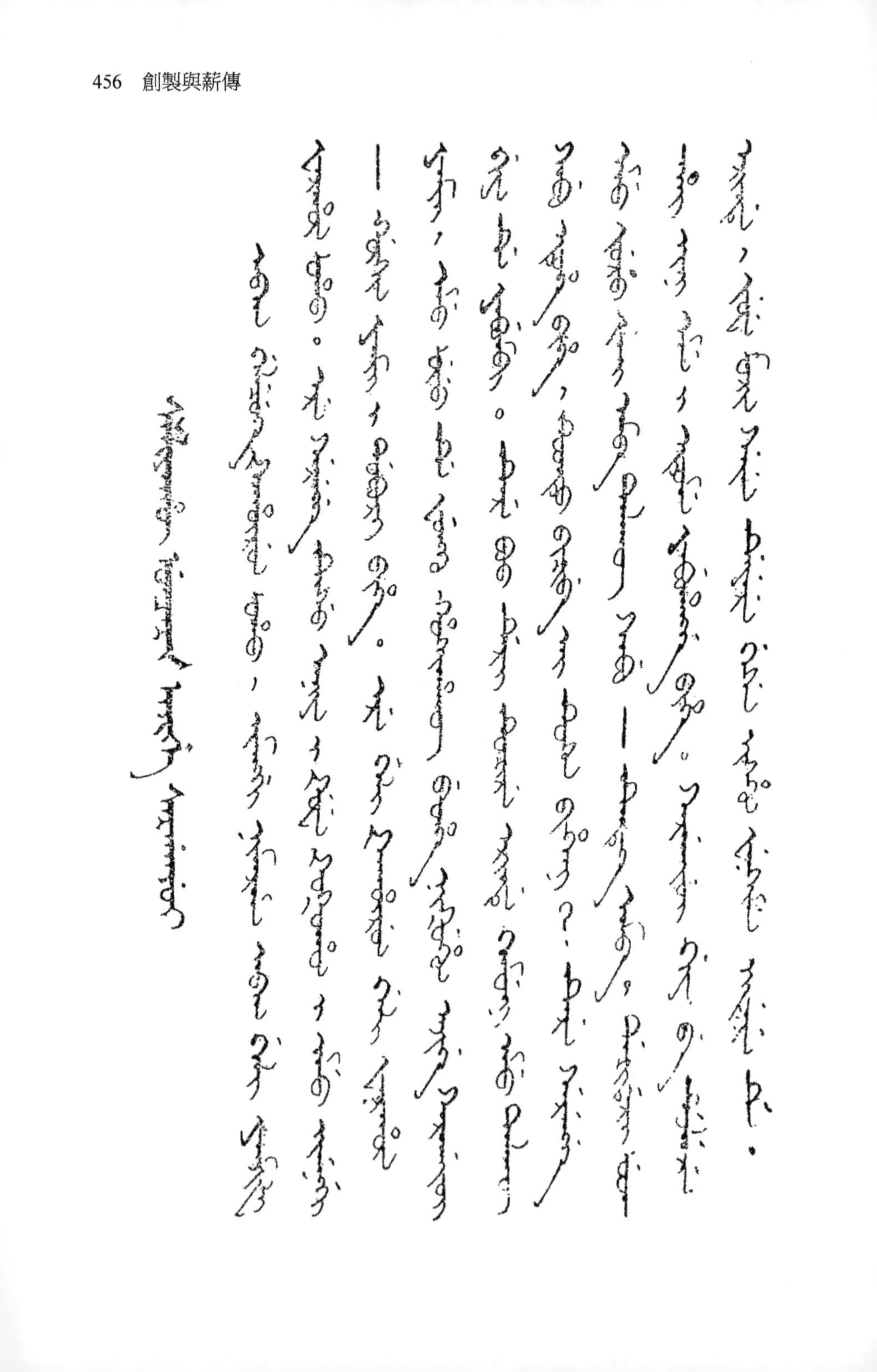

五十一、syliyahū uncara ajige sarganjui

abka gelecuke šahūrun oho, nimanggi nimarame abka geli yamjifi farhūn oho. ere serengge tesu aniya i šuwe šošohon i emu inenggi—gūsin yamji i dobori bihe. ere geli šahūrun geli farhūn yamji, emu uju de fungku hosihakū bethe nišuhun ajige sarganjui giya de yabumbi. tere boo deri tucire erinde kemuni emu talakū sabu etuhe bihe, tuttu bicibe ai tusa biheni？ tere serengge emu juru jaci amba talakū sabu—tenteke amba, dacideri uthai ini eme i etume yabuhangge bihe. sarganjui giya be dulere erinde, juwe morin sejen deyere gese ishun feksime jidere de,

---

五十一、賣火柴的小女孩

天氣已經非常冷了，下了雪的天又到了昏暗。這是那一年最後的一天—除夕的夜晚。這是個又冷又黑的夜晚，一個頭上沒包頭巾光著腳的小女孩走在街上。她從家裡出來時還穿著一雙拖鞋，但是有什麼用處呢？那是一雙很大的拖鞋--那樣大，原來就是她母親穿著走路的。女孩過馬路時，兩匹馬車飛也似地迎面跑過來，

五十一、卖火柴的小女孩

天气已经非常冷了，下了雪的天又到了昏暗。这是那一年最后的一天—除夕的夜晚。这是个又冷又黑的夜晚，一个头上没包头巾光着脚的小女孩走在街上。她从家里出来时还穿着一双拖鞋，但是有什么用处呢？那是一双很大的拖鞋--那样大，原来就是她母亲穿着走路的。女孩过马路时，两匹马车飞也似地迎面跑过来，

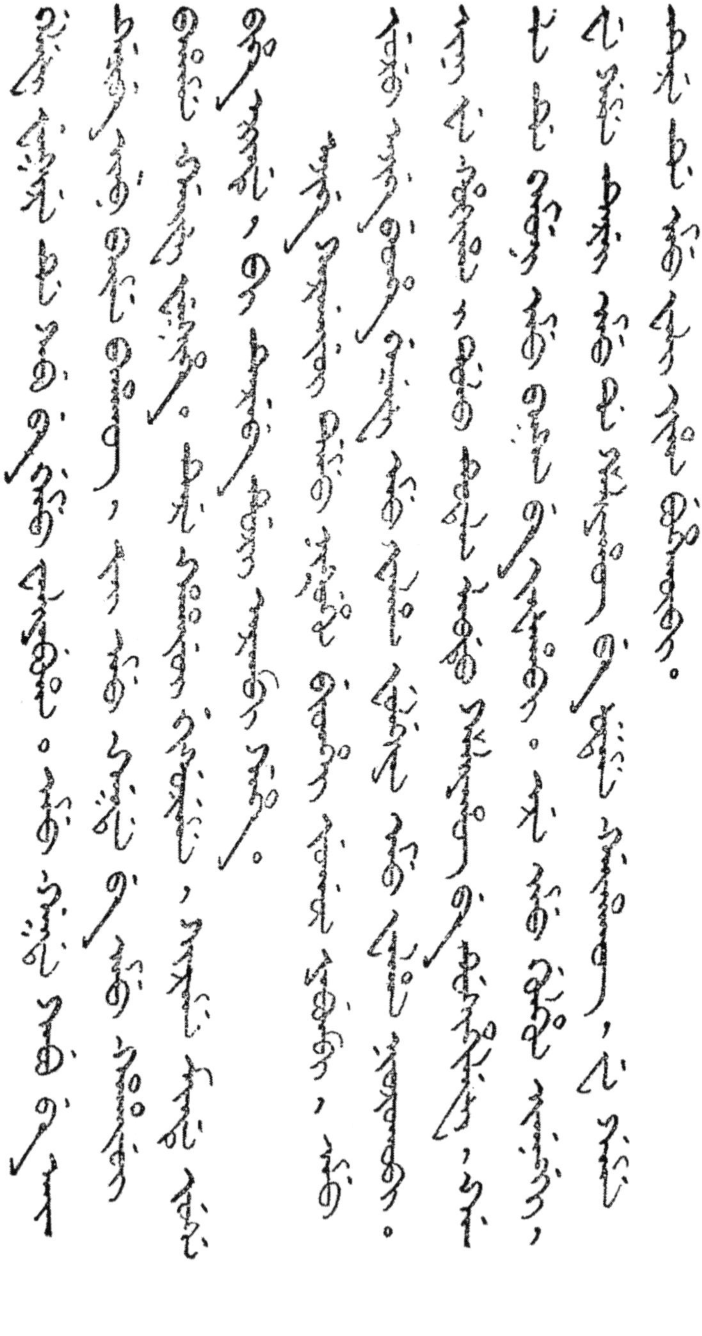

gelefi feksire de sabu be gemu waliyabuha. emu gakda sabu be aisecibe inu baime bahakū, jai emu gakda be emu hahajui bahame gaifi feksihe. tere hahajui gisureme, sirame minde juse bihe erinde, bi terebe duri arambi sehe. ajige sarganjui damu nišuhun bethei jugūn yabumbi, emu juru ajige bethe gecefi emu falha fulgiyan emu falha niorokobi. ini fe hūsihan i dolo tutala labdu syliyahū be dusihilefi, gala de kemuni emu baksan be jafahabi. ere emu gulhun inenggi, we seme terei emu da syliyahū be udame gaihakū, we seme tere de emu fali jiha buhekūbi.

嚇得鞋子都跑丟了。一隻鞋怎麼也沒找到，另一隻被一個男孩拿跑了。那個男孩說：等我以後有孩子，我要拿它做搖籃。小女孩只好光著腳走路，一雙小腳凍得紅一塊紫一塊。她的舊裙子裡懷著許多火柴，手上還握著一把。這一整天，誰也沒向她買一根火柴，誰也沒給她一枚錢。

吓得鞋子都跑丢了。一只鞋怎么也没找到，另一只被一个男孩拿跑了。那个男孩说：等我以后有孩子，我要拿它做摇篮。小女孩只好光着脚走路，一双小脚冻得红一块紫一块。她的旧裙子里怀着许多火柴，手上还握着一把。这一整天，谁也没向她买一根火柴，谁也没给她一枚钱。

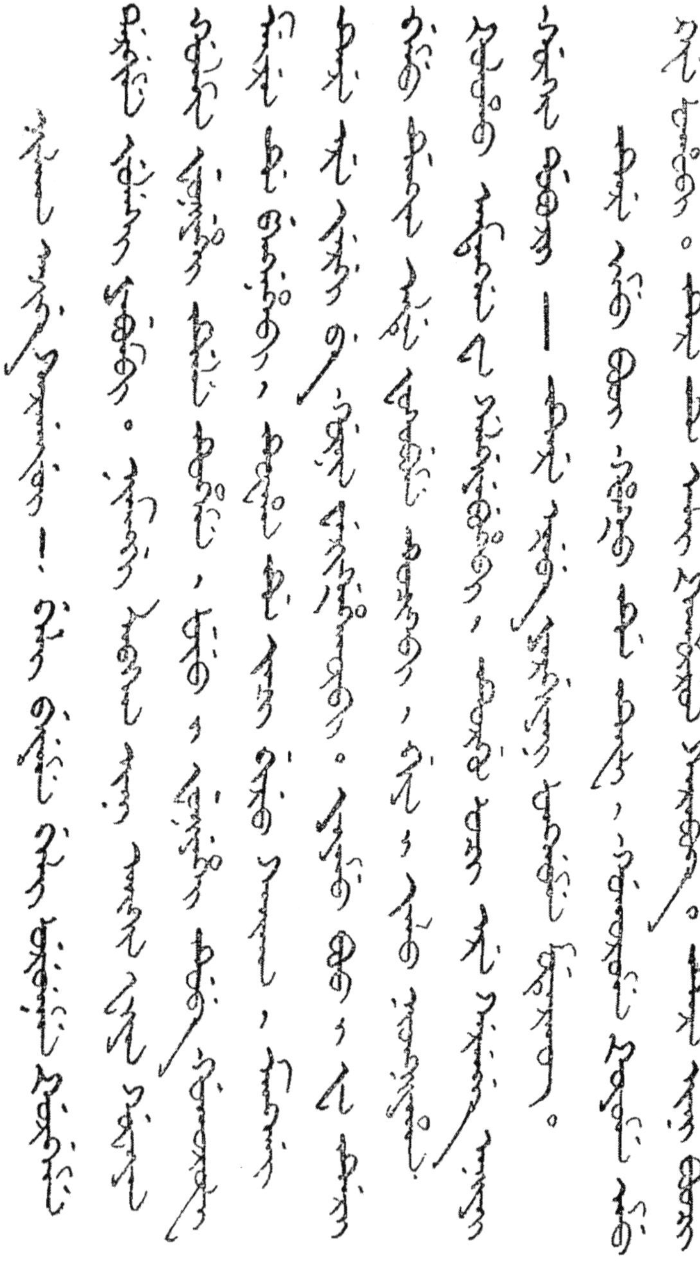

jilaka ajige sarganjui ! geli beyeme geli uruneme šurgeme dargime julesi yabumbi. nimanggi labsan ini aisin fiyan suwayan golmin funiyehei dele tuheme, uju i funiyehei dube gokorofi meiren de pengnehebi, tuwaha de jaci giru saikan, manggai tere ere jergi be gūnin werišehekūbi. yayamu boo i fa deri gemu dengjan elden fosobume tucikebi, giya i jalu niongniyaha šoloho amtangga wa selgiyebuhebi, turgun oci ere serengge aniyai gūsin dobori—tere erebe yargiyani onggome muterkū.tere emu booi hošo de tefi, gokorome šoyome emu g'ada ohobi. tere de elei šahūrun serebuhe. tere ini booci

---

可憐的小女孩！又冷又餓哆哆嗦嗦向前走。雪片落在她金黃色的長髮上，彎曲的髮梢已碰到肩膀上，看起來很美麗，只是她並未留意這些。每家的窗戶都照射出了燈光，滿街散發著烤鵝的香味，原因是這是年三十的夜晚—她確實不能忘記這個。她坐在一戶人家的角落裡，蜷縮成一團。她感覺更冷。

可怜的小女孩！又冷又饿哆哆嗦嗦向前走。雪片落在她金黄色的长发上，弯曲的发梢已碰到肩膀上，看起来很美丽，只是她并未留意这些。每家的窗户都照射出了灯光，满街散发着烤鹅的香味，原因是这是年三十的夜晚—她确实不能忘记这个。她坐在一户人家的角落里，蜷缩成一团。她感觉更冷。

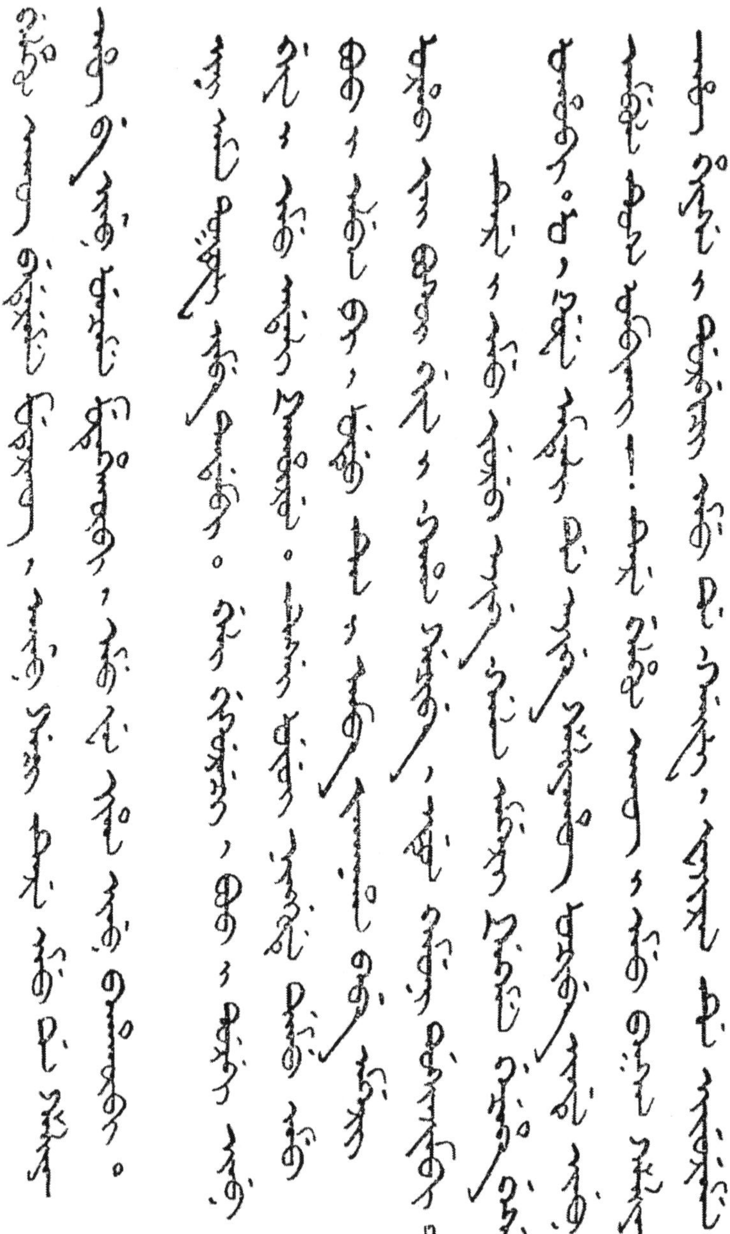

gelhun akū bedereme muterkū, ainu seci tere emu da syliyahū be inu uncame mutehekūbi, emu fen jiha inu bahakūbi. ini ama toktofi imbe tantambi. geli gisureci, boo i dorgi inu giya i emu adali šahūrun. tesei ujui ninggude damu emu boo i elben bi, udu ten i amba jakanaha babe emgeri orho jai bosoi gija i kaha secibe, edun kemuni dosinjimbi. tere i emu juru ajige gala emgeri šekeme gecehe gese ohobi. o, šuwe emteli da ajige syliyahū ocibe inde inu ambula tusa ombikai！tere gelhun akū i emu baksan syliyahū hiyase i dorgici emu da gaifi, fajiran de ijureme

---

她不敢回她的家，因為她一根火柴也沒能賣出去，一分錢也沒得到。她的父親定會打她。再說屋裡也和街上一樣冷。她們頭上只有一個屋頂，最大的裂縫雖然用草和布片堵了，但是風還是吹進來。她的一雙小手已經像凍僵似的。哦！雖然只是一根小火柴，對她也有很大的好處啊！她敢從一堆火柴匣裡抽出一根在牆上擦亮

她不敢回她的家，因为她一根火柴也没能卖出去，一分钱也没得到。她的父亲定会打她。再说屋里也和街上一样冷。她们头上只有一个屋顶，最大的裂缝虽然用草和布片堵了，但是风还是吹进来。她的一双小手已经像冻僵似的。哦！虽然只是一根小火柴，对她也有很大的好处啊！她敢从一堆火柴匣里抽出一根在墙上擦亮

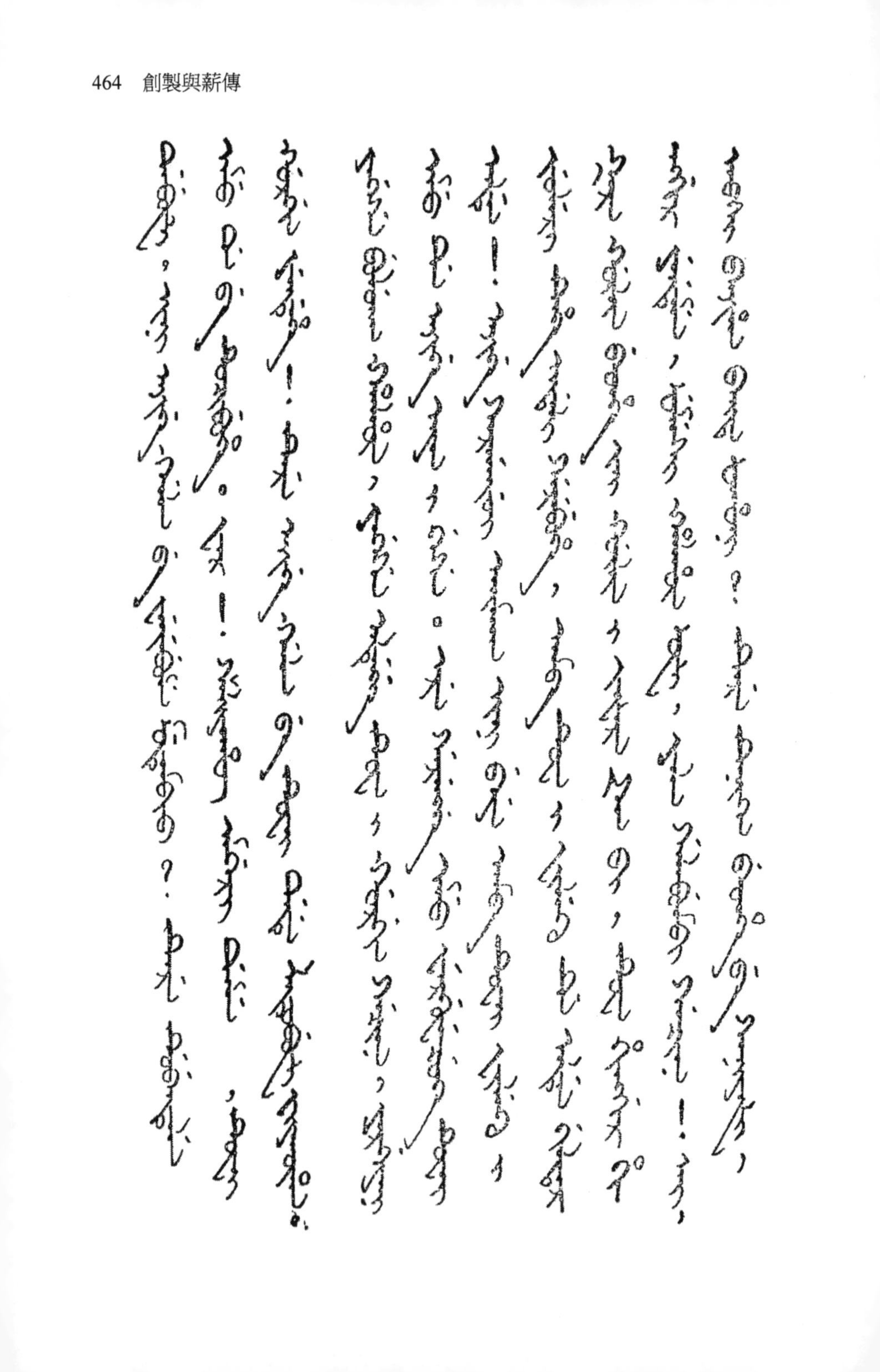

[illegible]

dabufi, ini ajige gala be wenjebume mutembio？ tere dubentele emu da be tucibuhe. far！syliyahū emgeri dame, tuwai gorgin yendehe！tere ajige gala be tuwai dade latubufi fiyakūha. yagese bulukan halhūn, yagese eldengge tuwa i gorgin secina, yargiyani emu da ajige ayan i gese. ere serengge emu ferguwecuke tuwai elden！ajige sarganjui aimaka ini beye amba tuwai fileku i juleri tehe adali serebuhe, amba tuwa i fileku de elden giltaršara gūlin bethe jai gūlin i jafara šan bi, tuwa hinggir hinggir yendeme, umesi halhūn ofi, yala selabumbi secina！ ai, absi banjiha baita ohoni？ tere teniken bethe be saniyafi,

---

溫暖她的小手嗎？她終於抽出了一根。嘩啦！火柴已經點著，火苗燃起來了！她把小手靠近火焰烤著。是多麼溫暖，多麼光亮的火焰啊，真像一根小蠟燭似的。這是一道奇妙的火光！小女孩感覺自己就像坐在大火盆前一樣，大火盆有閃亮的腳和銅把耳，火熊熊地燃燒，很溫暖，真舒服呀！噯，是怎回事呢？她剛伸開腿，

温暖她的小手吗？她终于抽出了一根。哗啦！火柴已经点着，火苗燃起来了！她把小手靠近火焰烤着。是多么温暖，多么光亮的火焰啊，真像一根小蜡烛似的。这是一道奇妙的火光！小女孩感觉自己就像坐在大火盆前一样，大火盆有闪亮的脚和铜把耳，火熊熊地燃烧，很温暖，真舒服呀！嗳，是怎回事呢？她刚伸开腿，

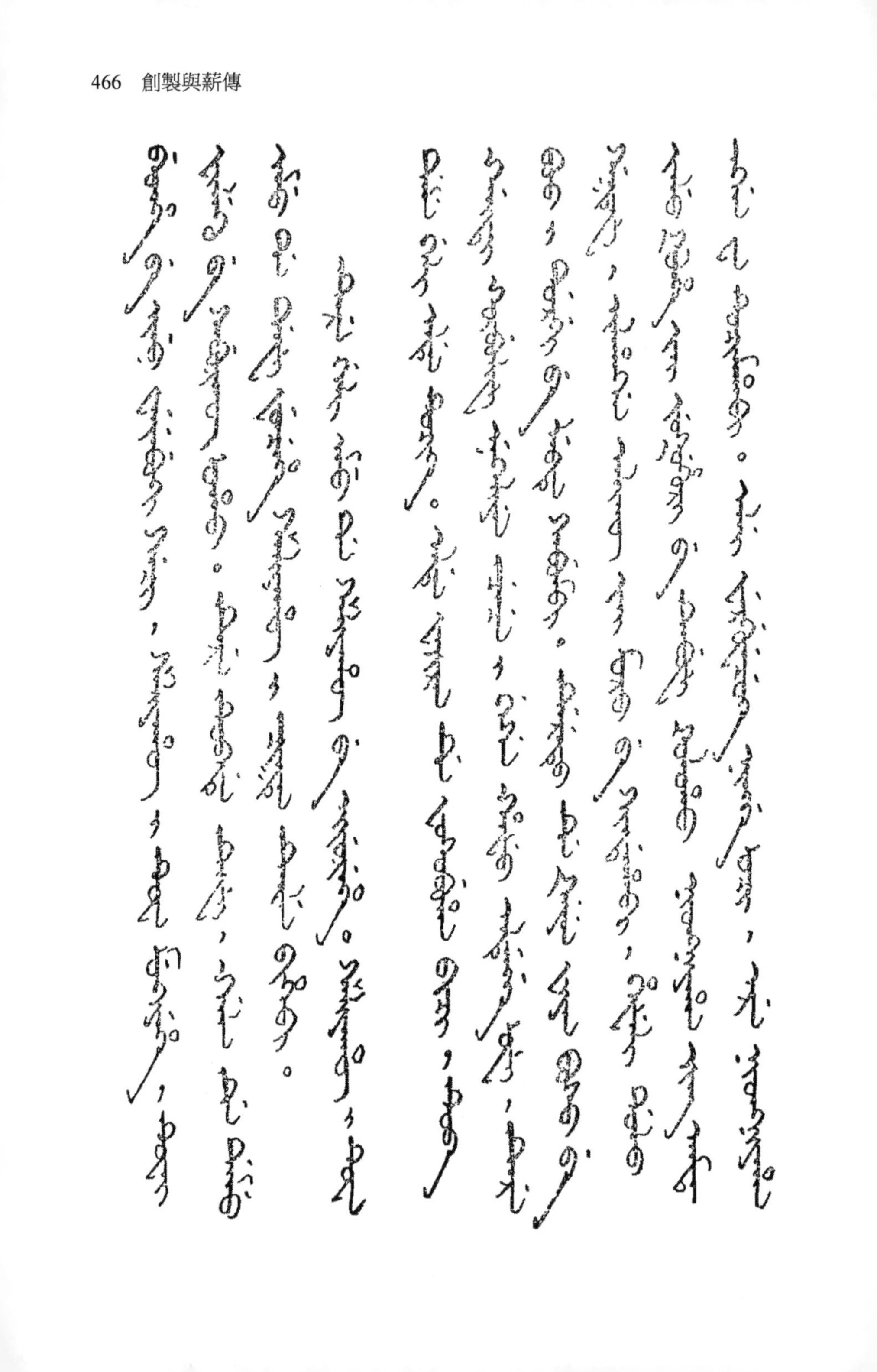

[illegible]

bethe be inu wenjebuki seci, syliyahū i tuwa mukiyehe, tuwai fileku be saburkū oho. tere tubade tefi, gala de damu emu da dafi funcehe syliyahū i cikten teile bihebi. tere geli emu da syliyahū be ijurehe. syliyahū i tuwa dame geli elden tucike. elden fajiran de fosobuha bici, tuba gaitai kūbulifi nekeliyen cece i gese hafu eldengge ofi, tere boo i dorgi be lebte sabumbi. deretu de šeyen fiyan boso be sektefi, ilhangge alikū jai moro be sindahabi, hefeli dolo jalu šulhe jai jušuhuri be tebufi šoloho niongniyaha jing amtangga wa tucimahabi. elei ferguwecuke ningge oci, ere niongniyaha

---

也想暖暖腳時，火柴卻熄滅了，火盆也不見了。她坐在那裡，手上只有一根點剩下的火柴棒。她又劃了一根火柴，燃燒的火柴又出現了亮光。亮光照在牆上，那裡忽然變得如同薄紗通透光亮，直接能看見屋裡。桌上鋪了潔白的布，放著帶花紋的盤子和碗，裡面裝滿了蘋果和烏梅，烤鵝正溢出香味，更奇妙的是，

也想暖暖脚时，火柴却熄灭了，火盆也不见了。她坐在那里，手上只有一根点剩下的火柴棒。她又划了一根火柴，燃烧的火柴又出现了亮光。亮光照在墙上，那里忽然变得如同薄纱通透光亮，直接能看见屋里。桌上铺了洁白的布，放着带花纹的盘子和碗，里面装满了苹果和乌梅，烤鹅正溢出香味，更奇妙的是，

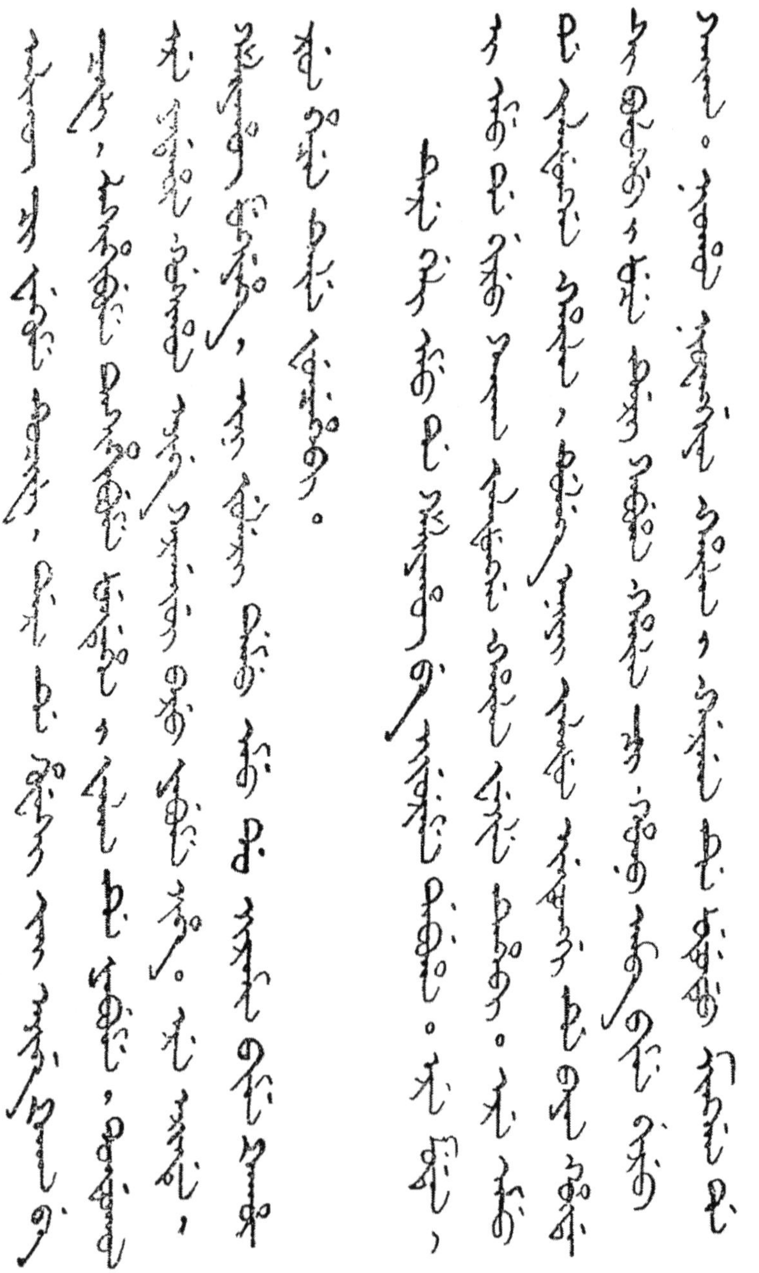

alikū ci fekume tucifi, dara de huwesi jai ajige šaka be cafi, lasihihibume tasihibume undehen i falan de yabume, tondokon ere yadahūn gosihon ajige sarganjui baru yabume jihe. ere erinde, syliyahū mukiyehe, ini juleri damu emu do jiramin bime šahūrun hecen teile funcehebi. tere geli emu da syliyahū be ijureme dabuha. ere mudan, i emu da giru saikan jalafungga hailan fejile tehebi. ere emu da jalafungga hailan, duleke aniyai jalafun ejetunggi de bayan hūdasi bolosu i uce deri sabuha hailan ci hono amba bime giru saikan. niohon niowanggiyan hailan i gargan de ududu minggan da

---

這隻鵝從盤裡跳出來，背上插了小刀和小叉子，搖搖晃晃地在地板上行走，直奔這個貧苦的小女孩而來。這個時候，火柴熄滅了，她的前面只剩下一道又厚又冷的牆。她又擦亮了一根火柴。這回她坐在一棵美麗的聖誕樹下面。這一棵聖誕樹，比去年聖誕節從富商玻璃門所見到的樹還要大還要美麗。在碧綠的樹枝上

这只鹅从盘里跳出来，背上插了小刀和小叉子，摇摇晃晃地在地板上行走，直奔这个贫苦的小女孩而来。这个时候，火柴熄灭了，她的前面只剩下一道又厚又冷的墙。她又擦亮了一根火柴。这回她坐在一棵美丽的圣诞树下面。这一棵圣诞树，比去年圣诞节从富商玻璃门所见到的树还要大还要美丽。在碧绿的树枝上

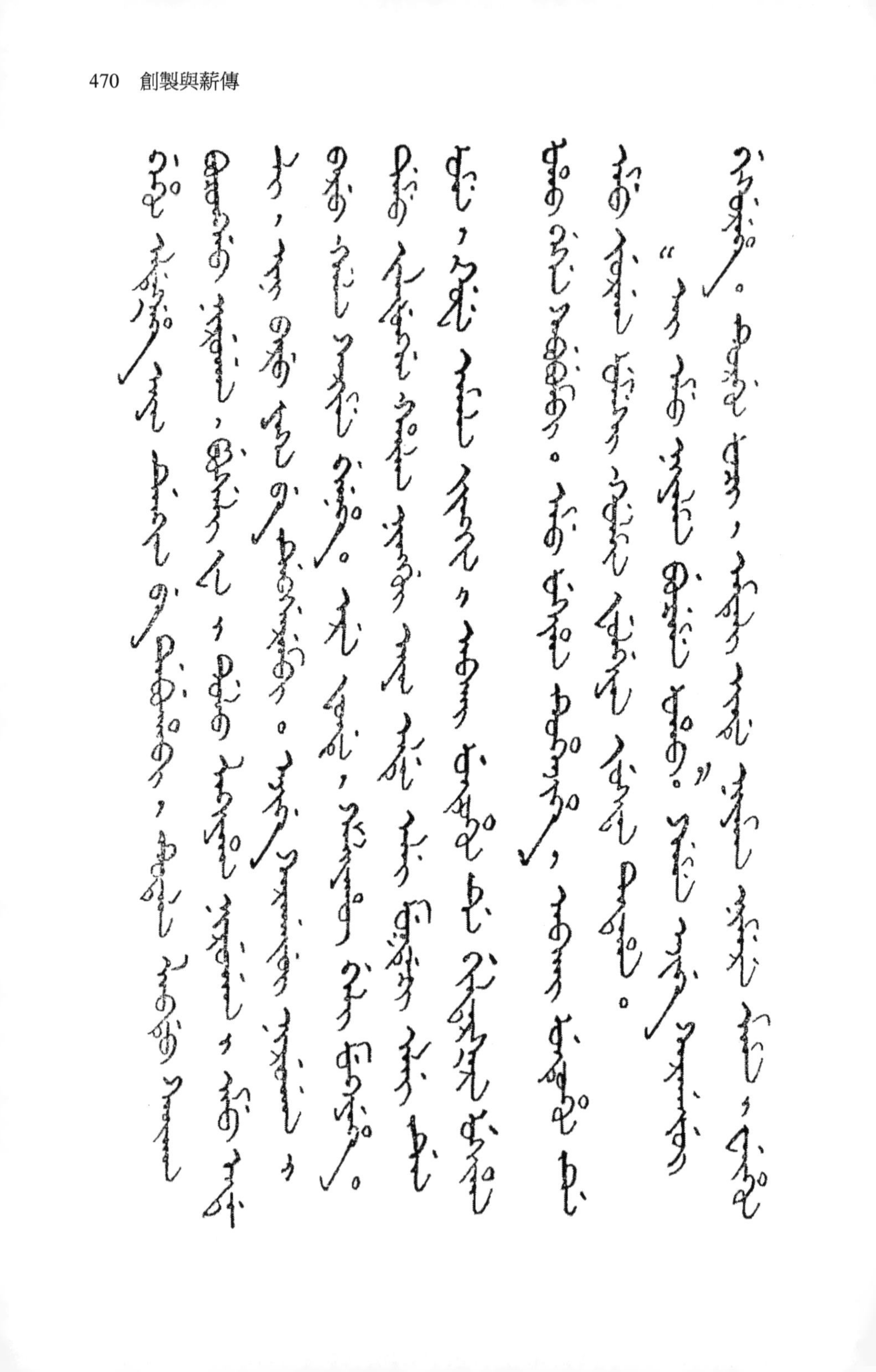

[illegible]

gehun eldešehe ayan dengjan be dabuhabi, tutala labdu saikan boconggo nirugan, puseli fa i dolo lakiyaha nirugan i emu adali, ini baru yasa be debserembi. ajige sarganjui nirugan i baru gala sarime genehe. ere fonde, syliyahū geli mukiyehe. damu jalafungga hailan ninggui ayan elden elei mukdeci elei den ome, šuwe amala jingkin i abkai untuhun de giltaršara usiha oho gese sabubumbi. emu usiha tuhenjihe, abkai untuhun de emu jurgan umesi golmin fulgiyan justan tataha. "ai emu niyalma buceme oho."seme ajige sarganjui gisurehe. turgun oci, emteli inde niyaman nimere mama i weihun

---

點亮了數千根明亮的蠟燭，許多美麗的彩色圖畫，和商鋪櫥窗裡所懸掛的圖畫一樣，向她眨著眼睛。小女孩向畫中伸手過去，這時火柴又熄滅了。只是聖誕樹上面的燭光越升越高，最後看起來真像天空上閃爍的星星一樣。一顆星星掉下來了，在天空劃上一道很長的紅光。小女孩說：「噯！有個人要死了。」原因是，一個心疼她的奶奶

点亮了数千根明亮的蜡烛，许多美丽的彩色图画，和商铺橱窗里所悬挂的图画一样，向她眨着眼睛。小女孩向画中伸手过去，这时火柴又熄灭了。只是圣诞树上面的烛光越升越高，最后看起来真像天空上闪烁的星星一样。一颗星星掉下来了，在天空划上一道很长的红光。小女孩说：「嗳！有个人要死了。」原因是，一个心疼她的奶奶

[illegible]

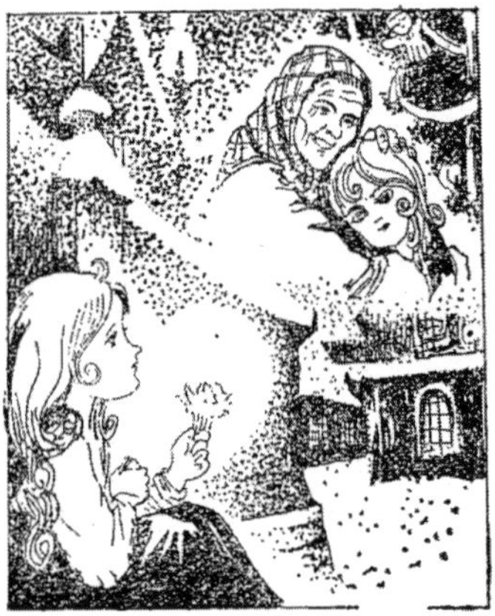

bihe erinde inde alahangge: emu usiha tuhere oci, uthai emu suru fayanggū abkai baru genembi sehe bihe. tere fajiran de geli emu da syliyahū be ijurehe. ere mudan de, syliyahū i torhome bihe babe gemu gehun eldembuhe. elden i dolo mama tucime jihe, yagese nemgiyen, yagese jilangga hairacuka secina."mama ! "seme ajige sarganjui kaicaha,"a ! mama de bairengge mimbe embade gamafi geneki ! bi sambi, syliyahū mukiyehe sehede, mama be uthai saburkū ombi, aimaka tere halukan tuwa i fileku, sur sur amtangga wa tucire šoloho niongniyaha, saikan giru jalafungga hailan i emu adali, uthai saburkū ombi ! "

生前的時候曾經告訴她，若是有顆星掉下來，就有一個靈魂到天上去。她在牆上又擦了一根火柴。這回，把火柴的周圍都照亮了。光裡又出來了奶奶，多麼溫柔，多麼慈祥可愛呢！「奶奶！」小女孩叫著，「啊！請奶奶帶我一起去吧！我知道，火柴一旦熄滅，就看不見奶奶了，就像那溫暖的火盆，香味撲鼻的烤鵝，美麗的聖誕樹一樣啊。」

生前的时候曾经告诉她，若是有颗星掉下来，就有一个灵魂到天上去。她在墙上又擦了一根火柴。这回，把火柴的周围都照亮了。光里又出来了奶奶，多么温柔，多么慈祥可爱呢！「奶奶！」小女孩叫着，「啊！请奶奶带我一起去吧！我知道，火柴一旦熄灭，就看不见奶奶了，就像那温暖的火盆，香味扑鼻的烤鹅，美丽的圣诞树一样啊。」

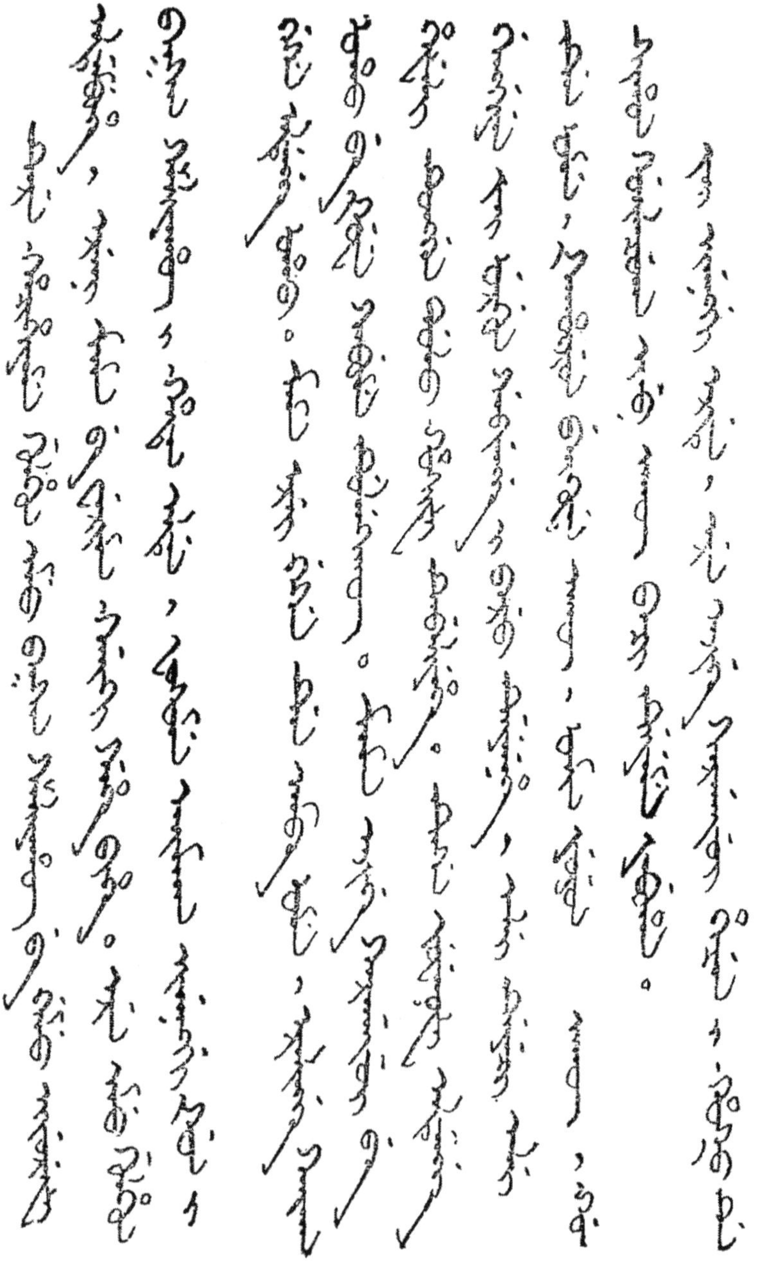

tere hacihiyame gulhun emu baksan syliyahū be gemu ijurefi eldembuhe, ereni mama be werime gaiki sehe bihe. ere emu gulhun baksan syliyahū i hatan elden, fosome aimaka inenggi šun i gese eldengge oho. mama erei gese den amba ome, eralingge saikan oho be šuwe sabume dulekekū. mama ajige sarganjui be hefeli tunggen dolo hosifi tebeliyehe. tese juwenofi eldengge genggiyen jai urgun sebjengge i baru deyenehe, elei deyeci elei den ome, šahūrun beikuwen akū, omin yuyun akū, gosihon suilacuka inu akū baci deyeme yabuha. jai inenggi erde, ere ajige sarganjui hecen i hošo de

---

她趕緊把一整把的火柴都擦亮了，想這樣來留下奶奶。這一整把火柴的烈焰，閃耀著如同白天的太陽一樣光亮。從來沒見過奶奶如此高大，這樣美麗。奶奶把小女孩抱在懷裡。她們兩人飛向光明和歡樂，越飛越高，飛到沒有寒冷，沒有饑餓，也沒有苦難的地方去了。第二天清晨，這個小女孩坐在牆角，

她赶紧把一整把的火柴都擦亮了，想这样来留下奶奶。这一整把火柴的烈焰，闪耀着如同白天的太阳一样光亮。从来没见过奶奶如此高大，这样美丽。奶奶把小女孩抱在怀里。她们两人飞向光明和欢乐，越飞越高，飞到没有寒冷，没有饥饿，也没有苦难的地方去了。第二天清晨，这个小女孩坐在墙角，

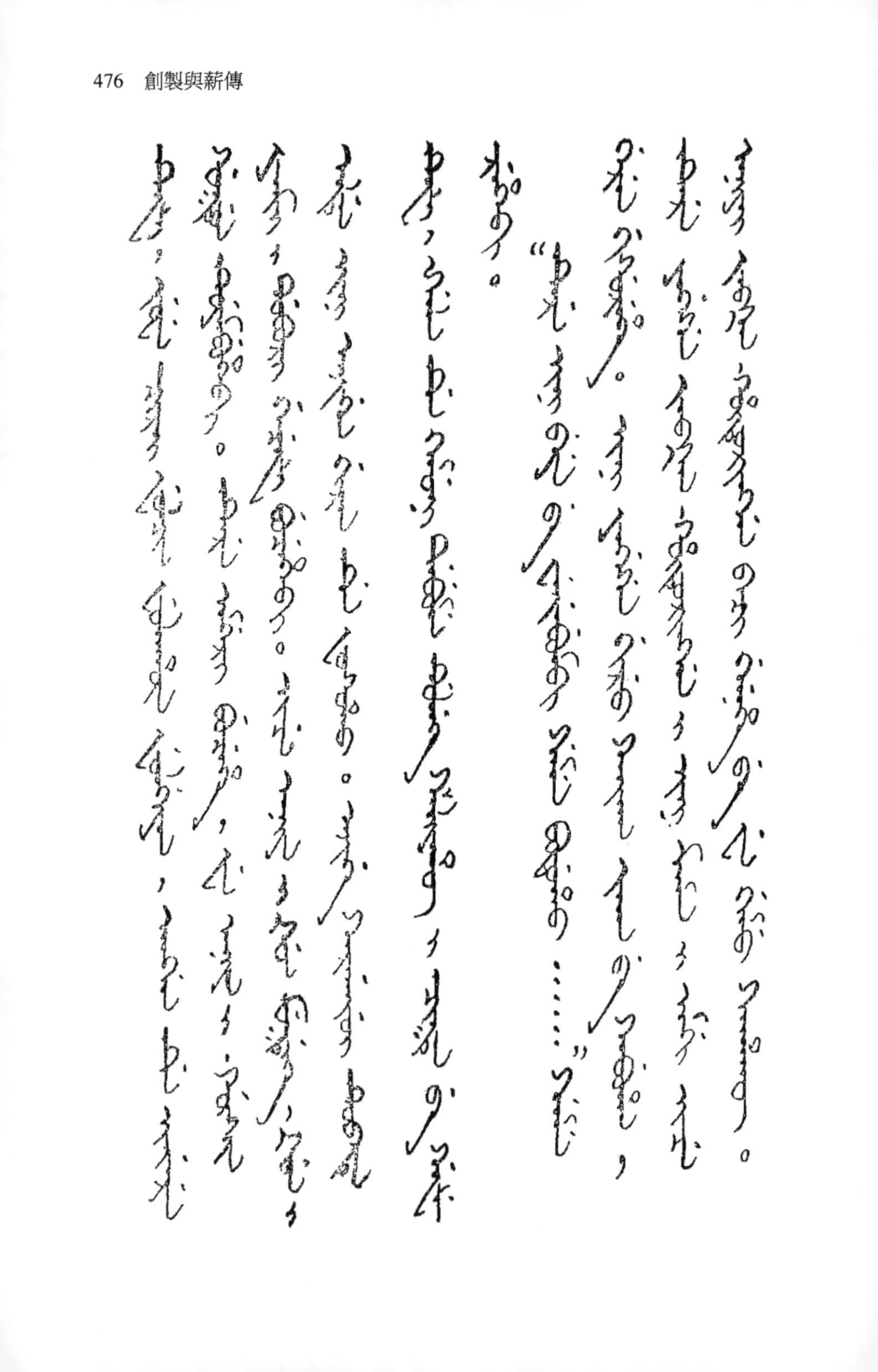

[illegible]

tefi, juwe cirai fulcin fulahūn fulgiyan, angga de injere sukdun tuyembuhebi. tere emgeri bucehe, fe aniya i gūsin yamji i dobori gecefi bucehebi. ice aniya i šun mukdeke, šun i elden ini ajigen giran de fosoho. ajige sarganjui tubade tefi, gala de kemuni dabume duleke syliyahū i cikten be seferehebi. " tere ini beye be wenjebumbi seme bodoho……"seme geren gisurehe. ini yagese giru saikan jaka be sabuha, tere yagese jabšan hūturingga i ini mama i emgi ice aniyai jabšan hūturingga baci genehe be we gemu sahakū.

兩個臉蛋通紅，嘴上顯出微笑。她已經死了，舊年三十夜晚凍死了。新年的太陽昇起來了，陽光照在她幼小的屍體上。小女孩坐在那裡，手上還握著點過的火柴棒。大家說：「她想溫暖她的身體……。」誰都不知道她見了多麼美麗的東西，多麼幸福地同她的奶奶去了新年幸福的地方。

两个脸蛋通红，嘴上显出微笑。她已经死了，旧年三十夜晚冻死了。新年的太阳升起来了，阳光照在她幼小的尸体上。小女孩坐在那里，手上还握着点过的火柴棒。大家说：「她想温暖她的身体……。」谁都不知道她见了多么美丽的东西，多么幸福地同她的奶奶去了新年幸福的地方。

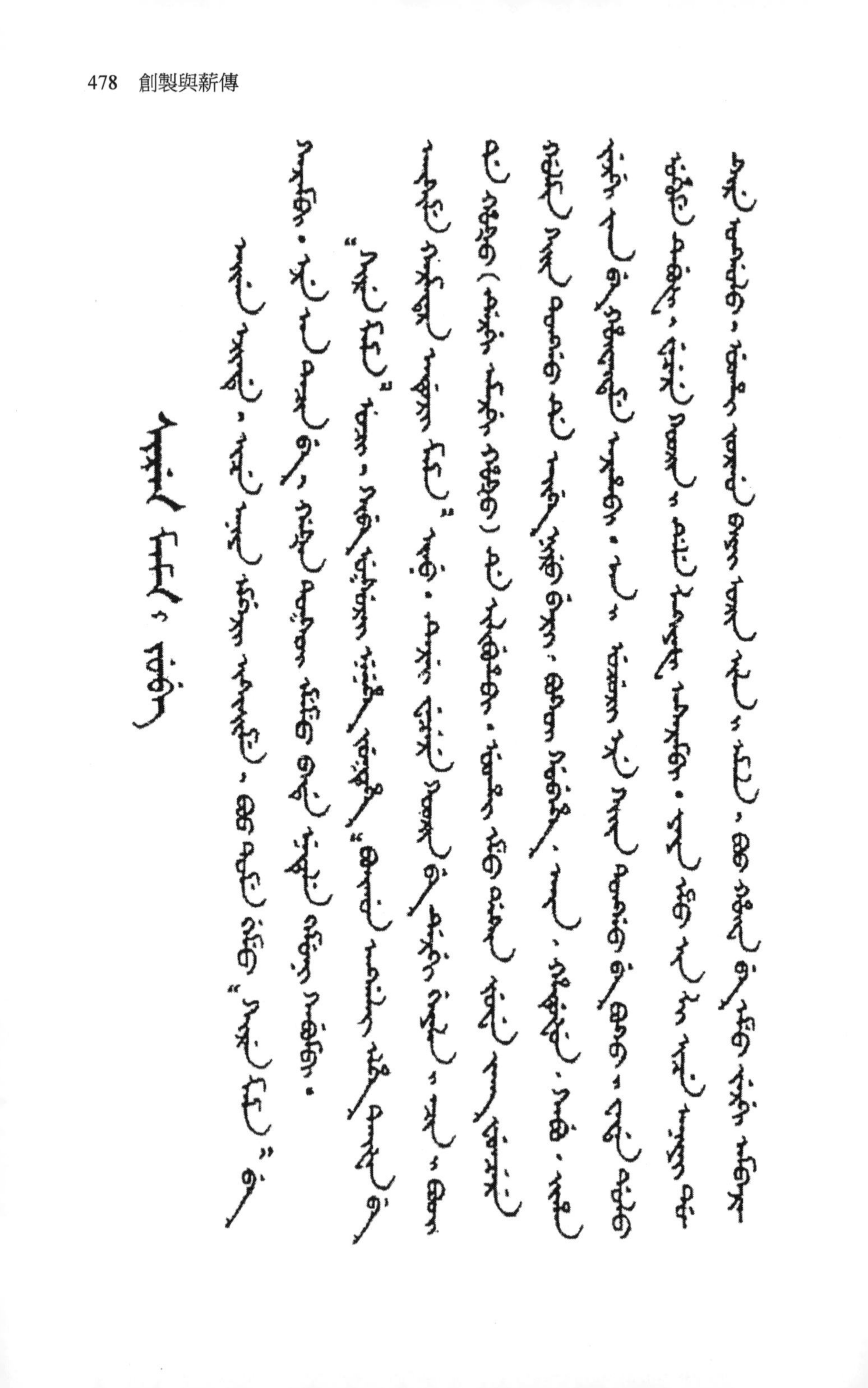

[illegible]

五十二、siren mama i jube

ajigan erinde, ice aniya emgeri isinjime, boo tome gemu“siren mama”be sarambi. ere an tacin be, gašan toksoi ememu bade netele kemuni sabumbi.“siren mama”oci, sibe uksurai nenehe juktehe“boigon anggalai elhe taifin be aisime karmatara enduri mama”inu. terei wecere soorin be dergi giyalan i cin i booi da hošo(dergi amargi hošo) de ilibuhabi, uthai emu dasin juwe jang funcere golmin sijin tonggo de ajige niru beri、bosoi subehe、anja、hadufun、sabu、jiha jergi jaka be hūwaitame arahabi. an i ucuri ere sijin tonggo be boso i wadan dolo uhume tebufi, wecere soorin i dele lakiyafi asarambi. yaya emu in li ice aniyai dosire onggolo, uthai jorgon biyai orin ilan i amala, boo hūwa be emu jergi ambarame

---

五十二、喜里媽媽的故事

小時候，新年一到，每家都展開「喜里媽媽」。這種習俗，在鄉村某些地方至今還能見到。「喜里媽媽」是錫伯族從前奉祀的「保佑家口平安的神仙奶奶」。祂的神位設在正房西向的正角，即西北角，就是用一條二丈餘長細線繫上小弓箭、布條、犁、鐮刀、鞋子、錢等物製成。平時將這條細線捲起裝到布袋裡，掛在神位上保存，每進入一個陰曆新年以前，就是十二月二十三日以後，將房屋庭院進行一次

五十二、喜里妈妈的故事

小时候，新年一到，每家都展开「喜里妈妈」。这种习俗，在乡村某些地方至今还能见到。「喜里妈妈」是锡伯族从前奉祀的「保佑家口平安的神仙奶奶」。祂的神位设在正房西向的正角，即西北角，就是用一条二丈余长细线系上小弓箭、布条、犁、镰刀、鞋子、钱等物制成。平时将这条细线卷起装到布袋里，挂在神位上保存，每进入一个阴历新年以前，就是十二月二十三日以后，将房屋庭院进行一次

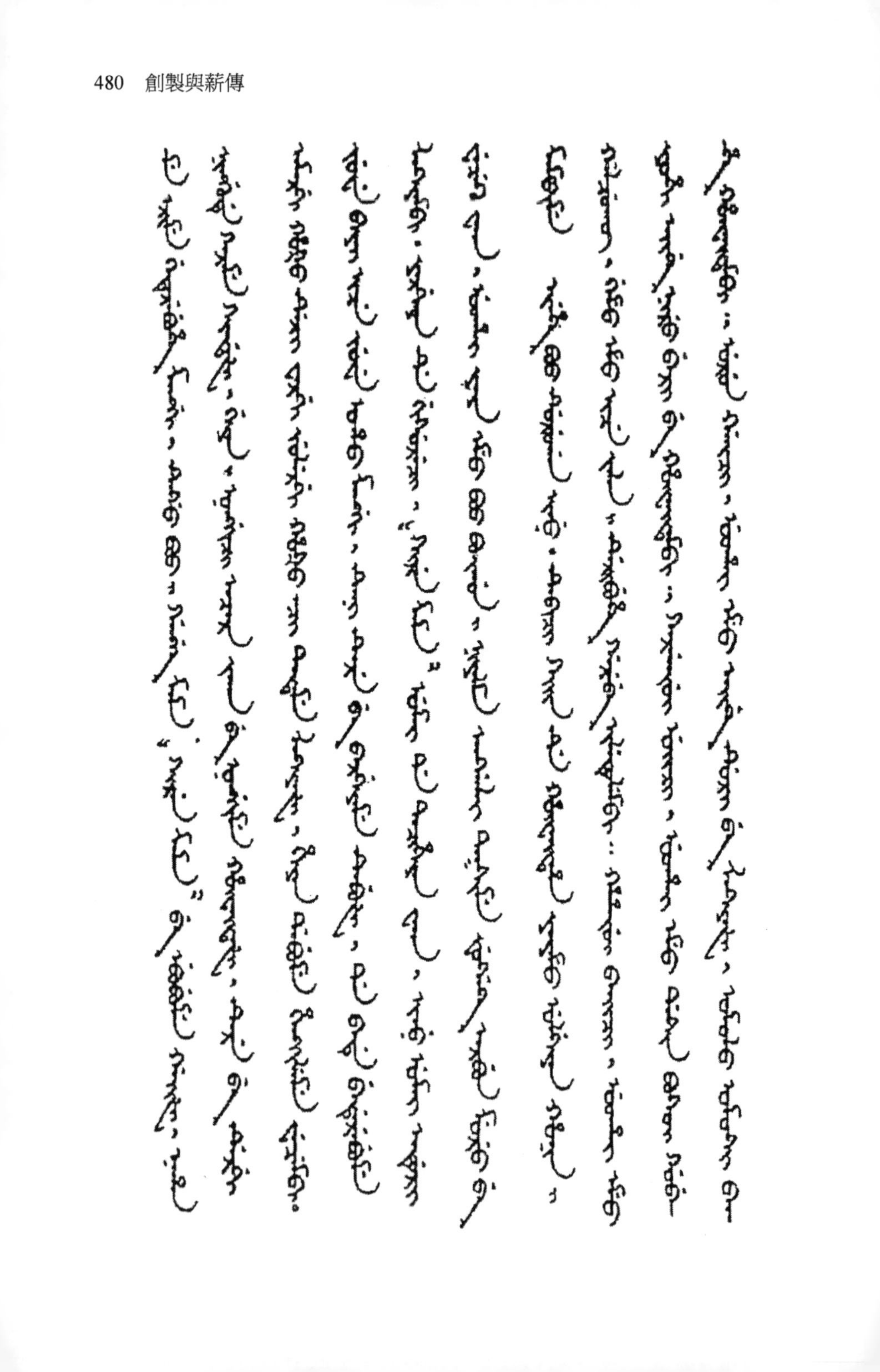

[illegible]
[illegible]
[illegible]
[illegible]
[illegible]
[illegible]
[illegible]
[illegible]
[illegible]
[illegible]

erime geterebuhe manggi. tesu boo i sengge mama“siren mama”be ebubume gajifi, nahan ninggude sarame sindafi, giyan i nonggici acara jaka be nonggime hūwaitafi, tere be dergi amargi hošo deri wargi julergi hošo ci tatame lakiyafi, hiyan dabume hengkileme wecembi. juwe biyai ice juwe oho manggi, teni tere be bargiyame tebufi, da bade bederebume lakiyambi. yargiyan de gisureci,“siren mama”umai da tacihiyan waka, inu umai enduri weceku waka, uthai yaya emu boo boigon i niyalma anggalai taksime fuseke arbun muru be mampime ejehe boo durugan inu. tebici sijin de hūwaitaha yayamu ulgiyan honin i galcukū, gemu emu ice jalan i deribuhe serebe iletulembi; hahajui banjici, uthai emu yohi ajige niru beri be hūwaitambi; sarganjui ujici, uthai emu dasin bosoi subehe hūwaitambi; urun gaici, uthai emu ajige duri be lakiyafi, omolo omosi banjikini

---

大掃除後，本家年老的奶奶把「喜里媽媽」請下來，展開放在炕上，把該繫的東西加上，把祂從西北角拉到東南角，懸掛起來，點香祭拜。到了二月初二日後，才把祂收起來掛回原處。說實話，「喜里媽媽」並非宗教，也不是神祇，不過是把每一個家庭人口滋生繁衍情形打結作記號的家譜。譬如線上繫的每一個豬羊的背式骨，都是表示一個新輩的開始：若是生男孩，就繫上一副小弓箭；生女兒時，就繫上一塊布條；若娶媳婦時，就掛上一個小搖籃，希望生育子孫。

大扫除后，本家年老的奶奶把「喜里妈妈」请下来，展开放在炕上，把该系的东西加上，把祂从西北角拉到东南角，悬挂起来，点香祭拜。到了二月初二日后，才把祂收起来挂回原处。说实话，「喜里妈妈」并非宗教，也不是神祇，不过是把每一个家庭人口滋生繁衍情形打结作记号的家谱。譬如在线系的每一个猪羊的背式骨，都是表示一个新辈的开始：若是生男孩，就系上一副小弓箭；生女儿时，就系上一块布条；若娶媳妇时，就挂上一个小摇篮，希望生育子孙。

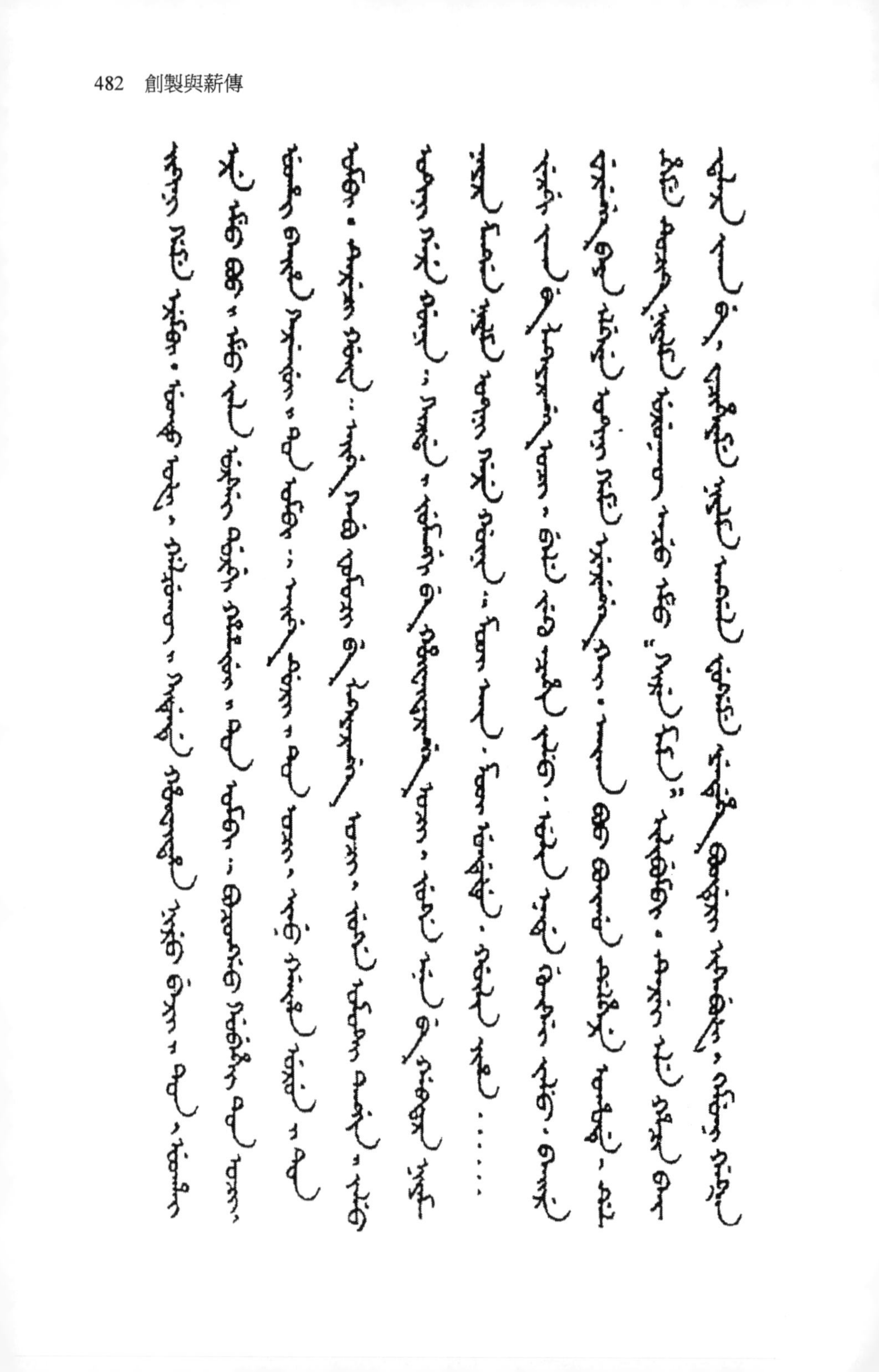

seme erembi. uttu ofi, galcukū i sidende hūwaitaha niru beri i ton, uthai ere emu boo i emu jalan ursei dorgi hahajui i ton ombi; boconggo subehei ton oci, uthai banjiha sarganjui i ton ombi; ajige duri i ton oci, inu gaiha urun i ton ombi. tereci gūwa: ajige sabu fomoci be lakiyarangge oci, juse omosi tanggin i jalu okini sere gūnin; sirdan i jumanggi be hūwaitarangge oci, juse enen be gabtara niyamniyara mangga niyalma okini sere gūnin; mooi anja、mooi undefun、gūlin jiha……jergi jaka be lakiyarangge oci, bele jeku cahin jalu、ulin nadan guisei jalu、banjire werengge bayan elgiyen okini seme ererengge kai. aika boo boigon delhere ohode, delheme tucike niyalma urunakū encu emu“siren mama”ilibumbi. terei ele hacin baitalara jaka be, wacihiyame niyalma anggala fuseme yendehe booderi isabufi, kemuni gašan

---

因此，背式骨之間所繫弓箭的數目，就是這家同輩人內男孩的數目；彩色布條的數目，就是所生女孩的數目；小搖籃的數目，就是所娶媳婦的數目。此外，掛小鞋、襪子，是希望子孫滿堂的意思；繫撒袋是指望子嗣成為擅長馬步箭的人的意思；懸木犁、木板、銅錢……等東西，是希望米穀滿倉，貨財滿櫃，生活富裕。如果要分家，分出去的人一定要另立一個「喜里媽媽」。把他所用各種物品全部齊集到人口興旺的人家裡，還要請來

因此，背式骨之间所系弓箭的数目，就是这家同辈人内男孩的数目；彩色布条的数目，就是所生女孩的数目；小摇篮的数目，就是所娶媳妇的数目。此外，挂小鞋、袜子，是希望子孙满堂的意思；系撒袋是指望子嗣成为擅长马步箭的人的意思；悬木犁、木板、铜钱……等东西，是希望米谷满仓，货财满柜，生活富裕。如果要分家，分出去的人一定要另立一个「喜里妈妈」。把他所用各种物品全部齐集到人口兴旺的人家里，还要请来

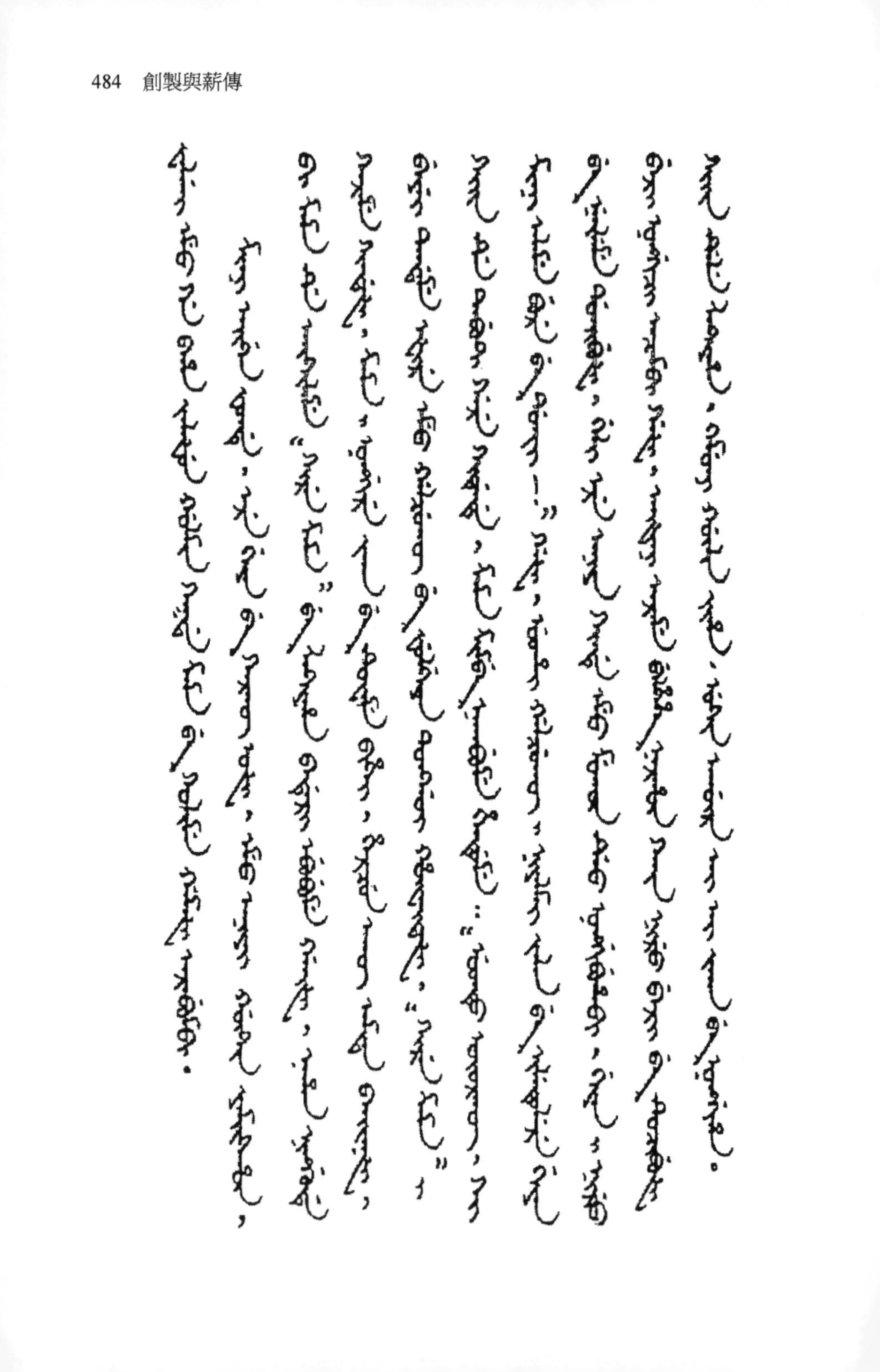

falgai emu se baha jalafun golmin sakda mama be solime gamafi arabumbi. mini ajigen fonde, ere giyan be sarkū ofi, emu aniyai gūnsin yamjishūn, bi mama de aisilame“siren mama”be lakiyaha baderi ebubume gaifi, nahan ninggude sarame sindafi, mama i nonggire jaka be tuwame bihei, hercun akū amtan banjinafi, beyei tandame efire emu galcukū be fulgiyan tonggoi hūwaitafi,“siren mama”i sijin de tabuki sere sidende, mama mimbe nakabume hendume:“uttu ojorkū, si mini alame bure be donji！”sefi, uthai galcukū i niyalmai jalan be iletulere giyan be neileme donjifi, geli ere aniya sinde emu mukūn deo nonggibuhabi, giyan i niru beri nonggici acambi sefi, aifini arame belhehe narhūn sain niru beri be tucibufi sijin dele lakiyaha, kemuni gūlin jiha、usin agūra ai ai jaka be nonggiha.

村中一位上了年紀長壽的老奶奶製作。我小的時候，因為不知道這個道理，在一個年三十的傍晚，我幫助奶奶把「喜里媽媽」從懸掛的地方請下來，展開放在炕上，看著奶奶要加的東西，無意中產生了興緻，把自己打著玩的一個背式骨繫了紅線，正想套在「喜里媽媽」細線上的時候，奶奶阻止我說：「不能這樣，聽我告訴你吧！」就把背式骨表示人輩分的道理解釋給我聽，又說今年你增加了一個族弟，應該增加弓箭，說完拿出早已做好的精美的弓箭掛在細線上，還加上銅錢、農具等各種東西。

村中一位上了年纪长寿的老奶奶制作。我小的时候，因为不知道这个道理，在一个年三十的傍晚，我帮助奶奶把「喜里妈妈」从悬挂的地方请下来，展开放在炕上，看着奶奶要加的东西，无意中产生了兴致，把自己打着玩的一个背式骨系了红线，正想套在「喜里妈妈」细在线的时候，奶奶阻止我说：「不能这样，听我告诉你吧!」就把背式骨表示人辈分的道理解释给我听，又说今年你增加了一个族弟，应该增加弓箭，说完拿出早已做好的精美的弓箭挂在细在线，还加上铜钱、农具等各种东西。

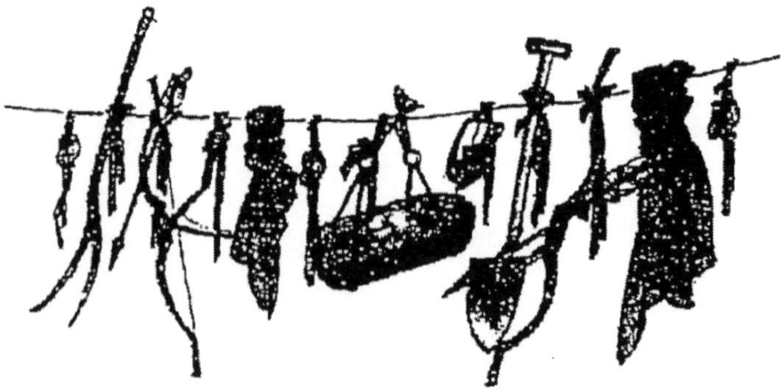

bi terei turgun giyan be saha manggi, mama de geli“siren mama”i jihe sekiyen be fujurulame fonjiha de, mama emgeri golmin sejilefi alame deribuhe: sangkan julgei fonde, niyalma hergen bithe be takarkū turgunde, inu beyei booi siren sudala be ejere arga akū bihebi. tere erinde, emu sure mergen hehe tucifi, tere dolori cibsime bodohoi, emu sijin tonggo de temgetu jaka be hūwaitafi ejere arga be bodome bahafi, juse dasui

---

我知道其中的道理後，又向奶奶探問「喜里媽媽」的來源，奶奶長歎一聲後開始告訴我說：上古時候，因為人們不認識文字，也就無法記錄自己家的宗系。那個時候，出了一位聰明的婦人，她在心裡深思冥想，想到了一個在細線上繫上有記號的東西記錄的辦法，

我知道其中的道理后，又向奶奶探问「喜里妈妈」的来源，奶奶长叹一声后开始告诉我说：上古时候，因为人们不认识文字，也就无法记录自己家的宗系。那个时候，出了一位聪明的妇人，她在心里深思冥想，想到了一个在细在线系上有记号的东西记录的办法，

[illegible]

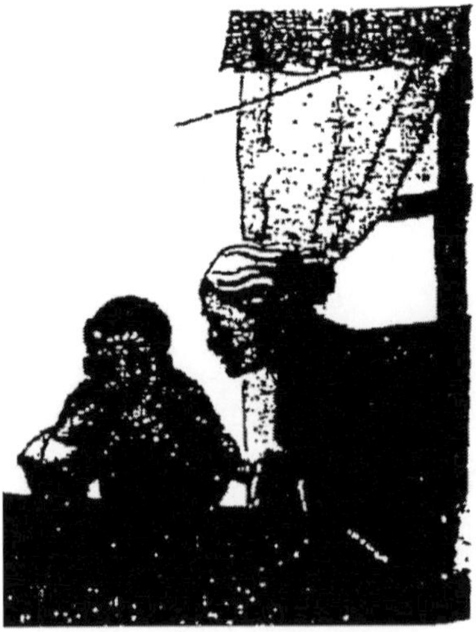

baru hendume："bi gūnici, niyalmasui suduri uthai emu dasin golmin sijin tonggoi adali, nenemei emu jalan be amalai emu jalan sirame, jalan jalan lakca akū sirabumbi. niyalmai emu jalan i banjn, inu ere golmin sijin i emu semiku i gese. niyalmasa juse dasu banjiha de, uthai tobgiya i fejile jalan be sirara enen bi ohobi seme ishunde urgun arambi. tobgiya de tob seme galcukūi giranggi bimbi. ainu tere be emu dasin golmin sijin de hūwaitame, niyalmai emu jalan be iletulefi, banjiha juse dasu be geli niru beri、bosoi subehe be baitalame terei hahajui、sarganjui be ilgarkū ni？"

對子女們說道:「我想，人類歷史就像一根細線一樣，前一輩由後一輩承襲，世世代代延續不斷，人一輩子的生活也就像這長線的一個紉頭。人們生育子女時，就是因為膝下有承襲的子嗣而互相祝賀。膝蓋上正好有背式骨，為什麼不把它繫在一根長線上表示人的一輩，所生的子女又用弓箭、布條來區分男孩女孩呢？」

对子女们说道:「我想，人类历史就像一根细线一样，前一辈由后一辈承袭，世世代代延续不断，人一辈子的生活也就像这长线的一个纫头。人们生育子女时，就是因为膝下有承袭的子嗣而互相祝贺。膝盖上正好有背式骨，为什么不把它系在一根长在线表示人的一辈，所生的子女又用弓箭、布条来区分男孩女孩呢？」

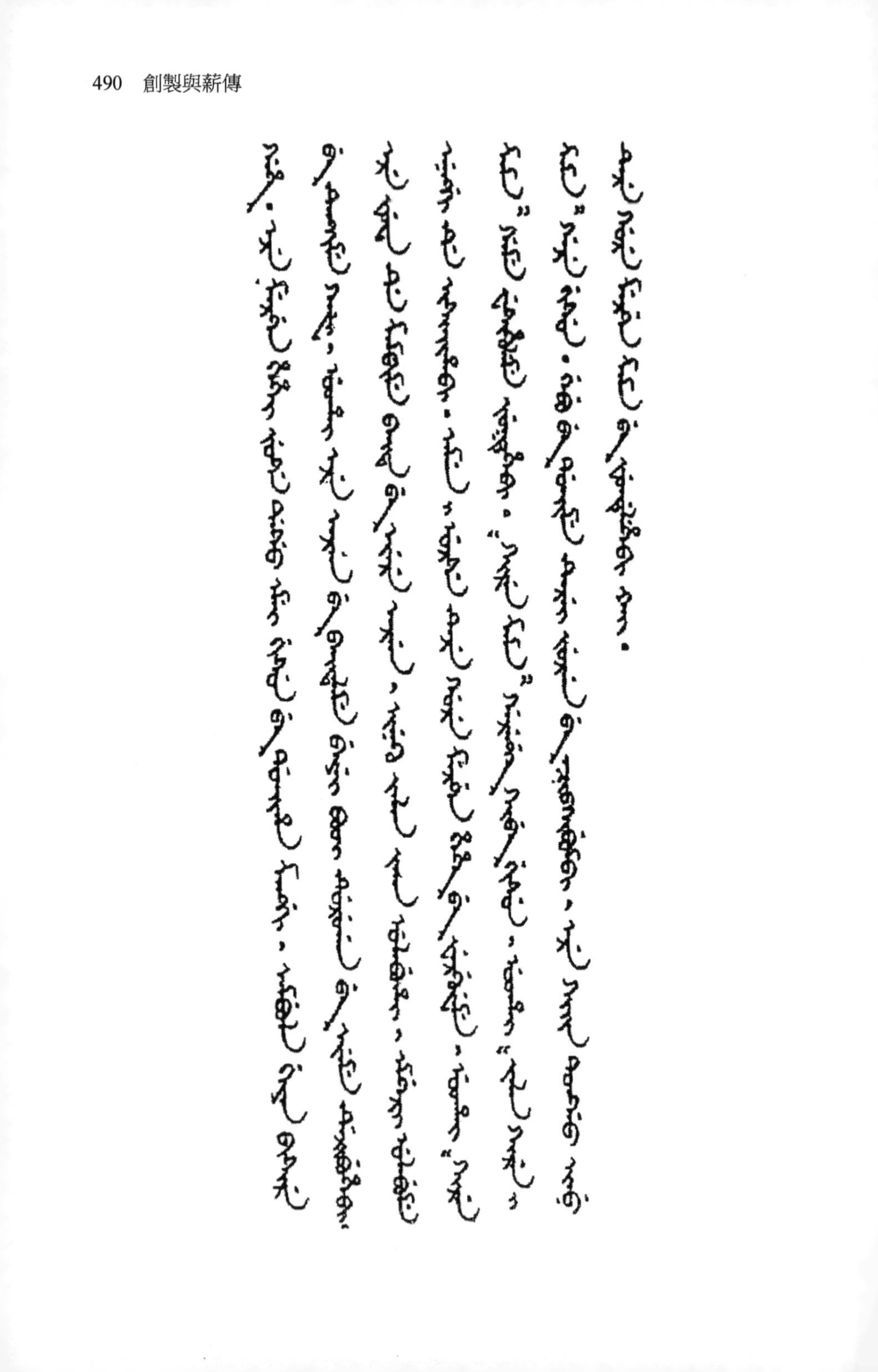

[illegible]

sehe. ere mergen hehei juse dasu emei gisun be donjiha manggi, ambula giyan bisire be tengkime safi, uthai ere arga be baitalame beyei booi durugan be ejeme deribuhebi. ere futa de mampime baita be ejere arga, ineku jalan jalan ulabuhai, emgeri ulabume enenggi de isinjihabi. amga i urse tere sure mergen hehe be ferguweme, uthai“siren mama” seme wesihuleme juktehebi. “ siren mama” serengge sibe gisun, uthai“jalan siren i mama”sere gisun. gebu be donjime terei jurgan be cibsibumbi, ere sijin tonggo inu tere sure mergen mama be fundelehebi kai.

這個聰明婦人的子女聽了母親的話後，深知大有道理，就開始用這個辦法記錄自己家的家譜了。這種在繩上打結記事的辦法，還代代相傳，已流傳到今天。後人頌揚那位聰明的婦人，就尊奉她為「喜里媽媽」。「喜里媽媽」是錫伯語，就是「世代延襲的奶奶」的意思。聽到名字探究其宗旨，這根細線也就代表了那位聰明的奶奶啊！

这个聪明妇人的子女听了母亲的话后，深知大有道理，就开始用这个办法记录自己家的家谱了。这种在绳上打结记事的办法，还代代相传，已流传到今天。后人颂扬那位聪明的妇人，就尊奉她为「喜里妈妈」。「喜里妈妈」是锡伯语，就是「世代延袭的奶奶」的意思。听到名字探究其宗旨，这根细线也就代表了那位聪明的奶奶啊！